Kants Schrift »Zum ewigen Frieden« war [illegible]
[illegible] der Philosophie und des [illegible]
ein prinzipielles, zusammen[illegible] und [illegible]
[illegible] Begriffe der [illegible]
[illegible]
[illegible]
[illegible]
[illegible]
[illegible]
[illegible] der politischen [illegible] Zeit, unter den [illegible]
[illegible]
[illegible]
[illegible]

Kants Schrift »Zum ewigen Frieden« war der erste Versuch in der Geschichte der Philosophie und des Völkerrechts, der Ächtung des Krieges ein prinzipielles, zwingendes und zeitloses Fundament zu geben: nicht einfach über die Gefühle des Grauens und der Furcht, sondern im Modus einer kategorischen Forderung des *Rechts* der Menschheit. Nicht alle Einzelheiten dieses grandiosen »philosophischen Entwurfs« können heute noch überzeugen. Aber die politische Philosophie des 20. Jahrhunderts ist bis weit über dessen Mitte hinaus Antworten auf Kants unerledigte Fragen, ja, selbst den Versuch einer Wiederaufnahme seines Programms schuldig geblieben. Erst in jüngster Zeit, unter den Prämissen einer gänzlich veränderten politischen Welt und im Zuge einer Renaissance der politischen Philosophie hat diese die Aufgabe angenommen, die Kant ihr hinterlassen hat.

»Zum ewigen Frieden«

Grundlagen, Aktualität und Aussichten einer Idee von Immanuel Kant

Herausgegeben von Reinhard Merkel und Roland Wittmann

Suhrkamp

Die Deutsche Bibliothek – CIP-Einheitsaufnahme
»Zum ewigen Frieden«: Grundlagen, Aktualität
und Aussichten einer Idee von Immanuel Kant /
hrsg. von Reinhard Merkel
und Roland Wittmann. –
1. Aufl. – Frankfurt am Main :
Suhrkamp, 1996
(Suhrkamp-Taschenbuch Wissenschaft ; 1227)
ISBN 3-518-28827-X
NE: Merkel, Reinhard [Hrsg.]; GT

suhrkamp taschenbuch wissenschaft 1227
Erste Auflage 1996

Satz und Druck: Wagner GmbH, Nördlingen
Printed in Germany
Umschlag nach Entwürfen von
Willy Fleckhaus und Rolf Staudt
1 2 3 4 5 6 – 01 00 99 98 97 96

Inhalt

Reinhard Merkel/Roland Wittmann
Einleitung

In einer Zeit, in der Utopien jedweder Art fragwürdig geworden sind, ist der allgemeine Friedenszustand im Verhältnis der Staaten und Völker untereinander, der bis vor kurzem als utopisch erscheinen mochte, in den Bereich des real Möglichen gerückt. Leider werden einzelne lokale Konflikte nach wie vor unter großen Opfern der Zivilbevölkerung mit Waffengewalt ausgetragen. Doch ist der Wille der Staatengemeinschaft unverkennbar, die Beteiligten zur Lösung dieser Konflikte auf dem Weg von Verhandlungen zu veranlassen. Im September 1995 jährte sich zum zweihundertsten Mal das Erscheinen der Kantschen Schrift »Zum Ewigen Frieden«, in der die Entstehung einer Weltordnung als Friedensordnung bis in die konkreten Einzelheiten hinein vorweggenommen wird. Der Kantsche Entwurf, der in seiner eigenen Zeit angesichts der damaligen Verbreitung von Kriegen als bloße Spekulation erscheinen mochte, stellt sich nunmehr – durchaus in Übereinstimmung mit der Intention Kants – als eine plausible Vorhersage dar. In einer Zeit, in der voluntaristische, aber auch nezessitative Utopien so sehr versagt haben, daß manche sogar den Mangel an utopischem Denken beklagen, belegt die Kantsche Schrift nicht nur die Möglichkeit zukünftiger Aussagen über die Menschheitsentwicklung, sie enthält vielmehr eine ganze Reihe wichtiger Gedanken, die sich auf die Entwicklung des modernen Völkerrechts ausgewirkt haben und für sie auch weiterhin von Bedeutung sein dürften.

Die erstaunliche Aktualität der Kantschen Schrift legt zunächst die Frage nach der *philosophischen Methode* nahe, die Kant die Vorhersage einer von ihm aus betrachtet fernen Zukunft ermöglicht hat. Diese Methode wird nur auf dem Hintergrund der gesamten kritischen Philosophie Kants und insbesondere seiner praktischen Philosophie zu rekonstruieren sein. Die Kantsche Antizipation eines allgemeinen freien Föderalismus unter den Staaten, einer auf Freiheit und Gleichheit der Bürger beruhenden Verfassung eines jeden Staates und eines Weltbürgerrechts war nicht als Utopie, sondern als eine Prognose gedacht, die Kant auf

Grundannahmen über die Menschennatur stützte. Die Frage liegt nahe, was die Kantsche Auffassung des real Möglichen etwa von der utopischen Sichtweise des Noch-Nicht unterscheidet. Zu Kants Zeit war der allgemeine Friedenszustand, auch wenn er eine notwendige Entwicklung annimmt, Teil einer nur möglichen Welt. Die Frage nach der Methode läßt sich kaum trennen von dem *Zusammenhang mit der Kantschen Ethik*, insbesondere mit dem kategorischen Imperativ. Ausgehend von der Entwicklung der Menschheit zu einer Gemeinschaft vernünftiger Wesen, nimmt Kant an, daß der allgemeine Friedenszustand gestiftet werden muß, trotz der Notwendigkeit der Entwicklung also auf freier Entscheidung beruht. Die wesentlichen Merkmale des zu stiftenden Friedenszustands entwickelt Kant mit solcher inhaltlichen Präzision, daß auch Anlaß besteht, die heutige Bedeutung der Kantschen Ethik im ganzen neu zu überdenken und insbesondere die gewöhnlich gegen sie erhobenen Vorwürfe des Formalismus und des Rigorismus zu überprüfen. Am Anfang jeglichen philosophischen Denkens steht das Staunen, und so wirkt es in der Tat erstaunlich, daß ein Denker, dem schon einzelne Zeitgenossen Lebensfremdheit glaubten vorhalten zu können, ein anschauliches und kohärentes Bild von einem künftigen allgemeinen Friedenszustand entwerfen konnte, der erst für uns sichtbar zu werden beginnt.

Es liegt die Vermutung nahe, daß gerade die Unabhängigkeit der Pflicht und des kategorischen Imperativs von einem erstrebten weiteren Zweck und damit vom Erfolg für Kant den freien Blick auf eine künftige, erst allmählich an Realität gewinnende Gemeinschaft vernünftiger Wesen eröffnet hat.

Die Grundsätze, die nach der Kantschen Schrift die Entstehung und Aufrechterhaltung des allgemeinen Friedenszustands ermöglichen, sind sowohl für das moderne *rechtsphilosophische Denken* als auch für das *Völkerrecht* von besonderer Aktualität. Kant formuliert sie in drei Definitivartikeln.

Der erste Grundsatz verlangt die Gleichartigkeit der inneren Verfassung der am Friedenszustand beteiligten Staaten (Homogenitätsprinzip). Die Verfassung eines jeden Staates muß, wie Kant es ausdrückt, republikanisch sein. Damit meint Kant nicht etwa eine bestimmte Regierungsform, sondern eine auf dem Gedanken der Freiheit und Gleichheit der Bürger beruhende Verfassung, die auf dem Prinzip der Gewaltenteilung aufbaut. Auch eine Monarchie kann in diesem Sinne republikanisch sein. Geht die Gesetzgebung vom Volk aus, so wird damit nach Kant dem Beschluß, einen Krieg zu beginnen, ein Riegel vorgeschoben. Auch für den gegenwärtigen Friedensprozeß spielt der Gedanke der Gleichartigkeit der Verfassungen der an ihm beteiligten Staaten eine wesentliche Rolle. Der Akzent liegt dabei auf dem Postulat der universellen Beachtung der Menschenrechte. Gegenüber diesem Postulat tritt das traditionelle Verbot der Einmischung in die inneren Angelegenheiten eines jeden Staates zurück. In Fortführung des Kantschen Ansatzes ließe sich heute sagen, daß Staaten, die die universelle Geltung der Menschenrechte anerkennen, ihre Konflikte untereinander nicht mehr mit kriegerischen Mitteln, sondern durch Verhandlungen lösen werden.

Der zweite Grundsatz verlangt, daß das Völkerrecht auf einen Föderalismus freier Staaten gegründet sein solle. Kant überträgt damit den Begriff des Rechts als des Zusammenbestehenkönnens der Freiheit aller Bürger auf die Völkerrechtsgemeinschaft. In realistischer Weise lehnt Kant den Gedanken eines die ganze Welt umfassenden Völkerstaats, einer Weltrepublik ab und spricht von einem Völkerbund als Friedensbund freier Staaten. Es wäre interessant nachzuweisen, inwieweit die Kantsche Idee eines Friedensbundes die Entstehung des Völkerbundes nach dem Ersten Weltkrieg beeinflußt hat und inwieweit sie sich später auf die Entstehung der Vereinten Nationen ausgewirkt hat. Mit der ihm eigenen durchdringenden Klarheit stellt Kant fest: »Bei dem Begriffe des Völkerrechts, als eines Rechts zum Kriege, läßt sich eigentlich gar nichts denken.« Damit hat Kant der Sache nach eine Entwicklungstendenz des modernen Völkerrechts vorhergesehen, die dazu geführt hat, daß das Kriegsrecht im Verhältnis zum Friedensrecht nicht mehr als gleichrangiger Bestandteil der Völkerrechtslehre angesehen wird. Demgegenüber wird nach Kant der freie Föderalismus der Staaten als Grundlage des Friedens durch die Vernunft mit dem Begriff des Völkerrechts verbunden.

Als dritten Grundsatz formuliert Kant die Anerkennung eines auf ein Besuchsrecht eingeschränkten Weltbürgerrechts. Dem Weltbürgerrecht liegt die Toleranz gegenüber Fremden und der Gedanke des gemeinschaftlichen Besitzes der begrenzten Erdoberfläche zugrunde. Die Ablehnung eines Gastrechts erklärt sich aus Kants scharfsichtiger Kritik des Mißbrauchs von Handelsbeziehungen zu kolonialen Zwecken. Kant hat klar gesehen, daß ohne den Gedanken der Gleichheit aller Menschen und die Toleranz gegenüber Fremden ein allgemeiner Friedenszustand nicht denkbar ist.

Die Pflicht, auf den allgemeinen Frieden hinzuarbeiten, ist nach Kant zwar nur eine moralische Pflicht. Der Friedenszustand selbst, der auf dem Rechtsprinzip des Zusammenbestehenkönnens aller Staaten aufbaut, ist aber ein rechtlicher Zustand. Die Friedensschrift ist daher nicht nur ein *philosophischer* Entwurf, sie enthält zugleich auch eine nach Vernunftbegriffen strukturierte *Rechtslehre* für das Verhältnis der Staaten untereinander.

Das friedvolle Miteinander der Staaten ist für Kant freilich nicht ein nur anzustrebendes Ziel. Zwar beruht es auf dem Handeln der Menschen und der Staaten, daß die Rechtsidee in der Völkergemeinschaft letztlich die Oberhand gewinnt. Kant nimmt jedoch an, daß die Menschennatur selbst die Entstehung des allgemeinen Friedenszustands mit Notwendigkeit bewirkt und seine Aufrechterhaltung sichert. Die kulturellen Unterschiede stehen der Konzentration von Macht in einem Weltstaat entgegen und begünstigen den auf dem Gedanken der Gleichheit der Staaten beruhenden Aufbau einer Weltordnung. Der Handel, an dem es allen Staaten liegt, trägt zu friedlichen Beziehungen der Staaten bei. Die Sicherung des Friedenzustands sieht Kant daher letztlich in der inneren Teleologie der Menschennatur. Insofern Kant einen sich selbst tragenden Prozeß annimmt, ist sein Ansatz mit dem von Ch. S. Peirce vergleichbar, der mehr als ein Jahrhundert später einen Prozeß der Selbstorganisierung des Wissens als Ziel der Menschheitsentwicklung postulierte.

Die erste Gruppe der Abhandlungen beschäftigt sich mit Text und Kontext von Kants Friedensschrift. Dabei geht es nicht nur um den philosophiegeschichtlichen Zusammenhang der Kantschen Konzeption, sondern auch um den systematischen Ort des Friedensentwurfs im Kantschen Denken.

Eine zweite Gruppe behandelt die Methode der Friedensschrift, insbesondere die philosophische Aktualität des von Kant für Aussagen über die Zukunft eingeschlagenen Denkweges. Dabei wird die Frage aufgeworfen, ob moralische Pflicht Grundlage einer zweckbezogenen Prognose sein kann. Die Schlüssigkeit des Kantschen Entwurfs wird auf dem Hintergrund seiner Lehre von der Erfahrung, seiner Ethik und seiner Rechtslehre überprüft. Ferner wird untersucht, ob der Kantsche Entwurf eine Antizipation darstellt und wodurch sie sich von utopischen Systemen unterscheidet.

Bei dem dritten Themenkreis geht es um die politische Philosophie der internationalen Beziehungen und um die naheliegende Frage, auf welchen Grundwerten eine internationale Friedensordnung beruhen kann. Im Zusammenhang hiermit wird insbesondere das schwierige Problem des Verhältnisses zwischen Ethik und Moral einerseits sowie Politik andererseits untersucht. Ferner wird die Frage gestellt, welche Bedeutung dic Gerechtigkeit als Höchstwert für die Möglichkeit einer Friedensordnung hat. Außerdem wird der Kantsche Gedanke des Zusammenhangs zwischen innerstaatlicher Ordnung und äußerem Frieden auf seine Aktualität hin geprüft und mit der modernen Demokratieauffassung in Beziehung gesetzt.

Die vierte Gruppe der Abhandlungen beschäftigt sich mit den völkerrechtlichen Aspekten der Idee des internationalen Friedens. Hierzu gehört zunächst der Zusammenhang von Volkssouveränität und Friedenssicherung sowie die Bedeutung des von Kant entworfenen Friedensbundes für das heutige Völkerrechtsdenken. Gerade aus gegenwärtiger Sicht aktuell ist die Idee eines Völkerstrafrechts. Kant geht von der Bösartigkeit der menschlichen Natur aus, deren Auswirkungen auch in der heutigen Weltlage weiterhin zu beobachten sind. Daher stellt sich die Frage, welchen Beitrag das Völkerstrafrecht zu der von Kant erhofften Weiterentwicklung der menschlichen Natur leisten kann.

Günther Patzig
Kants Schrift »Zum ewigen Frieden«

Wenn wir über Bedingungen des Friedens und die Ursachen seiner Gefährdung nachdenken wollen, bietet sich der Rückgriff auf einen philosophischen Text an, der seit seiner Veröffentlichung vor 200 Jahren immer wieder – in Kriegs- und Friedenszeiten – als Basis weiterer Überlegungen gedient hat. Natürlich können wir nicht erwarten, Kants Schriften Antworten auf unsere heutigen Fragen ohne weiteres entnehmen zu können. Kant ging von den Rahmenbedingungen seiner Zeit aus; es ist selbstverständlich, daß seine Argumente, jedenfalls zum Teil, nur in die damalige politische Lage passen. Aber: Bedeutende philosophische Texte haben es nun einmal an sich, auch überzeitliche, gegen historische Veränderungen invariante Elemente zu enthalten. Es lohnt, beim Durchdenken eines solchen Textes das Kontingente und das Allgemeine voneinander zu trennen, dann aber auch miteinander zu verbinden, weil uns diese Bemühung den Blick schärfen kann für eine entsprechende Unterscheidung bei den Problemen, denen wir uns heute gegenübersehen.

Kants Schrift »Zum ewigen Frieden« erschien 1795; ihr Verfasser stand im 72. Lebensjahr. Sie erregte ein selbst für eine Schrift Kants ungewöhnliches Aufsehen; in rascher Folge erschienen mehrere Auflagen und Übersetzungen in fremde Sprachen. Besonders im revolutionären Frankreich wurde Kants Schrift beachtet und begrüßt. Versuche von Mittelsmännern, Kant in unmittelbaren Kontakt mit führenden Mitgliedern der Regierung zu bringen, führten aber zu keinem Ergebnis. Der Göttinger Theologe Stäudlin – dem Kant drei Jahre später seine Schrift »Der Streit der Fakultäten« widmete – schrieb am 6. März 1796 an Kant:

> Die ... Schrift ... wird die Aufmerksamkeit der Nationen einernten und auf entfernte Geschlechter hinwirken. Eine lehrreiche Lektion für Fürsten und Minister, so wie für den Untertanen, wird sie helfen, die Politik der Moral zu unterwerfen und die Menschen der brüderlichen Vereinigung näherzubringen.[1]

1 Kants *Werke*, Akademieausgabe XII, S. 60 (Brief Nr. 660).

Anders freilich urteilte Wilhelm von Humboldt, der, wie er in einem Brief an Schiller vom 30. Oktober 1795 sagt, die Schrift »wegen des treuen und interessanten Bildes, das sie von der Individualität ihres Verfassers« gebe, schätzte, den aber doch »ein manchmal wirklich zu grell durchblickender Demokratismus« empfindlich störte.[2]

Kants Analyse der Grundlagen einer friedlichen Politik geriet, nach diesem anfänglich lebhaften Echo, im 19. Jahrhundert, dem Zeitalter der napoleonischen Kriege und der Kriege, die man die der »nationalen Einigung« nannte, in Vergessenheit. Hatte Kant den Krieg als eindeutiges moralisches Unrecht, wenn auch ein wohl zur Erziehung des Menschengeschlechts notwendiges Übel bezeichnet, ihm freilich auch eine gewisse Erhabenheit in bestimmten Fällen nicht absprechen wollen[3], so trat demgegenüber in der Folgezeit eine moralische Verherrlichung des Krieges hervor, der gerade erst das Beste an Individuen und Völkern zu voller Kraft entwickeln könne. Hegel, von Treitschke, Nietzsche und, im Ersten Weltkrieg, Max Scheler könnte man zu diesen Antipoden des Kantischen Ansatzes rechnen. Das Interesse an Kants Friedensschrift verstärkte sich erst im Vorfeld des Ersten Weltkrieges und während seines Verlaufs, wie denn überhaupt Kants Werke erst gegen Ende des 19. Jahrhunderts wieder wirksamer wurden. Besondere Beachtung fand Kants Konzept einer Föderation freier Staaten, also eines »Völkerbundes«. So schrieb Karl Vorländer 1919:

> Wir werden stolz darauf sein, daß auch in der Frage des Völkerbundes und des ewigen Friedens unter den Völkern gerade unser größter Philosoph sogar den Philosophen aller anderen Völker vorangegangen ist.[4]

(Nach einer solchen Niederlage sieht man sich gern nach allem um, worauf man noch stolz sein kann.)

Ich werde zunächst (I) kurz auf den Anlaß der Schrift und die von Kant nachweislich berücksichtigen Vorgänger eingehen; danach (II) sollen die wichtigsten Gedanken Kants dargestellt und im Zusammenhang erläutert werden. Schließlich (III) werde ich nahelie-

2 Schillers *Werke*, Nationalausgabe Bd. 35 (Briefe an Schiller 1794-95), hg. v. G. Schulz, Weimar 1964, S. 412.

3 *Kritik der Urteilskraft*, § 28, Akademieausgabe V, S. 263.

4 Karl Vorländer, *Kant und der Gedanke des Völkerbundes*, Leipzig 1919, S. 5.

gende Einwände gegen Kants Auffassung erörtern, die sich aus unserer Situation und aus heute verbreiteten Ansichten ergeben.

I

Es kann als sicher gelten, daß Kant seine Schrift »Zum ewigen Frieden« verfaßt hat unter dem frischen Eindruck des am 5. April 1795 zwischen Preußen und der Französischen Republik geschlossenen sogenannten »Baseler Friedens«. Kant begrüßte diesen Friedensschluß, obwohl es sich – jedenfalls in den Augen der Nachwelt – auf der Seite Preußens um einen klaren Verrat an seinen Verbündeten handelte. Preußen gab die Rheinlande dem französischen Eroberer preis, um sich ungefährdet an der dritten polnischen Teilung von 1795, einem »Völkermord« auch schon nach dem damaligen Wort des Freiherrn vom Stein[5], beteiligen zu können. Für Kant stand im Vordergrund die Freude darüber, daß die Französische Republik, mit der er schon seit 1789 lebhaft sympathisierte, sich im Kampf gegen die europäische royalistische Koalition hatte behaupten können. Er gehörte nicht zu den vielen, deren anfängliche Sympathie, ja Begeisterung für die Französische Revolution angesichts des wachsenden Terrors verflog. Kant verurteilte die Gewalttaten, ohne deshalb doch schon die Sache, der sie dienen sollten, zu verwerfen:

Die Revolution eines geistreichen Volks, die wir in unseren Tagen haben vor sich gehen sehen, mag gelingen oder scheitern; sie mag mit Elend und Greueltaten dermaßen angefüllt sein, daß ein wohldenkender Mensch sie, wenn er sie zum zweiten Male unternehmend glücklich auszuführen hoffen könnte, doch das Experiment auf solche Kosten zu machen nie beschließen würde – diese Revolution, sage ich, findet doch in den Gemütern aller Zuschauer (die nicht selbst in diesem Spiele mit verwickelt sind) eine Teilnehmung dem Wunsche nach, die nahe an Enthusiasmus grenzt ...[6]

Freilich war Kant klar, daß der Baseler Friede, mit seinen Geheimklauseln über spätere territoriale Abfindungen, nur ein Waffenstillstand war und den Keim künftiger Konflikte in sich trug. Daher nun sein Versuch anzugeben, wie die Geschichte der Völker eine entschiedene Wendung zum Besseren nehmen könnte. Er

5 Zitiert bei M. Freund, *Deutsche Geschichte*, Gütersloh 1961, S. 448.
6 »Der Streit der Fakultäten« (1798), Akademieausgabe VII, S. 85.

griff dabei auf Projekte zurück, die ihn seit 1755, spätestens seit Anfang der sechziger Jahre, beschäftigten. Der Abbé de Saint-Pierre hatte nach einem anderen solchen Friedensschluß, nämlich dem Frieden von Utrecht zwischen Frankreich und mehreren europäischen Mächten, vor allem England, an dessen Verhandlungen er in amtlicher Funktion teilgenommen hatte, 1713 eine Programmschrift »Projet de la paix perpétuelle« vorgelegt: Er schlug den Fürsten Europas fünf Schritte zu einem solchen ewigen Frieden vor:

1. Die 24 christlichen Staaten von Europa sollten sich zu einem ewigen Friedensbund vereinigen, dem sich womöglich auch die mohammedanischen Fürsten anschließen könnten. Der Bund sollte durch einen ständigen Senat in Utrecht vertreten sein.
2. Es sollte zukünftig keine Einmischung in innere Angelegenheiten der Mitglieder stattfinden, außer im Fall der Auflehnung gegen die Bundesregeln.
3. Alle stehenden Heere sollten auf höchstens sechstausend Mann pro Staat abgerüstet werden.
4. Gebietserweiterung eines Staates solle in Europa ausgeschlossen sein, gleichgültig ob durch Eroberung, Erbschaften, Schenkungen oder freiwillige Abtretungen.
5. Alle Streitigkeiten sollten durch ein Schiedsgericht beigelegt werden, gegenüber dessen Sprüchen keine Appellation zugelassen sein sollte.

Der Abbé de Saint-Pierre hatte auf die Einsicht der Fürsten gebaut; Leibniz, als Hofmann des Welfenhauses erfahren, urteilte wohl richtig, als er dem Verfasser schrieb: Es sei gut, dergleichen Gedanken ins Publikum zu bringen, andererseits aussichtslos, die Fürsten der Zeit für ein solches Projekt zu gewinnen: »Nur ein Minister, der im Sterben liegt«, so schrieb Leibniz, »kann das wagen, und auch dieser nur dann, wenn er keine Familie hinterläßt.«[7]

7 Pierre Des Maizeaux (Hg.), *Recueil de diverses pièces sur la philosophie, la religion naturelle, l'histoire, les mathematiques & c., par Messieurs Leibniz, Clarke, Newton & autres Auteurs célebres*, Troisième édition, revue, corrigée, & augmentée, Tome 2, Lausanne 1759, S. 159 f.
Der Wortlaut bei Leibniz: »Un Ministre le pourroit peut-être faire à l'article de la mort, sur-tout si des intérêts de famille ne l'obligeoient pas de continuer sa Politique jusqu'au Tombeau & au-delà. Cependant il est toujours bon d'en informer le Public; quelqu'un en pourra être touché quand on y pensera le moins.«

Kant sah durchaus das Utopische in des Abbé Programm, so wie Leibniz; aber er weigerte sich, die Sache deswegen schon auf sich beruhen zu lassen. Er rechnete den Abbé de Saint-Pierre mit Platon und Rousseau zu den »Phantasten der Vernunft«, wie er sie in einer Reflexion nennt, und versteht unter Phantastik hier nichts anderes als den Enthusiasmus, »und es ist niemals ohne denselben in der Welt etwas Großes ausgerichtet worden«.[8]

Kants eigener Vorschlag geht nun über die fünf Punkte des Abbé noch weit hinaus. Aber zugleich macht Kant klar, daß es sich hier nicht um einen Vorschlag zur sofortigen Realisierung, sondern um die Skizzierung einer unbefristeten, ja unendlichen Aufgabe der Menschheit handelt, einer für die Praxis und Politik regulativen Idee, von der wir höchstens annehmen dürfen, daß wir uns ihr allmählich annähern, aber nicht, daß wir sie in endlicher Zeit voll realisieren können. Denn, wie Kant in seiner Schrift »Idee zu einer allgemeinen Geschichte in weltbürgerlicher Absicht« in einer berühmten Formulierung sagt: »Aus so krummem Holze, als woraus der Mensch gemacht ist, kann nichts ganz Gerades gezimmert werden.«[9]

II

»Zum ewigen Frieden: Ein philosophischer Entwurf«, so betitelt Kant seine Schrift, die in Bd. VIII der Akademieausgabe nur etwas mehr als 40 Seiten füllt. Ein knappes Vorwort erklärt diesen Titel mit dem ironischen Hinweis auf ein holländisches Wirtshausschild, auf dem unter der Schrift »Zum ewigen Frieden« ein Friedhof gemalt war. Mit ähnlich bitterer Ironie fordert Kant die Politiker auf, konsequent zu sein und, wenn sie sonst »mit großer Selbstgefälligkeit« auf die »sachleeren Ideen« des Schulweisen herabblickten, nun nicht »Gefahr für den Staat zu wittern«, wenn

8 Die Reflexion: Akademieausgabe XV, S. 210; die Bemerkung über den Enthusiasmus in »Versuch über die Krankheiten des Kopfes« (1764), Akademieausgabe II, S. 267; dazu vgl. Akademieausgabe VIII, S. 312/313.

9 Akademieausgabe VIII, S. 23. (Es heißt übrigens im Titel der Kantischen Schrift tatsächlich »Idee ...«, und nicht, wie fast immer zitiert wird, »Ideen ...«, dies wohl in Anlehnung an Herders Titel: »Ideen zur Philosophie der Geschichte der Menschheit«.)

es um Kants »auf gut Glück gewagte und öffentlich geäußerte Meinungen« gehe. Kant hatte das 1794, also im vorhergehenden Jahr, an ihn ergangene höchst ungnädige Reskript des damaligen preußischen Königs Friedrich Wilhelm II. nicht vergessen, in dem ihm, auf Betreiben des Ministers Wöllner, »Entstellung und Herabwürdigung mancher Haupt- und Grundlehren der Heiligen Schrift und des Christentums« vorgeworfen und ihm »bei fortgesetzter Renitenz unangenehme Verfügungen« angekündigt worden waren.[10]

Der Text ist nach dem Modell damaliger Friedensverträge in Präliminar- (vorläufige) Artikel und Definitiv- (endgültige) Artikel gegliedert. Es folgen zwei »Zusätze« (darunter eine »Geheimklausel«) und ein Anhang.

Die Präliminar-Artikel sollen Bedingungen definieren, die erfüllt sein müssen, wenn ein dauerhafter Friede möglich sein soll. Sie sind zum Teil offenbar zeitbezogen, zum Teil aber auch von allgemeiner Gültigkeit:

1. »Es soll kein Friedensschluß für einen solchen gelten, der mit dem geheimen Vorbehalt des Stoffs zu einem künftigen Kriege gemacht worden.«

Dies gilt, nach Kant, notorisch für alle bisherigen Friedensschlüsse, die daher eigentlich bloß die Bedeutung eines Waffenstillstands haben können.

2. »Es soll kein für sich bestehender Staat (klein oder groß, das gilt hier gleich viel) von einem andern Staate durch Erbung, Tausch, Kauf oder Schenkung erworben werden können.«

Dies ist, mit der auffallenden Abweichung, daß Eroberung als Erwerbsart nicht genannt wird, der vierte Punkt des Abbé de Saint-Pierre. Kant begründet die Forderung mit der Tatsache, daß ein Staat (anders als der Boden, auf dem er seinen Sitz hat) keine verfügbare Sache ist, sondern »eine Gesellschaft von Menschen, über die niemand anders, als er selbst zu gebieten und zu disponieren hat«. Der Personencharakter überträgt sich von den Menschen auf die Gesellschaft, die von ihnen gebildet wird; daher kann niemand Eigentum an einer solchen Gesellschaft, das heißt am Staate, erwerben.

3. »Stehende Heere ... sollen mit der Zeit ganz aufhören.«

10 Akademieausgabe XI, S. 506 bzw. 507 (Brief Nr. 605). Etwas abweichende Version Akademieausgabe VII, S. 6.

Kant sieht in stehenden Heeren eine unaufhörliche Bedrohung anderer Staaten, und er weist auf die Tendenz hin, daß die Staaten einander durch Rüstungen, die keine Grenze kennen, gegenseitig zu übertreffen versuchen. Da durch die ständig steigenden Kosten ein so beschaffener Friede auf die Dauer drückender werden kann als ein kurzer Krieg, muß diese Belastung zu Angriffskriegen reizen, um auf diese Weise die Rüstungslast loszuwerden. Dies ist ein Argument, das, wie wir alle wissen, in der Gegenwart in ähnlicher Weise verwendet wird.

4. »Es sollen keine Staatsschulden in Beziehung auf äußere Händel gemacht werden.«

Staatsschulden zu Rüstungszwecken waren in der Zeit Kants eine Neuerung. Er weist darauf hin, daß die Engländer »in diesem Jahrhundert« eine solche »sinnreiche Erfindung« gemacht hätten. Er hoffte wohl, durch Einschränkung dieser finanziellen Möglichkeiten die Bereitschaft zur Kriegsführung dämpfen zu können. Wir sind inzwischen an das Schuldenmachen der Staaten so gewöhnt, daß wir uns von einer solchen Einschränkung nicht mehr viel versprechen werden.

5. »Kein Staat soll sich in die Verfassung und Regierung eines andern Staates gewalttätig einmischen.«

Dies ist der zweite Programmpunkt der Abbé de Saint-Pierre; die Forderung bedarf keines Kommentars, aber der Hinzufügung, daß auch Kant selbst, insofern inkonsequent, in seiner Völkerrechtstheorie die Möglichkeit offenließ, daß ein kriegführender Staat dem unterlegenen auferlegen kann, eine republikanische Verfassung anzunehmen, um in Zukunft gegen dessen Angriffe besser gesichert zu sein.

6. »Es soll sich kein Staat im Kriege mit einem andern solche Feindseligkeiten erlauben, welche das wechselseitige Zutrauen im künftigen Frieden unmöglich machen müssen.«

Kant nennt als Beispiele solcher Handlungsweisen das Anwerben von Attentätern und Giftmischern, Anstiftung zum Hochverrat im Lande des Gegners usw. Sein Argument für diese Vorschrift ist dies, daß durch solche Mittel der Krieg in einen Ausrottungskrieg übergehe, der schlechterdings unzulässig sei, da der Krieg »doch nur das traurige Notmittel im Naturzustande ist, ... durch Gewalt das Recht zu behaupten« und »der Ausschlag desselben (gleich als vor einem sogenannten Gottesgerichte) entscheidet, auf wessen Seite das Recht ist«.

In den Kern der Sache führen anschließend die drei »Definitiv-Artikel«: es handelt sich um folgende Forderungen:

1. die Verfassung in jedem Staate soll republikanisch sein.
2. Das Völkerrecht soll auf einen Föderalismus freier Staaten gegründet sein.
3. Das Weltbürgerrecht soll auf Bedingungen der allgemeinen Hospitalität eingeschränkt sein.

Zu diesen Hauptbedingungen, die zusammen nach Kant, einmal erfüllt, den Weg zu einem dauerhaften Frieden eröffnen müssen, einige erläuternde Bemerkungen:

1. Unter einer »republikanischen Verfassung« versteht Kant eine solche, in der die exekutive Gewalt von der legislativen Gewalt geschieden ist; und aus dieser Bedingung ergibt sich für ihn schon, daß die Allgemeinheit der Staatsbürger über Krieg und Frieden entscheidet oder wenigstens mitentscheidet. Da die Staatsbürger sich darüber klar sein werden, daß die Drangsale, Verwüstungen und Kosten des Krieges sie selbst treffen werden, werden sie »sich sehr bedenken, ein solches schlimmes Spiel anzufangen«. Dagegen sei, einen Krieg zu beginnen, in einer nicht-republikanischen Verfassung die »unbedenklichste Sache von der Welt«, weil das

> Oberhaupt nicht Staatsgenosse, sondern Staatseigentümer ist, an seinen Tafeln, Jagden, Lustschlössern, Hoffesten und dergleichen durch den Krieg nicht das mindeste einbüßt, diesen also als eine Art von Lustpartie aus unbedeutenden Ursachen beschließen und der Anständigkeit wegen dem dazu allezeit fertigen diplomatischen Corps die Rechtfertigung desselben gleichgültig überlassen kann.[11]

Man muß wohl sagen, daß Kant die Dinge – nach dem Motto: »Krieg den Hütten, Friede den Palästen« – hier ein wenig überzeichnet. Immerhin riskierten auch damals die Fürsten einiges, bis zum Verlust ihres Throns, wenn sie ihr Land in einen Krieg verwickelten. Manche, wie Friedrich II. von Preußen, setzten im Krieg ihr Leben ein – was sie freilich noch nicht dazu berechtigte, auch das Leben ihrer Soldaten für nichts zu achten. Und ob, andererseits, eine Demokratie, in der die Masse der Einwohner über Krieg und Frieden mitzuentscheiden hat, allein deshalb friedfertiger sein *muß* als ein Obrigkeitsstaat, ist angesichts der Manipulierbarkeit der öffentlichen Meinung und menschlicher Emotionen und der nicht sehr verbreiteten Fähigkeit zur sorgfältigen

11 Akademieausgabe VIII, S. 351.

Abwägung von langfristigen Risiken leider nicht sicher. Es gibt Beispiele in der Geschichte, daß erst der »kochende Volkszorn« eine vorher zurückhaltende Regierung zur Eröffnung von Feindseligkeiten nachgerade gezwungen hat. Natürlich gibt es auch Fälle, in denen eine Regierung, die zum Krieg entschlossen war, die Zustimmung der Regierten durch raffinierte oder plumpe Anheizung nationaler Leidenschaften erst nachträglich sicherstellen konnte. Wir sollten auch nicht vergessen, daß noch in unseren Tagen (1969) die südamerikanischen Staaten Honduras und El Salvador wegen eines umstrittenen Fußballspiels einen Krieg gegeneinander geführt haben, in dem mehrere tausend Menschen ihr Leben verloren.[12]

Zentral ist natürlich Kants Forderung nach einem Völkerbund. So wie die Menschen im Naturzustand des »bellum omnium contra omnes« sich, gleichsam notgedrungen, in einem Staatenverband zusammenschließen, um durch Übergabe des Gewaltmonopols an die Regierung fundamentale Rechtsgarantien für jedermann sicherzustellen, so könnten doch die Staaten, die nach wie vor in einem entsprechenden moralischen Naturzustand leben, eigentlich kein dringenderes Interesse haben, als diesen zweiten Schritt auf höherer Ebene nachzuholen. »Statt dessen setzt jeder Staat seine Majestät ... gerade darin, gar keinem äußeren Zwange unterworfen zu sein.«[13] So hieß es bei Kant schon in einer der im Nachlaß gefundenen Reflexionen aus dem Jahre 1773/74: »Was ist die letzte Folge? Daß der Staat ein Körper freyer bürgerlicher Gesellschaften ist, welcher wiederum mit noch größeren ein Corps ausmacht, wie die Systeme der Sterne.«[14] Hier überträgt Kant offenbar seinen kühnen Gedanken aus der »Allgemeinen Naturgeschichte und Theorie des Himmels« von 1755, daß es nämlich außer unserer Milchstraße noch viele andere Galaxien geben dürfte, die zusammen ein übergreifendes kosmisches System ausmachen, auf die Politik.

12 Vgl. »Archiv der Gegenwart« Nr. 14854 C vom 15. 8. 1969 und Nr. 24003 C vom 30. 10. 1980. Der Ausscheidungskampf für die Fußballweltmeisterschaft war nach verbreiteter Auffassung nur Anlaß; die sozialen Spannungen, die durch Einströmen billiger Arbeitskräfte aus El Salvador nach Honduras ausgelöst wurden, wurden als eigentliche Ursache des Konflikts bezeichnet.

13 Akademieausgabe VII, S. 354.

14 Akademieausgabe XV, S. 607, vgl. S. 790.

Freilich sieht Kant hier die Gefahr, daß eine Zusammenfassung der einzelnen Staaten in einen Weltstaat (Universalmonarchie) einen »seelenlosen Despotismus« herauffühdren könnte. Jedoch hoffte er, die Verschiedenheit von Sprachen und Religionen könnte dieser Einheitstendenz hinreichend entgegenwirken, um zu einem Frieden zu leiten, der »nicht wie jener Despotismus (auf dem Kirchhofe der Freiheit) durch Schwächung aller Kräfte, sondern durch ihr Gleichgewicht im lebhaftesten Wetteifer derselben hervorgebracht und gesichert wird«.[15] Es spricht für Kants politische Weitsicht, daß er das Problem deutlich gesehen hat, das sich hier vor dem Betrachter auftut: Nur ein Pluralismus von Staaten scheint eine Sicherung zu bieten gegen die tödliche Gefahr, daß auch eine Weltregierung zu einer Diktatur entartet, deren Übermacht zwar Kriege verhindern, aber auch die Freiheitsräume der Individuen endgültig vernichten kann.

Etwas exotisch mutet der dritte Definitivartikel an:

»Das Weltbürgerrecht soll auf Bedingungen der allgemeinen Hospitalität eingeschränkt sein.«

Worum es Kant mit dieser Forderung geht, ist vor allem eine grundsätzliche Kritik am europäischen Kolonialismus, den er in sehr starken Worten verurteilt: Zwar habe »ursprünglich niemand minder Recht, an einem Ort der Erde zu sein, als der andere«, aber die europäischen Nationen hätten den *Besuch* fremder Länder, zu dem sie berechtigt seien, mit dem *Erobern* gleichgesetzt. Er spricht in diesem Zusammenhang von »Mächten, die von der Frömmigkeit viel Werks machen und, indem sie Unrecht wie Wasser trinken, sich in der Rechtgläubigkeit für Auserwählte gehalten wissen wollen«.[16] Die »Rechtsverletzungen an einem Platz der Erde« werden aber »an allen gefühlt«. Daher sei ein ewiger Friede nur unter der Idee eines so eingeschränkten Weltbürgerrechts möglich.[17]

15 Akademieausgabe VIII, S. 367.

16 Akademieausgabe VIII, S. 359.

17 In der zweiten Auflage der Schrift (1796) ist doch noch ein »Geheimartikel« hinzugekommen. Er empfiehlt den zum Krieg gerüsteten Staaten, sich von den Philosophen über die Bedingungen der Möglichkeiten des öffentlichen Friedens beraten zu lassen. Geheim wird der Artikel gehalten, weil es den Regenten als rufschädigend erscheinen könnte, sich von irgend jemandem belehren zu lassen. Hier steht dann der wie in Stein gemeißelte Satz: »Daß Könige philosophieren oder

Es erhebt sich nun die Frage: Woher nimmt Kant, der so klar und deutlich von der »Bösartigkeit der menschlichen Natur«[18] spricht, die Zuversicht, daß es doch möglich, ja unausbleiblich ist, daß die Menschen und Staaten schließlich einmal zur Vernunft kommen werden? Die Frage kann man aus dem Text unserer Schrift »Zum ewigen Frieden«, besonders aus dem Text des ersten Zusatzes und des Anhangs, beantworten; noch klarer wird Kants Position, wenn man als Hintergrund berücksichtigt, was er in der Schrift »Idee zu einer allgemeinen Geschichte in weltbürgerlicher Absicht« von 1783 und in dem dritten Teil »Vom Verhältnis der Theorie zur Praxis im Völkerrecht« der Schrift »Über den Gemeinspruch: Das mag in der Theorie richtig sein, taugt aber nicht für die Praxis« von 1793 vorgetragen hatte.

In aller Kürze: Die beiden Grundthesen Kants sind einmal die Lehre von der dem Menschen wesentlich einwohnenden Anlage zur Vernunft und damit seine Affinität zum moralischen Prinzip: »Das moralische Prinzip im Menschen erlöscht nie«[19], mag es auch manchmal für einige Zeit schlummern. Der Beweis dafür ist schon darin zu sehen, daß auch die machiavellistische Staatsklugheit stets bemüht ist, sich für ihre Taten oder Untaten eine moralische Rechtfertigung zu verschaffen, so fadenscheinig sie auch immer ausfallen möchte. »Die wahre Politik kann also keinen Schritt tun, ohne vorher der Moral gehuldigt zu haben«, wie es mit einem berühmten Wort Kants heißt.

Die zweite Grundthese Kants ist eine geschichtsteleologische Doktrin, nach der es jedenfalls erlaubt ist, anzunehmen, daß die Natur – »oder besser die Vorsehung«[20] – es so eingerichtet hat, daß gerade die »ungesellige Geselligkeit«, der Widerstreit der Interessen und der Konflikt, ja auch der Krieg unter den Menschen,

Philosophen Könige würden, ist nicht zu erwarten, aber auch nicht zu wünschen, weil der Besitz der Gewalt das freie Urteil der Vernunft unvermeidlich verdirbt.«

Zum Ausgleich dieses Defekts sei es unentbehrlich für »Könige und königliche (sich selbst nach Gleichheitsgesetzen beherrschende) Völker«, die »Classe der Philosophen nicht schwinden oder verstummen, sondern öffentlich sprechen zu lassen« zur »Beleuchtung ihres Geschäfts«.

18 Akademieausgabe VIII, S. 355.

19 Akademieausgabe VIII, S. 380.

20 Akademieausgabe VIII, S. 30.

die Individuen und Staaten schon aus Eigeninteresse zur Einrichtung von Institutionen zwingt, die auf lange Sicht auch eine Beförderung der moralischen Kultur bewirken *müssen*. Die Vernunft sagt uns, was unsere Pflicht ist; die Geschichte bietet uns zwar keine Gewißheit, daß, was wir erreichen sollen, auch erreicht werden kann, aber sie gibt doch »gegründete Hoffnung«; und so schließt Kant seine Schrift »Zum ewigen Frieden« mit dem Satz:

Wenn es Pflicht, wenn zugleich gegründete Hoffnung da ist, den Zustand eines öffentlichen Rechts, obgleich nur in einer ins Unendliche fortschreitenden Annäherung, wirklich zu machen, so ist der ewige Friede, der auf die bisher fälschlich so genannte Friedensschlüsse (eigentlich Waffenstillstände) folgt, keine *leere Idee*, sondern eine Aufgabe, die, nach und nach aufgelöst, ihrem Ziele (weil die Zeiten, in denen gleiche Fortschritte geschehen, hoffentlich immer kürzer werden) beständig näher kommt.

III

Wir wollen nun prüfen, an welchen Punkten wir Kants Auffassung nicht mehr zur Basis unserer eigenen Auffassungen machen können. Es versteht sich, daß ich hier nur auf einige Hauptpunkte eingehen kann:

Sicherlich sind wir heute weniger zuversichtlich als Kant, wenn es um die Anlage des Menschen zum Guten geht, von der Kant sagt, sie könne zwar schlummern, aber nie erlöschen. Kants Optimismus stützt sich auf seine bekannte Lehre von der Doppelnatur des Menschen als Naturwesen und zugleich Vernunftwesen, als eines Mitglieds des Reiches der Naturdetermination und gleichzeitig des Reiches der Freiheit und der Zwecke. Dies ist ein Stück respektable Metaphysik, die wir aber nicht mehr als Basis einer auf menschliches Handeln bezogenen Theorie verwenden können, ohne in schwierige Begründungsprobleme zu geraten. Wir können nur soweit an Kants Position festhalten, daß wir die Vernunft*fähigkeit* des Menschen als ein unbestreitbares Faktum ansehen, zugleich aber einräumen, daß der tatsächliche Vernunfterwerb von einer Reihe von Bedingungen abhängt, die leider auch fehlen und zerstört werden können. Das Vertrauen auf die menschliche Natur, bloß als solche, scheint daher nicht hinreichend begründet. Um so mehr sind wir verpflichtet, Bedingungen zu schaffen und

zu erhalten, die möglichst allen Menschen die Chance bieten, ihr Vernunftpotential zu entwickeln.
Wir werden, zweitens, sagen müssen, daß wir die philosophische Gemütsruhe heute nicht mehr aufbringen können, mit der Kant den weiteren Lauf der Weltgeschichte abzuwarten rät. Wir haben aus guten Gründen den Eindruck, daß die Geschichte der Menschheit im Zeichen der Nuklearwaffen an einer entscheidenden Wegmarke angekommen ist. Noch ein Krieg zwischen den Großmächten wäre nicht nur ein beklagenswerter Rückschlag in der Entwicklung des Menschengeschlechtes zum ewigen Frieden; er würde wohl eben jenen allgemeinen Friedhof bedeuten, den Kant in seinem Vorwort mit dem Titel der Schrift in Verbindung brachte.
Freilich könnte man, im Sinne Kants, vielleicht erwidern, daß die »Natur (oder besser die Vorsehung)« es auch hier so eingerichtet hat, daß in Proportion zur Steigerung der Gefahren natürliche Mechanismen eingreifen und eine Lösung erzwingen, die eigentlich durch moralische Motive schon längst hätte erreicht werden sollen. Die verbreitete kreatürliche Angst vor einer atomaren Katastrophe zwingt die Staaten zu informellen Vereinbarungen oder formellen Verträgen, die Situationen vermeiden sollen, in denen der Einsatz solcher Waffen sich als ultima ratio nahelegt. Aber dies ist ein weiterer Punkt, in dem uns Kants Auffassung nicht mehr überzeugen kann. Wir haben nicht mehr genug Zeit, die Vorsehung walten zu lassen, und unser Blick auf die vergangene Geschichte nach zwei Weltkriegen, nach Auschwitz und Gulag nimmt der Ansicht, es ließe sich daraus das stille Wirken einer der Menschengattung im ganzen wohlwollenden höheren Instanz ableiten, ihre Plausibilität. Wir selbst müssen die Katastrophe verhindern, und zwar innerhalb kürzester Zeit. Es ist nicht zweifelhaft, daß die Angst vor der nuklearen Katastrophe und damit das sogenannte Gleichgewicht des Schreckens über lange Zeit hin die moral-stellvertretende Funktion mit Erfolg wahrgenommen hat. Aber es gibt auch Gründe, zu befürchten, daß die Wirksamkeit dieses Mechanismus zunehmend verschleißt. In dieser Befürchtung wird man leider noch bestärkt, wenn man die Kommentare zu Kants Schrift »Zum ewigen Frieden« liest, die im Vorfeld des Ersten Weltkrieges und dann in entsprechenden Zeitabständen bis zu unserer heutigen Situation verfaßt worden sind. Jeder der Autoren – F. Staudinger (1897), E. Katzer (1915), K. Vorländer

(1919) und K. Jaspers (1957)[21] – weisen in ihren Beiträgen darauf hin, daß »heute«, also jeweils zu dem Zeitpunkt, in dem sie ihre Kommentare schrieben, der Zwang zum Frieden angesichts der bedrohlichen Waffenarsenale (1897), angesichts der Schrecken des ausgebrochenen Ersten Weltkrieges (1915), des katastrophalen Ausgangs des Ersten Weltkrieges (1919), erst recht dann im Zeitpunkt der Drohung der Atombombe (1957), so überwältigend deutlich sei, daß man an der Menschheit verzweifeln müßte, wenn sie die Schrift an der Wand nicht entziffern könnte oder beherzigen wollte.

Die von den Autoren regelmäßig als sicher unterstellte Beherzigung der historischen Lektionen ist, wie wir feststellen müssen, ebenso regelmäßig ausgeblieben.

Wenn wir nun auch auf die Annahme einer in jedem Menschen kraft seiner Menschheit vorhandenen, allenfalls vorübergehend schlummernden oder verschütteten Vernunft verzichten müssen, und ebenso auf den Glauben an eine in der Geschichte doch langfristig wirksame wohlmeinende Natur oder »Vorsehung« – dieser gut Kantische Ausdruck steht freilich nach dem Gebrauch, den Hitler von ihm gemacht hat, in fahlem Licht –, so können wir doch an Kants fundamentalem Konzept festhalten:

Das Elend der Menschheit, soweit es selbstverschuldet ist, und das Verhängnis der Kriege werden nicht aufhören, bevor eine Veränderung der Denkweise und der Grundsätze des Handelns unter den Menschen eingetreten ist: die prinzipielle Bereitschaft, Konflikte allein mit friedlichen Mitteln auszutragen, eigene Interessen nicht ohne Rücksicht auf die Interessen anderer durchzusetzen, sich selbst oder dem eigenen Volk, der eigenen Rasse oder sonstigen Gruppe keine Sonderstellung zuzusprechen, die zu besonderen Rechten Grund böte. Weder gibt die Überzeugung von der Überlegenheit der eigenen Lebensweise oder Weltanschauung ir-

21 F. Staudinger, »Kants Traktat: Zum ewigen Frieden. Ein Jubiläums-Epilog«, in: *Kantstudien* 1 (1897), S. 301-314.
Ernst Katzer, »Kant und der Krieg«, in: *Kantstudien* 20 (1915), S. 146-173.
Karl Vorländer, *Kant und der Gedanke des Völkerbundes*, Leipzig 1919 (85 S.).
Karl Jaspers, »Kants ›Zum ewigen Frieden‹«, in: K. Ziegler (Hg.), *Wesen und Wirklichkeit des Menschen (Festschrift für Helmuth Plessner)*, Göttingen 1957, S. 131-152.

gend jemandem das Recht, andere zur Übernahme dieser überlegenen Lebensform zu zwingen, noch können zum Beispiel Ansprüche auf ein Territorium, auf dem andere Menschen leben, durch die Tatsache begründet werden, daß Angehörige des eigenen Volkes oder der eigenen Gruppe dort früher einmal gelebt haben – womit ich nur zwei Faktoren nenne, die besonders häufig als Rechtfertigung für Gewaltanwendung herhalten müssen. Die Beispiele einer unvernünftigen und daher unmoralischen Interessenbehauptung ließen sich leicht ins Uferlose vermehren. Geradezu absurd nimmt es sich aus, wenn heute zum Beispiel die schwedische Regierung in einem Streit mit Dänemark über die Festlegung der Seegrenze zwischen beiden Ländern als Basis dieser Heranziehung die Festlandsküsten zugrunde legen will, wobei also die vorgelagerten Inseln Dänemarks unberücksichtigt bleiben sollen, hingegen in ihrem eigenen ganz entsprechenden Disput mit der Sowjetunion auf der Berücksichtigung der Insel Gotland besteht, und, auf diesen Widerspruch von den Dänen hingewiesen, argumentiert, beide Fälle seien eben grundverschieden.
Auch ohne Kants metaphysische Basis müssen wir an einem gewissen Vernunftoptimismus festhalten. Denn wenn wir heute einen prinzipiellen zwischenstaatlichen Gewaltverzicht als einzige Lösung akzeptieren, so müssen wir uns darauf verlassen, daß der doch keineswegs befriedigende *Status quo* der Welt durch Kompromisse und Verhandlungen, gegebenenfalls durch Schiedssprüche dafür zum Teil noch zu schaffender internationaler Instanzen usw., im Laufe der Zeit allmählich, aber wesentlich, verbessert werden kann. Angesichts der Krisensituationen und Verteilungsprobleme, die uns im Zusammenhang mit der wohl unvermeidlichen Überbevölkerung des Planeten bevorstehen, ist auch dieser Vernunftoptimismus ein Wagnis.
Das vorgeführte Modell beruht auf der Ansicht, daß es vor allem um die friedliche Regelung von Interessenkonflikten, Besitz- und Herrschaftsansprüchen geht, wenn wir Frieden unter den Staaten sichern wollen, und daß dieselben moralischen Grundsätze und Normen, die wir für das Verhalten von Individuen untereinander entwickelt haben, auch im internationalen Zusammenleben zur Geltung gebracht werden sollten. Dieses – im weiteren Sinne Kantische – Modell wird nun aber radikal in Frage gestellt durch jene Theorien, die Konflikte und kriegerische Verwicklungen nicht auf den *»Sacro egoismo«* von Staaten und unberechtigte Herrschafts-

ambitionen zurückführen, sondern auf völlig irrationale Antriebe, die für den einzelnen und das Kollektiv durch vernünftige Verhaltensnormen überhaupt nicht zu beeinflussen sind. Nach diesen Auffassungen brechen sich in Massen von Individuen aufgestaute Aggressionen in periodischen Eruptionen Bahn und führen zu Kriegen, wobei die politischen Interessen nur Vorwände und Scheingründe für solche elementaren Entladungen sind. Es leuchtet ein, daß, wenn diese Analyse richtig sein sollte, der Versuch, mit Vernunftgründen zu argumentieren, so aussichtslos wäre wie der Versuch, beim Bruch eines Staudamms die sich überstürzenden Fluten durch Argumente zur freundlichen Rückkehr in den Stausee zu bewegen. Ich werde mich hier exemplarisch auf die Thesen von Konrad Lorenz und von Arno Plack beziehen; Lorenz wird dabei wegen seiner bedeutenden Verdienste um die Verhaltensforschung, Plack mehr wegen des großen Verlagserfolges seiner Bücher zu berücksichtigen sein.

Das von Lorenz entwickelte Modell[22] rechnet beim Menschen wie bei anderen höheren Säugetieren mit einem ursprünglichen Aggressionspotential, das sich aufstaut, wenn es nicht durch adäquate Auslösungsreize abgeführt werden kann. Bei längerer Stauphase entlädt es sich schließlich auch in ganz untypischen Situationen, weil die Schwelle der Auslöserreize mit dem Anstieg des Aggressionspegels absinkt. Jeder kennt ja den Fall, daß sich durch mancherlei Ärger allmählich aufgestaute Aggressionen schließlich bei einer ganz »harmlosen« weiteren Störung explosiv entladen. Biologisch dient nach Lorenz die Aggression der Revierverteidigung, diese wiederum der Ausbreitung einer Tierart in dem zur Verfügung stehenden Biotop. Das Stichlingsmännchen ist für Lorenz das Paradebeispiel eines solchen aggressiven Verhaltens gegen Eindringlinge. Das Stichlingsmännchen greift, wenn sich lange genug kein anderer Stichling zeigt, auch ganz unspezifische Gegenstände und Attrappen an.

Um das dem Menschen ebenfalls angeborene aggressive Verhalten nicht zwischen Individuen und menschlichen Gruppen (speziell in der Politik) katastrophal entgleisen zu lassen (speziell zum Krieg), empfiehlt Lorenz, geeignete alternative Betätigungsfelder für den Aggressionsstrieb zu schaffen: Sport, wirtschaftliche Konkurrenz, wissenschaftlichen Wettbewerb und andere gefährli-

22 Konrad Lorenz, *Das sogenannte Böse*, Wien 1963, [6]1974.

che Unternehmungen, wie die Raumfahrt, betrachtet er als hierfür besonders geeignet.
Diese Theorie kann nicht überzeugen. In der Biologie bin ich nicht kompetent; aber auch Fachleute haben schon eingewandt, daß das »hydraulische Modell« von Lorenz für den menschlichen Aggressionstrieb kaum zutreffen dürfte. Selbst Stichlinge zeigen nach lebhafter Aggressionsphase eine erhöhte, und nicht, wie man nach der Theorie doch erwarten müßte, abgeschwächte Aggressionstendenz. Das Revierverteidigungsverhalten ist als Aggressionsquelle für den Menschen wie überhaupt für in Gruppen lebende Primaten nicht sehr charakteristisch. Menschen, wie andere Primaten, reagieren mit Aggressionen vor allem gegen Schädigung und Bedrohung, auch gegen Bedrohung ihrer Gruppen: Beim normalen Menschen kann kaum etwas einen stärkeren Aggressionssturm auslösen als ein Angriff auf seine Kinder. Frei flottierende Aggressivität kommt zwar vor, ist aber relativ selten. Das »sogenannte Böse« kann daher keineswegs allein auf aggressives Verhalten zurückgeführt werden. Rücksichtslosigkeit bei der Verfolgung eigener Interessen (ohne *beabsichtigte* Schädigung eines Gegners) ist eine viel ergiebigere Quelle menschlichen Unglücks. Daher ist die Hoffnung, moralische Probleme könnten durch die Bereitstellung ungefährlicher Aggressionsabfuhrgelegenheiten zum Verschwinden gebracht werden, utopisch.
Was nun die These von Lorenz betrifft, gerade Kriege seien die Wirkung einer in der Bevölkerung des Angreiferstaates aufgestauten Aggression, so legt die Betrachtung der historischen Tatsachen eher die Vermutung nahe, daß Lorenz hier die Ursache mit der Wirkung verwechselt: Allerdings sehen wir im Krieg hochgradige kollektive Aggressivität vor uns. Aber es liegt nahe, sie eher für eine *Wirkung* der durch den Kriegszustand vorliegenden und befürchteten akuten Bedrohung zu halten. Politiker, die aufgrund kühler Überlegungen einen Krieg zu führen für zweckmäßig halten – oder aus irrationalen Motiven Krieg führen wollen –, haben im allgemeinen erhebliche Mühe, durch entsprechende demagogische Praktiken die öffentliche Meinung aufzuheizen und das für ihre Zwecke nötige Aggressionspotential zu erzeugen. Deutschland im Jahre 1939 ist hierfür ein überzeugendes Beispiel. Die große Mehrheit sah den Krieg mit Beklommenheit heraufziehen. Daß danach auch die zunächst keineswegs kriegslüsternen Individuen in eine kollektive Begeisterung und beängstigende Aggressi-

vität gerieten, das wiederum kann man mit biologischen Faktoren der Gruppensolidarisierung in kritischen Situationen gut erklären. Die im Krieg allerdings manifeste Aggressivität als Beweis der Kriegslüsternheit anzusehen, das ist ebenso sachfremd, wie die Kriegszielphantasien deutscher Politiker *nach* dem Kriegsausbruch 1914 – so beschämend und entlarvend sie waren – als Beweis für ihre Entschlossenheit, Krieg zu führen, anzusehen, die schon vor August 1914 bestanden haben soll. Übrigens pflegen ja auch die Mitglieder eines eindeutig ohne Grund angegriffenen Staates (wie Finnland 1939 von der Sowjetunion) ganz entsprechende Aggressionen zu entwickeln, und was man im Falle des Angegriffenen nicht als Ursache des Kriegsausbruchs ansehen will, kann man nicht zugleich zur Ursache beim Angreifer machen.

Arno Plack hat die These von Konrad Lorenz entschieden bestritten; statt dessen hat er eine eigene neue These aufgestellt: Für Plack[23] gibt es kein sich gleichsam von selbst aufbauendes Aggressionspotential beim Menschen. Aggressionen entstehen vielmehr allein auf der Basis vereitelter Triebbefriedigung. In den westlichen zivilisierten Gesellschaften ist Frustration vor allem im Hinblick auf die Erfüllung sexueller Wünsche unvermeidlich. Würde die repressive gesellschaftliche Normierung des Verhaltens, vor allem im Bereich der Sexualität, durch eine radikale Freigabe abgelöst, so fiele die Hauptquelle der Aggressionsbildung fort, und wir könnten nach Plack erwarten, daß die Menschen in einer solchen Gesellschaft friedlicher, freundlicher, ja »gut« werden und sich die moralischen Probleme von selbst verflüchtigen.

Nun ist unbestreitbar, daß Frustrationen Aggressionen erzeugen können (besonders, wenn sie als unbegründet erlebt werden). Aber es ist sicher falsch, daß jeder Triebbefriedigungsverzicht, der von Menschen verlangt wird, Aggressionen auslöst. Das wird vor allem dann nicht der Fall sein, wenn die Normen, die diesen Verzicht verlangen, vom Individuum als vernünftig begründet und sachlich notwendig angesehen werden. Es ist auch keineswegs sicher, daß Menschen genau dann glücklich, zufrieden und daher friedlich sein werden, wenn ihrer Triebbefriedigung keine Hin-

23 Arno Plack, *Die Gesellschaft und das Böse. Eine Kritik der herrschenden Moral*, München 1967, 12. Aufl. 1977.

dernisse im Wege stehen. Zum menschlichen Glück scheint mehr als Triebbefriedigung zu gehören (die freilich, in Maßen, auch!). Ebenso gewichtig scheint ein Gefühl des eigenen Werts, soziale Anerkennung und Resonanz, und die sind nun einmal der Natur der Sache nach nicht ohne mancherlei Triebverzicht zu haben. Weder also kann die These einleuchten, daß uneingeschränkte Triebbefriedigung die moralischen Probleme löst, noch dürfen wir davon ausgehen, daß es allein oder hauptsächlich die strikte sexuelle Normierung ist, die, wo sie besteht, Kriege auslöst. Es würde mir übrigens leid tun, wenn ich diejenigen Leser, die dem Slogan »Make love, not war!« folgen wollen, mit meinen Ausführungen um das zusätzliche Vergnügen bringe, das das Bewußtsein geben kann, mit dem, was man ohnehin gern tut, fördere man zugleich den Weltfrieden.

Also? Also, so möchte ich empfehlen, zurück zu Kant, dessen zugegebenermaßen etwas altmodische Ansichten über das menschliche Leben und Treiben mir immer noch realistischer scheinen als die Extrapolationen aus Verhaltensforschung und (populärer) Tiefenpsychologie. Daß wir uns Kants starke These über angeborenen Vernunftbesitz als Charakteristikum des Menschen und über die »hidden hand« der Vorsehung im Laufe der Geschichte nicht zu eigen machen können, ist schon gesagt. Aber einen von Kant inspirierten Zukunftsoptimismus und einen von ihm begründeten »Enthusiasmus der Vernunft« dürfen wir mit gutem intellektuellem Gewissen festhalten. So kann uns Kant, nach dem schönen Bild, das Carl Friedrich von Weizsäcker für Goethe geprägt hat, auch in kritischen Zeiten noch Orientierung bieten: nicht als ein Leuchtturm, der den Hafen anzeigt, sondern als ein Stern, dessen Licht uns auf jeder Reise begleitet.[24]

24 C. F. v. Weizsäcker: »Nachwort zu Goethes naturwissenschaftlichen Schriften«, in: Goethes *Werke*, Hamburger Ausgabe Bd. 13, Hamburg ^{5}1966, 537-554 (Zitat S. 554).

Reinhard Brandt
Historisch-kritische Beobachtungen zu Kants Friedensschrift

1. Einleitung: Krieg und Friede

Der Menschheit ist das Lob des Krieges vergangen. Marinetti schrieb noch von der Poesie der Maschinengewehre, und Ernst Jüngers *In Stahlgewittern* faszinierte kriegsbegeisterte Leser. Zu Kants Zeiten wurde die Meinung vertreten, daß Krieg und Frieden alternieren müssen, weil der im Frieden dominierende Handelsgeist die Völker moralisch korrumpiere und der Krieg zur Neuerweckung der Tugenden notwendig und von der Vorsehung auch gewollt sei. So Henry Home:

> Upon the whole perpetual war is bad, because it converts men into beasts of prey: perpetual peace is worse because it converts men into beasts of burden. To prevent such woeful degeneracy on both hands, war and peace alternately are the only effectual means: and these are adopted by Providence.[1]

Johann H. G. Justi versuchte zu zeigen, daß die Idee eines europäischen Friedensbundes eine Chimäre ist[2], und der Hofprediger Johann F. W. Jerusalem demonstrierte den vielfältigen Nutzen der gottgewollten Kriege.[3]

Auch bei Kant gibt es neben der Betonung der historischen Funk-

1 Home 1778, II 296. Zu einer gleichen Einschätzung gelangt Adam Ferguson im *Essay on the History of Civil Society* (1767) in dem Kapitel: »Of the principles of War and Dissension« (Ferguson 1966, 20-25); Ferguson zeigt die historische Funktion des Krieges und den sittlichen Wert: »[...] he who has never struggled with his fellow-creatures, is a stranger to half the sentiments of mankind« (24).

2 Johann H. G. Justi, »Untersuchung: Ob Europa in eine Staatsverfassung gesetzt werden könne, wobei ein immer währender Friede zu hoffen ist«, in: Justi 1760, I 171-184. Auf Justi verweist Epstein 1966, 291-293.

3 Johann F. W. Jerusalem, *Betrachtungen über die vornehmsten Wahrheiten der Religion*, Leipzig 1768, 143. Auf Jerusalem verweist Epstein 1966, 291-293.

tion des Krieges[4] den Hinweis auf eine positive Wertschätzung in sittlicher Hinsicht:

Selbst der Krieg, wenn er mit Ordnung und Heiligachtung der bürgerlichen Rechte geführt wird, hat etwas Erhabenes an sich und macht zugleich die Denkungsart des Volks, welches ihn auf diese Art führt, nur um desto erhabener, je mehreren Gefahren es ausgesetzt war und sich muthig darunter hat behaupten können: da hingegen ein langer Frieden den bloßen Handelsgeist, mit ihm aber den niedrigen Eigennutz, Feigheit und Weichlichkeit herrschend zu machen und die Denkungsart des Volks zu erniedrigen pflegt.

So die *Kritik der Urteilskraft* von 1790.[5] Die völkerrechtliche Friedensschrift dagegen fordert kategorisch die Abschaffung des Krieges, und sie versucht zu zeigen, daß der Krieg zwar ein Mittel in der planetarischen Evolution der Menschheit (»als einer Thierklasse«, 365, 19) *war*, jedoch in der Gegenwart nicht nur rechtswidrig, sondern auch funktionslos geworden ist. Zugleich rettet sie, wie gezeigt werden soll, den eben zitierten Gedanken: An die Stelle des Krieges tritt nicht die gefürchtete Ruhe der Universalmonarchie oder der bloß kommerziellen Gesellschaft, sondern der friedliche Streit zwischen den durch Sprache und Religion getrennten Völkern.

Mit Hilfe der modernen Technik wurden Waffen von einer Vernichtungskraft geschaffen, die eine Unterscheidung zwischen Zivilisten und Kombattanten, im Extremfall zwischen eigener Bevölkerung und Angreifern unmöglich macht; ihre *Anwendung* widerspricht somit dem Völker- und sogar dem Staatsrecht. Die Bedienung automatischer Waffen evoziert beim Betrachter keine Idee der Erhabenheit und fördert keine Tugend, wie frühere

4 Vgl. VIII 24-25 (*Idee zu einer allgemeinen Geschichte in weltbürgerlicher Absicht*, »Siebenter Satz«); 121: »Auf der Stufe der Cultur also, worauf das menschliche Geschlecht noch steht, ist der Krieg ein unentbehrliches Mittel, diese noch weiter zu bringen; [...]« (*Muthmaßlicher Anfang der Menschengeschichte*, »Schluß-Anmerkung«). (Kant-Zitate hier und im folgenden nach der Akademie-Ausgabe der *Gesammelten Schriften*, Berlin 1900 ff.; auf den Band VIII wird bei Zitaten aus dem *Ewigen Frieden* nur mit Seiten- und Zeilenangaben verwiesen.)

5 *Kritik der Urteilskraft* § 28; V 263. – Allen genannten Autoren war die gleiche Meinung aus der Antike, besonders der Kaiserzeit, vertraut; so Juvenal in den *Satiren*: »Nunc patimur longae pacis mala, Luxuria incubuit victumque ulciscitur orbem« (VI 293-294).

Autoren im Hinblick auf andere Waffen meinten. Kants rigoroses rechtlich-moralisches Friedensgebot in der Schrift von 1795 konnte auf diesem Umweg zu einem Gedanken des Common sense werden – der These von Kants »Ewigem Frieden« gehört die Sympathie jedes mit Verstand oder Vernunft begabten Lesers.

Unter den Titeln eines simulierten Friedensvertrages werden vier Themenkomplexe vereint. Die »Präliminarartikel« zählen verschiedene den Frieden tangierende, zugleich aktuelle Rechtsverletzungen auf, die instantan oder längerfristig einzustellen sind, um den Frieden zu realisieren. Die Definitivartikel und deren Naturgarantie umreißen ein vollständiges System des öffentlichen Rechts und der Naturgeschichte der Menschheit, das im Frieden zu seinem Endzweck und letzten Zweck kommt. Die Explikation dieses Rechts- und Geschichtssystems bildet einerseits eine in sich geschlossene Abhandlung, andererseits sind die Präliminarien Voraussetzungen oder Bestandteile eines derartigen Friedenssystems unter den Staaten. Der Zusatz (der 2. Auflage) über den Philosophen und die beiden (z. T. schon vor der übrigen Schrift konzipierten)[6] Anhänge zum Thema »Moral und Politik« sind wiederum selbständige Erörterungen von Bedingungen, unter denen sich der Friede verwirklichen läßt.

»Ein philosophischer Entwurf« lautet der Untertitel.[7] Die Schrift entwickelt nicht die philosophischen Prinzipien des Friedens, die letztlich identisch sind mit den Prinzipien des Rechts überhaupt.[8] Sie bildet keine Vorwegpublikation eines Teils der zwei Jahre später erscheinenden »Metaphysischen Anfangsgründe der Rechtslehre« in der *Metaphysik der Sitten*, sondern verknüpft Elemente der reinen Rechtstheorie mit der (wiederum allgemeinen) Frage ihrer politischen Realisierung. In dieser Verknüpfung: Nicht in der reinen Theorie, sondern im Theorie-Praxis-Problem, liegt das Zentrum des Traktats; er ist eine Streitschrift für den Frieden, gerichtet gegen Autoren, die als Vertreter der feudalen Staatsmacht die Theorie aus der üblichen Praxis und nicht die Praxis aus der Theorie bestimmen. Im Bild der Gigantomachie: Der (frank-

6 Vgl. Lehmann 1969.
7 Von Kant selbst in seinem Reinschriftexemplar nicht angeführt, vgl. VIII 507.
8 Vgl. den »Beschluß« der »Metaphysischen Anfangsgründe der Rechtslehre«, VI 354-355. Geismann 1983, 363.

reichorientierte) Platoniker Kant kämpft gegen die (englandorientierten) Empiristen der Politik; ihrer Praxis-Theorie aus vermeintlicher Erfahrung stellt er Lehrstücke einer reinen Theorie, eine durch Theorie geleitete Praxis und die Erfahrung einer wirklichen Anthropologie entgegen.

In dem Bergmassiv der kurzen Schrift vereinigen sich viele Gedankenschichten. Es sollen im folgenden einige von ihnen analysiert und bestimmte offene Lektüreprobleme erörtert werden. Zunächst gebe ich eine historische Exposition vorhergehender Friedensgedanken, so weit diese Vor-Überlegungen in den Kantischen Traktat Eingang gefunden haben, implizit oder explizit; sie münden in die Aufgabe, die die Schrift im Zentrum zu lösen sucht: Wie läßt sich zeigen, daß das vernunftnotwendige Friedensgebot realistisch und nicht chimärisch ist? Diesem Realismus dient in den negativ formulierten Präliminarartikeln die Einführung der »lex permissiva«, in den positiv gefaßten Definitivartikeln die Garantie der Natur. Aber wie ist zu verstehen, daß diese Garantie selbst dann eintreten soll, wenn das Vernunftgebot der Definitivartikel nicht befolgt wird? Die Ablehnung des Platonischen Philosophen-Königs-Prinzips läßt sich sowohl mit dem Prinzip republikanischer Gewaltenteilung wie auch dem des globalen Handels in Verbindung bringen; zugleich enthält Kants Postulat der Trennung von Macht und Gelehrsamkeit eine elementare Kritik seiner publizistischen Gegner. Am Schluß soll versucht werden, den inneren Zusammenhang der Politik/Moral-Problematik mit dem Gedanken von Publikationsfähigkeit und -bedürftigkeit politischer Maximen nachzuweisen. Es ist eine Idee, die bei Kant für die Erkenntnis, die Ästhetik und dann auch das Recht virulent wird.

II. Die philosophisch-historische Problemstellung

»Daß Könige philosophiren, oder Philosophen Könige würden, ist nicht zu erwarten, aber auch nicht zu wünschen: weil der Besitz der Gewalt das freie Urtheil der Vernunft unvermeidlich verdirbt« (369, 28-30). Kant nennt Platon nicht, aber er bezieht sich im mitkalkulierten Leserwissen auf ihn. In der *Politeia* hatte Kant gelesen:

Wenn nicht entweder die Philosophen Könige werden in den Staaten oder die jetzt so genannten Könige und Gewalthaber wahrhaft und gründlich philosophieren und also dieses beides zusammenfällt, die Staatsgewalt und die Philosophie, [...], eher gibt es kein Ende von dem Übel für die Staaten, [...] und für das menschliche Geschlecht (473c-d).

Kants Korrektur des Philosophen-Königs-Prinzips ist in seiner eigenen Theorie begründet, und hierauf soll später noch einmal eingegangen werden. Zuerst interessiert die Friedenskonzeption bei Platon selbst; Kant hatte sich in der *Kritik der reinen Vernunft* auf die Republik bezogen[9] und damit öffentlich einen Maßstab gesetzt, an dem die eigene Rechtsphilosophie zu beurteilen war. Und weiter: Seine Vernunft- und Ideenlehre ist entwickelt im unmittelbaren Rückgriff auf Platon. Wenn also hier an Platon erinnert wird, so nicht aus Gründen historischer Ursprungssuche, sondern in der Analyse der Kantischen Gedanken: Die Philosophie Platons bildet in Kants praktischer Philosophie ein konstitutives, wenn auch in einer Metamorphose präsentes Element.

Die Platonische Polis entsteht aus der Arbeitsteilung; in der Auseinandersetzung mit der nicht-menschlichen Natur erweist es sich als günstig, daß Menschen eine Symbiose bilden, deren Glieder sich auf bestimmte notwendige Arbeiten spezialisieren und diese auch für die anderen Glieder der Lebensgemeinschaft ausrichten. Die Gesellschaft wird damit zu einem erweiterten menschlichen Körper. Es wird die innere Logik des Wachstums und der ständischen Organisation, in der jeder das Seine tut (»suum quisque«), mit einer am Guten orientierten Erkenntnisherrschaft entwickelt; Erkenntnisherrschaft: Die Trennung von politischer Gewalt und höchster Instanz der Erkenntnis des Guten ist nicht möglich (wie Kant gegen Platon in einem neuen Kontext behaupten wird). Die Polis ist ein autarkes Gebilde, eine Welt für sich. Daß es andere Staaten gibt, ist purer Zufall, für den die Polis jedoch gerüstet ist: Der zweite Stand, der der waffentragenden Wächter, sorgt nicht nur im Inneren für die Einhaltung der Gesetze, sondern wehrt auch mögliche Gefahren von außen ab. Sie selbst ist ein Friedensstaat und meidet jeden ungerechten Krieg auf Grund ihres inter-

9 »Die platonische Republik ist, als ein vermeintlich auffallendes Beispiel von erträumter Vollkommenheit, die nur im Gehirn des müßigen Denkers ihren Platz haben kann, zum Sprichwort geworden [...] Allein man würde besser tun, diesem Gedanken mehr nachzugehen [...]« (III 247; *Kritik der reinen Vernunft* A 316, B 372).

nen Prinzips, denn das in sich Gute und Gerechte ist auch im Hinblick auf andere gut und gerecht; und da die Platonische Polis nach Prinzipien des Guten und Gerechten organisiert ist und die Seelen der Bürger sich isomorph in der Struktur der Politeia abbilden, suchen die Stadt und ihre Bürger den Frieden mit den sie umgebenden Staaten und Menschen.

Kant ist Platoniker, aber Platoniker unter den Bedingungen der Moderne. Er plädiert nicht für die »anciens« im Bereich von Recht und Politik, sondern ist entschieden auf der Seite der »modernes«, und *der* Theoretiker der Moderne ist nach seiner Auffassung Thomas Hobbes. Während die Grundlage der Philosophen-Polis die arbeitsteilige Bewältigung der Bedürfnisse des Menschen im Hinblick auf die äußere Natur ist (Nahrung, Kleidung, Wohnung), ist der Hobbessche Ausgangspunkt der Konflikt der Menschen untereinander. Die Furcht vor dem gewaltsamen Tod führt zu Reflex-Handlungen, die als solche nicht verboten werden können, die also erlaubt, also unlimitiert rechtens sind; der Furcht-Reflex wird so zum Ursprung eines Rechts auf alles und alle, das, da es jedem zukommt, von keinem realisiert werden kann. Die Logik der Furcht führt zu deren unendlicher Spiegelung: Jeder muß befürchten, daß der andere aus Furcht einem Angriff zuvorkommt, und versuchen, die Antizipation zu antizipieren. Aus dieser Aporie flüchten die Menschen in einen Rechts-Verwirklichungs-Verband, der zwei Aufgaben erfüllt: Er nimmt ihnen im Akt der Entstehung das konfligierende »jus in omnia et omnes« und gibt es ihnen, sobald er konstituiert ist, partiell und dosiert als gesetzlich bestimmtes zurück; und er schützt zweitens die somit geordneten Rechte eines jeden gegen innere und äußere Übergriffe. Die Bürger können im Prinzip furchtlos in den eingehegten Rechtsbereichen leben, und jeder kann für sich das tun, was er für gut hält.

Im Platonischen Gerechtigkeitsstaat gilt die Losung: »*Jeder* (tut) das Seine«, Hobbes dagegen stiftet einen formalen Rechtsstaat mit der Devise: »*Jedem* (gehört) das Seine«. Platon mußte sich anheischig machen, die wahre Natur des Menschen zu kennen und das zu bestimmen, was objektiv für den Menschen gut und gerecht ist. Hobbes dagegen geht von der Furcht und deren »summum malum«, dem gewaltsamen Tod, aus und läßt das Gute das sein, was jeder im einzelnen im Umgang mit dem »suum« dafür hält. Gerecht ist nicht sein Handeln, sondern die Entscheidung im Streitfall um ein jeweiliges »suum«.

Platon erzeugt die Polis als ein Lebenstotum, das eine autarke Einheit bildet; neben ihm gibt es – fast zufällig – andere derartige Gebilde, aber deren Existenz hat keinen wesentlichen Einfluß auf die Lebensgemeinschaft.

Anders bei Hobbes. Die Ausgangssituation erzwang eigentlich einen Weltstaat, denn das Schutzbedürfnis vor dem gewaltsamen Tod bezog sich auf jeden potentiellen menschlichen Angreifer überhaupt.[10] Die Restriktion des Staats auf ein bestimmtes Areal und seine Bewohner ist nicht in der Natur des Menschen wie bei Platon begründet, denn der Hobbessche Staat bildet keine notwendig begrenzte Lebensgemeinschaft zur Verwirklichung des guten und gerechten Lebens, sondern ein Notbündnis gegen eine wirkliche oder drohende Gefährdung des eigenen Lebens. Die Not zwingt die Menschen, auf halbem Wege stehenzubleiben und heilvoll-unheilvolle Teilbündnisse zu schließen, die dazu führen, daß der »status naturalis« auf der Staatenebene reproduziert wird, mit größerer Gewalt und größerem Schrecken.[11] Ein Zwischenfriede im Zustand des grundsätzlichen »bellum omnium contra omnes« ist nur durch eine abschreckende Rüstung möglich: Die anderen Staaten müssen genötigt werden zu befürchten, bei einem Antizipationsangriff zu unterliegen, andernfalls werden sie einen Grund entdecken oder erfinden, ihrerseits diesen Angriff zu führen. Hobbes kann dem Staat als Mittel der – rechtsnotwendigen – Selbsterhaltung nur die Antizipation von Angriffen oder die relative Überrüstung empfehlen.

Kant wird diese Hypothek übernehmen und das Problem zu lösen suchen: Wie läßt sich das Gladiatorenschicksal der Hobbesschen Staaten in eine (vom Prinzip des »neminem laede« gebotene) Friedenshaltung verwandeln, ohne die Staaten im vernunftgemäßen, aber realitätswidrigen Weltstaat aufzulösen?

Bei Rousseau findet Kant zwei Elemente, die in seine Friedens-Theorie eingehen: Einmal ist es ein durch John Locke vorgedachter republikanischer Staat, zum andern die Saint-Pierresche Idee

10 Hobbes nennt diese interne Konsequenz seines Ansatzes, so viel ich weiß, nicht selbst.

11 Bekanntlich sagt schon Platon in den *Nomoi*, naturgemäß herrsche für alle Staaten (poleis) gegenüber allen anderen Staaten immer Krieg (625d); wir haben uns oben nur auf die interne Logik der von Kant zitierten *Politeia* bezogen, es soll kein problemgeschichtlicher Abriß gegeben werden.

eines Völkerbundes, die ein Tertium zur Hobbesschen Alternative von Antizipation und Überrüstung bildet.
Mit Locke beginnt nach dem titanischen Werk von Hobbes die gewissermaßen menschliche Rechtsgeschichte der Neuzeit. In den *Two Treatises of Government* wird der Mensch als Person zum Ausgangspunkt genommen: Er ist a priori zur Selbsterhaltung verpflichtet und verfügt damit über das Recht auf die Mittel, die die Natur ihm dafür bietet. Seine zur Selbsterhaltung nötige äußere Handlungsfreiheit kann er nicht aufgeben, sondern ist zur Freiheitserhaltung verpflichtet; damit ist der Zugang zum Hobbesschen Staat versperrt und der Weg zur gewaltenteiligen, der Verwirklichung der natürlichen Rechte der Bürger verpflichteten Republik der Neuzeit eröffnet. Hobbes' Despot wird als »legibus absolutus« und somit »outlaw« in den Naturzustand zurückversetzt. – Kant selbst hat nach unseren Kenntnissen weder den ersten noch den zweiten *Treatise* gelesen, sondern die Lockeschen Innovationen nur auf dem Umweg ihrer Rezeption bei anderen Autoren, besonders des Rousseauschen *Contrat social* von 1762, rezipiert.
Die Rousseausche Theorie enthält eine Komponente, die Kant nicht übernehmen wird: Sie identifiziert die volonté générale mit dem allgemeinen Interesse, ohne daß dieses letztere durch die erstere definiert und damit rein formal würde. Das allgemeine Interesse ergibt sich inhaltlich als der konkrete Lebenswille des »moi commun«, und hierin trennt sich Kant von Rousseau: Während Rousseau eine Konvergenz der Wohlfahrt und eine homogene Interessenlage anstrebt und damit ein »summum bonum« der Bürger, der »bourgeois«, restituiert, trennt Kant die formale Seite des Rechts von der inhaltlichen der Lebensinteressen. Daß der Mensch ein Lebensinteresse am Staat hat, hier also die Vernunftforderung der Sittlichkeit (»exeundum est e statu naturali«) und das »gemeinsame Interesse Aller, im rechtlichen Zustande zu sein« (VI 311) koinzidieren, ist selbstverständlich und problemlos; daß jedoch die Legislative das Interesse der Bürger in allgemeiner Form artikuliert, widerspricht dem Gedanken der Gesetzgebung selbst: In ihr ist der Bürger, der »citoyen«, Repräsentant, d. h. er artikuliert nicht das Lebensinteresse der Gemeinschaft, sondern die formale Gesetzgebung, die die Verwirklichung der changierenden Interessen der »bourgeois« konfliktlos ermöglicht. Eine Ausnahme bildet die Kompetenz der Legislative, über Krieg und Frieden zu befinden.
Zweitens ist Rousseau für Kant der Autor, der den Völkerbund-

gedanken des Abbé de Saint-Pierre propagiert hat.[12] Rousseau resümiert dessen Schriften und versucht, die Idee eines europäischen Friedensbundes zu verbreiten, von Kant bis einschließlich 1793 (s. VIII 313) mit fast stereotyper Wendung gegen den Vorwurf, ein derartiges Friedensforum sei eine Chimäre, in Schutz genommen.[13]

Hirngespinst, Chimäre: Dies sind die Schlagwörter, die von den praxiskonformen Empirikern gegen eine bloße Theorie gerichtet werden, die nicht für die Praxis tauge. Kant, der Platoniker der praktischen Vernunft, steht in der erneuerten Gigantomachie auf der Anhöhe der reinen Theorie. Aber so, wie der Abbé de Saint-Pierre seinen ewigen Frieden konzipiert, ist er auch nach der Meinung Kants nicht durchführbar – die Idee als solche ist vernunftnotwendig, aber sie wird falsch plaziert. Der Kantische Traktat stellt sich die Aufgabe, einerseits die sittliche Notwendigkeit zu entwickeln bzw. zu konstatieren, andererseits die Bedingungen anzugeben, unter denen die unabdingbare Idee des Abbé kein Hirngespinst ist. »L'Abbé de Saint-Pierre et vous, Monsieur, vous avez donc voyagé dans le pays des Chimères, ...«, schrieb 1796 Sylvestre Chauvelot an Kant.[14] Just gegen diesen Vorwurf war der Traktat von 1795 gerichtet. Kants These lautet jetzt jedoch: Die Feudalstaaten, an die der Abbé dachte, sind zu einer Friedenspolitik aus konstitutionellen Gründen unfähig; die bürgerliche Republik jedoch ist innerlich so verfaßt, daß sie den Angriffskrieg grundsätzlich meidet; der – wiederum bürgerliche – Handelsgeist führt zum Frieden, da der Handel das friedliche Neben- oder auch Gegeneinander der Völker voraussetzt.

12 Vgl. Cavallar 1992: »Saint-Pierre und Rousseau übten auf Kants Friedensentwurf den stärksten Einfluß aus; die übrigen Schriften der Friedenspublizistik scheinen Kant nicht bekannt gewesen zu sein« (33). Mit dem Titel nimmt Kant jedoch ausdrücklich eine Leibnizsche Stellungnahme auf, vgl. Klemme 1992, 111-112.

13 Vgl. Klemme 1992, 111. Rousseau hatte am Schluß seines *Extrait du projet de paix perpétuelle de Monsieur l'Abbé de Saint Pierre* (1761) geschrieben: »Si, malgré tout cela, ce Projet demeure sans exécution, ce n'est donc pas qu'il soit chimérique; c'est que les hommes sont insensés, et que c'est une sorte de folie d'être sage au milieu des fous« (Rousseau 1959 ff., III 589).

14 XII 116. S. weiter die ähnlichen Äußerungen, die Losurdo 1987, 160-161, zusammenstellt.

»*Die* Präliminarartikel zum ewigen Frieden unter Staaten« – der bestimmte Artikel kündigt die Vollständigkeit der aufgeführten Artikel an; diese Vollständigkeit läßt sich jedoch vermutlich ebensowenig entdecken wie ein Prinzip der Anordnung der Artikel untereinander. Alle anderen Teile der Schrift sind dagegen in sich systematisch geordnet, sieht man einmal von dem nachgelieferten Geheimartikel zur Freiheit der Feder ab.

Die Präliminarartikel sind als Verbote formuliert, obwohl ihr vertragstechnischer Charakter sicher nicht dazu zwingt – Präliminarartikel können positive Feststellungen oder Gebote enthalten. Auch ihr Inhalt läßt sich jeweils als Gebot mit anschließender Explikation fassen; so gleich der erste Artikel, der mit dem Friedensschluß die Vorstellung verbindet, daß mit ihm alle möglichen Kriegsgründe zwischen den Vertragspartnern eliminiert sein sollen. Aus der Qualität eines Staates, eine moralische oder juristische Person zu sein, und dem darin enthaltenen Gebot, jeden Staat als derartige Person zu respektieren, folgt unmittelbar, daß er so wenig wie eine natürliche Person[15] Gegenstand eines privatrechtlichen Erwerbsaktes sein kann, desgleichen läßt sich aus ihm das Interventionsverbot des Artikels 5 ableiten. Die Bürgermiliz ist die Rechtsform der Verteidigung; Staatsschulden sind legitim nur im Hinblick auf bestimmte Staatsaufgaben etc.

Während die Präliminarartikel als sofort oder längerfristig zu befolgende Verbote formuliert sind, erscheinen die Definitivartikel als Gebote: »Die bürgerliche Verfassung in jedem Staate soll ... / Das Völkerrecht soll ... / Das Weltbürgerrecht soll ...«. Die Verbote beziehen sich auf öffentlich-rechtliche Handlungen und wenden sich gegen deren Mißbrauch; die Definitivartikel dagegen richten sich auf öffentlich-rechtliche Konstitutionen und Zustände der Staaten untereinander, die nicht in gleicher Weise Gegenstand singulärer Handlungen sein können. In den Präliminarartikeln sind die Adressaten machthabende Politiker und Fürsten, die den Verboten mit bestimmten einzelnen Handlungen genügen können; bei den Definitivartikeln handelt es sich eher um

15 Vgl. Fichtes ähnlich lautenden (positiv formulierten) Artikel: »Der Mensch kann weder ererbt, noch verkauft, noch verschenkt werden [...]« (SW VI 11).

soziale Systeme und deren zugleich rechts- und geschichtsnotwendigen Fortschritt.
In den Präliminarartikeln werden also rechtswidrige Handlungen benannt; der Grund ihrer Benennung und vermutlich auch der bloß rhapsodischen Zusammenstellung ist die tatsächliche Praxis der Politiker.[16] Für die sechs rechtswidrigen Handlungsweisen oder -bereiche lassen sich mühelos Fälle benennen, die der Autor und der zeitgenössische Leser vor Augen hatten; hier wird nicht abstrakt-systematisch von rechtswidrigen Handlungen gesprochen, die vielleicht niemand begeht. Daß Friedensverträge nicht als dauerhafte intendiert sind, daß Staaten, obzwar juristische Personen, zum Gegenstand von Verträgen privatrechtlicher Natur (Erbe, Tausch, Kauf, Schenkung)[17] gemacht werden (Artikel 2), ist gängige Praxis der Moderne. Staatsschulden (Artikel 4) sind eine »sinnreiche Erfindung eines handeltreibenden Volks in diesem Jahrhundert« (345, 28-29).[18] Stehende Armeen (Artikel 3) gab es zwar schon in der Antike, von Kant angedeutet mit dem »miles

16 Literatur bei Hennigfeld 1983, 24-25. Geismann 1983, 369-376, interpretiert die Präliminarartikel zu Recht als unabdingbare Voraussetzungen eines Friedensschlusses autonomer Staaten, nicht unbedingt zeitlich (375), aber doch systematisch. Ob es jedoch weitere unabdingbare Voraussetzungen (und Bestandteile) gibt, erfahren wir nicht aus dem Kantischen Text, weil er sich an der Unrechtspraxis und nicht an einem Rechtssystem orientiert. Geismann versucht, den ersten Artikel als Grundlage der übrigen zu fassen: so beim zweiten Artikel: »Also schließt ein Friedensvertrag in seiner Möglichkeit Erbung, Tausch, Kauf und Schenkung von Staaten aus« (371). Der Artikel 2 gilt jedoch auch für Staaten, die keinen Friedensvertrag miteinander geschlossen haben. Die einzelnen Artikel benennen ohne explizites System besonders eklatante Rechtsbrüche, die den Krieg zur Folge haben. Interpretiert man die Schrift nur prinzipientheoretisch wie Geismann, so blendet man einen wesentlichen Teil ihrer Problematik ebenso aus wie umgekehrt z.B. Losurdo (1987), der nur den politischen Aspekt der Kantischen Vorstellungen herausstellt.

17 Vgl. in den »Metaphysischen Anfangsgründen der Rechtslehre« § 31, A. c) und B. a) und b) und § 34.

18 Adam Smith erörterte die Frage der öffentlichen Schulden im letzten Kapitel des *Wealth of Nations* (Smith 1958, II 389-430: »Of Public Debts«). Schon in der *Idee zu einer allgemeinen Geschichte in weltbürgerlicher Absicht* und im *Gemeinspruch* hatte Kant ironisch auf die sinnreiche Erfindung der Engländer verwiesen (VIII 28; 311).

perpetuus« (345, 1); Adam Smith: »One of the first standing armies of which we have any distinct account, in any well-authenticated history, is that of Philip of Macedon«[19]; aber diese Armeen wurden nach Kant zu einer erdrückenden Last in der Gegenwart (vgl. VIII 311 u. ö.).[20] Das Interventionsverbot (Artikel 5) läßt sich beziehen auf den Krieg Österreichs und Preußens gegen das revolutionäre Frankreich.[21]

Die sechs aufgeführten Verbote werden in zwei Klassen geteilt: Sie gelten teils unmittelbar, teils enthalten sie eine Befugnis des Aufschubs. Die Zweigliederung der Präliminarartikel (die jedoch weder in ihrer Anordnung noch ihrer Zahl eine Systematik erzeugt) entspringt einer neu eingeführten Differenz innerhalb der Negation: Es gibt a priori und notwendig das Gebot, das Verbot und die verbotsbezogene Erlaubnis.[22]

Die »lex permissiva« biete »sich einer systematisch-eintheilenden Vernunft von selbst dar« (348, 23).[23] Die Erlaubnis wird ohne nähere Begründung zeitlich interpretiert und als Erlaubnis eines Erfüllungsaufschubs gefaßt.[24] Kant sieht sich mit diesem Hinweis auf die Selbstevidenz der nach seinen eigenen Ausführungen tatsächlich umstrittenen[25] systematischen Position der Erlaubnis

19 Smith 1958, II 192 (V 1, 1: »Of the Expense of Defence«; dort auch eine ausführliche Gegenüberstellung von Bürgermiliz und stehender Armee).

20 Zur zeitgenössischen Diskussion stehender Armeen vgl. auch Epstein 1966, 289-293 (»The Controversy on Standing Armies and War«).

21 Zur zeitgenössischen, pro-französischen Beziehung der Präliminarartikel vgl. Losurdo 1987, 151-158.

22 Hiermit wird ein Gedanke fortgeführt, der im (früher verfaßten; vgl. Lehmann 1969) »Anhang 1« schon vorgestellt, aber nicht auf die Vernunftgesetze allgemein bezogen wurde. (»Dies sind Erlaubnisgesetze der Vernunft, [...]« (373, 27). Es wird nicht auf die Einführung der Erlaubnisgesetze in dem (im Text vorhergehenden) Präliminarartikeln zurückgegriffen.

23 In ähnlicher Weise heißt es zur Dreigliederung von Staats-, Völker- und Weltbürgerrecht: »Diese Eintheilung ist nicht willkürlich, sondern nothwendig in Beziehung auf die Idee vom ewigen Frieden« (349, 33-35).

24 Zur Illustration einer nicht-zeitlichen Fassung eines Erlaubnisgesetzes: In bestimmten Raumteilen sind bestimmte Handlungen geboten, in anderen verboten, in einer Mittelzone in Permanenz erlaubt.

25 Vgl. 347, 34-348, 5.

davon entbunden, die Vernunfteinteilung vorzuführen und etwa zu zeigen, warum nicht auch die Gebote in instantan oder längerfristig zu realisierende eingeteilt werden können. Auch hier tritt die vom Erlaubnisgesetz zu lösende »Antinomie« zwischen positivem Rechtsbestand und Vernunftgesetz auf, und die Gebote der Definitivartikel sind tatsächlich Normen eines längerfristigen Prozesses, nicht sofort zu realisierende Handlungsanweisungen.
Obwohl sich die »lex permissiva« aus systematischer Notwendigkeit ergeben soll, ist sie auch die Reaktion auf das zeitgenössische Desiderat der Abwendung *übereilter* Maßnahmen. Kant selbst benutzt das Stichwort im »Ewigen Frieden«: Eine bestimmte Änderung dürfe »nicht übereilt und so der Absicht selbst zuwider geschehe[n]« (347, 28; wiederholt im Anhang I, 373 und Anmerkung).[26] Übereilt waren nach allgemeiner Überzeugung die Reformen Josefs II. und die Französische Revolution, vor Übereilung aufgeklärter Verbesserungen warnten zahlreiche Autoren, unter ihnen Graf Windischgraetz und der Jurist Ernst Friedrich Klein.[27]

26 Vgl. auch 372, 23-24: »[...] jenes Gebrechen müsse sofort und mit Ungestüm abgeändert werden«.

27 Vgl. Brandt 1982, 250-255. Rousseau endet seine postum (1782) edierte Schrift »Jugement sur le projet de paix perpétuelle« mit dem Problem, das Kant durch das Erlaubnisgesetz zu lösen sucht: Völkerbünde könnten sich nur mit Revolutionen durchsetzen – »et sur ce principe qui de nous oseroit dire si cette Ligue Européenne est à désirer ou à craindre? elle feroit peut-être plus de mal tout d'un coup qu'elle n'en préviendroit pour des siécles« (Rousseau 1959 ff., III 600). Kant scheint von der Schrift Notiz genommen zu haben; in einer Nachschrift der Anthropologie-Vorlesung Mitte der achtziger Jahre (und nicht vorher!) heißt es: »Daher sagt Rousseau selbst. Es ist beßer ihr [sc. der Fürsten, R. B.] Feind als ihr Bürger zu sein. Denn durch diese Kriege werden die Staaten im Innern selbst barbarisch« (*Anthropologie-Mrongovius* 129). Die Aussage scheint an folgenden Satz im »Jugement« anzuknüpfen: »Enfin chacun voit assez que les Princes conquerants font pour le moins autant la guerre à leurs sujets qu'à leurs ennemis et que la condition des vainqueurs n'est pas meilleure que celle des vaincus« (Rousseau 1959 ff., III 593). In der *Anthropologie-Mrongovius* wird der Friedensplan positiv aufgenommen und mit dem Gedanken an eine Macht, die über die richterlichen Aussprüche eines Völkergerichts »starke Aufsicht hielte« (129). Es fehlt die Bindung an eine republikanische Organisation der beteiligten Staaten.

Übereilungen lassen die Realisierung von Vernunftvorschriften scheitern und zu vermeintlich bloßen Chimären werden. Kants Lösung: Die methexis der Wirklichkeit an der Idee soll einerseits sofort eintreten, zum andern wird ein provisorischer Aufschub bei der Änderung bestimmter rechtswidriger Verhältnisse oder Institutionen gewährt. In der vorhergehenden Philosophie Kants war der rechtswidrige Bestand politischer Verhältnisse durch die vernunftwidrige Materie verursacht, die zu einem nur allmählichen »per aspera ad astra« nötigte; der Mensch beginnt in der Roheit des Naturzustandes und arbeitet sich aus diesem allmählich zur Vernunft empor. Erst mit dem Erlaubnisgesetz der reinen Vernunft wird die Nicht-Vernünftigkeit von der Vernunft selbst begriffen und die prozessuale Überwindung des Hiats begrifflich ermöglicht.[28] Die Einbeziehung der Erlaubnisgesetze in die Gesetzgebung der praktischen Vernunft versteht sich also als philosophisch notwendig, sie ist jedoch zugleich ein reformpolitischer Schachzug gegen Übereilung und Stagnation.

IV. Vernunftgebote und Naturgeschichte

Der Friede ist ein Vernunftzweck, der in den Definitivartikeln in seinen drei notwendigen Schritten exponiert wird. Die Naturgarantie ist der – notwendig positive, nur an ein Gebot anschließbare – Nachweis der Praktikabilität dessen, was die Vernunft positiv fordert: Was wir sollen, ist nicht chimärisch, sondern ausführbar, denn es ist konsonant mit den Zwecken der Natur. »[...] zu diesem (nicht bloß chimärischen) Zwecke hinzuarbeiten« – so endet der Gedankengang zur Naturgarantie (368, 19-20).
»Natur« ist ein vielschichtiger Titel; wenn Kant von einer Naturgarantie spricht, so ist hier vorausgesetzt, daß wir keine kategoriale Bestimmung der Natur vornehmen, sondern in der erfahrbaren Natur mit Phänomenen konfrontiert sind, die wir nicht mit dem Verstand, sondern der Vernunft oder reflektierenden Urteils-

28 Der Sache nach plädiert Kant schon vor der expliziten Einführung des Erlaubnisgesetzes für die Möglichkeit eines Aufschubs: »Ich habe nichts dawider, daß die, welche die Gewalt in Händen haben, durch Zeitumstände genöthigt, die Entschlagung von diesen drei Fesseln noch weit, sehr weit aufschieben [...]«, heißt es in der Religionsschrift (VI 188, Anmerkung).

kraft als zweckmäßig begreifen. »Naturgarantie« ist also ein Reflexionsbegriff, den wir subjektiv notwendig bilden.[29]

Um die Funktion der Naturgarantie in der Friedenstheorie zu erkennen, ist es günstig, sich der Forderung Ciceros zu erinnern, das honestum müsse mit dem (sc. wahren) utile immer verbunden sein.[30] Rousseau nimmt dieses Postulat im Vorspann des *Contrat social* auf: »Je tâcherai d'allier toujours dans cette recherche ce que le droit permet avec ce que l'intérêt prescrit, afin que la justice et l'utilité ne se trouvent point divisées.«[31] Dies ist der Gesichtspunkt des Gesetzgebers im Hinblick auf die einzurichtende Gesellschaft. Hume formuliert aus der Sicht des Bürgers und seiner Gehorsamspflicht: »[...] that our obligation itself to obey the magistrate and the laws is founded on nothing but the interests of society.«[32] Die Pflicht des Gehorsams jedes einzelnen ist ausschließlich im Interesse aller begründet; wird der gemeinsame Nutzen nicht erzeugt, erlischt die Verpflichtung.

Kant fundiert seine Rechtsgesetze im Freiheitsgesetz, das zunächst in keinerlei Verknüpfung steht mit der Gesetzgebung der kategorial bestimmten Natur, d. h. mit allem, was zwar erfolgsrelevant ist, aber nicht in unserer eigenen Macht liegt. Die reine praktische Vernunft nötigt damit den Menschen zur Verwirklichung von Zwecken, ohne etwas über das Handlungssubstrat zu sagen, in dem diese moralischen Zwecke realisiert werden sollen. Im Sisyphos-Mythos wird die Gefahr des absurden Handelns dargestellt: Der Stein des Sisyphos vernichtet den Handlungszweck

29 Vgl. die Formulierung, wir könnten uns die Form der Natur »nicht anders begreiflich machen« (361, 6-7). Im übrigen geht Kant auf den epistemologischen Status der Teleologie so wenig ein, wie etwa Newton berücksichtigen muß, daß seine Physik nicht von den Dingen als solchen, sondern von Erscheinungen handelt.

30 Dies ist das Thema besonders des dritten Buches von *De officiis*; Christian Garve faßt den Inhalt zusammen in dem Titel »Allgemeine Regel, wonach der scheinbare Streit zwischen Tugend und Vorteil entschieden ist« (Garve 1784, 211). Dasselbe Motiv begegnet im »Anhang« der Friedensschrift wieder; es wird gezeigt, daß es keinen wirklichen Streit zwischen Moral und Politik (Nutzen) geben kann.

31 Jean-Jacques Rousseau, *Du Contrat social*, Livre I (Rousseau 1959 ff., III 351).

32 Hume 1957, 28 (*An Inquiry Concerning the Principles of Morals* III 2, Anmerkung 3).

mit Gesetzlichkeit und erweist ihn somit als chimärisch. Kant muß nach der Anlage seiner Theorie zeigen, daß die der eigenen Handlungsmacht entzogene Natur des Menschen und der Welt, in der der Mensch handelt, nicht die Unnatur des Infernums ist, sondern daß sie mit den Zwecken der Freiheitsgesetze harmoniert und eine Verbindung von »honestum« und »utile« ermöglicht. Dies gegen den Empiristen, der die reine Moraltheorie und ihr »honestum« als nicht praktikabel zurückweist und der deswegen umgekehrt in seiner »Naturpolitik« (XXIII 192) das Faktische zur Norm erhebt und die Handlungszwecke aus der bloß empirischen Natur des Menschen ableitet.[33]

Die Natur garantiert die Praktikabilität, das Nicht-Chimärisch-Sein, des moralischen Handlungszwecks dadurch, daß sie eben diesen Zweck selbst realisiert.[34] Der anthropologische Neigungsmechanismus steht also der reinen praktischen Vernunft bei; aber er tut es nicht in der Weise, daß er die Zweckrealisierung dann und nur dann garantiert, wenn der Mensch der »obligatio moralis« folgt, sondern er erzeugt den Zweck auf eigene Faust, ob der Mensch will oder nicht: »Wenn ich von der Natur sage: sie will, daß dieses oder jenes geschehe, so heißt das nicht soviel als: sie legt uns eine Pflicht auf, es zu thun (denn das kann nur die zwangsfreie praktische Vernunft), sondern sie thut es selbst, wir mögen wollen oder nicht (fata volentem ducunt, nolentem trahunt)« (365, 28-32) und:

33 Der Kulturkampf, in den die Friedensschrift eingreift, ist auch ein Kampf um die rechtmäßige Berufung auf die »Natur«. Edmund Burke nimmt das »kata physin«, »secundum naturam«, mit folgenden Deklarationen in Besitz: »This policy [sc. die der englischen Tradition, R. B.] appears to me to be the result of profound reflection; or rather the happy effect of following nature, which is wisdom without reflection, and above it [...] By a constitutional policy, working after the pattern of nature [...] Our political system is placed in a just correspondence and symmetry with the order of the world [...] Thus, by preserving the method of nature in the conduct of the state, in what we improve, we are never wholly new; in what we retain, we are never wholly obsolete [...] Through the same plan of a conformity to nature in our artificial institutions [...]« (Burke 1964, 31-32). Kants Aufgabe: Die Natur für das komplizierte Programm eines Bruches mit der Tradition ohne Revolution zurückgewinnen.

34 Immer mitzudenken: Die Gewißheit dieser Erkenntnis ist hinreichend für unsere Praxis, eine »certitudo moralis«, nicht »mathematica« oder »metaphysica«.

es »garantirt die Natur durch den Mechanism der menschlichen Neigungen selbst den ewigen Frieden [...]« (368, 15-17). »Nolentem trahunt«[35]: Das heißt: Die Natur gewährleistet nicht nur das »wenn, dann« – dies ist die Hoffnungs-Logik des höchsten Guts[36] – sondern sie realisiert die Folge selbst dann, wenn die Bedingung durch die Handelnden gar nicht erfüllt wird. Hier gibt es also einen Realisierungsüberhang auf der Seite der Natur. So wie sie uns instinktiv durch Schmerz und Lust zur Verwirklichung des uns geschenkten individuellen Lebens treibt, was immer wir uns dazu ausdenken, so verwirklicht sie das Ziel der menschlichen Gattung auf eigene Faust. Auf das hierin liegende Problem, ob damit nicht das freie Handeln der Menschen überflüssig wird, soll später eingegangen werden, zunächst zur Frage: Welche Funktion hat dieses auf den ersten Blick für die Argumentation redundante »nolentem trahunt«? Der Adressat kann nicht derjenige sein, der für sein Handeln aus Pflicht eine Garantie der Ausführbarkeit des moralisch-rechtlichen Handlungszwecks benötigt; sondern es ist gedacht, so wird man annehmen müssen, an die Politiker, die Männer der Staatsräson[37], die das Vernunftrecht für bloße Theorie

35 Kant benutzt dasselbe Diktum auch am Schluß des *Gemeinspruchs* (VIII 313), auch dort gegen die Politiker, die falschen »Erdengötter« (VIII 313) gewendet, die nicht nur aus moralischen Gründen auf das Recht, sondern auch aus Klugheitsgründen auf die »Natur der Dinge« achten sollten, »welche dahin zwingt, wohin man nicht gerne will«. Hier wird nun unter dem Titel der menschlichen Natur daran appelliert, daß »in ihr immer noch Achtung für Recht und Pflicht lebendig ist« (VIII 313), also gerade die Vernunftseite der Bürger, die das permanente Unrecht aus moralischen Gründen nicht auf Dauer akzeptieren werden. Für den Klugheitskalkül der Regenten im Hinblick auf das »nolentem trahunt« ist es am Ende allerdings gleichgültig, ob die Vernunft der geschundenen Bürger oder deren Neigungsmechanismus sie auf das Schafott schleift.

36 Auch in Kants Theorie des höchsten Guts gibt es eine – wenigstens zu hoffende – Garantie der Erfüllung unserer durch die Vernunft aufgegebenen Zwecke; vgl. u. a. V 107ff. (*Kritik der praktischen Vernunft*, »Dialektik der reinen praktischen Vernunft«). In beiden Fällen geht es um den für die Realisierbarkeit unserer sittlich notwendigen Handlungszwecke essentiellen Bereich, der nicht mehr in der Macht des Handelnden liegt.

37 Das Wort selbst wird von Kant weder in den publizierten Werken noch im Briefwechsel gebraucht.

halten, die nicht für die Praxis taugt. Die verklausulierte Aussage ist, wenn diese Interpretation korrekt ist, eine politische Warnung an die Regierungen: Werden die rechtlichen Postulate nicht durch eine Reform der Despotien verwirklicht, so wird die Natur die Widerwilligen hinter sich herschleifen und die Realisierung auf ihre Weise erzwingen – wer keine Reform aus eigenen Stücken beginnt, provoziert die Revolution der Bürger und wird deren Opfer. »Die Natur will unwiderstehlich, daß das Recht zuletzt die Obergewalt erhalte. Was man nun hier verabsäumt zu thun, das macht sich zuletzt selbst, obzwar mit viel Ungemächlichkeit. – ›Biegt man das Rohr zu stark, so brichts; und wer zu viel will, der will nichts‹ Bouterwek« (367, 3-7). Das Verabsäumte wird nicht in einer nach einer Regel durchgeführten, verbotenen, gebotenen oder erlaubten Handlung der Menschen nachgeholt, sondern »das macht sich zuletzt selbst«.[38] Die stoische Konsonanz von Vernunft und Anthropologie besagt folglich: Was die Rechtsmoral fordert, kommt »garantiert«; man kann also getrost dem Vernunftgebot folgen, denn es führt auf keine chimärischen Zwecke. Darüber hinaus jedoch sind die Regierenden auch gut beraten, es aus freien Stücken und planvoll zu tun, bevor die Deiche brechen; handeln die Politiker nicht vernünftig und jetzt, so werden sie wie Hunde unter dem Wagen der Natur-Geschichte auf dem Boden mitgeschleift werden.[39]

Zur Parallelaktion von Vernunft und menschlicher Natur auf den drei sich notwendig ergebenden Sektoren des Staats-, des Völker- und des Weltbürgerrechts:

1. Das Staatsrecht. Kant unterscheidet zwei Regierungsarten, die republikanische und die despotische[40], und bei der ersten lassen sich gemäß seinen Ausführungen unterscheiden eine Republik (in der Idee), die das Verfassungsdesiderat der Gewaltenteilung wirklich realisiert hat, und ein Staat, in dem wenigstens schon dem

38 Kants Vorstellung gliedert sich ein in die zeitgenössische Interpretation der Revolution als eines Naturereignisses, vgl. Losurdo 1987, 111-115 (»Überschwemmungen, Erdbeben und Revolutionen«).

39 Dies ist der Bildsinn, der dem »fata volentem ducunt, nolentem trahunt« zugrunde liegt.

40 Zur Rolle der Idee der Republik im Verhältnis zur geschichtlichen Wirklichkeit vgl. Dreier 1988, 472-474; präzisierend jetzt Herb und Ludwig 1994.

Geiste nach republikanisch regiert wird.[41] Die Republik (bzw. der republikanisch regierte Staat) meidet den Angriffskrieg nach einem Prinzip und qualifiziert sich damit einzig für die Grundlegung des Friedens unter den Völkern. Die Begründung dafür, daß die Republik »nicht kriegssüchtig sein kann« (VII 88), ist innerhalb seiner Vernunft-Natur-Systematik verwirrend, denn sie lautet: Die Staatsbürger werden bei der Frage, ob ein Krieg begonnen werden solle oder nicht, kaum ihre Zustimmung erteilen, »da sie alle Drangsale des Krieges über sich selbst beschließen« würden (351, 7-8).[42]

Die Antwort ist verwirrend, denn: Kant ist sich mit Rousseau (und Locke) darin einig, daß sich ohne die Abtrennung besonders der Legislative von der Exekutive ein Rechtsstaat nicht denken läßt. Die Gesetze der autonomen Legislative sind allgemein und gelten für jeden Bürger schlechthin; die Akte oder Dekrete der Regierung dagegen sind partikular, und sie dürfen in ihrer Partikularität nur im Vollzug der vorhergehenden Gesetze befohlen werden. Hier ist sich Kant mit Rousseau einig; anders aber als Rousseau verknüpft Kant die gewaltenteilige Republik mit dem Prinzip der Repräsentation, das Rousseau als moderne Verirrung eingestuft und abgelehnt hatte.[43] Was Repräsentation genau besagt, ist dem Text nicht leicht zu entnehmen.[44] Repräsentativ heißt

41 Zur Rolle der Idee der Republik im Verhältnis zur geschichtlichen Wirklichkeit vgl. Dreier 1988, 472-474; präzisierend Herb/Ludwig 1994.

42 Fichte setzt bei der Übernahme dieses häufig angeführten Arguments für die notwendige Friedfertigkeit der Republik nicht auf den Schaden der Bürger, sondern darauf, daß der Gewinn für den einzelnen zu gering wäre; mit der üblichen rhetorischen Hypostasierung: »Daß eine ganze Nation beschließen sollte, des Raubes halber ein benachbartes Land mit Kriege zu überziehen, ist unmöglich, indem in einem Staate, in welchem alle gleich sind, der Raub nicht die Beute einiger weniger werden, sondern unter alle sich gleich verteilen müßte, dieser Anteil des Einzelnen aber nimmermehr die Mühe des Krieges lohnen würde« (Fichte 1964 ff., 6, 273-274; Bestimmung des Menschen).

43 Vgl. Rousseau 1959 ff., III 428-431 (*Du Contrat social* III 15). Der aktuelle Anlaß von Kants Erörterung ist durch einen Aufsatz von Biester in dessen Berliner Monatsschrift gegeben. Klemme 1992, 114 und 132-133.

44 Bei Cavallar 1992, 151, bleibt dunkel, was unter dem Begriff zu verstehen ist. Eine Klärung versucht Dreier 1988, 474-478; es scheint mir

dabei zumindest: Die Gesetzgebung bezieht sich nur auf das notwendig Allgemeine (im Gegensatz zu den Maßnahmen der Exekutive), und dieses gilt unabhängig davon, ob jemand realiter mitgestimmt und dafür- oder dagegengestimmt hat. Das in der Legislative beschlossene (oder als so beschlossen denkbare) Gesetz ist also a priori der rechtliche Wille eines jeden Bürgers, wie immer es um seine eigene Meinung und seine Interessen bestellt ist; es repräsentiert seine notwendig gesetzmäßige Vernunft, nicht seinen (Lebens-)Willen.[45] Eben diese Formalstruktur war Rousseau nicht klar; er bewegte sich in diese Richtung, verknüpfte jedoch den allgemeinen Willen mit dem allgemeinen Interesse, also mit dem realen Lebenswillen, der nun tatsächlich nicht delegiert oder repräsentiert, sondern nur in einem »moi commun« gebündelt werden kann.

Die Frage, ob ein Staat faktisch republikanisch oder despotisch regiert wird, wird beantwortet durch die Antwort auf die Frage: Wer entscheidet faktisch, ob Krieg sein soll oder nicht – der König oder die Volksvertreter? Auf diesen Punkt bringt Kant die Verfassungsfrage.[46] Der Grund nun, warum die Staatsbürger keinen

jedoch nicht möglich, die »sozusagen ›platonische[n]‹ Diskrepanz zwischen dem Ideal (d. h. der respublica noumenon) und der stets hinterherhinkenden Realität« (Dreier 1988, 476) als eine Beziehung der Repräsentation zu fassen, weil das zu repräsentierende Volk nicht mit der idealen Republik identisch ist.

45 Daher das Rechtskriterium: »[...] was das gesamte Volk nicht über sich selbst beschließen kann, das kann auch der Gesetzgeber nicht über das Volk beschließen« (VI 327). Eine derartige mögliche Bestimmbarkeit des allgemeinen Willens gewährleistet, daß in ihm auch die Rechtspersonen vertreten sind, die von der realen Mitwirkung aus natürlichen Gründen (alle naturaliter Unmündigen wie z. B. Kinder und Frauen) oder wegen ihres nicht-selbständigen Status in der Gesellschaft ausgeschlossen sind. Ist der allgemeine Wille nicht repräsentativ, so wie in der antiken Demokratie (s. XXIII 167) oder dem Rousseauschen *Contrat social*, dann formulieren die in der Legislative abstimmenden Bürger immer nur ihren partikularen als den allgemeinen Willen: der Wille der unterlegenen Minderheit und der passiven Staatsbürger ist damit nicht mehr im Gesetz vertreten.

46 Vgl. bes. VII 90 Anm.; s. a. den in der Buchpublikation von 1798 nicht gedruckten Satz aus Kants Anthropologie-Manuskript: »Die Antwort auf die Frage ob Krieg sein solle oder nicht bestimmen weiter (?) die obersten Gewalthaber« (VII 410 oben in der Ausgabe von 1907, 411

Angriffskrieg wollen, ist nicht rechtlich-moralischer Natur, sondern beruht auf dem Interesse der Schadensvermeidung. Und hier liegt die Schwierigkeit: Kann die Kantische Legislative die materialen Interessen der Bürger als Grundlage ihres Beschlusses geltend machen? Die Minderheit der Rüstungsproduzenten wird um ihre Gewinne, vielleicht um ihre bürgerliche Existenz gebracht; des weiteren ist diese Republik in dem Fall zum Angriffskrieg ohne Ängste und Bedenken bereit, wenn – wie im Fall ferner Kolonien – keine Drangsale des Krieges im eigenen Land zu befürchten sind.

Sind diese Erwägungen korrekt, so wird man entgegen dem Kantischen Text der Legislative der Republik ein Gesetz zumuten müssen, in dem der Staat aus rechtlichen Gründen auf jeden Angriffskrieg verzichtet; auf der Naturseite könnte dann das Argument erscheinen, daß die Interessen der Mehrheit der Staatsbürger mit einem derartigen Gesetz kompatibel sein könnten, es also eine reelle Chance hätte, verabschiedet zu werden.

Auf der Seite des Neigungsmechanismus und der Anthropologie exponieren Engel und Teufel des Begriffsfeld (365-367). Platons Republik, hieß es, sei eine Regierungsform für Menschen, wie sie sein sollen (Engel), aber nicht, wie sie sind.[47] Gefordert wird im Parallelaufbau der Argumente, daß die zugestanden böse Natur des Menschen zur Republik führt, denn nur republikanische Staaten sind grundsätzlich fähig zur Friedenspolitik; den Teufeln jedoch, die Kant als Naturbasis des Rechtszustandes bemüht und die den anthropologischen Neigungsmechanismus idealtypisch verkörpern, wird explizit nur zugestanden, das »Problem der Staatserrichtung« auflösen zu können[48] (366, 15-17) – aber auch das der Republik? Will man eine innere Logik des Gedankens erzeugen, so müssen Old Nick[49] und sein Volk nicht eine despo-

unten in der Ausgabe von 1917). Die Frage bezieht sich nicht auf ein allgemeines Gesetz, sie wird jedoch der Legislative zur Entscheidung vorbehalten.

47 Der erste Kritiker in diesem Sinn ist Platon selbst, vgl. *Nomoi* 732e.

48 Ob sie dann den Staat tatsächlich errichten wollen und können, entzieht sich der menschlichen Erkenntnis.

49 Von Niccolò Machiavelli. Die Teufel werden nur dann der jedermann zugänglichen Verstandeslösung folgen, wenn sie nicht wie der Diderotsche »méchant« (im Enzyklopädie-Artikel »Droit naturel«) das Risikoleben im gesetzlosen Zustand einer gesicherten bürgerlichen

tische, sondern eine republikanische Verfassung als optimale Lösung ihres unverbesserlichen Egoismus entwerfen, so hart diese Konsequenz des Kantischen Gedankens auch klingen mag.[50] Auf der Naturseite wird nur die Genese des Staats, d. h. der Republik behandelt; das Verhältnis zur Frage von Krieg und Frieden erscheint hier nicht.

2. Das Völkerrecht findet sich in einer ambivalenten Lage. Für die Staaten müßte das Gebot des »exeundum est e statu naturali« hin in einen neuen, nämlich den Weltstaat, gelten. Ein derartiger Staat wäre jedoch kein rechtsförderndes, sondern notwendig ein despotisches Gebilde; außerdem sind Staaten souverän und halten vernunftnotwendig fest an ihrer Souveränität, die das Recht ihrer Bürger ermöglicht. Die Lösung dieser (von Kant nicht so genannten) Antinomie zwischen Weltstaat und Kriegszustand ist die Friedensvereinigung freier und autonomer Staaten.

Das Völkerrecht gründet – gegen den Abbé de Saint-Pierre – »auf einen Föderalism freier Staaten« (354, 1), nicht despotischer Staaten. Das Selbstinteresse der Fürsten, an das in Friedens- und Bündnisplänen appelliert wurde, erwies sich als ungeeignete Basis eines Völkerbundes. Den Fürsten stehen die Mittel der Kriegsführung leicht zur Verfügung: das stehende Heer, eine Kriegsanleihe; und sie werden, da sie sich der Misere des Krieges bequem entziehen können, auf dieses Mittel der Befriedigung ihres Ehrgeizes nicht verzichten.[51]

Kant setzt auf die Republiken und speziell auf Frankreich. Wenn das Glück es mit sich bringt, daß ein mächtiges und aufgeklärtes Volk sich zur Republik bildet, so kann es der Mittelpunkt einer

Existenz vorziehen. Aber wozu werden sie dann von Kant qua Teufel bemüht?

50 Denn Kant hatte auch notiert: »Die Staatsverfassung stützt sich am Ende auf die Moralität des Volkes [...]« (XXIII 162). Die Ambivalenz des Gedankens ist in etwas anderer Akzentuierung auch von Jürgen Habermas herausgestellt worden: Auf der einen Seite teile Kant das Vertrauen der Liberalen, der »ordre naturel« der bürgerlichen Gesellschaft bringe auch den vernunftgeforderten Rechtszustand, also die Republik, hervor, auf der anderen Seite bedürfe es der moralischen Stimulierung, um zu den geforderten Rechtsverhältnissen zu gelangen (Habermas 1965, 125-131).

51 So das Kantische Panorama; ein etwas anderes Bild ergibt sich bei Münkler 1992.

föderativen Vereinigung weiterer Staaten sein (356, 17-23). Von hier aus werden sich die Friedensbünde republikanischer Staaten planetarisch erweitern.[52] (Die Vernunft hat keine Sympathie für die Polygenese von republikanischen Vereinigungen – wie die Weltbildung aus einem noch im unendlichen Raum identifizierbaren Zentrum erfolgt, wie die Menschheit sich auf ein Urpaar zurückführen läßt, so erwächst der Völkerbund aus dem Bund mit der einen ersten Republik, die nun, wie Kant will, nicht in den Vereinigten Staaten von Amerika lokalisiert ist, sondern in Frankreich.[53] Die neue Welt liegt nicht jenseits des Ozeans, sondern beginnt, um des Zitates willen, mit der Kanonade von Valmy in Europa; es gibt damit nicht nur geographisch, sondern auch zeitlich nicht eine Pluralität neuer Anfänge.)
Auf der Naturseite steht das gleich zu Beginn angekündigte Argument, mit dem Kant das Problem der moralischen Degenerierung der Menschen im Zustand des Friedens aufnimmt. Die Natur trennt die Völker und damit die Staaten durch die Verschiedenheit von Sprache und Religion und sorgt dadurch für unaufhörliche Spannungen und daraus resultierenden »lebhaftesten Wetteifer« (367, 28) – der Krieg kann enden, ohne daß der Handelsgeist die Menschen moralisch korrumpiert und zu »beasts of burden« macht.[54]

52 Der Akzent liegt hier auf dem freien Anschluß; Kant grenzt sich damit ab gegen die Idee einer Friedensstiftung durch eine Zentralmacht, der die Befriedung notfalls mit Gewalt gelingt; dazu Losurdo 1989, 209-210.

53 Vor der Französischen Revolution der neunziger Jahre verweist Kant auf die Meinung des Abbé de St.-Pierre, daß Deutschland das natürliche Zentrum des Völkerbundes sei, vgl. Cavallar 1992, 213; *Anthropologie-Mrongevius* 123. Fichte schreibt in seiner Rezension Anfang 1796 unwillkürlich oder bedacht: »Zwei neue Phänomene in der Weltgeschichte bürgen für die Erreichung dieses Zwecks [sc. eines humanen Handels, R. B.]: der auf der andern Hemisphäre errichtete blühende Nordamericanische Freistaat, von welchem aus sich nothwendig Aufklärung und Freiheit über die jetzt unterdrückten Welttheile verbreiten muß; und die große Europäische Staaten-Republik [...]« (Fichte 1964 ff., 3, 228). Zur Auseinandersetzung um die Rolle Amerikas und Frankreichs innerhalb der deutschen Publizistik vgl. Coves 1991 (mit dem Verweis auf seine mir nicht zugängliche Dissertation *Derecho Natural y Revolución: La polémica de la filosofía política en la época de Fichte*, Valencia 1988).

54 In einer Vorarbeit schreibt sich Kant in den dann abgebrochenen Satz

3. Das Weltbürgerrecht. Es kann, so zeigte sich, aus Rechtsgründen keinen Weltstaat geben. Das Weltbürgerrecht beschränkt sich auf das Recht der Gastfreundschaft, auf das jeder Mensch als Person und Erdbewohner Anspruch hat (es gehört in der Terminologie der *Metaphysik der Sitten* zum inneren Mein und Dein, irgendwo auf diesem Globus bleiben zu können)[55], das jedoch kein Recht der weiteren Expansion und Kolonisierung begründet: Der Ankömmling hat ein Besuchsrecht, nicht mehr.[56] Damit ist das Leben des freiwilligen oder unfreiwilligen Gastes gerettet, aber kein Friede zwischen den Völkern konstituiert.

Der positiv weiterführende Gedanke erscheint auf der Naturseite: Die Natur vereinigt die Menschen und befördert damit den Frieden unter den Völkern durch den wechselseitigen Eigennutz. »Es ist der Handelsgeist, der mit dem Kriege nicht zusammen bestehen kann« (368, 6-7). Der freie Transfer der Waren ist, so lautet das häufig genannte Argument, nur im Frieden möglich – als Voraussetzung der Bereicherung also wird der Friede favorisiert und damit durch eine List der Natur auch hier das erreicht, was die praktische Vernunft vom Menschen verlangt.[57]

hinein: »Daher veranstaltete die Natur daß das Verhältnis der Staaten nach dem Völkerrecht ein Kriegszust« – hier bricht der Satz ab; vorher heißt es, der ewige Friede könne nicht der einer Universalmonarchie sein. – Es kann hier nur summarisch darauf verwiesen werden, daß für Kant der Konflikt essentiell in der Konstitution der Wirklichkeit in der Natur und der Kultur ist (in Übereinstimmung mit vielen Theoretikern der Aufklärung, die sich des Newtonschen Konzepts von Attraktion und Repulsion bedienten).

55 Vgl. auch die Ausführungen XXIII 172, 27-33.

56 Vlachos kritisiert: »Mais elle [sc. das Gesetz des Weltbürgerrechts, RB] demeure chimérique du fait même qu'elle possède une valeur normative pure et elle est impuissante à se traduire par des mesures constructives, d'ordre institutionnel et pratique« (Vlachos 1962, 577). Die Kritik ist insofern nicht gerechtfertigt, als Kant nur die Rechtsregel expliziert, nicht die Motive, die ihre Durchführung ermöglichen oder erzwingen.

57 Die Friedensfunktion des völkerverbindenden Handels steht dem »inhospitalen Betragen der gesitteten, vornehmlich handeltreibenden Staaten unseres Welttheils« (VIII 358) gegenüber. Die beiden Formen, in denen Kant den Handel beschreibt, entsprechen den historischen Phasen der außereuropäischen Beziehungen, wie sie Urs Bitterli in *Alte Welt – neue Welt*, München 1986, beschreibt: Wurden bis ins

Auf der Seite der Anthropologie bilden also zwei komplementäre Argumente die Stützen des Friedensgedankens: Die Bürger werden nicht für den (Angriffs-)Krieg votieren, um den Schaden, der sonst entsteht, von sich abzuwenden; und: der Handel ist nur unter Friedensbedingungen möglich. Des Pudels Kern ist also der Schaden- und Nutzkalkül des vormals dritten Standes[58], der jetzt der Bürgerstand schlechthin wird. Der Abbé de Saint-Pierre appellierte an das wahre Interesse der Fürsten; aber deren Staatsräson war durch seine ratio nicht widerlegbar, ihre »passions« ließen sich nicht überführen in ihre eigentlichen und wahren Interessen. Kant setzt darauf, daß die Passionen der Bürger mit ihren Interessen identisch sind und daß die vorgebliche Staatsräson von ihrer Rationalität absorbiert wird; der Bürger ist leidenschaftlich am Vermeiden des Krieges und an der Herstellung eines globalen Friedens interessiert.
Es gibt in der Schrift ein weiteres Argument, mit dem gezeigt werden soll, daß das Handeln nach der Rechtsidee nicht chimärisch ist; es gehört weder auf die Seite der bloßen Vernunftnorm noch zur Naturgarantie, sondern verbindet Norm und Erfahrung: Die Geschichte dokumentiert, daß es eine progredierende Rechtsgesinnung tatsächlich gibt. Im *Ewigen Frieden* werden dazu einige wenige markierte, fast beiläufige Bemerkungen gebracht:

18. Jahrhundert hinein die neu entdeckten Kontinente kolonisiert und für den Import von Rohstoffen ausgebeutet, wandelt sich die Auffassung in der zweiten Hälfte des 18. Jahrhunderts: Man legt Wert auf bilaterale Handelsbeziehungen zum gegenseitigen Nutzen und zur Steigerung der allgemeinen Wohlfahrt, man rät ab von der Gründung von Kolonien und sucht die Begegnung mit den sog. Wilden zu humanisieren. S. bes. 198 die Ausführungen zu De Gérando: »Mit Voltaire wendet sich De Gérando vehement gegen die Untaten europäischer Kolonialmächte [...] In Übereinstimmung mit Dalrymple und De Brosses, aber auch mit den Auffassungen des englischen Nationalökonomen Adam Smith, sieht De Gérando in Anknüpfung und Unterhalt von Handelsbeziehungen das geeignetste Mittel, nicht nur den Frieden zwischen den Völkern zu erhalten, sondern auch die Zivilisierung und damit zuletzt das allgemeine Glück anzustreben« (198). Zur Ergänzung vgl. Einteilung des Kolonialismus in vier Epochen, die Cavallar 1992, 227-234, im Anschluß an andere Autoren vornimmt; Literatur dort, bes. 227, Anm. 4.

58 Zur Ständeorganisation vor 1789 vgl. die Trias von Finanzrat (dritter, steuerzahlender Stand), Geistlichem und Offizier in der Aufklärungsschrift von 1784, VIII 36-37. Dazu Brandt 1991, 40-43.

Die Huldigung, die jeder Staat dem Rechtsbegriffe (wenigstens den Worten nach) leistet, beweist doch, daß eine noch größere, obzwar zur Zeit schlummernde, moralische Anlage im Menschen anzutreffen sei, über das böse Princip in ihm (was er nicht ableugnen kann) doch einmal Meister zu werden und dies auch von andern zu hoffen; [...] (355, 16-21).

Kant ist wie viele seiner Zeitgenossen der Meinung, daß es im Bereich des Rechts und der Sittlichkeit eindeutig dokumentierbare Fortschritte der Menschheit gibt. Die antike Demokratie war notwendig instabil und verhinderte die Bildung fester Rechtsorganisationen, weil ihr das Strukturelement der Repräsentation fehlte; heute haben wir stabile Nationalstaaten. Früher waren die Menschen öffentlich grausam; heute wird Grausamkeit in der Öffentlichkeit nicht mehr akzeptiert. Ein Zitat aus einer Nachschrift der Anthropologie-Vorlesung:

Hume führt in seiner Geschichte von England einige unmenschliche Thaten an, die jetzt nicht mehr geschehen könnten, weil das jetzige mehr gebildete Zeitalter auf ein solches Betragen eine solche Verachtung geworfen hat, daß kein Mensch, wenn er auch Neigung dazu hat, dergleichen zu thun wagen würde.[59]

Das moralische Gesetz findet also einen dokumentierbaren Effekt in der Geschichte der Menschheit; und das moralische Handeln ist somit nicht in einer Wüste plaziert, wie der politische Moralist vorgibt, sondern in einer zunehmend menschlichen Welt.

Die Friedensschrift ist karg mit Hinweisen auf einen inneren moralischen Fortschritt. Kant wollte als Realist und nicht als Schwärmer wirken, und die Hauptlinie war: Wir können auf die Verwirklichung dessen, wozu wir moralisch genötigt sind, hoffen, weil sich die Natur selbst dasselbe Ziel wie die Vernunft setzt und somit als deren Garantin fungiert. Friedrich Schlegel jedoch monierte in seiner Rezension den Mangel klarer Indizien eines *inneren* Fortschritts der Menschen:

Es ist nicht genug, daß die Mittel der Möglichkeit, die äußern Veranlassungen des Schicksals zur wirklichen allmählichen Herbeiführung des ewigen Friedens gezeigt werden. Man erwartet eine Antwort auf die Frage: Ob die innere Entwicklung der Menschheit dahin führe?[60]

59 Kant 1831, 291 (*Menschenkunde*).

60 Vgl. Klaus Reich 1959, XVII. Kant hatte mit der Naturgarantie nicht nur »Mittel der Möglichkeit« und »äußern Veranlassungen des Schicksals« gezeigt, sondern den Frieden als Zweck der Natur aufzuweisen versucht.

Kant ergänzt diesen Punkt im *Streit der Fakultäten* von 1798: Für den moralischen inneren Fortschritt gibt es das eindeutige Indiz des Revolutionsenthusiasmus der neunziger Jahre, der nur durch die Wirksamkeit der reinen Rechtsidee in den Gemütern der Menschen erklärbar ist.
Mit dieser Position von 1798 stellt sich die Frage, ob Kant die Argumente der Friedensschrift *ergänzt* oder sie auf der Naturseite *ersetzt*. Die Ergänzung ist harmlos; die Ersetzung jedoch bedeutet, daß es im »Ewigen Frieden« einen Fehler gibt, den Kant 1798 ausräumen möchte. Dieser Fehler könnte in der Konzeption einer Natur liegen, die mit ihren mechanischen Mitteln auch ohne die Vernunftinitiative der Menschen die Republik und den ewigen Frieden auf jeden Fall herbeiführt. Wenn der Friede das notwendige Ergebnis materieller Interessen der Bürger ist, die sich auf jeden Fall durchsetzen, so wird das moralisch motivierte Handeln gegen Kants Intention zur spinozistischen Chimäre, denn der Endzweck der Vernunft realisiert sich dann als letzter Zweck der Natur. Wir lassen diese Frage offen.

v. Philosophenkönig, Handelsembargo und Gewaltenteilung

Platon war vorgeworfen worden, seine Republik sei ein Staat für Menschen, wie sie sein sollen, nicht wie sie sind, chimärisch, ein Staat für Engel, nicht Menschen. Kant muß auf das Realitätsprinzip setzen: Die gewaltenteilige Republik ist nicht nur die rechtlich-moralische Vernunft-, sondern auch die Klugheits- und Verstandeslösung der bellum-omnium-Probleme.
Der Staat in der Kantischen Konzeption wird die Philosophen »frei und öffentlich über die allgemeine Maximen der Kriegsführung und Friedensstiftung reden lassen« (369, 3-4) und diese öffentlich geführte Erörterung anhören. Kant nimmt hiermit ein von ihm schon 1784 vertretenes Prinzip der »Freiheit der Feder« auf, das die Restriktion auf die Philosophen und auf das Thema von Krieg und Frieden nicht kennt. In dieser allgemeineren, weder korporativ noch thematisch restringierten Form läßt sich der »Geheime Artikel« in zwei Bereichen mit den schon verhandelten Themen der Friedensschrift verknüpfen. Einmal ist die Publika-

tionsfreiheit vor und bei Kant mit der Freiheit des Handels verknüpft worden; zum anderen steht die Freiheit der Feder in einer Tradition, die die öffentliche Information und Urteilsbildung von den übrigen drei Gewalten als vierte Gewalt trennt.
Shaftesbury schreibt in seinem Essay »Freedom of Wit and Humour«:

For wit is its own remedy. Liberty and commerce bring it to its true standard. The only danger is, the laying an embargo. The same thing happens here, as in the case of trade. Impositions and restrictions reduce it to a low ebb. Nothing is so advantageous to it as a free port.[61]

Kant nimmt das Motiv der Analogie von Handels- und Publikationsfreiheit im *Streit der Fakultäten* auf: Der Kaufmann sagt dem Minister:

Schafft gute Wege, schlagt gut Geld, gebt ein promptes Wechselrecht u. d. gl., übrigens aber »laßt uns machen«! Dies wäre ungefähr die Antwort, welche die philosophische Facultät zu geben hätte, wenn die Regierung sie um die Lehren befrüge, die sie den Gelehrten überhaupt vorzuschreiben habe: den Fortschritt der Einsichten und Wissenschaften nur nicht zu hindern (VII 19-20 Anm.).

Kein Embargo, keine Handelsmonopole[62] und keine Zensur von seiten der Regierung. Wenn die Meinungs- und Publikationsfreiheit der Gelehrten eingefordert wird, so stellt sich diese Forderung neben die einer liberalen Wirtschaftspolitik, des Natur-Promotors des Friedens.
Der zweite Punkt betraf das Prinzip der Gewaltenteilung. Der Besitz der Gewalt verderbe das freie Urteil der Vernunft unvermeidlich, wird gegen Platons Vorstellung einer notwendigen Einheit von beidem geltend gemacht. Bei Kant selbst wird zur Lehre der Gewaltenteilung keine Verbindung hergestellt, seine Reklamation der Freiheit der Feder steht jedoch in der Tradition, die im 19. Jahrhundert konsequent zur Vorstellung einer vierten Gewalt führte. In Rousseaus *Contrat social* wird der Zusammenhang nicht der Presse, aber doch der öffentlichen Meinung mit der Gewaltenteilung klar herausgestellt, und zwar auch mit dem Hinweis, der Gesetzgeber kümmere sich »en secret« um diese Instanz

61 Shaftesbury 1963, I 46-47. Die Forderung Shaftesburys gehört zu den häufig wiederholten Topoi der einschlägigen europäischen Literatur.
62 Monopole widersprechen dem Gesellschaftsvertrag: Refl. 7768 (XIX 511).

im Staat – vielleicht erinnerte sich Kant bei seinem »Geheimen Artikel« dieses Rousseauschen »indem er ein Geheimniß daraus macht« (369, 1-2), natürlich ironisch gegen die geheime Kabinettspolitik der Herrn Geheimräte. Nach der Darstellung der drei Gewalten und ihrer Gesetze heißt es bei ihm:

A ces trois sortes de lois, il s'en joint une quatrième, la plus importante de toutes [...] Je parle des mœurs, des coutumes, et sur-tout de l'opinion [...] partie dont le grand Législateur s'occupe en secret [...].[63]

Unabhängig von der neuzeitlichen Frage der drei oder vier Gewalten im Staat wird Platons Dualismus von Philosophie einerseits und Staatsgewalt – repräsentiert durch den König – andererseits übernommen. Die Philosophen partizipieren nach der Kantischen Teilung nicht an der Staatsmacht, sondern denken, schreiben und veröffentlichen in eigener Verantwortung; insofern steht der Philosoph neben dem König, er muß »in so fern als frei und nur unter der Gesetzgebung der Vernunft, nicht der Regierung stehend gedacht werden«, wie im *Streit der Fakultäten* ergänzt wird (VII 27). Aber die Kantische Theorie im ganzen besagt zugleich, daß die Philosophen den Vorrang haben, denn die Prinzipien der Moral, die sie vertreten, sollen dem Handeln vorangehen, die Moral soll nicht politisch, sondern die Politik soll moralisch sein. Die Frage, wem der Vortritt gebührt, der Philosophie oder der Staatsgewalt, ist damit eindeutig gelöst. Die Könige sollen sich der Vernunft unterwerfen – »eher gibt es keine Erholung von dem Übel für die Staaten, lieber Glaukon, und ich denke auch nicht für das menschliche Geschlecht«.[64] Diese Vernunft resultiert im neuzeitlichen Konzept Kants aus der öffentlichen Auseinandersetzung vieler, nicht der Schuldoktrin eines einzelnen.

Es gibt zwei weitere Verbindungslinien des Geheimartikels zur Schrift im ganzen. Kant zielt einmal auf seine publizistischen Gegner, zum anderen reflektiert das Werk seine eigenen Publikationsbedingungen. Die prominentesten Kritiker des Kantischen *Gemeinspruchs*, Rehberg und Gentz[65], sind Apologeten der bestehenden Herrschaftspraxis, und beide sind Nutznießer dieser

63 Rousseau 1959ff., III 394 (*Du Contrat social* II 12). Zur historischen Lokalisierung vgl. Habermas 1965, 110-116.

64 Platon, *Politeia* 473d.

65 Vgl. Henrich 1967.

Herrschaft, Rehberg als »Geheimer Cabinetsrath«[66], Gentz am Beginn seiner politischen Laufbahn als »Geheimer Secretair« (des Königlichen Generaldirectoriums in Berlin).[67] Auf sie lenkt Kant den Blick der Zeitgenossen, wenn er schreibt, die Macht korrumpiere das freie Urteil der Vernunft. Er stellt den Juristen und Politikern der Geheimkabinette und vielleicht auch den nur zum Schein freien politisch-philosophischen Publizisten wie Garve die vom Staat freigestellte Philosophische Fakultät entgegen; in ihr ist die Betätigung der Vernunft ohne Pressionen möglich.[68] So erklärt sich die intensive Bezugnahme auf die unterschiedlichen Amtsgeschäfte der Juristen und der Philosophen: Nur der Philosoph ist frei von Interessen außer dem Vernunftinteresse selbst. Kant streitet in den neunziger Jahren für eine Stärkung der Universität als eigenständiger Korporation mit einer eigenen, also nicht durch die Regierung auszuübenden Zensur; auf diesem Weg sollten die Wissenschaften von den politischen Machenschaften der Berliner Regierung freigehalten werden. – Mit der Vorstellung einer von der politischen Einrede unabhängigen, für die Politik nicht nur ungefährlichen, sondern förderlichen freien Urteilsbildung knüpft der »Geheimartikel« zugleich an den Vorspann der Schrift selbst an, in dem vorläufig und ironisch die Publikationsfreiheit der Friedensschrift erbeten wurde.[69]

66 S. die Biographie von F. Frensdorff in: Allgemeine Deutsche Biographie XXVII, 1883, 571-583.

67 Der Titel ähnelt dem Begriff der Volksdemokratie, da der Sekretär schon als solcher, mit einem secretum, etwas Geheimem, befaßt ist.

68 Zur Dienstbarkeit der oberen Fakultäten zum Staat vgl. 369, 21-22 und die Einleitung zum *Streit der Fakultäten*.

69 Vgl. Cavallar 1992, 337-343. Es sollte ergänzt werden, daß die Freiheit der Feder für Kant auch bedeutet, daß das ersuchte Interventionsverbot für beide Seiten gilt; entsprechend hat sich Kant nicht in politische Fragen gemischt und mit seiner Feder keine (unmittelbare) Macht oder Pression ausgeübt; er verurteilt vielfach Mißstände in genereller Form (Despotismus; Leibeigenschaft; Verknechtung durch das Titelwesen), agiert jedoch nicht für die Durchsetzung seiner Vorstellungen.

VI. Anti-Machiavell

Ich werde, schreibt Kant 1765, »in der Tugendlehre jederzeit dasjenige historisch und philosophisch erwäge[n], was geschieht, ehe ich anzeige, was geschehen soll, [...]« (II 311). Diese Vorstellung einer anthropologischen Grundlegung der Moral wurde 1770 in der Schrift *De mundi sensibilis atque intelligibilis forma et principiis* als grundfalsch hingestellt: Die Reihenfolge ist umzukehren, die moralische Norm ist zunächst und für sich zu entwickeln, ihre Anwendung auf die menschliche Natur ist eine cura posterior. Die Notwendigkeit der Verkehrung der Reihenfolge von Natur und Vernunft wird in der *Kritik der praktischen Vernunft* als zentrales Argument herauspräpariert und mit dem Titel des »Paradoxons der Methode« versehen.[70] Für den Handelnden und den Moralphilosophen gilt in gleicher Weise die paradoxe Verkehrung der Natur- gegen die Moralordnung: Nicht der natürliche Impuls soll am Anfang stehen und die Handlung leiten, sondern zuerst ist die sittliche Norm, das Freiheitsgesetz, zu befragen. Die Religionsschrift sieht das radikal Böse in der naturalistischen Verkehrung der Ordnung der Sittlichkeit, und mit eben dieser Theorie des Guten und des Bösen wird die »Mißhelligkeit zwischen der Moral und der Politik« im Anhang der Friedensschrift artikuliert und zur Einhelligkeit gelöst. Die verkehrte und richtige Reihenfolge wird bis in die Sequenz der Worte getrieben: Auf der einen (oberen) Seite der Gigantomachie steht der moralische Politiker, auf der anderen (unteren) der politische Moralist (372, 8-12).

Gegen den machiavellistischen Politiker und seine Forderung, die Politik auf Erfahrung zu gründen, stellt Kants »Anti-Machiavell« einmal das Apriori der praktischen Vernunft, die in keinen wirklichen Streit mit der Praxis geraten kann (370, 5-16). Sodann hat die Vernunft gegenüber der vom Politiker evozierten Erfahrung den Vorzug der Evidenz und Sicherheit; was wirklich geschieht, hängt dagegen ab vom »Schicksal« (370, 29-33), das, selber kein deduzierbarer Begriff[71], eine unüberschaubare Vielfalt von Kausalsträngen bedeutet; was uns in der Erfahrung begegnet, enthält kein Prinzip irgendeiner Orientierung, wie der bloße Politiker

70 Vgl. dazu Brandt 1995.
71 III 99 (*Kritik der reinen Vernunft* A 84, B 117).

fälschlich unterstellt.[72] Und drittens: Selbst die Berufung auf die Natur hält nicht Stich, denn »der Mensch« ist nicht identisch mit den Menschen, mit denen der Politiker zu tun hat und die seine Kronzeugen bilden. Kant nimmt hier ein Motiv auf, das 1798 am Anfang und Ende der *Anthropologie in pragmatischer Hinsicht* erscheint: Zur wirklichen Anthropologie gehört die Frage, was der Mensch aus sich nicht nur faktisch macht, sondern machen *soll*, und worin seine Vernunft-Bestimmung besteht (VII 119 und 321-333).

So wird dem Gegner der Boden entzogen. Unter dem Titel der Mißhelligkeit wird auch die mögliche Einhelligkeit von Moral und Politik erörtert[73]; sie besteht in der Revolution der Naturordnung hin zur inversen Ordnung der Moral. Die Moralordnung liefert, was dem Klugheitskalkül des Politikers mangelt.

Im »Anhang II« wird ein als transzendental bezeichnetes Kriterium für die zuvor entwickelte Einhelligkeit von Politik und Moral vorgestellt: das der Publizitätsfähigkeit und -bedürftigkeit der Maximen, die das rechtlich-politische Handeln leiten.[74] Auch hier wieder eine aktuelle Beziehung: Die Gegner der Kantischen Theoriekonzeption setzen mit Garve und Burke auf die englische Tradition und Praxis. Und genau hier sieht Kant den Mangel der Geheimpolitik, die das Licht der Publizität scheuen muß: Der zum Schein eingeschränkte englische Monarch ist tatsächlich ein absoluter Despot, weil die Volksrepräsentanten von ihm abhän-

72 Dieses – auf Parmenides und Platon zurückgehende Motiv – der Verworrenheit der bloß sinnlichen Wirklichkeit verwendet Kant in seiner Moralphilosophie häufig, u. a. in der *Kritik der praktischen Vernunft:* Was wahren, dauerhaften Vorteil bringe, sei »in undurchdringliches Dunkel eingehüllt«, am Sittengesetz sich zu orientieren sei dagegen »ganz leicht« (V 36), so auch in der *Grundlegung zur Metaphysik der Sitten*: »mit diesem Compasse in der Hand« (IV 404).

73 Dies entspricht der ursprünglichen Konzeption des einen Anhangs mit der Überschrift »Über die Vereinigung der Moral und der Politik in Absicht auf den ewigen Frieden« (vgl. Lehmann 1969, 51 und 59).

74 Des näheren ist die Unverträglichkeit einer Maxime mit der Publizität ein Kriterium im Hinblick auf das Recht (381, 19-26), während die Maximen, die der Publizität bedürfen, auch mit der Politik übereinstimmen (386, 10-13); Politik hier nicht nur als ausübende Rechtslehre (370, 11), sondern als Aufgabe, in den Maßnahmen mit dem Zweck der Bürger (hier: das »Publicum«), nämlich der Verwirklichung der eigenen Glücksvorstellungen, übereinzustimmen (386, 14-17).

gen; wenn er befiehlt: Es soll Krieg sein, so ist Krieg. Sein »Bestechungssystem muß freilich nicht Publicität haben, um zu gelingen« (VII 90 Anm.).[75]
Für diese Konstruktion der Verbindung des Paradoxons der Methode mit dem Prinzip der Publizität gibt es einen auffälligen Präzedenzfall, der die Dimension, in der das Öffentlichkeitsprinzip angesiedelt ist, gut beleuchetet: das ästhetische Urteil. Dieser Präzedenzfall kann vielleicht erhellen, warum Kant den Begriff des Transzendentalen im Zusammenhang mit der Publizität benutzt.[76]
Im Bereich der Erkenntnis und der Ästhetik wird nicht von der Möglichkeit der Publikation, sondern der Mitteilungsfähigkeit gesprochen. Erkenntnisurteile müssen notwendig mitteilbar sein, so die *Kritik der reinen Vernunft*: Wahrheit beruhe auf der Übereinstimmung mit dem Objekt,

> in Ansehung dessen folglich die Urteile eines jeden Verstandes einstimmig sein müssen (consentientia uni tertio, consentiunt inter se). Der Probierstein des Fürwahrhaltens [...] ist also, äußerlich, die Möglichkeit, dasselbe mitzuteilen und das Fürwahrhalten für jedes Menschen Vernunft gültig zu befinden (A 820).[77]

Kriterium der Wahrheit ist die Reproduzierbarkeit der Erkenntnis im Verhältnis zu dem identischen Objekt. Im ersten Teil nun der

75 Vgl. Coves 1991, 175 und 192, Anm. 27 zu diesem Punkt der Auseinandersetzung Kants mit den deutschen Burke-Anhängern.
76 Die Bezeichnung eines Rechtsprinzips als transzendental ist singulär und bedarf einer Erklärung. (In vielen Publikationen gilt die praktische Philosophie Kants generell als Teil der Transzendentalphilosophie; unter dieser – falschen – Prämisse ist die Rede vom »transzendentalen Begriffe des öffentlichen Rechts« (381, 1-2) natürlich nicht auffällig und interpretationsbedürftig.) Kant selbst führt die Abstraktion von aller Materie des Rechts als Grund für den Begriffsgebrauch an, so daß die Form der Publizität übrig bleibe, »deren Möglichkeit ein jeder Rechtsanspruch in sich enthält« (381, 8). In den »Metaphysischen Anfangsgründen der Rechtslehre« wird für diesen Sachverhalt nicht der Begriff des Transzendentalen angewendet; es bedarf auch einer Zusatzbedingung, um nicht auch z. B. der Mathematik den Status einer Transzendental-Erkenntnis zu geben.
77 III 532 (*Kritik der reinen Vernunft* A 820; B 848); vgl. auch Kants Ausführungen im Brief an Jacob Sigismund Beck vom 1. Juli 1794 (XI 496).

Kritik der Urteilskraft lautet die uns interessierende Passage folgendermaßen: »Untersuchung der Frage: ob im Geschmacksurtheile das Gefühl der Lust vor der Beurtheilung des Gegenstandes, oder diese vor jener vorhergehe. Die Auflösung dieser Aufgabe ist der Schlüssel zur Kritik des Geschmacks und daher aller Aufmerksamkeit würdig. Ginge die Lust an dem gegebenen Gegenstande vorher, und nur die allgemeine Mittheilbarkeit derselben sollte im Geschmacksurtheile der Vorstellung des Gegenstandes zuerkannt werden, so würde ein solches Verfahren mit sich selbst im Widerspruche stehen« (v 216-217). Nur bei der Präzedenz des rationalen Elements (»Erkenntnis überhaupt«) vor der Lust ist die letztere in einem somit reinen Geschmacksurteil mitteilbar.

Man kann die Forderung der Mitteilbarkeit eines ästhetischen Urteils ebenfalls als ein transzendentales Prinzip bezeichnen, weil es unmittelbar mit dem Grund der Anmaßung eines Geschmacksurteils verbunden ist: Das Spiel von Einbildungskraft und Verstand ist als bloß formales notwendig mitteilbar; dem Urteil hingegen, das einer inversen Ordnung entspringt und bei dem die Lust der Beurteilung vorhergeht, fehlt die Mitteilbarkeit: Es kann als materiales nicht subjektinvariant reproduziert werden. In der Ästhetik also ist es das Ingangsetzen des gleichen freien (also nicht objektbezogenen) Spiels von Einbildungskraft und Verstand zu einer Erkenntnis überhaupt, in der Friedensschrift die Übereinstimmung der Maximen politischer Handlungen mit der Rechtsidee der frei urteilenden Bürger.

An diese Überlegungen, meine ich, knüpft die Schrift an, wenn sie das formale Publizitätsprinzip der Politik als transzendental bezeichnet. Es ist eine weitere Vertiefung des Kantischen Lebens-Themas: die gemeinsame Welt der Wachenden und der Vernünftigen.[78]

78 Im Sinne des antiken Satzes: »Wenn wir wachen, so haben wir eine gemeinsame Welt, träumen wir aber, so hat jeder seine eigene« (aus den *Träumen eines Geistersehers* II 342).

Bitterli, Urs: *Alte Welt – neue Welt*, München 1986
Brandt, Reinhard: »Das Erlaubnisgesetz, oder: Vernunft und Geschichte in Kants Rechtslehre«, in: *Rechtsphilosophie der Aufklärung. Symposium Wolfenbüttel 1981*, hg. von R. Brandt, Berlin und New York 1982, 233-285
–: *D'Artagnan und die Urteilstafel. Über ein Ordnungsprinzip der europäischen Kulturgeschichte* (1, 2, 3/4), Stuttgart 1991
–: »Kants ›Paradoxon der Methode‹«, in: *Veritas filia temporis. Festschrift Rainer Specht*, Berlin 1995
Burke, Edmund: *Reflections on the French Revolution* (1790), London – New York 1964
Cavallar, Georg: *Pax Kantiana. Systematisch-historische Untersuchung des Entwurfs »Zum ewigen Frieden« (1795) von Immanuel Kant*, Wien – Köln – Weimar 1992
Coves, Faustino Oncina: »La Revolución americana contra la Revolución francesa: un argumento del burkianismo contra el kantismo«, in: E. Bello, *Filosofía y Revolución. Estudios sobre la Revolución Francesa y sur recepción filosófica*, Murcia 1991, 157-196
Diderot, Denis: »Droit naturel«, in: ders., *Œuvres politiques*, hg. von P. Vernière, Paris 1963, 29-35
Dreier, Horst: »Demokratische Repräsentation und vernünftiger Allgemeinwille«, in: *Archiv des öffentlichen Rechts*, 113 (1988), 450-483
Epstein, Klaus: *The Genesis of German Conservatism*, Princeton 1966
Ferguson, Adam: *An Essay on the History of Civil Society* (1767), Edinburgh 1966
Fichte, Johann Gottlieb: *Gesamtausgabe der Bayerischen Akademie der Wissenschaften*, hgg. von R. Lauth und H. Jakob. Abt. 1: Werke. Stuttgart/Bad Cannstatt 1964 ff.
Garve, Christian: *Abhandlung über die menschlichen Pflichten in drey Büchern aus dem Lateinischen des Marcus Tullius Cicero*. 2. Aufl. Breslau 1784
Geismann, Georg: »Kants Rechtslehre vom Weltfrieden«, in: *Zeitschrift für philosophische Forschung* 37 (1983), 363-388
Habermas, Jürgen: *Strukturwandel der Öffentlichkeit. Untersuchungen zu einer Kategorie der bürgerlichen Gesellschaft*, Neuwied ²1965
Hennigfeld, Jochen: »Der Friede als philosophisches Problem. Kants Schrift ›Zum ewigen Frieden‹«, in: *Allgemeine Zeitschrift für Philosophie* 8 (1983), 23-37
Henrich, Dieter (Hg.): *Kant, Gentz, Rehberg: Über Theorie und Praxis*. Frankfurt 1967
Herb, Karlfriedrich und Ludwig, Bernd: »Kants kritisches Staatsrecht«,

in: *Jahrbuch für Ethik und Recht/Annual Review of Law and Ethics* 2, 1994, 457-504
Home, Henry: *Sketches of the History of Man*, 4 Bde., Edinburgh 1778-1779
Hume, David: *An Inquiry Concerning the Principles of Morals* (1748), New York 1957
Justi, Johann H. G.: *Historische und juristische Schriften*, Frankfurt/Leipzig 1760
Kant, Immanuel: *Menschenkunde*. Nach handschriftlichen Vorlesungen hrsg. von Fr. Chr. Starke, Leipzig 1831
–: *Gesammelte Schriften* (Akademie-Ausgabe), Berlin 1900 ff.
Klemme, Heiner F.: Einleitung in: *Immanuel Kant, Über den Gemeinspruch [...] Zum ewigen Frieden*, Hamburg 1992
Lehmann, Gerhard: »Ein Reinschriftfragment zu Kants Abhandlung vom ewigen Frieden (1955)«, in: *Beiträge zur Geschichte und Interpretation der Philosophie Kants*, Berlin 1969, 51-66
Losurdo, Domenico: *Hegel und das deutsche Erbe. Philosophie und nationale Frage zwischen Revolution und Reaktion*, Köln 1989
–: *Immanuel Kant. Freiheit, Recht und Revolution* (italienisch 1983), Köln 1987
Münkler, Herfried: *Gewalt und Ordnung. Das Bild des Krieges im politischen Denken*, Frankfurt 1992
Raumer, Kurt von: *Ewiger Friede. Friedensrufe und Friedenspläne seit der Renaissance*, Freiburg – München 1953
Reich, Klaus: Einleitung in: *Immanuel Kant, Der Streit der Fakultäten*, Hamburg 1959
Rousseau, Jean-Jacques: *Œuvres complètes*, Paris 1959 ff.
Shaftesbury, Anthony Earl of: *Characteristics of Men, Manners, Opinions, Times, etc.*, hg. von J. M. Robertson (1900), Gloucester, Mass. 1963
Smith, Adam: *The Theory of Moral Sentiments* (1759), hg. von D. D. Raphael und A. L. Macfie, Oxford 1976
–: *The Wealth of Nations* (1776), hg. von E. R. A. Seligman, London – New York 1958
Vlachos, Georges: *La pensée politique de Kant. Métaphysique de l'ordre et dialectique du progrès*, Paris 1962

Allen W. Wood
Kants Entwurf für einen ewigen Frieden*

Kants Abhandlung »Zum ewigen Frieden. Ein philosophischer Entwurf« erschien zum ersten Mal gegen Ende des Jahres 1795.[1] Im folgenden möchte ich einiges über die Hintergründe dieser Abhandlung und die Ursachen ihrer Popularität sagen und mich mit den Problemen beschäftigen, die ihre Deutung aufgibt. Schließlich werde ich einen Ansatz vorschlagen, der der Friedensschrift eine zentralere Stelle in Kants Philosophie zuweist, als ihr bisher gewöhnlich zugestanden wurde.

Der unmittelbare Anlaß, über diesen Gegenstand eine Abhandlung zu schreiben, war für Kant wahrscheinlich der zwischen Frankreich und Preußen im März 1795 geschlossene Friedensvertrag von Basel. Dieser führte das Ende des Ersten Koalitionskrieges zwischen den monarchischen Staaten Europas und der französischen Republik herbei. »Zum ewigen Frieden« kann als Ausdruck der Unterstützung für die Republik als solche und für die preußische Politik des Friedens mit Frankreich gelesen werden. Der Sache der Republik wird sowohl im ersten Definitivartikel, wonach die Verfassung eines jeden Staates republikanisch sein soll, der Rücken gestärkt, als auch durch Kants zum zweiten Definitivartikel gemachte Bemerkung, daß der Friede eintreten könne, wenn durch Fügung des Glücks ein mächtiges und aufgeklärtes Volk sich zu einer Republik bilden und dann sich »zum Mittelpunkt der föderativen Vereinigung für andere Staaten« machen könne. Die monarchischen Staaten sollten mit anderen Wor-

* Aus dem Englischen übersetzt von Roland Wittmann.

1 Kant, »Zum ewigen Frieden: Ein philosophischer Entwurf«, in: Kants *Gesammelte Schriften.* Ausgabe der königlich-preußischen Akademie der Wissenschaften (AA) 8, 341-386. Die uns jetzt bekannte, revidierte und erweiterte Auflage, die den Zweiten Zusatz oder den »Geheimen Artikel« zum ewigen Frieden enthält, wurde nicht vor Januar 1796 veröffentlicht. Kants Schriften werden im folgenden nach Band und Seitenzahl der Akademieausgabe zitiert. Die einzige Ausnahme ist die *Kritik der reinen Vernunft*, die nach der A/B-Seitenzahl zitiert wird.

ten das revolutionäre Frankreich nicht nur dulden, sondern es sogar als den möglichen Anführer einer friedlichen weltbürgerlichen Föderation ansehen.

Kant konnte natürlich seine Schrift nicht in der Erwartung verfassen, daß die Mächtigen solche Ansichten teilen würden. Weniger als ein Jahr zuvor hatte König Friedrich Wilhelm II. Kant durch seinen Erziehungsminister J. C. Wöllner für die sokratischen Vergehen getadelt, die Jugend zu verführen und die christliche Religion und die Heilige Schrift zu mißachten. Dieser Verweis führte dazu, daß Kant seinem Souverän versprach, über Themen der Religion weder Vorlesungen zu halten noch zu schreiben – ein Versprechen, das er treu bis nach dem Tod des Königs im Juli 1797 hielt. »Zum ewigen Frieden« kann als Kants Versicherung gelesen werden, daß er nicht die Absicht hatte, über *andere* Dinge von allgemeinem öffentlichen Interesse zu schweigen.

Kant war keineswegs der erste, der sich für die Idee aussprach, daß der Friede zwischen den Staaten im Rahmen des Völkerrechts verwirklicht werden sollte. Der Begriff eines »Rechts der Völker« (*ius gentium*) war schon in der antiken Welt lebendig, und auf seine Behandlung durch die Theoretiker der frühen Neuzeit wie Hugo Grotius und Samuel Pufendorf spielt Kant an (AA 8, 355). Kant war auch nicht der erste, der einen internationalen Staatenbund befürwortete. Im späten 17. Jahrhundert hatten sowohl der junge Leibniz[2] als auch William Penn[3] Vorschläge für eine inter-

2 Leibniz, »Securitas publica interna et externa« (1670), in: Gottfried Wilhelm Leibniz: *Sämtliche Schriften und Briefe*, hg. von Paul Ritter (Darmstadt, Preußische Akademie der Wissenschaften, 1923), 1, 4, S. 131-168. S. R. W. Meyer, *Leibniz and the Seventeenth Century Revolution*, Glasgow: Bowes & Bowes, 1952, S. 129-132. In seinem späteren Leben ist Leibniz von seiner frühen Parteinahme für die Idee einer christlichen Republik abgerückt. 1715 machte er eine Anmerkung zum Entwurf des Abbé de St.-Pierre, den er für utopisch und undurchführbar hielt (Patrick Riley (Hg.): Leibniz, *Political Writings*, 2. Aufl., Cambridge: Cambridge University Press, 1988, S. 176-184). Aber Kants Anspielung auf das Schild des holländischen Gastwirts, mit der »Zum ewigen Frieden« beginnt, scheint aus dem *Codex Iuris Gentium* von Leibniz (1693) zu stammen, s. Leibniz: *Political Writings*, S. 166, und Patrick Riley, *Kant's Political Philosophy*, Totowa, NJ: Rowman and Littlefield, 1983, S. 122.

3 William Penn, *An Essay on the Present and Future Peace of Europe by the Establishment of a European Diet, Parliament or Estates*, 1693. Da

nationale Macht in Europa vorgebracht, die einen dauerhaften Frieden zwischen den christlichen Völkern sicherstellen sollten. Kants unmittelbare Vorbilder waren jedoch der *Projet pour rendre la paix perpétuelle en Europe* von Charles Irénée Castel, Abbé de Saint-Pierre[4], und ein von Jean-Jacques Rousseau verfaßter Auszug aus diesem Werk.[5] Kant hatte beide Vorgänger in seiner Abhandlung von 1784 »Idee zu einer allgemeinen Geschichte in weltbürgerlicher Absicht« namentlich erwähnt, wobei er die Meinung vertrat, daß die Menschheit versuchen sollte, den ewigen Frieden zwischen den Völkern durch einen freien Bund der Staaten zu erreichen (AA 8, 24; vgl. auch 8, 313). Schon vor 1780 hatte Kant in seinen *Vorlesungen über Moralphilosophie* den Entwurf des Abbé de St.-Pierre zum Mittelpunkt seiner Konzeption des Endzwecks der Menschheitsgeschichte gemacht (AA 27, 470-471). Die Friedensschrift selbst spielt offenkundig auf den *Projet* des Abbé an, indem sie Friedens-»Artikel« aufstellt, die unter verschiedenen Überschriften angeordnet sind, eine Vorgehensweise, die sich genauso beim Abbé findet.[6]

das Memorandum von Leibniz nicht weit verbreitet war, wird dies allgemein als der erste gut bekannte Vorschlag für einen durch eine internationale Föderation zu erreichenden europäischen Frieden betrachtet. Andere Vorgänger des Abbé de St.-Pierre und Kant werden bei Miriam Eliav-Feldon erörtert (»Grand Designs: The Peace Plans of the Late Renaissance«, in: *Vivarium* 27 (1989), S. 51-56).

4 Charles Irénée Castel, Abbé de Saint-Pierre (1658-1743), *Projet pour rendre la paix perpétuelle en Europe*, Köln: J. le Pacifique, 1712, und Utrecht: Antoine Shouten, 1713; die erste englische Übersetzung war *A Project for Settling on Everlasting Peace in Europe*, London: J. Watts, 1714.

5 Jean-Jacques Rousseau, »Extrait du projet de paix perpétuelle«, in: ders., *Œuvres complètes*, Paris: Pleïade, 1964, 3, S. 561-589. Rousseau schrieb auch ein »Jugement sur la paix perpétuelle«, das 1782, nach seinem Tod, veröffentlicht wurde, in: *Œuvres complètes* 3, S. 590-600.

6 Kant führt sechs »Präliminar«- und drei »Definitiv«-Artikel an. Der Abbé de St.-Pierre führt acht »fundamentale« Artikel, sieben »notwendige« Artikel und sechs »nützliche« Artikel an. Für die Erörterung ihres Inhalts s. Carl Joachim Friedrich, *Inevitable Peace*, Cambridge: Harvard Press, 1948, S. 163-169, und Riley, *Kant's Political Philosophy*, S. 125-126. Der gekürzten Version des Abbé von 1729 folgend, führte Rousseau die einundzwanzig Artikel auf fünf zurück. Der erste Artikel sah eine Europäische Union vor, der zweite die Besteuerung von Einkünften für

Der Abbé de St.-Pierre schrieb seinen *Projet* 1713 aus Anlaß des Kongresses von Utrecht, in dessen Verlauf verschiedene dynastische und religiöse Streitpunkte unter den Herrscherfamilien von England, Frankreich und Spanien erfolgreich beigelegt wurden. Der Friedensentwurf des Abbé war nur einer von vielen ehrgeizigen politischen Verbesserungsvorschlägen, die er im Laufe seines Lebens vorlegte. Wie die meisten von ihnen wurde der *Projet* fast allgemein – auch von Leibniz beispielsweise – als der gutgemeinte, aber naive Plan eines allzu optimistischen Phantasten betrachtet. In den 20er Jahren des 18. Jahrhunderts geriet der Abbé de St.-Pierre weiter in Mißkredit, nachdem er aufgrund seiner Kritik an der Politik Ludwigs XIV. aus dem Collège de France ausgeschlossen worden war. Möglicherweise war es genau dieser Ruf eines hochherzigen, unpraktischen, auch ein klein wenig subversiven Mannes, der Rousseaus Interesse an den Schriften des Abbé weckte. 1761 begann er mit deren Herausgabe. Er vervollständigte den Auszug des *Projet*, wobei er sich auf die gekürzte Version des Abbé von 1729 stützte. Die größere Aufgabe beendete er nie – eine Folge des Wirbels, in den seine eigenen politischen Schriften ihn bald stürzen sollten.
Rousseaus Ansatz zum Thema des Friedens zwischen den Völkern ist nicht genau der gleiche wie der des Abbé. Der Abbé de St.-Pierre geht von der Legitimität der existierenden europäischen Staaten und des Systems des dynastischen Absolutismus aus. Er versucht die Monarchen zu überzeugen, daß es für ihr aufgeklärtes Eigeninteresse nützlich sei, internationale Streitigkeiten einem Bund von Staaten zu unterbreiten. Rousseau steht jedoch der Vor-

die Finanzierung einer internationalen Streitmacht, die sie aufrechterhalten sollte, der dritte unterwarf die Mitgliedsstaaten einer bindenden Schlichtung und einem Schiedsgericht, der vierte sah das Mittel der Ächtung und Durchsetzungsmechanismen für die Urteile des Schiedsgerichts vor, der fünfte schließlich erlaubte die Änderung der in den Artikeln enthaltenen Bedingungen (Rousseau, *Œuvres complètes*, 3, S. 575-576). Diese offenkundigen Anspielungen geben uns einen hinreichenden Grund, um Kants Abhandlung unter dem Titel *Perpetual Peace: A Philosophical Project* ins Englische zu übersetzen. Bei der Abfassung der Friedensschrift mag Kant auch durch die kritischen Bemerkungen Voltaires über den Abbé de St.-Pierre in seiner unter dem Pseudonym Dr. Goodheart geschriebenen Abhandlung *De la paix perpétuelle* (1769) beeinflußt worden sein. S. Riley, *Kant's Political Philosophy*, S. 129-131.

stellung, daß Herrscherinteressen die Tendenz haben, mit dem Gemeinwohl übereinzustimmen, mit offener Skepsis gegenüber. Er bezweifelt, daß absolute Monarchen überhaupt fähig sind, ihr eigenes rationales Interesse zu verfolgen, wenn es mit ihren ungerechten Launen und ihrem despotischen Wahn in Konflikt zu geraten droht.

Bis zu einem gewissen Grad kann Kants »Zum ewigen Frieden« als Vermittlung zwischen den Ansätzen dieser beiden Vorgänger betrachtet werden. Wie der Abbé de St.-Pierre wendet sich Kant ernsthaft an die Staatsoberhäupter; er verlangt von ihnen, daß sie den Rat von Philosophen annehmen, und argumentiert, daß es ein gewisses Maß an natürlicher Harmonie zwischen den Geboten der moralischen Vernunft und der Staatsräson gibt (AA 8, 343; 368-369). Doch werden Kants Friedensartikel als Prinzipien des *Rechts*, nicht der politischen Nützlichkeit vorgestellt. Kant räumt ein, es sei manchmal unsicher, ob es politisch klug wäre, die Artikel nicht zu beachten, er betont jedoch, daß es immer schlecht und unehrenhaft sei, sie zu verletzen (AA 8, 373; 377-378).

Kant schickt voraus, daß die Macht den Willen derer, die sie besitzen, korrumpiert, und kommt mit Rousseau zu dem Schluß, daß die Politik absoluter Herrscher dem Recht und dem Gemeinwohl oft entgegengesetzt ist (AA 8, 345; 369; 373-374). Seine Argumentation ist die, daß die Verfassung eines jeden Staates nicht nur deshalb republikanisch sein solle, um mit der Idee des Rechts im Einklang zu sein, sondern auch deshalb, weil Entscheidungen über Krieg und Frieden durch Abgeordnete getroffen werden sollten, die dem Volk gegenüber rechenschaftspflichtig sind (AA 8, 349-353). Durch die ganze Friedensschrift hindurch wirft sich Kant – mit einer Mischung von würdevoller Selbstbehauptung und humorvoller Geringschätzung seiner selbst – in die Rolle des idealistischen philosophischen Moralisten, dessen Ferne zu praktischen Dingen ihn um so mehr befähigt, zynischen Politikern Rat zu geben, wo es um die Endzwecke der Menschheit geht (AA 8, 343; 370-386). Gleichzeitig liegt ihm jedoch daran, jede Art von Beschuldigung, daß er hinsichtlich der Menschennatur naiv oder übertrieben optimistisch sei, zurückzuweisen. Immer wieder spielt er auf seine eigene Lehre von der angeborenen menschlichen Bösartigkeit an, wobei er betont, daß das ursprüngliche Böse die Erreichung des Friedens selbst unter gerecht begründeten Staaten und unter politisch günstigen Bedingungen immer erschweren wird (AA 8, 345; 355; 375, Anm.; 379; 380; 381).

Kants mit der Friedensschrift verfolgtes Ziel unterscheidet sich jedoch in bedeutendem Maß sowohl von dem des Abbé de St.-Pierre als auch von jenem Rousseaus. Anders als der erstere gibt er weder Staatsoberhäuptern Ratschläge von deren eigenem Standpunkt aus, noch erhebt er, wie der letztere, nur Einwände gegen sie und prangert ihre Falschheit und Ungerechtigkeit an. Die Friedensschrift wendet sich an die Menschheit allgemein; sie entwickelt Prinzipien des internationalen Rechts, die alle menschlichen Wesen kollektiv binden und nur aus diesem Grund besonders jene angehen, die die Macht über Staaten haben. Kant betrachtet den ewigen Frieden zwischen den Völkern sowohl als eine Forderung des Rechts als auch als den Endzweck des Menschengeschlechts; er muß deshalb für alle moralisch veranlagten Menschen von Interesse sein. Wie es Kant später in der Rechtslehre ausgedrückt hat, ist der ewige Friede »das letzte Ziel des ganzen Völkerrechts« (AA 6, 350).

Anders als der Entwurf des Abbé de St.-Pierre, der einen Vorschlag an einen Kongreß von Staaten zu einer bestimmten Zeit und an einem bestimmten Ort zur passenden Erweiterung der Bedingungen eines besonderen Vertrages darstellte, ist Kants Entwurf rein *philosophisch*; seine Artikel haben eine unbeschränkt kosmopolitische Absicht und werden vorgebracht als Befehle der Vernunft eines jeden Individuums. Doch es wäre ein schwerer Irrtum, sie lediglich als eine Menge zeitloser moralischer Prinzipien zu sehen. Denn Kant konzipiert seinen philosophischen Entwurf im Licht einer klar umrissenen Geschichtsphilosophie, wobei er eine bestimmte historische Situation anspricht und die besondere historische Aufgabe des kommenden Zeitalters zum Ausdruck bringt.

Es ist nicht schwer zu erklären, warum die Friedensschrift die populärste von allen Kantischen Schriften ist. Sie ist die am besten bekannte Schrift eines bedeutenden Philosophen über den Frieden zwischen den Völkern. In unserem Jahrhundert ist dieses Thema buchstäblich zu einer Frage von Leben und Tod für unseren ganzen Planeten geworden. Kants Entwurf antizipiert auch die am weitesten vorausschauenden praktischen Projekte auf dem Gebiet der internationalen Beziehungen – den Völkerbund nach dem Ersten Weltkrieg und die Vereinten Nationen nach dem

Zweiten.[7] Wie viele Hoffnungen wir immer noch auf die Vereinten Nationen setzen, zeigt sich daran, daß wir ihrer Obhut einige der hartnäckigsten Probleme der Welt anvertrauen – wie z. B. die Bürgerkriege und ethnischen Konflikte in Kambodscha, Somalia, Ruanda und dem früheren Jugoslawien – und ihnen vorwerfen, daß sie diese gerade mit den beschränkten Mandaten und Hilfsquellen nicht lösen können, die ihnen von den mächtigen Staaten der Welt zugewiesen wurden, welche die Verantwortung dafür abgelehnt haben. Wir lesen »Zum ewigen Frieden« als den philosophischen Ausdruck dieser großen, noch unerfüllten Hoffnungen und zugleich als eine wichtige, sie betreffende historische Erklärung.

Die Friedensschrift ist weiterhin eine überraschende Prophezeihung der Realitäten des 20. Jahrhunderts, die sich von früheren Entwürfen ähnlicher Art unterscheidet. Die von Kants Vorgängern vorgeschlagenen friedlichen Staatenbünde waren alle auf die christlichen Staaten Europas beschränkt. Der Abbé de St.-Pierre z. B. schlug eine internationale Streitmacht nicht nur vor, um die Ächtung von Staaten durchzusetzen, die sich weigerten, den Entscheidungen eines Schiedsgerichts Folge zu leisten, sondern noch mehr im Hinblick darauf, die Europäische Union selbst vor Gefahren im Osten zu schützen. Kants philosophischer Entwurf ist demgegenüber von wahrhaft weltbürgerlicher Absicht, er ist durch keine geographischen oder kulturellen Grenzen beschränkt. Seine Artikel sind nicht nur als Vorschriften eines *ius gentium* gedacht, die auf die Beziehung zwischen souveränen Staaten Anwendung finden, sondern darüber hinaus auch als

7 Das hat Max Adler, Paul Natorp und Julius Ebbinghaus, die in den 20er Jahren dieses Jahrhunderts über Kants »Zum ewigen Frieden« geschrieben haben, sowie Karl Jaspers und Carl Friedrich nach dem Zweiten Weltkrieg stark beschäftigt. Vgl. Max Adler, »Kant und der ewige Friede«, 1924, in Kopper/Malter (Hg.), *Immanuel Kant zu Ehren*, Frankfurt, 1974, S. 269-289; Paul Natorp, *Kant über Krieg und Frieden: Ein geschichtsphilosophischer Essay*, Erlangen 1924; Julius Ebbinghaus, »Kants Lehre vom ewigen Frieden und die Kriegsschuldfrage«, 1929, in: *Gesammelte Aufsätze, Vorträge und Reden*, Hildesheim: Olms, 1968, S. 24-57; Carl Joachim Friedrich, *Inevitable Peace*, Cambridge: Harvard Press, 1948; Karl Jaspers, »Zum ewigen Frieden«, 1957, in: H. Saner (Hg.), *Aneignung und Polemik. Gesammelte Reden und Aufsätze zur Geschichte der Philosophie*, München, 1968, S. 205-232.

Prinzipien eines *ius cosmopoliticum*, aus dessen Sicht *alle* Völker der Erde als eine »einzige universelle Gemeinschaft« erscheinen oder der »universelle Zustand der Menschheit« auf das »universelle Recht der Menschheit« gegründet ist (AA 8, 349, Anm., 360; vgl. AA 6, 352-353).

Ist Kants Entwurf schon nicht auf die europäischen Staaten beschränkt, so bevorzugt er noch weniger die Rechte der europäischen Völker im Verhältnis zu Nichteuropäern. In seiner Erörterung des dritten Definitivartikels zum ewigen Frieden, der das »Recht der Hospitalität« betrifft, verurteilt Kant ungeschminkt das Vorgehen derjenigen europäischen Völker, deren »Entdekkung« und »Besuch« anderer Teile der Welt gleichbedeutend mit Eroberung gewesen ist und die alle anderen Teile der Welt als Länder ansahen, »die keinem angehörten; denn die Einwohner rechneten sie für nichts«. Er erwähnt deshalb lobend die Politik der Chinesen und der Japaner, die die Bewegungen und Unternehmungen der europäischen Entdecker und Ausbeuter eingeschränkt haben. Denn solche Beschränkungen sind, sagt Kant, notwendig, wenn unabhängige Völker den schrecklichen Ungerechtigkeiten entgehen sollen, die die Eingeborenen Amerikas, Afrikas, der Gewürzinseln und andere Völker der Welt erlitten haben, die Opfer der europäischen Kolonisierung geworden sind (AA 8, 358-359; vgl. AA 6, 265-266, 353-354).

Kant schlägt keinen allumfassenden Weltstaat vor. Für ihn wäre das »seelenloser Despotismus« oder ein »Kirchhof der Freiheit«, der die Keime des Guten in den Menschen zerstören würde und schließlich, nachdem die Bindungen des öffentlichen Rechts schwächer geworden wären, in Anarchie verfallen würde (AA 8, 367). Die Trennung der Völker voneinander in unabhängigen Staaten betrachtet er als den notwendigen Schutz sowohl der Freiheit des einzelnen als auch der Ansätze zu einem gesellschaftlichen Fortschritt. Er sieht sogar den Krieg insofern als ein nützliches Werkzeug der Natur an, als dieser die Unabhängigkeit der Völker erhalten habe (AA 8, 119-120).[8] Aber Kant ist der Meinung, daß

8 An diesem Punkt sind die Ansichten Kants von den Ansichten Hegels, denen sie oft gegenübergestellt werden, nicht so weit entfernt, wie viele denken. In der *Kritik der Urteilskraft* schrieb Kant: »Selbst der Krieg, wenn er mit Ordnung und Heiligachtung der bürgerlichen Rechte geführt wird, hat etwas Erhabenes an sich und macht zugleich die Denkungsart des Volks, welches ihn auf diese Art führt, nur um desto

die Geschichte der Menschheit einen kritischen Punkt erreicht hat: die positiven Wirkungen, die der Krieg auf die Entwicklung menschlicher Fähigkeiten gehabt hat, werden überholt von den zerstörerischen Wirkungen eines Systems von Staaten, deren Sicherheit sich auf militärische Macht stützt (AA 8, 367-368; vgl. AA 6, 344). Wenn die geschichtliche Entwicklung der Fähigkeiten unserer Spezies sich fortsetzen soll, muß sich ein System von wechselseitig unabhängigen Staaten schrittweise zu einem starken Bund entwickeln, der auf natürliche Weise die Verbindungen des Handels und des wechselseitigen Eigeninteresses zur Grundlage hat und durch die zunehmende Einheit der Prinzipien herbeigeführt wird, eine Einheit, die durch die sich stetig ausdehnende Kommunikation und die darauf folgende Entstehung einer einzigen aufgeklärten Weltkultur zustande kommt.

Kants Argument für den Schluß, daß ein friedlicher kosmopolitischer Staatenbund für die Zukunft der Menschheit unentbehrlich ist, geht aus seinen erstaunlich vorausschauenden Reflexionen über die wirtschaftliche Bedeutung der Tatsache hervor, daß nach der Auffassung moderner Staaten ihre Sicherheit auf der stetigen Bereitschaft zum Krieg beruhe. Er sieht dies als eine neuere historische Entwicklung an und als die in der menschlichen Geschichte bislang größte Bedrohung für die Endzwecke unserer Gattung (AA 8, 22-24, 310). Kant unterscheidet innerhalb eines Staates drei Mächte, von denen die militärische Macht abhängt: die Macht des Heeres, die Macht der Bündnisse (Bundesmacht) und die Macht des Geldes. Die letztere stellt er als das zuverlässigste In-

erhabener, je mehreren Gefahren es ausgesetzt war und sich mutig darunter hat behaupten können: dahingegen ein langer Frieden den bloßen Handelsgeist, mit ihm aber den niedrigen Eigennutz, Feigheit und Weichlichkeit herrschend zu machen und die Denkungsart des Volks zu erniedrigen pflegt« (AA 5, 263). Hegels ähnliche Meinung, die nur zu bekannt ist, wird in § 324 der *Grundlinien der Philosophie des Rechts* geäußert. Kant und Hegel stimmen hinsichtlich der Rolle, die der Krieg in den menschlichen Angelegenheiten *in der Vergangenheit* spielte, weitgehend überein. Sie unterscheiden sich darin, daß nach Hegels Meinung der Krieg weiterhin die gleiche Rolle spielen wird, während Kant glaubt, daß dies wegen der schädlichen Auswirkung einer verteidigungsorientierten Wirtschaft auf den Fortschritt in der Gerechtigkeit innerhalb der Staaten und auf die Entwicklung der menschlichen Fähigkeiten nicht so bleiben kann.

strument des Krieges heraus, indem er besonders die Bedeutung der neuen Praxis hervorhebt, Staatsschulden zu machen, nicht nur um Kriege zu finanzieren, sondern, was noch bedeutsamer ist, die Bereitschaft zum Krieg, auf die die Staaten ihre äußere Sicherheit selbst in (sogenannten) »Friedenszeiten« gründen (AA 8, 345; vgl. AA 8, 28). Kant besteht darauf, daß die Fähigkeit eines Volkes, Krieg zu führen, weit mehr von der Stärke seiner Wirtschaft abhängt als von der Tapferkeit seiner Soldaten oder der strategischen Fähigkeit seiner Staatsmänner und Generäle. Auf diese Weise war Kant einer der ersten, der erkannte, daß moderne Kriegführung eher den Charakter eines Konflikts zwischen zwei Volkswirtschaften als den eines Zusammenstoßes zwischen zwei Armeen annimmt.

Die Stärke der modernen Staaten beruht nach Ansicht Kants auf dem »Handelsgeist«, der letztlich mit dem Krieg unvereinbar ist (AA 8, 368). Ein Staat, der der vollen Bewaffnung erste Priorität geben muß, beraubt sein Volk nicht nur der Wohlfahrt, er führt auch die Verarmung seiner wissenschaftlichen, kulturellen und moralischen Entwicklung herbei. »Die Notwendigkeit sich beständig in Bereitschaft (zum Krieg) zu erhalten« schließt, wie Kant sagt, die Verschwendung menschlicher Fähigkeiten ein, die »die völlige Entwicklung der Naturanlagen in ihrem Fortgang hemmt« (AA 8, 26; vgl. 8, 24, 121, 312, 345). Aus diesem Grund betrachtet Kant die wirtschaftlichen Auswirkungen eines unaufhörlichen Wettrüstens als die hauptsächlichste Bedrohung für die Menschheit – auf lange Sicht als noch gefährlicher für das Schicksal unserer Spezies denn die tatsächliche Verwüstung und das Blutvergießen in den Kriegen selbst.

Die Friedensschrift stellt daher nicht nur den Krieg, sondern schon die Idee einer auf militärische Verteidigung beruhenden nationalen Sicherheit als etwas dar, was die Menschen zunehmend als geschichtlich überholt ansehen sollten. Die herkömmliche Weisheit, die sich uns in dem ehernen Paradoxon »Wenn du den Frieden wünschst, bereite dich auf den Krieg vor« aufdrängt, verurteilt Kant aufs schärfste. Er leugnet, daß echter Friede zwischen den Staaten jemals durch ein System wechselseitiger militärischer Abschreckung erreicht werden kann. Was ein System von Bündnissen betrifft, das ein Gleichgewicht der Kräfte erhalten soll, so vergleicht Kant dies verächtlich mit dem Haus in der Geschichte von Jonathan Swift, das so vollkommen erbaut war, daß es ein-

stürzte, sobald ein Sperling sich auf dem Dach niederließ (AA 8, 312). Der von den Endzwecken der Menschheit geforderte ewige Friede müsse eher ein Zustand sein, in dem der gemeinsame Einfluß eines Staatenbundes den Krieg zu einer so entfernten und so wenig verheißungsvollen Handlungsweise werden läßt, daß er selbst den Zustand der Bereitschaft zum Krieg sowohl unnötig als auch unmöglich macht (AA 8, 343; 345-346).
Die zunehmende Abhängigkeit der militärischen von der wirtschaftlichen Macht tendiert nach Kants Auffassung jedoch dazu, auf subtile Weise für dieses moralische Ziel zu arbeiten (AA 8, 360-368). Denn sie legt nahe, daß eine Politik, die die Entwicklung von Wissenschaft und Handel für die militärische Bereitschaft opfert, letztlich kontraproduktiv ist (AA 8, 28, vgl. AA 8, 313; 368). Staaten, deren Volkswirtschaften auf Krieg ausgerichtet sind, werden in wirtschaftlicher Hinsicht gegenüber denjenigen, die auf Wohlfahrt und Fortschritt ihrer Völker aus sind, zunehmend ins Hintertreffen geraten, und sie werden daher mit der Zeit auch in militärischer Hinsicht die Verlierer sein. Ferner werden Staaten, die freier und gerechter sind – deren Verfassungen republikanisch und nicht militärisch-despotisch sind –, in wirtschaftlicher Hinsicht mächtiger sein; und je mehr Staaten republikanisch werden, um so seltener werden Entscheidungen über Krieg und Frieden von denen getroffen werden, die aus der Höherbewertung militärischer Macht einen Vorteil ziehen, und um so öfter von denen, die die Kosten einer solchen Politik zu tragen haben. Auf diese Weise werden die Staaten gezwungen sein, die Strategie der äußeren Sicherheit durch unabhängige militärische Macht aufzugeben, und die Menschen werden allmählich bemerken, daß die einzige echte nationale Sicherheit darin liegt, sich mit anderen Staaten in einem friedlichen Bund zusammenzuschließen.
Die im 20. Jahrhundert gemachte Erfahrung mit dem auf den Handelsgeist gegründeten republikanischen Staat hat uns zweifelsohne mit einer ganzen Menge mächtiger gesellschaftlicher Interessen bekanntgemacht, die unmittelbar gegen diese optimistischen Tendenzen arbeiten. Wie wir wissen, können ernste Gefahren für Frieden und Fortschritt nicht nur von den politischen Institutionen des feudalen Despotismus der frühen Neuzeit ausgehen, sondern auch unmittelbar von denen der freiheitlichen repräsentativen Republik, an die Kant seine Hoffnungen knüpfte.

Er wäre sicherlich entmutigt gewesen, wenn er gewußt hätte, daß zwei Jahrhunderte nach der Abfassung seiner Schrift die führende moderne Republik der Welt zugleich der Welt größter Waffenverkäufer sein würde und derjenige Staat, dessen Wirtschaft am gründlichsten von militärischer Technologie und Produktion abhängig ist. Doch sind die von Kant beschriebenen historischen Tendenzen und Kräfte offensichtlich ebenfalls noch am Werk. Denn Republiken hüten sich, in Kriege einzutreten, und es ist zweifelhaft, ob die auf militärische Wirtschaft gegründete Stellung einer Supermacht zeitlich unbegrenzt aufrechterhalten werden kann. Aus diesem Grund haben die weiseren Republiken bereits der wirtschaftlichen gegenüber der militärischen Macht als Grundlage internationalen Einflusses den Vorzug gegeben. Wir nehmen an einem mit Konflikten und Gegenströmungen beladenen historischen Prozeß teil und niemand kann behaupten, er vermöge seinen Ausgang vorherzusagen.

Unsere mißliche Lage bleibt so im Grunde die gleiche, die in der Geschichtsphilosophie Kants beschrieben wird. Kant erklärt, daß auch die Philosophie ihren »Chiliasmus« habe, der nicht utopisch sei, weil er auf eine praktische Idee gegründet ist, nach der wir streben können (AA 8, 27). Dessen ungeachtet erwartet er eindeutig nicht, daß bald ein Millennium von Frieden, Gerechtigkeit, Freiheit und Aufklärung anbrechen wird. Da Kant überdies die Meinung vertritt, die Last der Erfüllung der geschichtlichen Bestimmung des Menschengeschlechts müsse stets den Menschen als frei handelnden Wesen obliegen, behauptet er nie, daß der Sieg der Vernunft in der Geschichte leicht oder unvermeidlich sein werde. Die geschichtliche Aufgabe der Philosophie liegt deshalb nicht darin, gewaltsame Revolutionen zu schüren, um die Welt zu einem Endzweck zu bringen, sondern nur darin, den Geist der Aufklärung wach zu halten als die einzige notwendige Bedingung dafür, daß die Menschheit ihre langsame und mühselige Bewegung in Richtung des Fortschritts fortsetzt.

Es ist nicht überraschend, daß die Friedensschrift Kants beliebtestes Werk ist. Schwieriger zu erklären ist, daß sie von der Forschung im engeren Sinne verhältnismäßig wenig beachtet wird. Man hat sich nicht in der gleichen eingehenden Weise mit der Friedensschrift beschäftigt wie mit Kants systematischeren Schriften über die Grundlagen des Wissens oder der Moral oder sogar mit seinen Gedanken über Mathematik, Physik, Ästhetik, Politik oder Religion.[9] Dies kann nicht dadurch erklärt werden, daß man sagt, »Zum ewigen Frieden« sei als ein Stück populärer Schriftstellerei einfach und nicht problembehaftet, die Beweisführung der Friedensschrift sei so schlicht und geradlinig, daß sie keiner Exegese oder kritischer Diskussion bedürfe. Der Text strotzt im Gegenteil von Problemen, die kaum bemerkt, geschweige denn gelöst worden sind.

Der Aufbau der Abhandlung als solcher ist zunächst rätselhaft. Nach einer kurzen, ironischen Präambel beginnt Kant damit, »Artikel« – zuerst »Präliminar-«, danach »Definitivartikel« – für einen Zustand des Friedens zwischen den Staaten aufzuzählen. Wo hat Kant diese Artikel her? Wie soll nach seinem Vorschlag dafür argumentiert werden? Wie verhalten sich die zwei Gruppen der Artikel zueinander? Auf die Artikel folgen dann zwei merkwürdige »Zusätze«, wobei der erste sich mit der Philosophie der Geschichte beschäftigt, der zweite mit der Rolle der Philosophen als Berater politischer Führer in Sachen Krieg und Frieden. »Zum ewigen Frieden« schließt mit zwei »Anhängen« über das Verhältnis zwischen Moral und Politik. Wie verhalten sich diese »Zusätze« und »Anhänge« zueinander und zu den Artikelgruppen? Enthält die Abhandlung als ganze überhaupt eine einheitliche Beweisführung?

Vor fast 40 Jahren hat Lewis White Beck in seiner bescheidenen Einleitung zu einer englischen Übersetzung der Friedensschrift eine bündige Antwort auf diese Fragen vorgeschlagen. Nach Beck beginnt Kants Beweisführung mit der anthropologisch-historischen Darstellung im ersten, von der »Garantie des ewigen Friedens« handelnden Zusatz. Diese Darstellung rechtfertigt einen zweiten, moralphilosophischen Teil der Beweisführung, indem sie die Praktikabilität der moralisch-politischen Prinzipien aufzeigt, die im zweiten Zusatz und den beiden Anhängen zu finden sind. Das Prinzip der Achtung für menschliche Wesen als Zwecke an sich selbst und das abgeleitete moralische Kriterium der Publizität

9 Es gibt nur wenige neuere Abhandlungen in Buchform über die Friedensschrift. S. aber Georg Cavaller, *Pax Kantiana*, Wien: Böhlau, 1992. Der *Cambridge Companion to Kant*, eine neue umfassende Darstellung des Forschungsstands zu Kants Philosophie, enthält Abhandlungen, die sich mit jedem der eben erwähnten Themen teilweise auch im einzelnen beschäftigen, die Erörterung der Friedensschrift nimmt jedoch (in dem Artikel über Kants politische Philosophie) weniger als zwei Seiten ein.

in bezug auf politische Maximen rechtfertigen ihrerseits die Definitivartikel, die (nach Beck) nur in die Sprache des Rechts und der Politik übersetzte Gesetze der Moral sind, die für die Idee friedlicher Beziehungen zwischen den Staaten die moralische Grundlage schaffen. Schließlich sind die Definitivartikel die Grundlage der Präliminarartikel (mit denen die Abhandlung begann), wobei die Präliminarartikel lediglich die pragmatischen oder technischen Regeln angeben, wie die Staaten sich zueinander verhalten sollten im Hinblick auf die Verwirklichung der Idee, die in den Definitivartikeln dargestellt wird.[10]

Becks Lesart der Friedensschrift hat viel für sich. Doch selbst eine kurze Beschreibung des Textes genügt, um zu zeigen, wie undurchsichtig und problembehaftet er ist und wie indirekt, spekulativ und kontrovers jede Deutung seiner Beweisführung im ganzen sein muß. Wenn Beck recht hat, dann ist »Zum ewigen Frieden« auf Kants Anthropologie und Geschichtsphilosophie gegründet – ein Aspekt seiner Philosophie, der auch wenig beachtet und nicht richtig verstanden wird. Was ist die Grundlage für den vorsichtigen Geschichtsoptimismus, von dem Kant seine sogenannte »Garantie« für den ewigen Frieden ableitet? Ist seine Grundlage empirisch oder theoretisch? Oder ist er lediglich ein praktisches Postulat oder ein Artikel des moralischen Glaubens wie die Unsterblichkeit und die Existenz Gottes, den wir für praktische Zwecke anzunehmen haben, der aber keine theoretische Stütze hat? Wenn das letztere zutrifft, was für eine Garantie könnte das nach Kants Erwartung den zynischen Politikern geben, die er zu überzeugen hofft? Und wie stark ist wiederum die ›Garantie‹, die Kant tatsächlich für den ewigen Frieden in Anspruch nimmt? Behauptet er, daß der endgültige Friede zwischen den Staaten das *unvermeidliche* Ergebnis der Zweckhaftigkeit der Natur in der Geschichte ist? Wenn nein, wie kann er hoffen, die Herrscher der Staaten zu überzeugen, daß ihre einzige Hoffnung auf Sicherheit in einem friedlichen Staatenbund liegt? Wenn ja, welche Rolle würde für die freie menschliche Anstrengung bei der Verwirklichung der Idee vom ewigen Frieden übrigbleiben?[11]

10 Lewis White Beck (Hg.), *Perpetual Peace*, New York: Bobbs-Merrill, 1957, Einleitung, S. IX-XIV.

11 Becks Lesart bedeutet ferner, daß nicht nur Kants Theorie des internationalen Rechts, sondern auch seine Auffassung der Moral in der

Wie man die Friedensschrift auch liest, es gibt verwirrende Fragen über die Natur der internationalen Föderation, die Kant vorschlägt. Er geht davon aus, daß die Föderation der Staaten freiwillig sein wird, und doch hegt er die Hoffnung, daß diese Föderation zu etwas Stärkerem fortschreiten werde, nämlich zu einem »allgemeinen Völkerstaat« (AA 8, 313). Es ist klar, daß weder die Föderation noch der Völkerstaat ein allumfassender Weltstaat sein sollen; denn ihre Mitglieder sind selbst souveräne Staaten, die unter gemeinsamen Prinzipien des Rechts vereinigt sind.[12] Anders als der Abbé de St.-Pierre, dessen Entwurf ein Schiedsgericht und eine internationale Streitmacht einschloß, um die Ächtung von Staaten durchzusetzen, die den Urteilen des ersteren nicht Folge leisteten, schlägt Kant jedoch keine besonderen Mechanismen für die Bestimmung oder Durchsetzung internationaler Rechte vor. In seinen früheren Vorlesungen über Ethik scheint Kant die Ansicht zu vertreten, daß die Hoffnungen des Abbé de St.-Pierre nicht durch politische Mittel zu verwirklichen seien, sondern nur durch eine moralische Gemeinschaft, geschaffen ausschließlich durch Erziehung (AA 27, 470-471). Als er »Zum ewigen Frieden« schrieb, machte Kant jedoch eine klare Unterscheidung zwischen einer auf das Recht gegründeten politischen Gemeinschaft und einer gänzlich freiwilligen ethischen Gemeinschaft (nach dem Muster der Kirche, AA 6, 95-100). In der Friedensschrift ist die internationale Föderation ganz offensichtlich eher auf das Recht als auf die Moralität gegründet. Das bedeutet, daß sie Zwangsgewalt erfordert, doch in Kants Darstellung fehlen nicht nur die praktischen Mechanismen, sondern sogar die theoretischen Grundlagen für ein Rechtssystem, das auf eine solche Organisation Anwendung finden würde.

Politik von anthropologischen Überlegungen abhängt. Hierin liegt ein offensichtlicher Widerspruch zu Kants eigener Behauptung, daß Prinzipien der Moral auf die Anthropologie angewendet werden müssen, aber niemals auf sie gegründet sein dürfen (AA 4, 387; 6, 216-217). Sie bedeutet auch, daß die Prinzipien des Rechts zumindest in den internationalen Beziehungen auf die Prinzipien der Moral gegründet sind, im Gegensatz zu der Unabhängigkeit des Bereichs des Rechts, wie Kant sie nur zwei Jahre später darlegte (AA 6, 218-219; 229-231; 396-398).

12 Wie Patrick Riley bemerkt hat, schlägt Kant etwas mehr vor als einen Vertrag zwischen Staaten, aber auch etwas weniger als eine Weltregierung (Patrick Riley, *Kant's Political Philosophy*, S. 118).

Die Lösungen für alle diese Schwierigkeiten liegen freilich möglicherweise im Text der Friedensschrift verborgen und brauchen nur durch geduldige und scharfsichtige Forschung ans Tageslicht gebracht zu werden. Die Hauptursache dafür, daß die meisten philosophischen Leser Kants dazu neigten, alle diese Probleme zu übersehen, liegt, glaube ich, darin, daß von der Friedensschrift – gemäß den architektonischen Hinweisen, die Kant selbst in den drei Kritiken ausgearbeitet hat – gewöhnlich nicht angenommen wird, daß sie die Hauptanliegen der Kantischen Philosophie anspricht. Im folgenden möchte ich versuchen, die Einheit der Kantischen Philosophie auf eine neue Weise zu sehen, die es uns ermöglicht, den in der Friedensschrift angesprochenen Fragen einen zentraleren Platz zuzuweisen.
Meine These ist, daß Kant nicht nur die Friedensschrift, sondern sogar die kritische Philosophie im ganzen geschichtlich betrachtet – als etwas, was eine besondere Situation innerhalb des universellen Prozesses der Menschheitsgeschichte anspricht. Wir können »Zum ewigen Frieden« als zentral für die kritische Philosophie erkennen, indem wir die Einheit dieser Philosophie von der Selbstdefinition ihrer historischen Aufgabe her betrachten.
Menschliche Geschichte ist nach Kant ein zweckhafter natürlicher Prozeß. Wie bei allen Gattungen von Lebewesen, liegt hinsichtlich der menschlichen Gattung der Zweck der Natur in der vollkommenen Entwicklung ihrer Anlagen und Fähigkeiten (AA 8, 18). Da menschliche Wesen etwas haben, was Rousseau »Vervollkommnungsfähigkeit« nannte – die Fähigkeit, ihre Lebensart im Verhältnis zur Natur zu entwickeln, zu erfinden und sogar zu wählen –, gehören dic Kräfte der menschlichen Gattung mehr zur Menschheit im ganzen als zu Individuen und mehr zur gesamten geschichtlichen Folge von Generationen von Menschen als zu menschlichen Wesen zu irgendeinem bestimmten Zeitpunkt oder an irgendeinem bestimmten Ort (AA 8, 18-20). Das Mittel der Natur für die Entwicklung dieser Fähigkeiten ist ähnlich einzigartig. Es besteht darin, eine Beziehung zwischen den Menschen zu errichten, die sie gleichzeitig voneinander abhängig, jedoch im Verhältnis zueinander antagonistisch macht – eine Beziehung, der Kant den auf passende Weise paradoxen Namen »ungesellige Geselligkeit« gibt (AA 8, 20-22). Diese Beziehung beruht auf einer Neigung der menschlichen Natur, die Kant »Selbstsucht« nennt (AA 5, 73). Sie ist das Verlangen, einen größeren Selbstwert zu

haben als unsere Mitmenschen und diesen auch von anderen anerkannt zu bekommen. Die Selbstsucht begründet unseren irrationalen Glauben, daß wir einen höheren Anspruch auf Glück und deshalb das Vorrecht haben, andere als bloße Mittel für unsere Zwecke zu benutzen und uns von den Regeln auszunehmen, deren allgemeine Befolgung durch vernünftige Wesen wir wollen würden (AA 4, 424).

Nach dem Plan der Natur ruft die Selbstsucht einen ungesellig-geselligen Zustand des mißmutigen Wettstreits zwischen den Menschen hervor, und dieser Wettstreit fördert, während er uns sowohl böse als auch unglücklich macht, die kollektive Entwicklung der Fähigkeiten unserer Gattung. Am üppigsten blüht die ungesellige Geselligkeit in einem »zivilisierten« Zustand – in einer urbanen Gesellschaft mit den verschiedenartigsten Handwerksbetrieben und Industrien, die auf eine landwirtschaftlich geprägte Volkswirtschaft gegründet ist.[13] Die Zivilisation führt zu einer endlosen Vielfalt von verschiedenen Lebensaktivitäten und zu einer auf Wettbewerb beruhenden Entwicklung aller menschlichen Fähigkeiten. Der Krieg selbst spielt, wie wir gesehen haben, eine positive Rolle in diesem Prozeß, indem er die verschiedenen Völker voneinander trennt, sie dazu zwingt, auf jedem bewohnbaren Gebiet der Erde zu wohnen, die Unterschiede in ihren materiellen Lebensformen deutlich macht und auf diese Weise die vielfältigen Fähigkeiten der menschlichen Natur entwickelt.

Die grundlegendste und zugleich die höchste und unabhängigste menschliche Fähigkeit ist die Vernunft. Negativ ausgedrückt, sorgt die Vernunft für die Freiheit von den Instinkten, die die Menschen befähigt, ihre Natur allgemein zu entwickeln und zu vervollkommnen. Doch die Vernunft hat auch einen im positiven Sinn befreienden Aspekt als das Vermögen, Gesetze zu geben und Zwecke festzulegen, die von den Zwecken, die den Menschen durch ihre Instinkte und natürlichen Neigungen vorgegeben werden, unabhängig und ihnen in gewisser Weise sogar diametral entgegengesetzt sind (AA 8, 111-115).

»Im Gang menschlicher Dinge«, sagt Kant, »ist fast alles, wenn man ihn im Großen betrachtet, paradox« (AA 8, 41). Das grund-

13 In »Mutmaßlicher Anfang der Menschengeschichte« (1786) bringt Kant eine auf Vermutung beruhende Erzählung der Geschichte, durch die Zivilisation entstanden sei.

legende Paradoxon der menschlichen Geschichte liegt darin, daß, wenn die Vernunft sich von der Natur befreit, sie dazu gelangt, in den Menschen einen Selbstwert zu erkennen, der der Neigung zur Selbstsucht unmittelbar widerstreitet. Das Gesetz der Vernunft ist für alle vernünftigen Wesen ohne ein Vorrecht oder eine Ausnahme allgemein bindend, weil es auf die Würde, den absoluten und mit nichts vergleichbaren Wert eines jeden vernünftigen Wesens als Zwecks an sich selbst gegründet ist. Dieses Gesetz befiehlt den Menschen, sich als Mitglieder eines ideellen Reichs zu betrachten, in dem die Zwecke vernünftiger Wesen nicht mehr wechselseitig antagonistisch wären, sondern ein organisches Ganzes oder ein »Reich der Zwecke« bildeten (AA 4, 421-437). Der zivilisierte Zustand sei bis dahin durch große Unterschiede im gesellschaftlichen Status und durch die Extreme von Reichtum und Armut gekennzeichnet gewesen, die die von der Vernunft autonom vorgeschriebenen Prinzipien von Recht und Moral verletzten (AA 8, 116-118). Unsere natürlichen, auf die Selbstbevorzugung und auf Konkurrenz gegründeten Neigungen erfahren die Gesetze der Vernunft notwendigerweise als belastenden Zwang. Das ist der Grund, weshalb jene Gesetze für uns Imperative sein müssen, und der beste menschliche Wille kann niemals mehr tun, als sich widerwillig der Pflicht zu unterwerfen.

Historisch betrachtet, erleidet deshalb unsere Gattung das paradoxe Schicksal, daß, wenn wir frei handeln, wir gegen eben jene Neigungen unserer Natur – unsere Selbstsucht und unsere ungesellige Geselligkeit – kämpfen müssen, deren Betätigungen wir unsere Freiheit verdanken. Die menschliche Natur selbst ist für Kant in der Tat von Grund auf durch diesen paradoxen und auf eigentümliche Art *historischen* Zug gekennzeichnet, unsere ungesellige Geselligkeit in eine auf Vernunft beruhende systematische Harmonie zu verwandeln, oder, kurz gesagt, einen Zustand des Krieges in einen Zustand des Friedens überführen zu müssen: »Das Charakteristische der Menschengattung in Vergleichung mit der Idee möglicher vernünftiger Wesen auf Erden überhaupt ist dieses: daß die Natur den Keim der *Zwietracht* in sie gelegt und gewollt hat, daß ihre eigene Vernunft aus dieser *Eintracht* ... herausbringe« (AA 7, 322).

Die geschichtliche Entwicklung, die die menschliche Natur von Grund auf kennzeichnet, hat auch einen kritischen Wendepunkt. Dieser kommt dann, wenn die Vernunft genügend gereift ist, damit sie sich von der Natur losreißen und sich ihr Gesetz ausdrücklich selbst geben kann. Auf dieser Stufe, die Kant als das »Jünglingsalter« der Menschengattung beschreibt (AA 6, 121-122), müssen die Menschen aus der Bevormundung durch die Natur und durch menschliche Autorität heraustreten. Da die Vernunft selbst nur durch menschliche Kommunikation existiert (*Kritik der reinen Vernunft* A 738/B 766), wird es zur Aufgabe nicht nur der einzelnen Menschen, sondern eines ganzen Staates, sich der Leitfäden sowohl der Natur als auch der Tradition zu entledigen. Kants Bezeichnung für diesen Ausgang aus der Unmündigkeit ist »Aufklärung«, und die Maxime der Aufklärung ist »Selbstdenken« (AA 8, 35; 146-147). Kant betrachtet seine eigene Zeit nicht als aufgeklärt, sondern als in einem Prozeß der Aufklärung befindlich. Die besondere geschichtliche Aufgabe eines solchen Zeitalters und insbesondere seiner Philosophen liegt darin, die Prinzipien einer zum Selbstdenken gelangten Vernunft zum Ausdruck zu bringen, oder, mit anderen Worten, *selbstgesetzgebend* zu werden.

Eine andere Bezeichnung, die Kant diesem Wendepunkt in der Geschichte vor allem in einem theoretischen Zusammenhang gibt, ist ›Kritik‹. Die Vorrede zur ersten Auflage der *Kritik der reinen Vernunft* beschreibt diese Kritik selbst als einen metaphorischen Gerichtshof, an welchem die Vernunft die Gesetze, die sie sich selbst gegeben hat, anwendet, um die berechtigten Forderungen theoretischer Erkenntnis von den unberechtigten zu trennen, die auf anmaßenden Ansprüchen der Vernunft beruhen und oft herkömmliche Vorstellungen des religiösen Aberglaubens stützen sollen (*Kritik der reinen Vernunft* A XI-XII). Dieselbe Vorrede erklärt das gegenwärtige Zeitalter zu einem »Zeitalter der Kritik«, in welchem alle Ansprüche – nicht nur jene der Wissenschaft, sondern auch die des religiösen Glaubens und der staatlichen Autorität – sich der freien und offenen Prüfung durch eine öffentliche, rationale Untersuchung unterwerfen müssen (*Kritik der reinen Vernunft* A XI, Anm.).

In der praktischen Philosophie trägt das Zeitalter der Aufklärung oder Kritik den Namen ›Autonomie‹. Eine Moralphilosophie für ein Zeitalter der Aufklärung muß auf die Erkenntnis gegründet sein, daß vernünftige Wesen nur durch solche Gesetze verpflichtet werden können, die sie durch ihre eigene Vernunft sich selbst geben (AA 4, 432-433). Indem Kant eine auf Autonomie gegründete

Moralphilosophie formuliert, löst er nicht nur ein altes Problem der moralischen Verpflichtung, sondern er spricht, was wichtiger ist, eine neue philosophische Aufgabe an, die in der Tat nur an einem Wendepunkt der Menschheitsgeschichte entsteht.

Kants Anthropologie stellt den Zustand der Menschen als konflikthaft dar: sowohl nach außen aufgrund der ungeselligen Geselligkeit, sozialer Ungleichheit und des Kriegs zwischen den Staaten als auch nach innen durch den Antagonismus zwischen Selbstsucht und Menschenwürde und die hieraus folgende Spannung zwischen der natürlichen Neigung und der Vernunft. Doch in der Menschheitsgeschichte wirken Natur und Vernunft sowohl zusammen und liegen zugleich in Widerstreit. Die ungesellige Geselligkeit der menschlichen Natur ist das Mittel, durch das die Natur uns in eine bürgerliche Verfassung treibt, in welcher unsere gesetzlose Freiheit durch den vernünftigen Zwang des Rechts gezügelt wird (AA 8, 21; 310; 365-366). Wenn nun der Zustand des Krieges zwischen den Staaten die volle Entwicklung unserer natürlichen Fähigkeiten bedroht, liefert die Natur eine Garantie des ewigen Friedens, indem sie die menschlichen Leidenschaften selbst dazu benutzt, die Staaten zu einer friedlichen Föderation zu bringen (AA 8, 310-311; 368).

Die Zusammenarbeit zwischen Natur und Vernunft muß ebenso in die andere Richtung wirksam sein. Auf den früheren Stufen der menschlichen Kultur fördert der gesellschaftliche Antagonismus die Entwicklung menschlicher Fähigkeiten und Anlagen, doch nur dann, wenn der Streit durch die zwangsweise Durchsetzung eines Systems des Rechts in annehmbaren Grenzen gehalten wird. Auf der geschichtlichen Stufe, die wir jetzt erreicht haben, kann diese Entwicklung sich nur dann fortsetzen, wenn die Menschen frei zur Idee einer vollkommenen bürgerlichen Verfassung voranschreiten. Das Problem, eine solche Verfassung zustandezubringen – das Kant das »letzte und größte Problem für die Menschengattung« nennt –, ist daher ein solches, das die menschliche Vernunft um des Zwecks *der Natur* willen lösen muß (AA 8, 22-23; 366). Und da eine politische Verfassung, die auf Kriegsvorbereitungen ausgerichtet ist, die menschliche Kultur pervertieren und den Fortschritt der Menschheit in Richtung Gerechtigkeit unterminieren muß, kann dieses letzte und schwierigste Problem nur dann gelöst werden, wenn die menschliche Gattung auch gerechte und friedliche äußere Beziehungen zwischen den Staaten erreicht (AA 8, 24-26). Die Pfade von Natur und Vernunft treffen deshalb in der Menschheitsgeschichte letztlich zusammen, weder die Vernunft noch die Natur kann ohne die Hilfe der anderen Fortschritte machen (AA 8, 27-28). Die Zwecke der Natur selbst hinsichtlich der menschlichen Spezies können nur durch die Aufklärung erreicht werden, und zwar in der Theorie durch das Vorhaben der kritischen Philosophie, in der Praxis durch die Autonomie.

Die Einheit von Kants Philosophie kann so als die Einheit der *geschichtlichen* Aufgabe der Aufklärung angesehen werden. Der Entwurf des ewigen Friedens zeigt sich, wenn man ihn unter diesem Gesichtspunkt betrachtet, als der Mittelpunkt der kritischen oder Aufklärungsphilosophie Kants. Denn im Unterschied zur fortschreitenden Entwicklung der Moral bei jedem Einzelnen, des Wissens in den einzelnen Wissenschaften, der Gerechtigkeit in unabhängigen Staaten ist der ewige Friede der globale und kosmopolitische Entwurf, auf den die Menschheit sich einigen muß, wenn sie mit ihrer geschichtlichen Berufung vorankommen und daher ihre Natur als eine Spezies bewahren soll, die dazu bestimmt ist, natürliche Zwietracht in vernünftige Eintracht zu verwandeln. Die drei *Kritiken* und das auf ihnen errichtete philosophische System zielen auf ein rationales System des Denkens, dessen geschichtliche Aktualität als menschliche Tätigkeit mit dem Entwurf des ewigen Friedens wesensnotwendig verknüpft ist. Denn dieser Entwurf ist die Bedingung für die geschichtliche Möglichkeit jedes anderen die menschliche Spezies betreffenden Zwecks sowohl der Natur als auch der Vernunft.

Die Zeit Kants ist natürlich nicht mehr die unsere. In den vergangenen zwei Jahrhunderten wurde sein Aufklärungsentwurf weiterentwickelt und erweitert, wobei er sowohl mit Siegen als auch mit Niederlagen konfrontiert war. Gerade jetzt wird er von vielen Seiten angegriffen. Sein Vertrauen auf die Vernunft wird sowohl durch ätzenden Skeptizismus als auch durch neue und alte Schwärmerei in Frage gestellt. Sein Kosmopolitismus wird von kommunitaristischen Richtungen ebenso verworfen wie von kulturellen Relativisten. Sein radikaler Geschichtsoptimismus wird von denen, die auf die Mißerfolge des Sozialismus des 20. Jahrhunderts entweder mit bitterer Enttäuschung oder mit Siegesjubel reagierten, verspottet. Selbst wir Philosophen können den im zweiten (»geheimen«) Artikel zum ewigen Frieden ausgedrückten

Wunsch nicht länger hegen, daß wir dadurch, daß wir für unsere vernünftigen Entwürfe die Gunst wohlwollender Herrscher gewinnen, den Lauf der Dinge beeinflussen könnten.[14] Denn Tatsache ist, daß wir nicht mehr an wohlwollende Herrscher glauben und unsere jetzigen Herrscher, die in einer bei weitem nicht idealen Republik unsere Vertreter sind, wurden jedenfalls oft gerade auf der Grundlage ihrer offenen *Ablehnung* alles dessen gewählt, was sich als humanistischer Entwurf eines Aufklärungsphilosophen mit weltbürgerlichen Zielen propagiert.

Doch auch Kant selbst schrieb den Entwurf »Zum ewigen Frieden« unter einem Regime, über das er sich keine Illusionen machte. Er richtete ihn an eben jene Regierung, die ihn kurz zuvor wegen seiner Aufklärungsideen zurechtgewiesen hatte. Wenn Kant seine Hoffnungen auf die Französische Revolution setzte, so verwarf er andererseits die Revolution prinzipiell als Mittel des politischen Fortschritts und räumte zum französischen Experiment sogar ein, daß sie »mit Elend und Greueltaten dermaßen angefüllt sein mag, daß ein wohldenkender Mensch sie, wenn er sie zum zweiten Male unternehmend glücklich auszuführen hoffen könnte, doch das Experiment auf solche Kosten zu machen nie beschließen würde« (AA 7, 85). Er warnt uns, daß die Garantie der Natur für den ewigen Frieden »nicht hinreichend ist, die Zukunft desselben (theoretisch) zu *weissagen*, aber doch in praktischer Absicht zulangt und es zur Pflicht macht, zu diesem (nicht bloß chimärischen) Zwecke hinzuarbeiten« (AA 8, 368). Sogar Kants Verteidigung des geschichtlichen Fortschritts war stets durch das Eingeständnis modifiziert, daß er »bisweilen *unterbrochen*, aber nie *abgebrochen* sein werde« (AA 8, 309).

Manche haben in diesen Vorbehalten eine nicht sehr einnehmende Selbstzufriedenheit oder sogar einen grundlegend konservativen

14 Das Verhältnis zwischen Philosophen und wohlwollenden Herrschern wurde noch ausdrücklicher vom anderen Part dieser Beziehung konstatiert, und zwar von Friedrich dem Großen: »Es ist Sache der Philosophen, die Lehrer der Welt zu sein und die Führer der Herrscher; sie müssen konsequent denken, und es ist unsere Sache, konsequent zu handeln; sie müssen entdecken, wir müssen es ausführen«. Zitiert von Friedrich Paulsen, »Aufklärung und Aufklärungspädagogik«, 1903, in: F. Köpitsch (Hg.), *Aufklärung, Absolutismus und Bürgertum in Deutschland*, München 1976, S. 280. Ich bin Arthur Strum dankbar dafür, daß er mich auf dieses Zitat aufmerksam gemacht hat.

Geist gesehen.[15] Ich sehe in ihnen etwas ganz anderes, und zwar etwas, was in unserer Zeit dringend nötig ist: die kluge Forderung, daß philosophischer Chiliasmus niemals zur Schwärmerei werden darf und daß seine geschichtlichen Hoffnungen niemals drängend oder ungeduldig gehegt werden dürfen, denn wir können uns den Endzwecken der Menschheit, die auszudrücken die Philosophen immer noch lernen, nicht widmen, wenn wir nicht klare Anzeichen dafür sehen, daß die Menschheit im Begriff ist, sie zu erfüllen. Umgekehrt dürfen wir nicht zulassen, daß diese Hoffnungen sich in Verzweiflung verwandeln durch den Fehlschlag einer gesellschaftlichen Bewegung oder eines politischen Experiments, noch sollten wir sie einfach deshalb fallenlassen, weil wir unglücklicherweise in einer Zeit leben, da der Fortschritt der Menschheit unterbrochen wurde und die Maschinen der Geschichte denen in die Hände gefallen sind, die den Mechanismus umkehren möchten. Noch weniger sollten wir zulassen, daß unsere Enttäuschung uns gegen die Ideen der Aufklärung, der Vernunft, der Menschlichkeit und des Fortschritts einnimmt – wie bei vielen der Romantiker des frühen 19. und bei ähnlich verwirrten und ruhelosen Geistern am Ende des 20. Jahrhunderts.

In seinem eigenen Jahrhundert wurde der Entwurf des Abbé de St.-Pierre, den er ›Europäische Union‹ nannte, von allen spöttisch und herablassend beurteilt, mit Ausnahme von einigen wenigen unpraktischen Träumern und einsamen Philosophen. Doch heute gibt es eine Europäische Union, die die Hoffnungen des Abbé, die von seinen Zeitgenossen als phantastisch abgetan wurden, nicht nur erreicht hat, sondern weit übertrifft. Wissen wir wirklich, daß mit anderen Träumen und Entwürfen eines Tages nicht das gleiche geschehen wird, so etwa mit Kants eigenen Entwürfen einer vollkommen gerechten republikanischen Verfassung und der notwendigen Bedingung hierfür, einer von der Bedrohung des Krieges und der erdrückenden Last der Rüstung freien Gesellschaft? Oder mit der Idee der Aufklärung selbst – einer Gesamtöffentlichkeit, die von Menschen konstituiert wird, die selbst denken, statt ihre Gedanken durch herkömmliche Vorurteile versklaven oder durch das System der Massenkommunikation gezielt manipulieren zu lassen? Oder auch mit noch anderen, radikaleren Zielen und Ent-

15 S. Frederick C. Beiser, *Enlightenment, Revolution, Romanticism*, Cambridge: Harvard, 1992, Kap. 2.

würfen aus der Tradition der Aufklärung: der Idee der Demokratie, die für Kant eher ein Gegenstand der Furcht denn der Hoffnung war und die in einer echten Form im großen Maßstab niemals irgendwo existiert hat? Oder mit den Projekten, die rassistischen, religiösen, ethnisch bedingten Haß und Unterdrükkung abschaffen wollen, oder solchen, die zum Ziel haben, die inneren wie die äußeren Gefängnismauern von Patriarchat und Homophobie niederzureißen, oder die Ausbeutung derer, die arbeiten, durch die, die Eigentum haben, zu beenden und damit die schreckliche Kluft zwischen Arm und Reich zu schließen, und zwar sowohl innerhalb einer Gesellschaft als auch zwischen verschiedenen Gesellschaften?

Keiner dieser Entwürfe erscheint jetzt als in unserer Lebenszeit durchführbar. Heute scheinen viele dieser Ziele sich sogar rasch von uns zu entfernen – ebenso wie der Traum des Abbé de St.-Pierre von einer Europäischen Union während der zwei fürchterlichen Kriege, die Europa in der ersten Hälfte dieses Jahrhunderts verwüstet haben, sicherlich weiter als je von der Verwirklichung entfernt scheinen mußte. Vom Kantischen Standpunkt aus ist jedoch die einzige Frage, die hinsichtlich solcher großer historischer Ziele gestellt werden muß, die, ob es eine kollektive Pflicht der Menschheit ist, auf sie hinzuarbeiten. Wenn das zu bejahen ist, dann ist es auch vernünftig, unsere Auffassung von uns selbst und von unserer Geschichte an dem Postulat auszurichten, daß sie eines Tages erreicht werden können, und sodann nach den natürlichen und den gesellschaftlichen Mechanismen zu suchen, die unsere Anstrengungen, sie zu erreichen, unterstützen.

Das 20. Jahrhundert ist nicht ein Jahrhundert der Aufklärung, sondern ein Jahrhundert der Ernüchterung gewesen. An seinem Ende erscheint als die am meisten zeitgemäße (wenn auch altmodischste) Botschaft der Schrift »Zum ewigen Frieden« der hartnäckige, nüchterne und auf Prinzipien gegründete Geschichtsoptimismus, auf dem Kants Beweisführung aufbaut.[16]

16 Ich bin Paul Guyer und Rega Wood für ihre aufmerksamen Bemerkungen zu einer früheren Fassung dieser Abhandlung dankbar.

Karl-Otto Apel

Kants »Philosophischer Entwurf: Zum ewigen Frieden« als geschichtsphilosophische Quasi-Prognose aus moralischer Pflicht

Versuch einer kritisch-methodologischen Rekonstruktion der Kantschen Konzeption aus der Sicht einer transzendentalpragmatischen Verantwortungsethik

1. Einleitung: das Problem einer kritischen Rekonstruktion des Kantschen Projekts in der gegenwärtigen Situation seiner möglichen Anwendung und epistemologischen Begründung

Daß Kants »Philosophischer Entwurf: Zum ewigen Frieden« gerade in der Gegenwart hochaktuell ist, braucht kaum besonders betont zu werden. Nach dem Scheitern des Genfer »Völkerbunds«, der selbst schon, im Sinne der Erwartung Kants, ein »pathologisch abgedrungenes« Ergebnis des Ersten Weltkriegs war, ist nun das analoge Folgeprojekt des Zweiten Weltkriegs, die *Organisation der Vereinten Nationen* (engl. UNO) in New York, nach dem Überstehen der Krise des Kalten Krieges zwischen den Weltmächten, offenbar in seine eigentliche Bewährungsprobe eingetreten: Als eine Föderation nahezu aller souveränen Staaten der Erde, unter denen sich auch ein Großteil der ehemaligen Kolonien der nördlichen Großmächte befinden, steht die UNO vor der Aufgabe, nun erstmals nationale Kriege effektiv zu verhindern – darunter vor allem solche in Gebieten, in denen die postkoloniale Ausdifferenzierung der souveränen Staaten noch nicht abgeschlossen ist, wie im Nahen und Fernen Osten (Palästina, Taiwan) und im Bereich der ehemaligen Sowjetunion und Jugoslawiens.

Dabei kann die UNO nicht schon von der – im Sinne Kants idealen – Voraussetzung einer Rechtsgemeinschaft »äußerlich gleicher« und im »innern republikanischer« Staaten ausgehen, sondern muß nicht nur die Verschiedenheit der Staatsform, sondern auch die Abweichung von der »republikanischen« Verfassung und Regierungsart im Sinne des von Kant sogenannten »Despotismus« bei ihren Mitgliedern *de facto* noch tolerieren; und statt der »Gleichheit« aller Mitglieder setzt sie die politisch grundlegende Unterscheidung in Mitglieder der *Vollversammlung* (*General Assembly*) und Mitglieder des *Sicherheitsrats* (*Security Council*) voraus, dessen permanente Mitglieder (USA, Großbritannien, Frankreich, Rußland und China) sogar über ein Veto-Recht bei allen substantiellen Beschlüssen verfügen.

Doch diese Elemente des »pathologisch abgedrungenen« Kompromisses bei der Beendigung des Zweiten Weltkrieges könnten im Sinne Kants durchaus geeignet sein, ihrerseits die nächste Phase der Annäherung an das ideale Projekt einer Friedens- und Rechtsordnung auf der Grundlage einer Föderation freier Völker zu ermöglichen; denn es ist klar, daß die kausale Effektivität der Konfliktlösung und Kriegsverhinderung in der Übergangsphase zwischen dem internationalen »Naturzustand« und dem kosmopolitischen Rechtszustand nur durch eine Kooperation der Großmächte durchgesetzt werden kann – wenn denn, wie Kant unterstellt, die wünschenswerte Friedensordnung nicht – oder: nicht allein – das Resultat der faktischen Konsensbildung aller Menschen guten Willens, sondern (zunächst) weit mehr das Resultat eines Natur-»Mechanismus« menschlicher Interessenverfolgung, oder – darüber hinaus – einer sich dieses Mechanismus bedienenden »Naturabsicht« sein muß.

Mit diesen vagen Andeutungen der strukturellen Gründe für die weltgeschichtliche Aktualität des Kantschen Projekts habe ich nun auch bereits einige der methodologisch relevanten Charakteristika dieses »Philosophischen Entwurfs« ins Licht gerückt; grob gesprochen: das Oszillieren dieses Entwurfs zwischen, oder seine Kombination von, Argumenten im Sinne *juristischer* oder sogar *deontisch-ethischer Postulate* und ihrer Ausarbeitung im Stile eines völkerrechtlichen Vertrages einerseits und Argumenten im Sinne einer *naturalistisch und teleologisch orientierten Quasi-Prognose* andererseits. Der letztere Aspekt des Projektes wird noch viel deutlicher, wenn man den Kantschen »Entwurf« von 1795 im Kontext der vorausgehenden geschichtsphilosophischen Schriften, vor allem des berühmten Aufsatzes von 1784 »Idee zu einer allgemeinen Geschichte in weltbürgerlicher Absicht« sieht und thematisiert, wie es im folgenden geschehen soll.[1]

Ist man bereit, die gegenwärtigen Bemühungen um die institutionelle Stabilität und funktionale Effektivität der UNO als mögliche Illustration des Kantschen Entwurfs ernstzunehmen (und das heißt: sie nicht von vornherein aus Enttäuschung utopischer Hoffnung oder aber aus realpolitischer Skepsis – mit Machiavelli oder mit Hegel – zu diskreditieren), dann vermag gerade die angedeutete Kombination heterogener Gesichtspunkte in Kants Argumentation seinem Projekt die erneute Aktualität und sogar Plausibilität zu verschaffen. Jedenfalls beruht darauf seine Faszination. Freilich erwächst aus dieser Faszination erst recht das dringende Bedürfnis einer epistemologischen und methodologischen Klärung und einer möglicherweise über Kants System-»Architektonik« hinausgehenden Rekonstruktion der systematischen Voraussetzungen seines »Entwurfs«.

Denn es ist wohl bekannt, daß in der philosophischen und sozialwissenschaftlich-historischen Diskussion in der Zeit zwischen Kant und der Gegenwart – sozusagen zwischen dem Fortschrittsglauben der Aufklärung und seiner Kritik durch den Postmodernismus – nahezu alle einzelnen Voraussetzungen des Kantschen Entwurfs, sowohl die *normativ-ethischen* wie vollends die *epistemologisch-geschichtsphilosophischen*, als Bestandteile einer noch nicht überwundenen dogmatisch-neuzeitlichen oder sogar dogmatisch-abendländischen Metaphysik in Frage gestellt worden sind – und dies zum Teil mit Argumenten, die den Ansatz der Kantschen *Vernunftkritik* radikalisieren und gegen den historischen Kant wenden konnten.

Am bekanntesten und plausibelsten ist hier *prima facie* die Kritik am *Geschichtsdeterminismus* als Säkularisation der göttlichen *Vorsehung*, die z. B. von Karl Popper primär gegen Comte, Hegel und Marx, von Karl Löwith, Hans Jonas, der »Nouvelle Philosophie« und den Postmodernisten aber auch gegen Kant als angeblichem Vorläufer der spekulativ-dialektischen Geschichtsphilosophie der »maîtres penseurs« des 19. Jahrhunderts gerichtet wurde. Dieser Kritikpunkt trifft direkt – so scheint es wenigstens *prima facie* – ein besonders faszinierendes Element der Kantschen Geschichts-

1 Ich zitiere im folgenden nach der Akademie-Textausgabe der *Werke* Kants, Berlin: W. de Gruyter, 1968.

philosophie, die im Hintergrund seines »Entwurfs« zum »ewigen Frieden« steht: nämlich die Unterstellung einer teleologischen »Naturabsicht«, die man – im Vorgriff auf Hegel – auch »List der Natur« nennen könnte: Es geht hier um die Vorstellung, daß die Weisheit der Natur, die Kant wie Hegel auch manchmal »Vorsehung« nennen, den »Antagonismus« der »ungeselligen Geselligkeit« der Menschen dazu benutzt, um im Endeffekt – d. h. auf dem Wege eines langwierigen, scheinbar sinnlosen, gleichwohl aber zielgesteuerten, dialektischen Prozesses – jene Zustände einer – zumindest äußerlich – gerechten Ordnung des menschlichen Zusammenlebens zu erreichen, die von der autonomen moralischen Vernunft a priori postuliert, aber – wegen der Abhängigkeit des Menschen von den sinnlichen Neigungen – niemals (allein) durch das Vernunftvermögen realisiert werden könnten.

Man muß m. E. zugeben, daß diese Vorstellung, die noch zu Beginn des 20. Jahrhunderts von neukantianischen Marxisten, wie Max Adler und Karl Vorländer, als Antizipation der dialektischen Einsichten Hegels und vor allem Marx' gerühmt wurden[2], unhaltbar ist – wenn sie, wie offenbar bei Hegel und Marx, als solche eines (*kausalen* und *teleologischen*) *Geschichtsdeterminismus* verstanden wird. In diesem Falle ist die Konzeption der *List der Natur* nicht nur vom heutigen Standpunkt als Bestandteil einer »dogmatischen Metaphysik« zu verwerfen, sondern sie ist dann auch geeignet, eine kruziale Aporie in Kants System-Architektonik aufzuzeigen. Denn schon die Unterstellung eines lückenlosen *Kausaldeterminismus* der Erfahrungswelt gerät in Konflikt mit der von Kant in seiner praktischen – insbesondere seiner politischen – Philosophie doch immerhin suggerierten Möglichkeit einer *Realisierung moralischer Politik durch Interventionen der Vernunftautonomie in die politisch-soziale Realität*. In diesem Falle wäre nicht nur das von Kant irgendwie unterstellte *Zusammenwirken* von *List der Natur* und *moralischer Vernunft* nicht mehr zu denken, sondern die langfristige Realisierung der Naturabsicht müßte im Sinne einer »unbedingten Prognose« des zu-

2 Vgl. Max Adler: »Kant und der ewige Friede«, in: J. Kopper/R. Malter (Hg.): *Immanuel Kant zu ehren*, Frankfurt a. M.: Suhrkamp, 1974, 269-289, sowie Karl Vorländer: »Kant und Marx«, in: Zwi Batscha (Hg.): *Materialien zu Kants Rechtsphilosophie*, Frankfurt a. M.: Suhrkamp, 1976, 419-451.

künftigen Geschichtsprozesses vorausgesagt werden können. Von einer solchen Prognose aber hat Karl Popper gezeigt, daß sie – im Unterschied zu »bedingten Prognosen« – zumindest nicht in der Reichweite einer (durchaus im Sinne Kants verstandenen) kausalanalytischen Naturwissenschaft liegt.[3]

Faßt man aber den Geschichtsdeterminismus primär im Sinne nur der *teleologischen* Zukunftsgewißheit auf, dann gerät diese *Teleologie* in Konkurrenz zur moralischen Begründung aller *Sollensforderungen*. Im Falle der wissenschaftlich-dialektischen Ausarbeitung der unbedingten Geschichtsprognose gelangt man dann – wie Karl Popper ebenfalls gezeigt hat[4] – zur Position eines »ethischen Historizismus« oder »Futurismus«, der die Autorität des moralischen Sollens durch die Autorität der »dialektischen Wissenschaft« vom »notwendigen Gang der Geschichte« ersetzt, was zur politischen Perversion der Moral führen muß.

Nun ist es m. E. ganz klar, daß die letztere Deutung, die den orthodoxen Marxismus-Leninismus zu treffen scheint, dem *Geiste* des Kantschen Projekts zutiefst widerspricht. Überblickt man alle Argumente, die bei Kant die »Idee einer Geschichte in weltbürgerlicher Absicht« begründen, so gelangt man eher zu dem Ergebnis, daß bei ihm nicht ein *Wissen* um den teleologisch notwendigen Gang der Geschichte die Moral fundieren soll, sondern umgekehrt eine moralisch begründete *Sollensforderung* das – durchaus hypothetische und fallible – Ausdenken eines auch empirisch möglichen Fortschritts der Geschichte – d. h. eines möglichen Geschichtsverlaufs, an den die moralisch angeleitete Praxis anknüpfen könnte – zur Pflicht macht. Man könnte dann, wie im Titel meines Vortrags geschehen, von einer »Quasi-Prognose aus moralischer Pflicht« reden. (Auf diesen Punkt werde ich noch zurückkommen müssen.)

Freilich läßt sich nicht verschweigen, daß eine konsistente und kohärente Interpretation der Kantschen Texte im Sinne der zuletzt angedeuteten Konzeption auf eine *Re-Konstruktion* hinauslaufen muß, d. h. auf den Versuch, sozusagen mit Kant gegen Kant

3 Vgl. K. Popper: *Das Elend des Historizismus*, Tübingen: J. C. B. Mohr, 1965, sowie ders.: *Die offene Gesellschaft und ihre Feinde*, Bd. II: *Falsche Propheten; Hegel, Marx und die Folgen*, Bern/München: Francke, 1958.

4 Ebd.

zu denken. Zunächst einmal müssen die – nicht wenigen – Textstellen, in denen Kant ganz im Sinne der vorkantischen (dogmatischen) Metaphysik von der *teleologischen Absicht der Natur* zu sprechen scheint, im Sinne der – wenigen – Stellen reinterpretiert werden, in denen er sich und dem Leser in Erinnerung bringt, daß im Sinne der »kritischen Philosophie« von einer teleologischen Struktur des Naturprozesses nur im Sinne einer »regulativen Idee« der »reflektierenden Urteilskraft« gesprochen werden kann. Darüber hinaus muß – in Anknüpfung an sehr vage Andeutungen Kants – gezeigt werden, daß die *regulative Idee der theoretischen Rekonstruktion der Geschichte* ihrerseits einem *Postulat der praktischen Vernunft* entspricht: einem *Postulat* jedoch, das nicht nur, wie die drei klassischen Postulate der »Kritik der praktischen Vernunft« zu einer *transzendenten* »Hoffnung« berechtigt, sondern darüber hinaus eine politisch-moralische Verpflichtung im Sinne der uns a priori aufgegebenen, langfristigen Realisierung des Fortschritts beinhaltet.

Ich glaube in der Tat, daß man die zuletzt angedeutete *kritische Re-Konstruktion* des Kant vorschwebenden »philosophischen Entwurfs« einer Verknüpfung von praktischer und theoretischer Philosophie mit Aussicht auf Erfolg in Angriff nehmen kann und dabei sogar von einer hermeneutischen Legitimation durch einzelne Andeutungen Kants ausgehen kann. Allerdings wird man m. E. in einem zentralen Punkt eine *grundlegende Revision* der Voraussetzungen des Kantschen Denksystems vornehmen müssen. Die von Kant als essentieller Bestandteil einer (erkenntnis-)kritischen Philosophie unterstellte Unterscheidung zwischen *unerkennbaren Dingen an sich* und *bloßen Erscheinungen* der Erfahrungswelt und, in diesem Sinne, zwischen *intelligibler Welt der menschlichen Freiheit und Vernunftautonomie* einerseits, *kausal determinierter Welt der erfahrbaren Äußerlichkeit der menschlichen Handlungen* andererseits wird man einer radikalen Transformation unterwerfen müssen. Und dieser Transformation, die ich *sinnkritisch* oder *transzendentalpragmatisch* nennen würde[5], unterliegen m. E. auch wesentliche Bestandteile der Kantischen Konzeption einer Zusam-

5 Vgl. K.-O. Apel: *Die Erklären-Verstehen-Kontroverse in transzendentalpragmatischer Sicht*, Frankfurt a. M.: Suhrkamp, 1979, 319 ff., sowie ders.: *Der Denkweg von Ch. S. Peirce*, Frankfurt a. M.: Suhrkamp, 1975, 41 ff.

menführung von Geschichtsphilosophie und praktischer Philosophie in seinem »Entwurf« zur »Idee einer Geschichte in weltbürgerlicher Absicht« und »Zum ewigen Frieden«.
Dazu gehört z. B. die Art, in der Kant in der erstgenannten Schrift die »weltbürgerliche Absicht« der praktischen Vernunft mit einer von ihm erwarteten Ergänzung der kausalanalytischen (zumindest im statistischen Sinne deterministisch orientierten) Naturwissenschaft durch eine strukturell entsprechende Geschichtswissenschaft verknüpfen möchte (a.a.O., Bd. VII, S. 15 ff.) oder die Art, in der Kant das Verhältnis zwischen der bloß »äußerlichen Freiheitsordnung eines republikanischen Rechtsstaats und der von innen (›aus Pflicht‹) motivierten Freiheit der Moral« bestimmen möchte. Im Sinne des metaphysischen Dualismus der *Zwei-Welten-Lehre* ist die in diesem Zusammenhang geäußerte Erwartung Kants, daß man den republikanischen Rechtsstaat prinzipiell auch »für ein Volk von Teufeln, wenn sie nur Verstand haben«, müsse einrichten können (a.a.O., S. 366), gewiß völlig konsequent. Im Sinne der zu Ende gedachten *Forderung der praktischen Vernunft*, eine solche Rechtsordnung nicht nur zu *wollen*, sondern auch an ihrer Einrichtung im Weltmaßstab *mitzuarbeiten*, und sogar im Sinne der »spieltheoretischen« Vorstellung einer Rechtsordnung, die funktionieren soll, obwohl Herrschende und Beherrschte in ihr *nur* der egoistisch-strategischen Rationalität von Teufeln gehorchen, ist die Erwartung dagegen absurd.
Gewiß muß man Kant zugestehen, daß man niemals *mit Sicherheit wissen* kann, ob Menschen (andere oder sogar man selbst) in ihrem Handeln durch moralische Motive (»aus Pflicht«) geleitet sind und daß deshalb der Rechtsstaat sich damit begnügen muß, seinen Bürgern »Rechtspflichten« (im Sinne des »pflichtgemäßen« Handelns) und nicht »Tugendpflichten« aufzuerlegen. Doch daraus folgt keineswegs (wenn man nicht die *Zwei-Welten-Lehre* als weitere Prämisse hinzunimmt), daß man bei der Beantwortung der Frage, wie es unter Menschen zu einem funktionierenden Rechtsstaat kommen kann – und dies ist das Problem, das Kant in seinen geschichtsphilosophischen Schriften aufwirft – darauf verzichten könnte, zusammen mit dem *Handeln aus Selbstinteresse* (sozusagen *in einer Welt verstehbarer Erfahrung*)[6] auch so etwas

6 Die hier gemeinte *Welt verstehbarer Erfahrung* ist das Thema der *hermeneutischen Geisteswissenschaften*, die – im Anschluß an Hegels Kon-

wie die *adressierbare Bereitschaft zum moralisch motivierten Engagement* für die Sache der Gerechtigkeit und daher des Rechtsstaats vorauszusetzen.

Nur scheinbar berücksichtigt Kant diese prinzipiell vorauszusetzende Möglichkeit des moralisch-politischen Engagements, wenn er im »Anhang« der Schrift »Zum ewigen Frieden« sogar an den Politiker appelliert, keinen Schritt zu tun, »ohne vorher der Moral gehuldigt zu haben« (a.a.O., S. 380). Denn auch die von Kant dem »moralischen Politiker« auferlegte Verpflichtung, in seinen Handlungs-Maximen nicht vom jeweiligen »Zweck«, der sich aus dem Staatsinteresse als dem »obersten (aber empirischen) Prinzip der Staatsweisheit« ergibt auszugehen, sondern »von dem reinen Begriff der Rechtspflicht (vom Sollen, dessen Prinzip a priori durch reine Vernunft gegeben ist ..., die physischen Folgen daraus mögen auch sein, welche sie wollen« (S. 379)), – auch diese moralische Verpflichtung entspricht, ebenso wie die genau entgegengesetzte Erwartung der möglichen Einrichtung eines Rechtsstaats »für ein Volk von Teufeln«, dem metaphysischen Dualismus der Unterstellung zweier Welten, die als Erfahrungswelt und als solche der moralisch verantwortbaren Praxis völlig unabhängig voneinander wären. Mit der – eigentlich relevanten und plausiblen – Vorstellung aber, die Kant in seinen geschichtsphilosophischen Schriften dem mitdenkenden Leser sozusagen zwischen den Zeilen suggeriert: mit der Vorstellung nämlich, daß es langfristig möglich sein könnte, durch strategisch kluges, aber zugleich auch moralisch verantwortliches Handeln die Machtkonstellationen und Gelegenheiten der Politik, die sich aus dem »Antagonismus« der menschlichen Interessen immer wieder ergeben, zur Erreichung des Ziels einer weltbürgerlichen Rechts- und Friedensordnung zu benutzen: mit einer solchen – praktisch relevanten – Interpretation des Topos von der »Absicht der Natur« im Sinne des Ziels der Vernunft ist offenbar der metaphysische Dualismus der Zwei-Welten-Lehre völlig unvereinbar. Eher müßte hier – gerade im Sinne der Kantschen *Konvergenz-Vision* – vorausgesetzt

zeptualisierung des »objektiven Geistes« im 19. Jahrhundert als Thema empirischer Wissenschaften entdeckt wurde. Sie war bei Kant noch völlig unentdeckt angesichts der metaphysischen Alternative zwischen der *empirisch erklärbaren Welt der Naturwissenschaft* und der *intelligiblen Welt* der *Freiheitsverhältnisse*.

werden, daß einerseits die erfahrbaren Naturprozesse bzw. die erfahrbaren »äußeren Handlungen« der Geschichte für Interventionen bzw. Motivationen seitens der Freiheit und der moralischen Vernunft nicht völlig unzugänglich sind, und daß andererseits die moralische Vernunftautonomie durch empirisch orientierte Mittel-Zweck-Rationalilität nicht *eo ipso* korrumpiert wird.[7]
Statt dessen steigert sich Kant, in Konsequenz seines metaphysischen Dualismus, in seiner Entgegensetzung des »politischen Moralisten« und des »moralischen Politikers« im »Anhang« der Schrift »Zum ewigen Frieden« in einen – im Sinne Max Webers »gesinnungsethischen« – Rigorismus hinein. Dieser führt ihn dahin, das *objektive* Problem der »Mißhelligkeit zwischen der Moral und der Politik«, dessen Anerkennung doch recht eigentlich die Voraussetzung der genialen Konzeption der geschichtsdialektischen »List der Natur« bildet, schließlich auf das des Gegensatzes der *subjektiven* Motivationen der Akteure zu reduzieren: »Es gibt also objektiv (in der Theorie) gar keinen Streit zwischen der Moral und der Politik. Dagegen subjektiv (in dem selbstsüchtigen Hange der Menschen, der aber, weil er nicht auf Vernunftmaximen gegründet ist, noch nicht Praxis genannt werden muß) wird und mag er immer bleiben, weil er zum Wetzstein der Tugend dient ...« (a.a.O., S. 379).
Auf der Linie dieses Moralismus, der das Erfordernis einer *empirisch orientierten Erfolgsverantwortung* des Politikers völlig aus dem Blick verloren hat, glaubt Kant sogar den Grundsatz bejahen zu können: »Fiat iustitia, pereat mundus«, wobei er ihn freilich durch die folgende Übersetzung entschärft: »Es herrsche Gerechtigkeit, die Schelme in der Welt mögen auch insgesamt darüber zu Grunde gehen« (S. 378). Schon zuvor (S. 374) hatte Kant durch seine rein negative Charakteristik des (ich würde sagen: *auch*) »empirisch« orientierten Politikers (durch die Maximen: »Fac et excusa!«, »Si fecisti, nega« und »Divide et impera«) deutlich gemacht, daß er sich das moralische Problem eines Politikers, der durchaus das Ideal der gerechten Ordnung vor Augen hat, zugleich aber weiß, daß möglicherweise nicht nur die »Schelme« zugrunde ge-

7 Vgl. hierzu A. Dorschel: *Die idealistische Kritik des Willens. Versuch über die Theorie der praktischen Subjektivität bei Kant und Hegel*, Hamburg: Felix Meiner, 1992.

hen, wenn er – Kant folgend – »den Knoten entzwei [haut]«, den das objektive Problem der »Vereinigung der Politik mit der Moral« darstellt (S. 380), überhaupt nicht vorstellen konnte.
Mit diesen kritischen Bemerkungen habe ich jedoch, wie mehrfach betont, die aktuelle Relevanz des »philosophischen Entwurfs« einer *möglichen Konvergenz von empirisch bedingtem Geschichtsverlauf und Zielsetzung aus reiner praktischer Vernunft*, der sich erstmals bei Kant findet, keineswegs desavouiert, sondern – wie ich meine – nur auf die damit unverträglichen Systemvoraussetzungen der Kantschen Philosophie von vornherein hingewiesen. Versuchen wir nun im folgenden, mit Kant gegen Kant denkend, diejenigen Transformationen der Kantschen System-»Architektonik« zu markieren, die dem *geschichtsphilosophischen Projekt in praktischer Absicht* seine maximale Plausibilität verschaffen könnten.

II. Die notwendigen Voraussetzungen des Kantschen Projekts einer möglichen Konvergenz von empirisch orientierter Geschichtsphilosophie und Zielsetzung aus praktischer Vernunft in transzendentalpragmatischer Sicht

1. Kritik der Kantschen Lösung des Problems der Vereinbarkeit von Handlungsfreiheit und Kausalnotwendigkeit

Unter dem Gesichtspunkt einer Geschichtsphilosophie in *praktischer* Absicht (genauer: der hypothetischen Vorstellung eines Geschichtsverlaufs, der schließlich mit der Zielsetzung der praktischen Vernunft im Sinne einer als Sozialsystem sich selbst tragenden Rechts- und Friedensordnung konvergieren würde) ist m. E. die Kantsche Lösung des Freiheitsproblems durch Unterscheidung der »noumenalen« von der »phänomenalen« Welt der tiefste Punkt der System-Architektonik, an dem die – sinnkritische und transzendentalpragmatische – Transformation anzusetzen hat. Für Kant selbst dürfte die Auflösung der »3. Antinomie« der »transzendentalen Dialektik«, anders gesagt: die Rettung der Möglichkeit der moralisch relevanten Willens- und Handlungsfreiheit angesichts der von ihm mit der Naturwissenschaft seiner Zeit unterstellten kausaldeterministischen Ordnung der Natur, das *praktische* Hauptmotiv für seine dualistische Unterscheidung zwischen der »intelligiblen Welt unerkennbarer Dinge an sich« (einschließlich der »intelligiblen Iche«) und der Welt »bloßer Erscheinungen« gewesen sein. Diese Unterscheidung sollte ihm bei der Auflösung der »3. Antinomie« das Zusammenbestehen von Freiheit und Kausalnotwendigkeit in zwei als unabhängig voneinander gedachten Welten als möglich erweisen (während zuvor bei der Auflösung der »1. und 2. Antinomie« die Pointe noch darin bestand, daß beide Seiten der Antinomie »bloß« auf die Erscheinungswelt bezogen seien).

Selbst wenn man nun – »for the sake of argument« – den Gedanken einer *nicht erkennbaren, aber doch als notwendig existierend denkbaren* Welt als in sich konsistent unterstellt, so wird man doch bemerken müssen, daß Kants Unterscheidung der beiden Welten das Problem, die menschliche *Handlungsfreiheit* als solche gezielter und verantwortbarer Interventionen in die erfahrbare Welt der Natur oder der Geschichte zu denken, gar nicht zu lösen vermag. Wenn nämlich die Erfahrungswelt einem lückenlosen Kausaldeterminismus unterliegt, der zumindest in Raum und Zeit als unabhängig von jeder zusätzlichen Determination durch eine »Kausalität aus Freiheit« unterstellt werden muß (so die Kantsche Voraussetzung!), dann ist es im Prinzip gar nicht möglich, durch vernunftbestimmte Handlungen in der Erfahrungswelt eine kausal zurechenbare Wirkung zustandezubringen. Genau dies aber – nämlich: durch die Eingriffshandlung *A* eine erfahrbare Wirkung *B* herbeiführen zu können, die ohne *A* nicht eingetreten wäre – ist die *transzendentalpragmatische* (d. h. nicht nur mentalistisch transzendentale!) Voraussetzung bereits der experimentellen Physik[8]; vollends aber ist es die Voraussetzung jedes politischen Handlungseingriffs in die geschichtlich-gesellschaftliche Wirklichkeit im Sinne einer instrumentellen Ausnutzung von Gelegenheiten zur Erreichung von Zielen (seien diese nun im Einklang mit der »praktischen Vernunft« oder nicht).

8 Vgl. hierzu G. H. von Wright: *Explanation and Understanding*, Ithaca: Cornell University Press, 1971, Kap. 2. Dazu K.-O. Apel: *Die Erklären-Verstehen-Kontroverse in transzendentalpragmatischer Sicht*, Frankfurt a. M.: Suhrkamp, 1979, 97 ff. u. 129 ff.

Unter Kants System-Voraussetzungen aber müßte jedes Erreichen menschlicher Ziele durch scheinbar reale (Eingriffs-)Handlungen auf einer metaphysisch *prästabilierten Harmonie* zwischen der intelligiblen menschlichen »Kausalität aus Freiheit« und dem zugeordneten, gerade fälligen (prognostisch erwartbaren) Effekt des in der Erfahrungswelt wirksamen Kausalnexus beruhen. Und genau so wäre letztlich auch die Konvergenz von Geschichtsverlauf und Erreichen des moralisch aufgegebenen Ziels einer weltbürgerlichen Rechts- und Friedensordnung zu denken. Das besagt: Der Mensch hätte nicht etwa die Chance, unter zahlreichen *möglichen* (durch Handlungseingriff aktualisierbaren) Ursachen-Wirkungs-Relationen die für die Realisierung seiner Zielsetzungen geeigneten auszuwählen und so an der *Finalisierung* des Geschichtsverlaufs *mitzuwirken* (so dachte sich N. Hartmann die Vereinbarkeit menschlicher Handlungsfreiheit zwar nicht mit einer »Naturabsicht«, wohl aber – wenigstens – mit dem Kausaldeterminismus der Natur[9]); denn dazu müßte der Mensch durch den Handlungseingriff *A* eine neue Ursache (aus Freiheit) als aktuell wirksam setzen können, die *B* zur Folge hätte und damit dem Geschichtsverlauf eine neue, ihm kausal zurechenbare Richtung geben könnte. Eben das ist aber unter den Kantschen Systemvoraussetzungen nicht denkbar. Alle menschlichen Bemühungen, Vernunftziele zu realisieren, könnten nur das erreichen, was ohnehin aufgrund des Kausalmechanismus – der lückenlosen Kausalketten – der Natur eingetreten wäre.

Diese letztere Interpretation ist freilich immer noch mit der Kantschen *Konvergenzvision* verträglich und mag insofern die systemorthodox richtige sein – wenn man außer der prästabilierten Harmonie der intelligiblen Handlungsursachen (aus Freiheit) und der empirisch fälligen Kausaleffekte noch die von Kant eingeführte »Naturabsicht« oder »Vorsehung« unterstellt, welche sozusagen an Stelle der menschlichen Vernunftabsichten die real wirksame Finalisierung des Geschichtsverlaufs steuert. Doch diese Interpretation ist nicht nur deshalb unbefriedigend, weil sie offensichtlich auf einer »dogmatischen« und »überschwenglichen« Metaphysik basiert; sie ist auch im Sinne der von Kant selbst in seiner Geschichtsphilosophie und in seiner praktischen Philosophie vorausgesetzten *Bestimmung des Menschen zur Freiheit* zutiefst

9 Vgl. N. Hartmann: *Ethik*, Berlin 1935.

kontraintuitiv; denn sie macht es zwar möglich, Willens- und Handlungsfreiheit sozusagen als intelligible *Para-Ursachen* einiger Kausaleffekte der Erfahrungswelt zu denken, aber sie schneidet jede Möglichkeit ab, eine *kausal zurechenbare Verantwortung* der Menschen für zumindest Teile des Geschichtsverlaufs zu denken. (Es darf übrigens nicht verschwiegen werden, daß dieser Umstand immerhin mit Kants Vergleichgültigung der *Erfolgsverantwortung* in seiner Moralphilosophie des *formal guten Willens* im Einklang steht. Darauf werde ich noch zurückkommen.)
Daß nun aber die Unterstellung einer Handlungsfreiheit ohne mögliche Erfolgsverantwortung auch im Sinne Kants letztlich unbefriedigend ist, wird m. E. deutlich, wenn man den »3. Satz« der Abhandlung »Idee zu einer allgemeinen Geschichte in weltbürgerlicher Absicht« einmal ohne den Seitenblick auf die System-»Architektonik« Kants zu verstehen sucht. Der Satz lautet:

Die Natur hat gewollt: daß der Mensch alles, was über die mechanische Anordnung seines thierischen Daseins geht, gänzlich aus sich selbst herausbringe und keiner anderen Glückseligkeit oder Vollkommenheit theilhaftig werde, als die er sich selbst frei von Instinkt, durch eigene Vernunft, verschafft hat ... als wollte sie: der Mensch sollte, wenn er sich aus der größten Rohigkeit dereinst zur größten Geschicklichkeit, innerer Vollkommenheit der Denkungsart und (so viel es auf Erden möglich ist) dadurch zur Glückseligkeit empor gearbeitet haben würde, hiervon das Verdienst ganz allein haben und es sich selbst nur verdanken dürfen ... (S. 20)

Dieser m. E. tiefste Gedanke der Kantschen Geschichtsphilosophie, Anthropologie und (impliziten) Theodizee ist offensichtlich nicht damit verträglich, daß das Zustandebringen einer weltbürgerlichen Rechts- und Friedensordnung *nur* einem, vom Menschen völlig unabhängigen Kausalmechanismus bzw. einer ihn steuernden »Naturabsicht« zu verdanken wäre – es sei denn, diese »Naturabsicht« oder »Vorsehung« impliziere auch dies noch: daß sie – schließlich – vom Menschen selbst als Vernunftabsicht vollstreckt werde.[10] Versuchen wir im folgenden, eher dieser Heuristik als der System-Architektonik Kants zu folgen.

10 Dieselbe Problematik findet sich schon in der Geschichtsphilosophie G. Vicos, der einerseits die Geschichte als vom Menschen gemacht verstehen möchte, andererseits aber die – von ihm durchaus erkannte – Wirklichkeit der unbeabsichtigten Folgen der menschlichen Handlungen der göttlichen Vorsehung zurechnete. Vgl. K.-O. Apel: *Die Idee*

2. Skizze einer transzendentalpragmatischen Transformation der Kantschen System-Architektonik, insbesondere hinsichtlich des Verhältnisses von Handlungsfreiheit und Kausalnotwendigkeit

Zunächst sei hier nur in aller Kürze die *sinnkritische* und *transzendentalpragmatische* Transformation der Kantschen Zwei-Welten-Metaphysik und der ihr entsprechenden Konzeption des Verhältnisses von Freiheit und Kausalität angedeutet. Folgt man strikt dem kritischen Grundgedanken der »Kritik der reinen Vernunft«, daß Verstandes- *und* Vernunftbegriffe sinnvollerweise nur auf mögliche Erfahrung – und nicht, wie z. B. platonische Ideen, auf erfahrungsunabhängige »Dinge an sich selbst« – bezogen werden können, so ergibt sich m. E., daß diese methodologische Devise auch auf den Begriff der *Realität* selbst anzuwenden ist. Dies bedeutet aber: das *eigentlich zu Erkennende* sind nicht »Dinge an sich« (d. h. nach Kant und der ihm vorausgehenden christlich-platonischen Tradition: vom göttlichen »intellectus archetypus« nicht »gegenständlich«, sondern »entständlich« gedachte Dinge), sondern vielmehr das von uns *Erfahrbare* oder *Erkennbare* im Sinne einer »regulativen Idee«, der nichts faktisch *Erfahrenes* oder *Erkanntes* jemals völlig entsprechen kann.[11] Das eigentlich zu erkennende Reale ist also unabhängig und verschieden von jedem faktisch realisierbaren Ergebnis der Erkenntnis zu denken, aber keineswegs als unabhängig von möglicher Erkenntnis überhaupt, denn im letzteren Falle wäre es nicht mehr als das *von uns zu erkennende Reale* zu denken, d. h. wir könnten mit dem Begriff des Realen keinen für uns praktisch relevanten Sinn mehr verbinden (wie das in der Tat bei dem Begriff der unerkennbaren *Dinge an sich* der Fall ist).

In dieser *sinnkritischen Transformation der Zwei-Welten-Theorie Kants*, die sich zuerst bei Charles S. Peirce findet, ist m. E. der kritische Grundgedanke der »Kritik der reinen Vernunft« voll bewahrt, zugleich aber in eine postmetaphysische Form überführt:

der Sprache in der Tradition des Humanismus von Dante bis Vico, Bonn: Bouvier, 1963, ³1980, 327 ff.

11 Vgl. K.-O. Apel: *Der Denkweg von Charles S. Peirce*, Frankfurt a. M.: Suhrkamp, 1975, III, 2: »Der sinnkritische Ansatz und die neue ›Theorie der Realität‹« (anhand der Texte von 1868 und 1971).

An die Stelle der – selbst noch oder wieder dogmatisch-metaphysischen – Unterscheidung der *intelligiblen* und der *phänomenalen* Welt ist die Unterscheidung zwischen der – potentiell unendlichen – Aufgabe der Erkenntnis als Forschungspraxis (die von einem einzelnen Menschen oder einer partikularen Gemeinschaft nicht zu lösen ist) und allen denkbaren faktischen Ergebnissen der Erfahrungserkenntnis getreten. Diese Unterscheidung wiederum ist die Basis des *Fallibilismus*-Prinzips der Erfahrungserkenntnis, das sich ebenfalls zuerst bei Ch. S. Peirce formuliert findet.[12]

Doch wie steht es nun, nach der sinn-kritischen Auflösung der Zwei-Welten-Theorie, mit der Möglichkeit, das Zusammenbestehen der Kausalnotwendigkeit erfahrbarer Ereignisfolgen und menschlicher Willens- und Handlungsfreiheit zu denken? Unter der Voraussetzung Kants – und praktisch auch seiner wissenschaftlich gebildeten Zeitgenossen –, daß die Unterstellung kausal notwendiger Ereignisverknüpfung *a priori für alle denkbare Erfahrungserkenntnis gültig* sei, wäre nach dem Wegfall der Zwei-Welten-Theorie kaum noch eine Lösung dieses zentralen Problems der neuzeitlichen Metaphysik absehbar. Anders dagegen, wenn man das Fallibilismus-Prinzip auch noch auf die für Kant gegenstandkonstitutiven Verstandesbegriffe und Grundsätze a priori aller möglichen Erfahrung anwendet und z. B. eine *Einschränkung der Anwendbarkeit des Prinzips der kausalnotwendigen Ereignisverknüpfung auf einen besonderen Bereich uns möglicher Erfahrung* in Erwägung zieht.

Eine solche Einschränkung wird nun im 20. Jahrhundert von zwei Seiten her nahegelegt: Einmal zeigte sich auf der Ebene der philosophisch-wissenschaftstheoretischen Diskussion, daß die – im Sinne Kants – *mentalistisch-transzendentale* Voraussetzung einer *Verstandeskategorie der Kausalität* nicht zureicht, um die Erwartung *kausalnotwendiger* Ereignisfolgen von bloßen *Regularitäten* der Ereignisfolge im Sinne des Neo-Humeanismus zu unterscheiden: also etwa die Erwartung, *daß Eisen sich ausdehnt, wenn es erhitzt wird*, von der Erwartung, *daß die Erde sich dreht, wenn*

12 Vgl. Ch. S. Peirce: »Fallibilism, Continuity, and Evolution«, in: *Collected Papers* 1.141-175. Dazu K.-O. Apel: »Fallibilismus, Konsenstheorie der Wahrheit und Letztbegründung«, in: Forum für Philosophie Bad Homburg (Hg.): *Philosophie und Begründung*, Frankfurt a. M.: Suhrkamp, 1987, 116-211.

Eisen erhitzt wird. Die Auszeichnung der ersteren Erwartung im Sinne der Kategorie der *Kausalnotwendigkeit* gelingt aber in dem Augenblick, wo man die Erwartung der Struktur möglicher Erfahrung auf menschliche *Handlungen* bezieht, z. B. – wie Kant es in der berühmten »Vorrede« zur 2. Auflage der »Kritik der reinen Vernunft« tatsächlich vorsah[13] – auf die Interventionshandlungen, durch welche die Physiker im Experiment die Natur nötigen, auf ihre Fragen zu antworten. Jetzt zeigt sich, daß die Physiker in der Tat genau in dem Sinne und in dem Maße berechtigt sind, die *Kausalnotwendigkeit* von Ereignisfolgen – und nicht bloße *Regularitäten* – zu unterstellen, in dem sie berechtigt sind anzunehmen, daß sie durch den Vollzug der (Eingriffs-)Handlung *A* ein Folgeereignis *B* herbeiführen können, das ohne *A* nicht eingetreten wäre. Ich sehe in dieser Überlegung, wie oben schon angedeutet (s. S. 101) die *transzendentalpragmatische* Transformation der *mentalistisch-transzendentalen* Begründung der a priori erwartbaren Kausalnotwendigkeit von Ereignisfolgen durch Kant.

Der bemerkenswerte Zug dieser Transformation in unserem Problemzusammenhang liegt zunächst einmal darin, daß jetzt die Möglichkeit der *Praktizierung realer Handlungsfreiheit* nicht mehr als unvereinbar mit der *Annahme der Kausalnotwendigkeit von Ereignisfolgen* in der gegenständlich erfahrbaren Welt erscheint, sondern vielmehr als Bedingung der Möglichkeit der letzteren. Die Signifikanz dieser transzendentalpragmatischen Konkretisierung des Gedankens der »Kopernikanischen Wendung« der Philosophie wird aber erst voll sichtbar, wenn man bedenkt, daß mit der Abhängigkeit der Unterstellung kausalnotwendiger Ereignisverknüpfungen von der Interventionskausalität erfolgreicher experimenteller Praxis auch eine mögliche *Einschränkung der a priori berechtigten Unterstellung kausalnotwendiger Ereignisverknüpfungen* einhergeht. Die Berechtigung der Unterstellung kausalnotwendiger Ereignisverknüpfungen hört da auf, wo die Berechtigung der – in der klassischen Physik selbst-

13 Vgl. I. Kant: »Vorrede« zur 2. Aufl. der *Kr. d. r. V.*, wo es heißt: »... so ging allen Naturforschern ein Licht auf. Sie begriffen, daß die Vernunft nur das einsieht, was sie selbst nach ihrem Entwurfe hervorbringt ... Die Vernunft muß mit ihren Principien, nach denen allein übereinstimmende Erscheinungen für Gesetze gelten können, in einer Hand *und mit dem Experiment*, das sie nach jenen ausdachte, *in der anderen an die Natur gehen* ...«, a.a.O., III, S. 10 (Hervorhebung durch K.-O. A.).

verständlichen – Extrapolation von den Verhältnissen der manipulierbaren Gegenstandswelt experimenteller Erfahrung auf die mögliche Erfahrungswelt überhaupt aufhört. Von den – im Rahmen der *Protophysik*[14] freilich notwendigerweise zu unterstellenden – Verhältnissen der erfolgreichen Interventionskausalität auf einen für das Universum gültigen *Kausaldeterminismus* zu schließen, läuft, im Lichte der transzendentalpragmatischen Transformation der Kantschen Version der Transzendentalphilosophie, auf Dogmatismus hinaus.[15]

An dieser Stelle kommen nun die paradigmatischen Innovationen der Physik dieses Jahrhunderts in Spiel: zunächst einmal die Veränderung der experimentellen Grundsituation in der Mikrophysik, die in bezug auf das Verhalten der Elementarteilchen eine schematisierbare Anwendung der Kantschen Kategorien der Substanz und der Kausalität nicht mehr erlaubt[16], und sodann die Ergebnisse der Synergetik bzw. der Chaostheorie, die dazu zwingen, die Voraussetzung *beständiger Naturgesetze* selbst in Frage zu stellen.[17]

Ohne auf diese Ergebnisse genauer einzugehen, läßt sich doch hier soviel feststellen: Es kann keine Rede mehr davon sein, daß in bezug auf die erfahrbare Natur insgesamt ein *Kausaldeterminismus* unterstellt werden müßte, der im Widerspruch zur »Kausalität aus Freiheit« der realen, auf die erfahrbare Welt als Natur und Geschichte bezogenen Handlungen der Menschen stehen müßte. Alles scheint eher dafür zu sprechen, daß auch mit Bezug auf die Natur von einer ursprünglichen Priorität der *Spontaneität* der »natura naturans« (im Sinne von Schelling und Peirce) auszugehen ist; derart, daß *Ordnungsstrukturen*, und in diesem Sinne *Gesetze*, – ähnlich wie »habits« und andere Regularitäten der im Rahmen der menschlichen Geschichte sich immer wieder bildenden

14 Vgl. G. Böhme (Hg.): *Protophysik*, Frankfurt a. M.: Suhrkamp, 1976.

15 Vgl. G. H. von Wright: *Causality and Determinism*, New York/London, 1974.

16 Vgl. C. Fr. von Weizsäcker: »Das Verhältnis der Quantenmechanik zur Philosophie Kants«, in ders.: *Zum Weltbild der Physik*, Leipzig: Hirzel, ³1945, 83 ff.

17 Vgl. H. Haken: *Erfolgsgeheimnisse der Natur. Synergetik: die Lehre vom Zusammenwirken*, Stuttgart: Dt. Verlagsanstalt, 1981, bes. Kap. 11; ferner E. Jantsch: *Die Selbstorganisation des Universums*, München: C. Hanser, 1979.

Quasi-Natur[18] – als (sozusagen vorübergehende) Sedimentationen jener Kreativität verstanden werden können, kraft deren nach Kant der Mensch »alles aus sich selbst herausbringen« soll. Insoweit lassen sich m. E. die Schwierigkeiten, die bei Kant selbst noch der geschichtsphilosophischen Konzeption einer Fortsetzung der natürlichen Evolution im Sinne der Zielsetzungen der praktischen Vernunft im Wege stehen, heute weitgehend beseitigen.

3. Die positive Heterogonität der sozialen Handlungsfolgen als Ansatzpunkt für die Vereinbarkeit der geschichts-philosophischen Hypothese Kants (einer »List der Natur«) mit der Unterstellung menschlicher Handlungsfreiheit und Finalisierung der Geschichte im Sinne praktischer Vernunft

Doch die soeben skizzierte Transformation der Kantschen System-Architektonik könnte auf gravierende Einwände stoßen, wenn wir in ihrem Licht die eigentliche Pointe der Kantschen Geschichtsphilosophie, die von mir so genannte Konzeption einer *List der Natur*, verständlich machen sollen. Haben wir nicht die *dualistische Spannung* zwischen dem, was Menschen durch bewußte Handlungsfreiheit erreichen können, und dem, was – nach Kant – nur die »Natur« bzw. »Vorsehung« selbst durch Finalisierung weitgehend unbewußter oder, soweit bewußt, heterogen motivierter Handlungen erreichen kann, unterschlagen bzw. von vornherein harmonistisch abgespannt?

Es gilt nun m. E., eine postmetaphysische Rekonstruktion jener spekulativen Intuitionen zu versuchen, die den gemeinsamen Kern der sozial- und wirtschaftsphilosophischen Ideen der »Bienenfabel« Mandevilles, der »invisible hand«-Theorie Adam Smiths und der geschichtsphilosophischen »List«-Konzeptionen Kants und Hegels ausmachen. In der Gegenwart könnte man noch das Ausspielen der funktionalen »Systemrationalität« gegen die gut oder böse gemeinten Intentionen der »Handlungsrationa-

18 Dazu K.-O. Apel: *Die Erklären-Verstehen-Kontroverse* ..., a.a.O., 289 ff.

lität« in der soziologischen Systemtheorie[19] an denselben spekulativen Topos anschließen. Der selbst noch spekulativ unverdächtige Ausgangspunkt für den Topos scheint mir in der Einsicht der Handlungstheorie zu liegen, daß die Handlungsfolgen, sobald der kontrollierbare Rahmen experimenteller Handlungen überschritten wird, also schon im Rahmen geplanter, strategischer Kooperation zwischen verschiedenen Handlungssubjekten, vor allem aber im Rahmen komplexer, geschichtlich-gesellschaftlich bedingter Situationen, einer mehr oder weniger bedeutsamen *Heterogonie*[20] unterliegen. Die Abweichung der Handlungsfolgen von den intendierten Zwecken kann nun aus der Sicht der Akteure oder aus der Sicht der distanzierten Beobachter, sofern diese sich ein Werturteil zutrauen, entweder als *negativ* (z. B. aus der Sicht handelnder Politiker als frustrierend, oder aus der Sicht der Historiker als tragisches Scheitern einer Politik) oder aber als *positiv* (z. B. als zweckdienlich oder funktional in bezug auf Sollzustände sozialer Systeme oder auf Zielsetzungen einer Geschichtsphilosophie in praktischer Absicht) eingeschätzt werden.

In bezug auf die *negativen* Abweichungen ergibt sich – auch heute noch – das alte Problem des *aus der Geschichte Lernens*. Doch Hegel und die Vertreter der »Historischen Schule« des 19. Jahrhunderts hatten gute Gründe, diese von der Geschichtspragmatik seit Thukydides unterstellte Möglichkeit in Frage zu stellen. In der Tat sind die Frustrationen der politischen Planung nicht einfach dadurch zu beseitigen, daß man auf langfristige Zielsetzungen verzichtet und die Bedingungen politischer Handlungen möglichst denen überschaubarer Experimente angleicht. Denn eben diese Angleichung der Bedingungen wird durch die Irrever-

19 Vgl. N. Luhmann: *Zweckbegriff und Systemrationalität*, Frankfurt a. M.: Suhrkamp, 1973.

20 Ich spreche hier nicht, wie üblich, mit Wilhelm Wundt (*Ethik, Eine Untersuchung der Tatsachen und Gesetze des sittlichen Lebens*, Bd. 1, 3. Aufl., Stuttgart 1903, S. 274 f.) von »Heterogonie der Zwecke«, da ich im folgenden letztlich – mit Kant – davon ausgehe, daß die Errichtung einer weltbürgerlichen Rechts- und Friedensordnung ein ethisch begründbarer Vernunftzweck ist, an dem man bei aller notwendigen Flexibilität der zeitbedingten politischen Handlungsstrategien und selbst bei Verschiebungen in den perspektivisch bedingten Ordnungen des Wertens festhalten kann. Für eine Begründung dieser Unterstellung siehe unten S. 116 ff., 122 f.

sibilität der geschichtlichen Interaktionen der Menschen und ihrer Folgen verhindert. (So ist ja z. B. der Vorschlag Poppers, aufgrund von »bedingten Prognosen« der Sozialwissenschaften eine erfolgskontrollierte Politik der »Stückwerk-Sozialtechnologie« zu verfolgen[21], dem Einwand ausgesetzt, daß eine strikte Wiederholung von Anfangsbedingungen für Sozialexperimente im Rahmen der Geschichte nicht möglich ist – u. a. deshalb nicht, weil – unter Bedingungen der freien Kommunikation – das Verhalten der Menschen (z. B. der Konsumenten oder der Wähler) nicht vorausgesagt werden kann, ohne daß die *Mertonschen Paradoxien* der »self-fulfilling« oder »self-destroying prophecy« eintreten. Der Versuch der tendenziellen Ausschaltung der Heterogonie der sozialen Handlungsfolgen durch »bedingte Prognosen« kontrollierter Sozialexperimente unterliegt also selbst noch der *Heterogonie der Folgen*, weil die Voraussagen die Anfangssituation des Quasi-Experiments in irreversibler Form verändern.)

In bezug auf die *positiv* eingeschätzte Heterogonie der Folgen sozialer Handlungen aber haben sich nun allerdings die spekulativen Extrapolationen entwickelt, die sowohl für die Geschichtsphilosophie Kants als auch für diejenige Hegels und Marx' und für die sozusagen geheime Metaphysik der funktionalistischen Theorie sozialer Systeme charakteristisch sind. Das wirkungsmächtigste Paradigma der letzteren wurde schon im 18. Jahrhundert durch Adam Smith' Lehre von der »invisible hand« begründet, durch die der gesellschaftliche Nutzen des am Profit orientierten Wettbewerbshandelns der Teilnehmer am (kapitalistischen) System der Marktwirtschaft gewährleistet sein soll. Dieses Paradigma gilt auch heute noch bzw. wieder als überzeugungskräftig, und es ist dies m. E. insbesondere dann, wenn es nicht – wie bei F. A. von Hayek – durch eine *sozialdarwinistische Theorie der Kulturevolution*, sondern durch eine komplementäre *Systemtheorie der Ordnungspolitik* im Sinne einer *sozialen Marktwirtschaft im Weltmaßstab* gestützt wird.[22] Damit könnte vielleicht

21 Vgl. K. Popper: *Das Elend des Historizismus*, a.a.O. (Anm. 3), 34 ff. und 51 ff.

22 Vgl. K. Homann/F. Blome-Drees: *Wirtschafts- und Unternehmensethik*, Göttingen: UTB (Vandenhoeck), 1992. Dazu K.-O. Apel: »Institutionsethik oder Diskursethik als Verantwortungsethik? Das Problem der institutionellen Implementation moralischer Normen im Falle des Systems der Marktwirtschaft«, in: J. P. Harpes (Hg.): *25*

der Einwand der unvermeidlichen Verelendung eines Teils der Gesellschaft (heute eines Teils der Menschheit) abgefangen und widerlegt werden, der zuerst von Hegel angedeutet wurde und der bei ihm und bei Karl Marx dann sozusagen durch das geschichtsdialektische Paradigma der »List« kompensiert wurde, das in den totalen – die praktische Vernunft »aufhebenden« – *Historizismus* führte (vgl. oben S. 95).
Die Kantsche Vision von der List der »Naturabsicht«, die sich des »Antagonismus« der »ungeselligen Geselligkeit« bedient, um einen von der praktischen Vernunft geforderten Zielzustand der menschlichen Gesellschaft zu erreichen, ist nun – sofern man, wie im vorigen angedeutet, alle Implikationen eines kausalen und/oder teleologischen Determinismus destruiert – jener (metaphysikfreien) Ausgangssituation noch am nächsten, in der sich zunächst einmal das Problem stellt, wie wir Menschen mit der kaum zu bestreitenden Tatsache umgehen sollen, daß wir nicht nur mit *negativer*, sondern auch mit *positiver Heterogonie der sozialen Folgen unserer Handlungen* rechnen müssen bzw. können. Soviel wurde im vorigen schon klargestellt (s. oben S. 103): Es würde dem Geiste der von Kant intendierten Vermittlung zwischen Geschichts-Theorie und praktischer Vernunft von vornherein widersprechen, wenn man hier eine Einstellung rein passiver »Hoffnung« auf den Geschichtsverlauf empfehlen wollte. Vielmehr bietet die *positiv zu bewertende Heterogonie* der sozialen Folgen unserer Handlungen m. E. die Möglichkeit, die – aufgrund der System-Architektonik Kants scheinbar unvereinbaren – Voraussetzungen der unter Imperativen der praktischen Vernunft stehenden *Handlungsfreiheit* und der *List der Natur* in praktischer Absicht aufeinander zu beziehen. Denn eben das, was wir im Falle der *negativen* Heterogonie der Handlungsfolgen immer wieder als Frustration erfahren und vergeblich – durch Lernen aus der Geschichte – auszuschalten versuchen: eben diese Struktur unseres sozialen Handelns eröffnet uns als *positive* Heterogonie immer erneut auch die Gelegenheit, die ohne uns bzw. gegen unsere Absicht zustandegekommenen Ergebnisse der Geschichte als Mittel oder wenigstens als Ansatzpunkte für die Verwirklichung der uns aufgegebenen Vernunftziele zu begreifen und zu benut-

Jahre Diskursethik. Anwendungsprobleme der Diskursethik (erscheint demnächst).

zen. Es gibt also – so scheint mir – die Möglichkeit, den »philosophischen Entwurf« einer weltbürgerlichen Rechts- und Friedensordnung als solchen der praktischen Vernunft mit der geschichtsphilosophischen Unterstellung Kants widerspruchsfrei zu vereinbaren: mit der Unterstellung, daß die Verwirklichung der Vernunftforderung *allein* durch den guten Willen der Menschen, die für die Forderung eintreten, nicht zu bewerkstelligen ist; mit anderen Worten: daß dem Projekt der praktischen Vernunft der *nicht intendierbare Lauf der Dinge* – eben die *positive Heterogonie der Handlungsfolgen* – entgegenkommen muß.

4. Kants ethische Begründung (Unterstellung aus Pflicht) der Möglichkeit eines moralisch relevanten Fortschritts der Geschichte und ihre Vereinbarkeit mit der – postmetaphysisch rekonstruierten – Idee der »Absicht der Natur« bzw. der »Vorsehung«

An dieser Stelle können wir m. E. noch einen genuin Kantschen Gedanken heranziehen, der sowohl in der Darstellung seiner Moralphilosophie als auch in der Darstellung seiner Geschichtsphilosophie gewöhnlich unbeachtet bleibt, weil er nicht in den einschlägigen Hauptschriften steht, sondern zwischen ihnen sozusagen zu vermitteln hat. Es handelt sich um die genuin Kantsche Beantwortung der Frage, wie man sich in einer kritischen Philosophie, welche die Fragen »Was kann ich wissen?«, »Was soll ich tun?« und »Was darf ich hoffen?« in ihrem Eigenrecht zu unterscheiden wünscht, zu einem Problem stellt, das offenbar nicht auf *eine* dieser Fragen, sondern auf alle drei zugleich bezogen ist: Gemeint ist die Frage nach dem, was wir über die Möglichkeit eines moralisch relevanten *Fortschritts* der Geschichte *denken sollten*.

Kant behandelt diese Frage zwar in allen geschichtsphilosophischen Schriften im Zusammenhang mit der Einführung dessen, was man die Möglichkeit einer *List der Natur in Erreichung des Ziels der praktischen Vernunft* nennen kann; doch eine Antwort, die angesichts unserer bisher schon geäußerten Kritik an seiner metaphysischen System-Architektonik überzeugen könnte, hat er m. E. nur im Teil III der Schrift von 1793 »Über den Gemeinspruch: Das mag in der Theorie richtig sein, taugt aber nicht für die Praxis« angedeutet. Das mag damit zusammenhängen, daß Kant hier den Inhalt und die Relevanz *der auf den »Pflichtbegriff« gegründeten »Theorien« der Moral, des Staatsrechts und schließlich des Völkerrechts* unmittelbar gegen die Einwände der »praktischen Erfahrung« gegen ihre Anwendbarkeit verteidigt (a.a.O., S. 276f.). In diesem Sinne geht es im 3. Teil (»Vom Verhältnis der Theorie zur Praxis im Völkerrecht«) darum, eine praktisch plausible Vermittlung zwischen der auf *Pflicht* gegründeten Theorie des Völkerrechts – d. h. der letztlich moralisch begründeten *Forderung* einer weltbürgerlichen Rechts- und Friedensordnung – und dem Gedanken der *Denkmöglichkeit* eines zur Verwirklichung der Forderung vorausgesetzten Fortschritts in der Weltgeschichte zu begründen.

Die Thematik des 3. Teils der Abhandlung von 1793 bildet insofern auch die Vermittlung zwischen der primär geschichtsphilosophischen »Idee zu einer allgemeinen Geschichte in weltbürgerlicher Absicht« von 1784, in der die quasi-dialektische Idee einer *List der Natur* eingeführt wurde, und dem – in der Form eines unmittelbar praxisbezogenen, völkerrechtlichen Vertrags formulierten – »Philosophischen Entwurf ›Zum ewigen Frieden‹« von 1795. Doch die Antwort auf die Frage der Vermittlung zwischen pflichtbegründeter Völkerrechts-Theorie und geschichtsbezogener Anwendung wird in der Schrift von 1793 nicht unmittelbar durch die Einführung der spekulativen Idee einer möglichen hilfreichen »Naturabsicht« gegeben, sondern durch einen selbst noch zur Ethik gehörigen Denkschritt, der es m. E. möglich macht, Kants Ansatz von der spekulativen Geschichtsphilosophie des 19. Jahrhunderts scharf zu unterscheiden.

Der Denkschritt, um den es mir geht, liegt m. E. in der folgenden Entgegnung Kants auf Moses Mendelsohns Zurückweisung jeder – auch hypothetischen – Fortschrittsspekulation:

Diese Voraussetzung [daß »ein Fortschreiten zum Besseren in Ansehung des moralischen Zwecks« des menschlichen Daseins möglich sei] zu beweisen, habe ich nicht nöthig; der Gegner derselben muß beweisen. Denn ich stütze mich auf meine angeborne Pflicht, in jedem Gliede der Reihe der Zeugungen – worin ich (als Mensch überhaupt) bin, und doch nicht mit der an mir erforderlichen moralischen Beschaffenheit so gut, als ich sein sollte, mithin auch könnte – so auf die Nachkommenschaft zu wirken, daß sie immer besser werde (wovon also auch die Möglichkeit angenommen werden muß), und daß so diese Pflicht von einem Gliede der Zeugungen zum anderen sich rechtmäßig vererben könne. Es mögen nun auch noch so viel Zweifel gegen meine Hoffnungen aus der Geschichte gemacht werden, die, wenn sie beweisend wären, mich bewegen könnten, von einer dem Anschein nach vergeblichen Arbeit abzulassen; so kann ich doch, so lange dieses nur nicht ganz gewiß gemacht werden kann, die Pflicht (als das *liquidum*) gegen die Klugheitsregel, aufs Unthunliche nicht hinzuarbeiten (als das *illiquidum*, weil es bloße Hypothese ist) nicht vertauschen; und so ungewiß ich immer sein und bleiben mag, ob für das menschliche Geschlecht das Bessere zu hoffen sei, so kann dieses doch nicht der Maxime, mithin auch nicht der nothwendigen Voraussetzung derselben in praktischer Absicht, daß es thunlich sei, Abbruch thun (a.a.O., S. 309).

Diese Stelle ist zusammenzusehen mit der folgenden:

Empirische Beweisgründe wider das Gelingen dieser auf Hoffnung genommenen Entschließungen richten hier nichts aus. Denn daß dasjenige, was bisher noch nicht gelungen ist, darum nie gelingen werde, berechtigt nicht einmal eine pragmatische oder technische Absicht ... aufzugeben; noch weniger aber eine moralische, welche, wenn ihre Bewirkung nur nicht demonstrativ-unmöglich ist, Pflicht wird (a.a.O., S. 309 f.).[23]

Freilich schließt Kant an diese Statuierung der moralischen Pflicht, den geschichtlichen Fortschritt für möglich zu halten, sogleich die Überlegung an, daß der

ins unermeßlich Weite gehende Erfolg [sc. des Fortschritts] nicht sowohl davon abhängen werde, was wir thun (z. B. von der Erziehung, die wir der jüngeren Welt geben), und nach welcher Methode wir verfahren sollen, um es zu bewirken; sondern von dem, was die menschliche Natur in und mit uns thun wird, um uns in ein Gleis zu nöthigen, in welches wir uns von uns selbst nicht leicht fügen würden (a.a.O., S. 310).

Doch diese spezielle Unterstellung muß m. E. nicht im Widerspruch zur a priori Begründung der Denkmöglichkeit des Fortschritts überhaupt aus moralischer Pflicht stehen; vielmehr ergibt sie sich bei Kant aus der selbst noch moralisch begründeten Pflicht, durch eine Geschichtsphilosophie in praktischer Absicht alle Möglichkeiten zu explorieren, die der Verwirklichung der

23 Vgl. hierzu auch I. Kant: »Welches sind die wirklichen Fortschritte, die die Metaphysik seit Leibnizens und Wolfs Zeiten in Deutschland gemacht hat?«, »Auflösung der Aufgabe II, Fortschritte der Theologie«, wo es heißt: »Daß die Welt im ganzen immer zum Besseren fortschreite, dies anzunehmen berechtigt keine Theorie, aber wohl die reine praktische Vernunft, welche nach einer solchen Hypothese zu handeln dogmatisch gebietet.« aaO XX. (3. Abb. 7. Bd.), 1942, 307.

Vernunftzwecke – hier der kosmopolitischen Rechts- und Friedensordnung – Ansatzpunkte liefern könnten. Diese Interpretation – und damit letztlich eine undogmatische (postmetaphysische) Begründung auch spekulativer Hypothesen – scheint mir Kant selber nahezulegen, wenn er im weiteren seine geschichtsphilosophische Idee der »Vernunftabsicht« in der folgenden Form vorträgt:

... so kann man es für einen den moralischen Wünschen und Hoffnungen der Menschen (beim Bewußtsein ihres Unvermögens) nicht unangemessenen Ausdruck halten, die dazu erforderlichen Umstände von der Vorsehung zu erwarten: welche dem Zwecke der Menschheit im Ganzen ihrer Gattung zur Erreichung ihrer endlichen Bestimmung durch freien Gebrauch ihrer Kräfte, so weit sie reichen, einen Ausgang verschaffen werde, welchem die Zwecke der Menschen, abgesondert betrachtet, gerade entgegenwirken (a.a.O., S. 312).

Die Pointe dieser spekulativen Globalhypothese läge m. E. freilich nicht in der quasi-theologischen Unterstellung einer »Absicht« der Vorsehung oder der Natur, sondern darin, daß der uns moralisch aufgegebenen Finalisierung der Geschichte ein Spielraum der Anknüpfung eröffnet sein könnte. In diesem Sinne interpretiert Kant selber hier die mögliche Auswirkung der »ungeselligen Geselligkeit« der Menschen:

Denn eben die Entgegenwirkung der Neigungen, aus welchen das Böse entspringt, untereinander verschafft der Vernunft ein freies Spiel, sie insgesamt zu unterjochen und statt des Bösen, was sich selbst zerstört, das Gute, welches, wenn es einmal da ist, sich fernerhin von selbst erhält, herrschend zu machen (a.a.O., S. 312).

Es käme also letztlich darauf an, die »pathologisch abgedrungenen« Ergebnisse der Kriege als Chancen (»occasioni« im Sinne Machiavellis) für das Zustandekommen einer sich selbst tragenden Rechts- und Friedensordnung zu erkennen und – so darf man ergänzen – an der Realisierung dieser Chancen mitzuarbeiten.

Der Unterschied zwischen einer solchen Konzeption und der *Erkenntnis des notwendigen Gangs der Geschichte* im Sinne von Hegel oder Marx kommt in diesem Zusammenhang bei Kant hinlänglich deutlich in der folgenden Bemerkung zum Ausdruck:

Dieses [sc. daß »die Noth aus den beständigen Kriegen; in welchen wiederum Staaten einander zu schmälern oder zu unterjochen suchen, sie zuletzt dahin bringen werde, selbst wider Willen ... in eine weltbürgerliche Verfassung zu treten«) ist indeß nur Meinung und bloße Hypothese; ungewiß wie alle Urtheile, welche zu einer beabsichtigten Wirkung, die nicht gänzlich in unserer Gewalt steht, die ihr einzig angemessene Natursache angeben wollen (a.a.O., S. 311 f.).

5. Welche letztbegründbaren Forderungen der praktischen Vernunft liegen der moralischen Pflicht zur Herbeiführung einer weltbürgerlichen Rechts- und Friedensordnung zugrunde? Transzendentalreflexive Rekonstruktion der Rede Kants vom »Faktum der (praktischen) Vernunft« im Sinne einer immer schon anerkannten geschichtsbezogenen Verantwortung

Nach unserer Rekonstruktion der Vermittlung *aus Pflicht* zwischen der moralischen Vernunftforderung einer weltbürgerlichen Rechts- und Friedensordnung und der geschichtsphilosophischen Annahme eines moralisch relevanten Fortschritts müssen wir jedoch auch die Begründung der moralischen Vernunftforderung selbst noch kritisch rekonstruieren; denn diese letztere geht ja als *Forderung der politischen Herbeiführung* einer völkerrechtlichen Ordnung unter Ausnutzung der geschichtsbedingten Gelegenheiten über die »Pflicht« des Handelns nach der formalen Regel des »kategorischen Imperativs« offenbar hinaus. Wie steht es also – so unsere Frage – bei Kant mit der Begründung des normativen Zusammenhangs der drei auf den »Pflichtbegriff« gegründeten »Theorien« der Moral, des Staatsrechts und des Völkerrechts (s. oben S. 113)? Kann etwa die politische Herbeiführung des Rechtsstaats und der weltbürgerlichen Rechts- und Friedensordnung selbst noch als moralische Pflicht begründet werden?

Mir scheint, daß eine solche Begründung zumindest der Sache nach erforderlich ist und daß sie von Kant auch durch seinen Gebrauch des Terminus »Pflicht« suggeriert wird. Doch die Begründung selbst konnte m. E. von Kant aus zwei Gründen nicht wirklich geleistet werden.

Der eine Grund (den wir oben S. 102 schon angedeutet haben) lag darin, daß Kant unter der metaphysischen Voraussetzung seiner *Zwei-Welten-Lehre* eine *Verantwortung für die Verwirklichung von Zwecken durch realen Eingriff unserer Handlungsfreiheit in die erfahrbare Welt* nicht eigentlich begründen konnte. Unsere Pflicht kann sich nach Kant, streng genommen, nur auf die »reine Gesinnung« im Sinne des »Sittengesetzes«, und das heißt: auf den (durchaus ernsten) Willen zum Handeln nach einer Maxime, die mit dem Sittengesetz vereinbar ist, »die physischen Folgen mögen auch sein, welche sie wollen«, beziehen. Demnach kann Kant zwar die *Existenz* einer Rechtsordnung (sowohl im Sinne der Zwangsgesetze innerhalb der Staaten als auch im Sinne des Völkerrechts) *postulieren*, die analog der vom kategorischen Imperativ geforderten Verallgemeinerbarkeit der Handlungs-»Maximen« eine Verallgemeinung der äußeren Freiheitsrechte durch wechselseitige Einschränkung der Willkür beinhaltet; aber er kann nicht eigentlich eine *Pflicht* im Sinne der *moralischen Verantwortung für die Herbeiführung* einer solchen Rechtsordnung auf der Ebene der Institutionen begründen. Diese Grenze seiner Ethik spiegelt sich zumindest *auch* in dem Umstand, daß das Postulat des *Konsenses aller Bürger*, aus dem die »republikanische« Staatsverfassung der Idee nach hervorgehen soll, von Kant nicht in eine Pflicht zur faktischen Herbeiführung des »Urvertrags« im Sinne der regulativen Idee übersetzt wird – und dementsprechend auch nicht in ein Recht zum Widerstand gegen eine »despotische« Verfassung und Regierungsart.

Der zweite Grund dafür, daß Kant die moralische Pflicht zur *Herbeiführung* einer (einzelstaatlichen oder weltbürgerlichen) Rechtsordnung nicht eigentlich begründen kann, hängt mit dem ersten Grund (insbesondere mit der Voraussetzung der Zwei-Welten-Lehre) zusammen, ist aber noch prinzipiellerer Art; denn er liegt einfach darin, daß Kant die Letztbegründung der Gültigkeit des kategorischen Imperativs durch »transzendentale Deduktion« des entsprechenden »praktischen synthetischen Urteils a priori« – eine Letztbegründung, die noch in der *Grundlegung zur Metaphysik der Sitten* vorgesehen war (vgl. a.a.O., Bd. IV, 392, 425, 444 f., 449 f.) – in der *Kritik der praktischen Vernunft* aufgeben und durch die – etwas trotzige – Statuierung des evidenten »Faktums der (praktischen) Vernunft« ersetzen mußte (a.a.O., Bd. V, 46 f.). Die Gründe für diesen Abbruch des Programms der transzendentalen Deduktion in Bereich der praktischen Vernunft lagen wiederum darin, daß Kant – wie er selbst bemerkte (a.a.O., 46 ff.) – durch die metaphysische Voraussetzung seiner Zwei-Welten-Lehre in eine unüberwindliche Aporie verstrickt wurde. Diese bestand darin, daß er die Existenz der Freiheit qua Vernunftautonomie als »ratio essendi« der Gültigkeit des Sittengesetzes ansehen mußte, zugleich aber als einzig denkbare »ratio cognoscendi« der Existenz der Freiheit eben die zu begründende Gültigkeit des Sittengesetzes schon voraussetzen mußte. Diese Denkfigur der aufeinander verweisenden Funktionen von »ratio essendi« und »ratio cognoscendi« kann man nun – bestenfalls – als eine metaphysische *Erklärung* der »Realität« der autonomen gesetzgebenden Vernunft verstehen; als *Begründung der Gültigkeit des Sittengesetzes* aber läuft sie auf einen *circulus vitiosus* hinaus.[24]

An dieser Stelle läßt sich nun aber m. E. der Ansatzpunkt für eine radikale – mit Kant gegen Kant denkende – Rekonstruktion der – ursprünglich doch transzendentalphilosophisch intendierten – Begründung der Gültigkeit der Forderungen der praktischen Vernunft gewinnen. Kants Rede vom – nicht empirischen – »Faktum der Vernunft« läßt sich m. E. als *apriorisches Perfekt* verstehen und insofern als Hinweis auf eine *immer schon notwendigerweise gemachte* Voraussetzung des vernünftigen Denkens sozusagen dechiffrieren.[25] Dann würde sie etwa folgendes besagen: Wir haben die Gültigkeit des Sittengesetzes immer schon notwendigerweise als Bedingung der Möglichkeit intersubjektiv gültigen Denkens und insofern der »Selbsteinstimmigkeit der Vernunft« anerkannt. Mit dieser Interpretation hätten wir offenbar die Möglichkeit eröffnet, die lakonische Antwort Kants doch als Antwort im Sinne einer *transzendentalreflexiven* Letztbegründung der Gültigkeit des Sittengesetzes zu verstehen, denn das »vernünftige Denken« (qua »Denken, das alle meine Vorstellungen muß begleiten können«) ist ja schon in der *Kritik der reinen Vernunft* das methodisch nicht Hintergehbare: der »höchste Punkt«, auf den sich die »transzendentale Deduktion« der »Grundsätze« als der »synthetischen Sätze a priori« immer schon beziehen kann und muß.

Hier ergibt sich aber sogleich eine weitere Schwierigkeit für die

24 Vgl. K.-H. Ilting: »Der naturalistische Fehlschluß bei Kant«, in: M. Riedel (Hg.): *Rehabilitierung der praktischen Vernunft*, Bd. 1, Freiburg: Rombach, 1972, 113-132.

25 Vgl. K.-O. Apel: »Das Apriori der Kommunikationsgemeinschaft und die Grundlagen der Ethik«, in ders.: *Transformation der Philosophie*, Frankfurt a. M.: Suhrkamp, 1973, Bd. II, 418 ff.

transzendentale Letztbegründung der Gültigkeit des Sittengesetzes, die beim Übergang von der *Kritik der reinen Vernunft* zur *Kritik der praktischen Vernunft* sozusagen manifest werden mußte: Unter der seit Descartes maßgebenden Voraussetzung des »transzendentalen Solipsismus« (E. Husserl), d. h. der transzendentalen Begründungsfunktion nur des »Bewußtseins überhaupt« und seiner *Subjekt-Objekt-Beziehung* als Bedingung der Möglichkeit des Denkens und Erkennens, d. h. ohne die gleichzeitige, komplementäre Voraussetzung einer transzendentalen Funktion der *Subjekt-Ko-Subjekt-* oder *Intersubjektivitäts*-Beziehung, läßt sich das notwendige Anerkannthaben eines *Sittengesetzes* als Bedingung der Möglichkeit vernünftigen Denkens durchaus nicht transzendental-reflexiv einsehen. (Deshalb haben m. E. weder Descartes noch Husserl eine Letztbegründung der Ethik in Angriff nehmen können.)

Kant hat jedoch diese Schwierigkeit in der *Grundlegung zur Metaphysik der Sitten* dadurch vermieden, daß er – vor allem Rekurs auf die *transzendentale* Begründungsproblematik – die durchaus *metaphysische* Unterstellung eines »intelligiblen« »Reichs der Zwecke«, d. h. aller Vernunftwesen (Gottes und der Menschen als endlicher Vernunftwesen) als Selbstzweckwesen, einführte (a.a.O.; 433 f.). Damit war zwar die unentbehrliche *Intersubjektivitäts*-Voraussetzung der Ethik gewissermaßen *ad hoc* sichergestellt, doch damit war keineswegs eine zureichende, transzendentalreflexive Eruierung der wirklich notwendigen, d. h. transzendentalreflexiv unbestreitbaren Voraussetzungen des vernünftigen Denkens geleistet. Das erweist sich vor allem darin, daß Kant die Gültigkeit des Sittengesetzes *nur* auf die – nicht einmal transzendentalreflexiv begründete – *Idee der idealen Gemeinschaft der Vernunftwesen* beziehen konnte, nicht aber zugleich damit auf die ebenfalls transzendentalreflexiv als unbestreitbar einzusehende, Voraussetzung eines (soziokulturell und geschichtlich bedingten) *Faktizitätsaprioris* im Sinne der Zugehörigkeit zu einer Gemeinschaftstradition »substantieller Sittlichkeit« (Hegel). Statt dessen mußte Kant, im Sinne seiner *Zwei-Welten-Metaphysik*, den geschichtsabstraktiven und insofern unbedingten Sollens-Forderungen seiner Vernunftethik alle geschichtsbezogenen Motivationen der Mittel-Zweck-Rationalität in schroff dualistischer Ausschließung als solche einer Kausaldetermination der Sinnenwesen durch bloße Neigungen oder Interessen entgegenstellen. Wir haben bereits mehrfach darauf hingewiesen, daß unter dieser Voraussetzung die – auch von der Kantschen Geschichtsphilosophie implizit vorausgesetzte – *moralische Anknüpfung für die Realisierung von Vernunftzwecken durch reale Anknüpfung an die geschichtlichen Gelegenheiten* nicht denkbar war.

An dieser Stelle kann nun die entscheidende, *transzendentalpragmatische* Transformation der Kantischen Begründung der Ethik in eins mit der radikalisierten Neubegründung der Transzendentalphilosophie eingreifen. Sie geht davon aus, daß das *methodisch Nichthintergehbare* – nicht nur für die Erkenntnistheorie, sondern für die transzendentale Vernunftkritik überhaupt – nicht durch ein transzendental-solipsistisch einsehbares (insofern präkommunikatives) *ich denke* repräsentiert wird, sondern durch das sprachlich, wenngleich strikt performativ-reflexiv artikulierbare, und insofern im Diskurs bezeugbare *ich argumentiere* – mitsamt den zugehörigen, bei Strafe des performativen Selbstwiderspruchs nicht bestreitbaren Existential- und Regel-Präsuppositionen der konsensualen Verständigung über Geltungsansprüche im argumentativen Diskurs.

Fragt man nun im Sinne strikter transzendentaler Reflexion[26] nach dem *Apriori der Intersubjektivität*, das als notwendige Präsupposition im argumentativen Diskurs vorausgesetzt wird, so zeigt sich m. E. als nichthintergehbar ein *dialektisches Apriori der Kommunikationsgemeinschaft*, das sowohl von dem von Kant metaphysisch vorausgesetzten *Apriori der idealen Gemeinschaft der Vernunftwesen* als auch von dem heutzutage zumeist (so von Heidegger, Gadamer, Wittgenstein und den Kommunitaristen) vorausgesetzten *Faktizitätsapriori einer partikularen Gemeinschaftstradition substantieller Sittlichkeit*[27] verschieden ist, gleichwohl aber beide Intersubjektivitätsvoraussetzungen in sich enthält. Wir setzen nämlich als unbestreitbar im aktuellen philosophischen Diskurs sowohl das – von Kant noch übersehene – *Geschichtlich-*

26 Zum Unterschied zwischen »theoretischer« und »strikter« – d. h. sich selbst qua Argumentationsakt jederzeit einholender – Reflexion vgl. W. Kuhlmann: *Reflexive Letztbegründung*, Freiburg/München: Alber, 1985, 76ff.

27 Vgl. K.-O. Apel: »Das Anliegen des anglo-amerikanischen ›Kommunitarismus‹ in der Sicht der Diskursethik«, in M. Brumlik/H. Brunkhorst (Hg.): *Gemeinschaft und Gerechtigkeit*, Frankfurt a. M.: Fischer, 1993, 149-172.

keits- und Faktizitäts-Apriori der Zugehörigkeit zu einer realen Kommunikationsgemeinschaft als auch das – von Kant in metaphysischer Unterstellung antizipierte – *Apriori einer unbegrenzten idealen Kommunikationsgemeinschaft* voraus. Das erstgenannte Apriori setzen wir als lebensweltlichen Hintergrund unseres kontingenten Vorverständnisses der Welt und insofern auch des vorgegebenen Einverständnisses mit anderen über konventionelle Normen der Moral – insofern auch über mögliche Handlungsmaximen im Sinne Kants – voraus; das letztgenannte Apriori (das die Vertreter der Gegenwartsphilosophie zumeist nicht mehr festzustellen vermögen, da sie es für *metaphysisch* oder *utopisch-eschatologisch* halten) setzen wir im Diskurs der Philosophie über die Lebenswelt zugleich mit den universalen Geltungsansprüchen (Verständlichkeit bzw. Sinn, Wahrheit, Wahrhaftigkeit und moralische Richtigkeit) des ernsthaften Argumentierens gewissermaßen als ideale Einlösungsinstanz für die kontrafaktisch antizipierte Konsensfähigkeit unserer Argumente voraus.[28] Darin liegt zugleich, daß wir uns jederzeit dessen bewußt sein sollten, daß die – transzendentalpragmatisch und nicht metaphysisch vorausgesetzte – *ideale Kommunikationsgemeinschaft*, ebenso wie der zugeordnete *ideale Konsens über Geltungsansprüche*, nur eine »regulative Idee« im Sinne Kants sein kann. Ihr kann nichts Empirisches jemals völlig korrespondieren und sie darf daher als empirisches Faktum auch nicht einmal vorgestellt werden, wenngleich sie mit der Idee der möglichen Einlösbarkeit von Geltungsansprüchen unlösbar verknüpft ist.

Zugleich mit der soeben skizzierten *Unterscheidung* der gleichwohl komplementär aufeinander bezogenen Aspekte des dialektischen Aprioris der Kommunikationsgemeinschaft ist nun aber im Argumentieren auch noch die *Spannung zwischen Faktizitäts- bzw. Realitätsapriori und Idealitätsapriori* und die (potentiell unendliche) *Aufgabe der langfristigen Aufhebung der Spannung* vorausgesetzt: Hierbei könnte man zunächst an die im *theoretischen Diskurs* aufzuhebende Spannung zwischen den zur Zeit faktisch möglichen Wahrheitskonsensen und dem idealen, nicht

28 Vgl. hierzu J. Habermas: »Was heißt Universalpragmatik?«, in: K.-O. Apel (Hg.): *Sprachpragmatik und Philosophie*, Frankfurt a. M.: Suhrkamp, 1976, 174-272, und ders.: *Theorie des kommunikativen Handelns*, Frankfurt a. M.: Suhrkamp, 1981, Bd. 1, Kap. III.

mehr revidierbaren Wahrheitskonsens denken; oder an die in den *praktischen Diskursen* (der Moral und des Rechts) aufzuhebende Spannung zwischen den zur Zeit von den Diskursteilnehmern faktisch konsentierten Normen und solchen Normen, die nicht nur faktisch für alle empirisch derzeit advokatorisch vertretbaren Betroffenen, sondern für alle denkbaren Betroffenen und für alle denkbaren Beurteiler ihrer Gültigkeit konsensfähig wären.

Noch wichtiger als die insoweit charakterisierte Problematik der langfristigen Aufhebung der Spannung zwischen Realität und Idealität *im Rahmen bereits konstitutierter theoretischer und praktischer Diskurse* ist jedoch, in unserem Problemzusammenhang, die mit dem dialektischen Apriori der Kommunikationsgemeinschaft gesetzte Spannung zwischen der – auf der Ebene der Philosophie schon in Anspruch genommenen – Möglichkeit, Meinungsverschiedenheiten und praktische Normenkonflikte durch den argumentativen Diskurs – und nicht z. B. durch Gewalt oder strategische Verhandlungen – zu lösen, und jener – weltweit noch vorherrschenden – Realität der menschlichen Interaktion und Kommunikation, in der diskursive Problemlösungen noch gar nicht möglich sind. Hier ist m. E. zugleich mit der Voraussetzung der Spannung im Kommunikationsapriori die *einsehbare moralische Pflicht* begründet, die *hinreichenden institutionellen Möglichkeiten der Auflösung von praktischen Konflikten durch argumentative Diskurse in der Lebenswelt allererst zu schaffen*. Auch diese Pflicht ist m. E. – zusammen mit der prinzipiellen *Gleichberechtigung* – als solche der prinzipiell gleichen *Mitverantwortung* aller möglichen Diskurspartner für das Ermitteln und Lösen von moralisch relevanten Problemen im nicht hintergehbaren Diskursapriori der Philosophie immer schon anerkannt. Die transzendentalpragmatische Letztbegründung der *Diskursethik* erweist sich insofern zugleich als Begründung einer *Ethik der Mit-Verantwortung*.[29]

Mit diesem letzten Schritt der transzendentalreflexiven Rekonstruktion der Rede Kants vom »Faktum der reinen (praktischen)

29 Vgl. K.-O. Apel: *Diskurs und Verantwortung. Das Problem des Übergangs zur postkonventionellen Moral*, Frankfurt a. M.: Suhrkamp, 1988, und insbesondere ders.: »Diskursethik als Ethik der Mit-Verantwortung für kollektive Aktivitäten«, in: M. Großheim/H.-J. Waschkies (Hg.): *Rehabilitierung des Subjektiven*, Bonn: Bouvier, 1993, 191-207.

Vernunft« wird nun offenbar eine Letztbegründung der Vernunftethik erreicht, die zugleich die moralische Pflicht zur *politischen Herbeiführung* einer republikanischen Rechtsordnung im einzelstaatlichen und im weltbürgerlichen Maßstab und damit, wie zuvor gezeigt, auch die Pflicht zur hypothetischen Orientierung des geschichtsphilosophischen Denkens an der *Fortschrittsidee* einsichtig macht. Denn diese Pflichten gehen zwar als *zweckbezogene* über die *formale* Verpflichtung im Sinne des katagorischen Imperativs – und dementsprechend auch über die *formale* Verpflichtung zur Auflösung aller Normenkonflikte durch Konsensbildung in praktischen Diskursen im Sinne der Diskursethik – hinaus, aber sie können doch andererseits – im Sinne der Diskursethik – nicht zu den allererst in praktischen Diskursen als konsensfähig zu erweisenden Normen gerechnet werden; denn sie betreffen ja die Herbeiführung der institutionellen Bedingungen der Möglichkeit *praktischer Diskurse* – des Rechts und der Moral – im Weltmaßstab. In diesem Zusammenhang ist insbesondere zu bedenken, daß nicht nur die Realisierung einer internationalen Rechts- und Friedensordnung – wie schon Kant sah (vgl. VIII, 24) – eine Voraussetzung der Realisierung der »vollkommenen bürgerlichen Verfassung« der Einzelstaaten ist, sondern daß die Rechts- und Friedensordnung insgesamt die Voraussetzung dafür ist, daß die Menschen von strategischem Handeln auf allen Ebenen der individuellen und kollektiven Selbstbehauptungssysteme so weit entlastet sind, daß ihnen *Moralität* (im Sinne Kants und im Sinne der Diskursethik) zumutbar wird.[30]

Aus diesen Überlegungen ergibt sich m. E. in bezug auf Kants Frage nach der Legitimation der Anwendbarkeit der normativen Theorien auf die Praxis (VIII, 273-314) die folgende Antwort: Der normative Zusammenhang zwischen den drei, nach Kant auf den »Pflichtbegriff« gegründeten »Theorien« von der Moral, dem Staatsrecht und dem Völkerrecht kann in der Weise begründet werden, daß nicht nur die Unterschiede und Entsprechungen zwischen den Theorien als gerechtfertigt erscheinen, sondern auch die

30 Vgl. K.-O. Apel: »Diskursethik vor der Problematik von Recht und Politik: Können die Rationalitätsdifferenzen zwischen Moralität, Recht und Politik selbst noch durch die Diskursethik normativ-rational gerechtfertigt werden?«, in: K.-O. Apel/M. Kettner (Hg.): *Zur Anwendung der Diskursethik in Politik, Recht und Wissenschaft*, Frankfurt a. M.: Suhrkamp, 1992, 29-61.

praktische Verwirklichung der Gegenstandsbereiche aller drei Theorien zum Gegenstand der *moralischen Pflicht* – im Sinne der *Mitverantwortung* aller endlichen Vernunftwesen für die Verwirklichung – gemacht werden kann. Erst damit ist m. E. – nach der Seite der praktischen Vernunft – die Voraussetzung für den »philosophischen Entwurf« Kants »Zum ewigen Frieden« vollständig eingeholt: eine *transzendentalpragmatische* Voraussetzung, die – wie ich zu zeigen versuchte – mit der *metaphysischen System-Architektonik* Kants (der *Zwei-Welten-Lehre*) allerdings nicht vereinbar ist.

Wolfgang Röd

Die Rolle transzendentaler Prinzipien in Moral und Politik

1. Einleitung

Kants Entwurf »Zum ewigen Frieden« dürfte heute meist als frühe Vorwegnahme von Bemühungen um eine internationale Friedensordnung in unserem Jahrhundert auf Interesse stoßen. Über den inhaltlichen Fragen, die zweifellos Beachtung verdienen, sollte aber nicht übersehen werden, daß es sich bei diesem Entwurf um eine philosophische Abhandlung handelt. Kant war ein systematisch denkender Philosoph, der auch solche Gedanken, die keinen Zusammenhang mit den zentralen Problemen seiner Philosophie zu haben scheinen, in den Rahmen seines Systems zu stellen trachtete. Dies zeigt sich besonders deutlich im Anhang des Entwurfs, wo Kant forderte, der praktischen Philosophie (bzw. der Philosophie der Praxis) insgesamt formale Prinzipien zugrunde zu legen, namentlich den Grundsatz der Universalisierbarkeit, der in den Formeln des Kategorischen Imperativs ausgedrückt ist. Nicht nur in der Ethik, sondern in der Philosophie der Praxis im allgemeinen – also auch in der Staatslehre und im Völkerrecht – gilt: »handle so, daß du wollen kannst, deine Maxime solle ein allgemeines Gesetz werden (der Zweck mag sein, welcher er wolle« (377).[1] Damit gab Kant deutlich zu erkennen, daß er die Grundlegung des Völkerrechts bzw. die Theorie der internationalen Politik als Teil der Philosophie verstanden wissen wollte. Wie in der Moralphilosophie von neigungsbedingten Zielsetzungen, soll in der Rechtsphilosophie von der Materie des Rechts abstrahiert werden. Während aber in der Ethik die Möglichkeit der uneingeschränkten Verallgemeinerungsfähigkeit von Maximen als Kriterium des sittlichen Charakters von Maximen dient, soll im Bereich des Völkerrechts bzw. in der völkerrechtlichen Normen unterworfenen internationalen Politik die Möglich-

1 Der Entwurf »Zum ewigen Frieden« wird nach Band VIII von Kants *Gesammelten Schriften*, begonnen von der Preußischen Akademie der Wissenschaften, durch Angabe der Seitenzahl im Text zitiert.

keit der Veröffentlichung von Übereinkünften und Vorhaben als Kriterium fungieren. Was diesem Kriterium nicht entspricht, kann nicht als rechtmäßig gelten. Mit Hilfe eines »Experiments der reinen Vernunft« (381) soll sich feststellen lassen, ob Maximen politischen Handelns rechtens sind: Wenn nämlich eine Maxime nur unter der Bedingung zum Erfolg führen kann, daß sie verheimlicht wird, ist sie rechtswidrig. Die Tatsache, daß sie als öffentlich bekundete Maxime auf allgemeinen Widerstand stoßen würde, kann, wie Kant meinte, nur darauf beruhen, daß sie ungerecht ist (381).

Diese Folgerung dürfte auf Bedenken stoßen. Obwohl die Überlegung durchaus plausibel ist, daß gewisse politische Pläne scheitern müßten, wenn sie vorzeitig bekannt würden, scheint dies nicht als Zeichen ihres Unrechtscharakters aufgefaßt werden zu müssen. Erst recht scheint es verfehlt zu sein, die Beziehung zwischen Publizität und Rechtmäßigkeit als a priori zu kennzeichnen, wie es Kant tat, so wie auch zunächst nicht zu sehen ist, worin der von ihm behauptete transzendentale Charakter des Grundsatzes der Publizität bestehen soll. Angesichts solcher Bedenken könnte man fragen, ob sich Kant nicht durch den Wunsch, die formalen Strukturen, die er in früheren Werken erarbeitet hatte, auch im Völkerrecht zur Geltung zu bringen, dazu verleiten ließ, Gedankengängen transzendentalen Charakter beizulegen, die mit Transzendentalphilosophie nichts zu tun haben. Daß er dazu neigte, einmal gefundene formale Strukturen festzuhalten, läßt sich nicht bestreiten; man darf aber nicht so weit gehen, diese Tendenz durchweg für negativ zu erklären; vielmehr ist die Konsequenz, mit der Kant den einmal erreichten transzendentalen Standpunkt vertrat, im Grunde durchaus positiv. Das gilt auch für seine Bemühungen, den erstmals in der *Kritik der reinen Vernunft* deutlich vertretenen transzendentalen Standpunkt in der Philosophie der Praxis wirksam werden zu lassen. Daß er dies auch im Völkerrecht tun wollte, deutet schon der Untertitel der Abhandlung »Zum ewigen Frieden« an, in dem diese als »philosophischer Entwurf« vorgestellt wird; es läßt sich aber auch wiederholten Hinweisen im Text der Schrift entnehmen. Im folgenden sollen die philosophischen, näherhin die transzendentalphilosophischen Aspekte der in dieser Abhandlung vorgetragenen Überlegungen zu beleuchten gesucht werden, während auf den Inhalt der von Kant konzipierten internationalen Friedensordnung nicht eingegangen wird.

2. Praktische Philosophie als theoretische Philosophie der Praxis

Der Vorwurf, Kant habe aus Gründen der architektonischen Symmetrie Gedanken in das Prokrustesbett von Schemata, die in anderem Zusammenhang anwendbar gewesen sein mögen, gezwängt, wurde schon von Schopenhauer erhoben und später von Adickes gründlich belegt. Tatsächlich hat Kant dazu geneigt, zum Beispiel die Kategorientafel auch außerhalb der Theorie der Erfahrung zum Leitfaden der Darstellung zu machen, so wie er, nachdem er in der Auseinandersetzung mit der speziellen Metaphysik auf Antinomien gestoßen war, auch in anderen Bereichen um jeden Preis Antinomien zu formulieren suchte. (Selbst im Entwurf »Zum ewigen Frieden« deutete er eine Antinomie von Politik und Moral an; vgl. 383.) Wo es aber um den Grundgedanken der Transzendentalphilosophie geht, kann von einer ungerechtfertigten Perseverationstendenz nicht die Rede sein; in bezug auf den transzendentalen Ansatz als solchen ist Kants Bemühen, ihn auch über den Bereich, in dem er zunächst entwickelt worden war, zur Geltung zu bringen, von größter Bedeutung, da er zu einem völlig neuen Versuch führte, die Rechts- und Staatslehre bzw. das Völkerrecht der philosophischen Betrachtungsweise zu unterwerfen, ohne die Richtung der herkömmlichen Naturrechtslehre einzuschlagen.

Um die Frage beantworten zu können, inwiefern die Grundlegung des Völkerrechts transzendentalen Charakter hat, ist zunächst ins Gedächtnis zu rufen, was das Wesen der Transzendentalphilosophie im allgemeinen ausmacht, und insbesondere daran zu erinnern, daß in ihrem Mittelpunkt die Annahme der Subjektabhängigkeit der Erfahrungsinhalte steht. Was wir erfahren, wird nach transzendentalphilosophischer Auffassung nicht einfach vorgefunden und im Bewußtsein nur gleichsam abgebildet, sondern die Erfahrungs- bzw. Erkenntnisinhalte sind durch Formen bedingt, die das Subjekt erzeugt. Das geschieht durch Deutung von Daten innerhalb eines theoretischen Rahmens, innerhalb dessen nicht-empirischen (apriorischen) Begriffen eine wesentliche Funktion zukommt. Solche Begriffe werden konstruiert, um mit ihrer Hilfe Tatsachen (im weiten Sinne des Wortes) begreiflich zu machen. Dies gilt zunächst für die Tatsache, daß wir überhaupt Gegenstände erfahren, sodann für die Tatsache, daß es naturwissenschaftliche Gegenstandserfahrung gibt. Um von diesen Tatsachen Rechenschaft geben zu können, bedarf es einer Theorie, und eine Theorie der Erfahrung ist nur möglich, wenn es Begriffe gibt, die nicht auf Erfahrung beruhen. Solche Begriffe sind »Raum« und »Zeit« (die Kant zum Zweck der Abgrenzung gegenüber den reinen Verstandesbegriffen auch Formen der reinen Anschauung nannte) sowie die Kategorien (z. B. »Kausalität«). Es handelt sich um Begriffe, die nicht auf Grund von Beobachtungen durch Abstraktion gebildet, sondern vom Subjekt erzeugt werden, um eine Deutung der Erfahrung zu ermöglichen. Nicht nur die Kategorien sind solche Begriffe, sondern auch in den Einzelwissenschaften gibt es nicht-empirische Begriffe, deren Funktion darin besteht, die Systematisierung spezieller Erkenntnisse möglich zu machen. Als Beispiel nannte Kant den Begriff einer psychischen Grundkraft, als deren Äußerungen sich alle bekannten psychischen Vermögen begreifen lassen. Es handelt sich um einen Begriff, der nicht auf Grund von Erfahrungen durch Abstraktion gebildet, sondern der in der Absicht konstruiert wird, mit seiner Hilfe eine bestimmte psychologische Theorie zu formulieren. Auch der Begriff der Zweckmäßigkeit in der (organischen) Natur wird »zum Behuf unseres Vermögens, sie [scil. die Natur] zu erkennen«, erzeugt.[2] Da wir außerstande sind, die unübersehbare Mannigfaltigkeit empirischer Naturgesetze zu einem System zusammenzufassen, gleichzeitig aber auf die Idee einer systematischen Einheit der Natur angewiesen sind, muß die Natur so betrachtet werden, *als ob* es eine Zweckmäßigkeit gäbe, die alles Besondere vereinheitlicht.

Analoges gilt für die Moralphilosophie; auch sie ist eine Theorie, und ihre Aufgabe besteht darin, die Tatsache der moralischen Verpflichtung begreiflich zu machen. So wie die *Kritik der reinen Vernunft* eine Theorie der Erfahrung ist, so ist die *Kritik der praktischen Vernunft* eine Theorie der sittlichen Verpflichtung. Zu dieser Theorie gehört z. B. der Begriff einer Kausalität aus Freiheit, der kein empirischer Begriff ist, sondern der eingeführt werden muß, wenn die Tatsache der Pflicht als möglich begriffen werden soll. Schließlich hat auch die Rechtsphilosophie den Charakter einer Theorie, die die Aufgabe hat, gewisse normative Zusammenhänge begreiflich zu machen. Sie soll die Bedingungen

2 *Kritik der Urteilskraft*, Einleitung, Abschn. IV; *Ges. Schr.*, Bd. XX, 202.

angeben, unter denen eine Rechtsordnung im allgemeinen – also nicht diese oder jene bestimmte Rechtsordnung – als verbindlich begriffen werden kann. Dabei spielen wiederum konstruierte Begriffe eine wesentliche Rolle, zum Beispiel die Idee eines Sozialkontrakts. Wenn die Grundlegung des Völkerrechts nicht aus dem Rahmen der praktischen Philosophie herausfallen soll, ist anzunehmen, daß auch sie eine Theorie ist, die eine bestimmte Art von Verbindlichkeit als möglich begreiflich machen soll, nämlich die Verbindlichkeit einer internationalen Friedensordnung, und daß sie, wie andere philosophische Theorien, auf konstruierte Begriffe angewiesen ist. Wenn es sich so verhält, hat die Grundlegung des Völkerrechts transzendentalen Charakter.

Nur auf den ersten Blick kann es daher so scheinen, als habe Kant sich mit der Abhandlung »Zum ewigen Frieden« eine Abschweifung von der Hauptrichtung seiner Philosophie erlaubt, in der es darum ging, die Tatsachen der Erkenntnis und der sittlichen Verpflichtung begreiflich zu machen. Tatsächlich ergeben sich seine Überlegungen über eine internationale Friedensordnung aber völlig konsequent aus seinem philosophischen Ansatz, sofern sie die Staatsphilosophie ähnlich ergänzen, wie diese die Ethik ergänzt. Daß Kant bestrebt war, den Rahmen der praktischen Philosophie nach und nach zu erweitern, um schließlich den gesamten Bereich des normativ bestimmten Handelns berücksichtigen zu können, ist leicht zu erkennen. Die praktische Philosophie kann sich nicht auf die Ethik beschränken, sondern muß auch die Rechts- und Staatsphilosophie einbeziehen, da der Mensch nicht isoliert lebt, sondern mit anderen koexistiert, die wie er den Anspruch erheben dürfen, sich frei zu betätigen. Der Ausgleich der miteinander konkurrierenden Freiheitsbestrebungen ist nur im Rahmen einer Rechtsordnung möglich. Berücksichtigt man außerdem, daß nicht nur eine Mehrheit von Individuen im Staate, sondern auch mehrere Staaten koexistieren, dann wird nochmals eine Erweiterung des Rahmens der praktischen Philosophie nötig, nämlich durch Einbeziehung des Völkerrechts bzw. der Philosophie der internationalen Politik. (Auf den Gedanken des Weltbürgerrechts, den Kant in der *Metaphysik der Sitten* in seine Überlegungen einbezog, soll hier nicht eingegangen werden.)

3. Sittlichkeit und Recht

Im folgenden wird nicht nach dem inhaltlichen Zusammenhang der in der Schrift über den ewigen Frieden aufgeworfenen Fragen mit Themen anderer Bereiche des Kantischen Denkens gefragt, da es ausschließlich um die philosophische Form der Theorie geht, die Kant dem Völkerrecht zugrunde legte. Gegen die These, daß die Ethik, die Rechts- und Staatslehre, einschließlich der Grundlegung des Völkerrechts, Theorien sind, könnte vielleicht eingewendet werden, daß Kant mit Bezug auf diese Disziplinen von praktischer Philosophie gesprochen und sie damit der theoretischen Philosophie gegenübergestellt habe. Tatsächlich muß jedoch, wo Kant den Ausdruck »praktische Philosophie« gebrauchte, diese Wendung immer im Sinne von »Philosophie der Praxis« verstanden werden.

Im Falle der Kantischen Ethik ist deren theoretischer Charakter kaum zu verkennen. Ihre Aufgabe besteht darin, die sittliche Verpflichtung als Faktum der Vernunft[3] begreiflich zu machen, und zwar in Analogie zu der Methode, deren sich Kant in der *Kritik der reinen Vernunft* bediente. Den Ausgangspunkt bildet eine Beschreibung der moralischen Grundtatsache, die in die Formulierung des Kategorischen Imperativs als »Grundgesetz der praktischen Vernunft« mündet: »Handle so, daß die Maxime deines Willens jederzeit zugleich als Prinzip einer allgemeinen Gesetzgebung gelten könne.«[4] Um zu begreifen, wie sittliche Verpflichtung möglich ist, genügt es jedoch nicht, deren formale Aspekte zu beschreiben; es bedarf eines theoretischen Rahmens, innerhalb dessen sie als möglich erkannt werden kann. So wie in der Theorie der Erfahrung zum Beispiel mit der Beschreibung der Form kausaler Erklärungen begonnen und dazu übergegangen wird, das Prinzip der durchgängigen kausalen Determination aller Vorgänge als Bedingung der Möglichkeit kausaler Hypothesen zu formulieren, so muß auch die durch die Formeln des Kategorischen Imperativs gekennzeichnete sittliche Verpflichtung als möglich zu begreifen gesucht werden. Dies geschieht mit Hilfe der Postulate, welche die Kausalität aus Freiheit, die Existenz Gottes und die Unsterblichkeit der Seele betreffen. Die in der *Kritik der*

3 *Kritik der praktischen Vernunft*, § 7; *Ges. Schr.*, Bd. v, S. 31.
4 Ebenda, S. 30.

praktischen Vernunft aufgestellten Postulate sind Analoga der Grundsätze des reinen Verstandes in der *Kritik der reinen Vernunft*.

Eine Schlüsselrolle kommt dabei der Idee eines höchsten Gutes als Verbindung von Tugend und Glückseligkeit zu. Die Tatsache, daß der Mensch verpflichtet ist, sich als sittliches Wesen zu verwirklichen, wäre unbegreiflich, wenn Tugend und Glückseligkeit auf immer auseinanderklafften, so daß der sittlich Handelnde unglücklich, der gegen die Sittlichkeit Verstoßende womöglich glücklich wäre. Daher ist die Wirklichkeit so zu denken, daß jemand, der dem Pflichtgebot folgt, darauf vertrauen darf, auch glücklich zu werden. Die Übereinstimmung von Tugend und Glückseligkeit läßt sich nur als möglich begreifen, wenn eine Instanz angenommen wird, die für die Harmonisierung von sittlichem Handeln und persönlichen Handlungsfolgen sorgt, und als solche kommt nur Gott als Schöpfer des menschlichen Geistes und der Natur in Betracht. Die Existenz Gottes ist anzunehmen, weil ohne Gott die Idee des höchsten Gutes und infolgedessen die Forderung sittlicher Lebensgestaltung hinfällig würde. Die Idee Gottes muß mit einem Wort erzeugt werden, damit der Forderung, das menschliche Leben sittlich zu gestalten, ein Sinn gegeben werden kann. Wie alle Ideen darf auch die Gottesidee nicht »realisiert« werden, das heißt, sie darf nicht als Begriff eines realen Seienden behandelt werden; erst recht ist es unzulässig, sie zu hypostasieren, das heißt, ihr ein substantielles Wesen zuzuordnen. Bereits der Ausdruck »Idee Gottes« kann irreführen, wenn er dazu verleitet, zwischen der Idee und etwas der Idee Entsprechendem zu unterscheiden; angemessener ist es daher nach Kant, von der »Idee Gott« zu sprechen: Gott ist nichts anderes als eine Idee, die insofern gültig ist, als ohne sie eine vollständige Theorie der moralischen Verpflichtung nicht möglich wäre. Hier zeigt sich deutlich der Charakter der konstruierten Begriffe im allgemeinen: Ihre Bedeutung ist auf die jeweilige Theorie zu relativieren, und ihre Gültigkeit bzw. ihre »Realität« besteht in ihrer Funktion innerhalb der Theorie.

Ähnliches gilt für den Begriff einer Kausalität aus Freiheit: Wir müssen ihn zum Behuf der Theorie der sittlichen Verpflichtung bilden, und wir sollen uns so verhalten, als ob es eine von der Naturkausalität wesentlich verschiedene Art der Wirksamkeit gäbe, weil nur so die Pflicht zur sittlichen Lebensgestaltung als

»Faktum der Vernunft« begreiflich gemacht werden kann. Wir können uns mit anderen Worten nicht als sittliche Wesen begreifen, wenn wir nicht die Ideen Gottes, der Freiheit und der Seele bilden; das heißt aber nicht, daß die Ethik einen eigenen Weg zur Erkenntnis von Gott, Freiheit und Unsterblichkeit eröffnete: Die in der Vernunft gezogenen Erkenntnisgrenzen werden nicht in Frage gestellt.

Die Postulatenlehre ist also keineswegs eine entbehrliche Zutat der Ethik, wie die Marburger Neukantianer gemeint hatten, und sie ist auch nicht bloß der Nachhall einer im Prinzip bereits überwundenen moralischen Tradition, sondern sie gehört wesentlich zur Kantischen Ethik als Theorie der sittlichen Verpflichtung. Daß diese Theorie nicht mehr in genau demselben Sinn transzendentalphilosophischen Charakter hat wie die Theorie der Erfahrung, steht auf einem anderen Blatt und soll hier nicht erörtert werden;[5] in beiden Fällen handelt es sich jedoch um eine Theorie, die nur mit Hilfe konstruierter Begriffe formuliert werden kann.

Die Idee der Freiheit, die der Ethik zugrunde zu legen ist, bildet auch das Fundament der Rechtslehre: Es ist moralisch geboten, eine Rechtsordnung zu schaffen, weil nur mit Hilfe allgemeiner Regeln die Freiheitssphären der Individuen so bestimmt werden können, daß ihre Abgrenzung nicht auf Grund des faktischen Verhältnisses der Kräfte, also zufälliger Faktoren, zustande kommt. Die Abgrenzung muß vielmehr auf Grund eines allgemeinen vernünftigen Prinzips erfolgen, das besagt: »Ein jeder Mensch hat rechtmäßigen Anspruch auf Achtung von seinen Nebenmenschen, und *wechselseitig* ist er dazu auch gegen jeden anderen verbunden.«[6] Das Prinzip der wechselseitigen Beschränkung der Freiheitssphären brachte Kant mit dem Gedanken eines ursprünglichen Kontrakts in Verbindung, in dem eine einheitliche staatliche Rechtsordnung konstituiert wird. Da die Freiheit nur im Rahmen einer Rechtsordnung derart verwirklicht werden kann, daß den Ansprüchen aller einzelnen in ihrem wechselseitigen Verhältnis Rechnung getragen wird, ist die Erzeugung einer Rechtsordnung durch Übereinkunft moralisch geboten, was aber

5 Vgl. Verf.: »Kants Annahme einer Kausalität aus Freiheit und die Idee einer transzendentalen Ethik«, in: *Akten des IV. Internat. Kolloquiums in Biel*, hg. von H. Lauener; *Dialectica* 35 (1981), 223-241.

6 *Metaphysik der Sitten, Tugendlehre*, § 38; *Ges. Schr.*, Bd. VI, S. 462.

nicht heißt, daß auf diese Weise bestimmte Rechtsnormen abgeleitet werden könnten. Auch der Vertragsgedanke ist ein Konstrukt, und das heißt, daß der Kontrakt nicht als historisches Ereignis aufzufassen ist. Ähnlich wie wir uns als sittlich Handelnde so verhalten sollen, als ob es Gott und Kausalität aus Freiheit gäbe, sollen wir uns als Rechtssubjekte so verhalten, als ob der Staat durch einen Vertrag entstanden bzw. als ob durch rationale Übereinkunft ein allgemeiner Wille erzeugt worden wäre.

Der angedeutete Charakter der rechtsphilosophischen Überlegungen zeigt sich auch bei Kants Versuch einer Begründung des Privateigentums. Kant nahm an, daß Eigentum durch einen Willensakt begründet werde, sah aber, daß es sich nicht um einen Akt individuellen Wollens handeln könne. Ein besonderer Willensakt könnte Eigentumsrechte nicht begründen, weil nicht einzusehen ist, warum er den Willensakten anderer übergeordnet sein sollte. Daher muß die Aneignung »als Akt eines äußerlich allgemein gesetzgebenden Willens (in der Idee)« aufgefaßt werden.[7] Durch den Zusatz »in der Idee« machte Kant deutlich, daß es sich nicht um einen empirischen Begriff handelt, daß also ein theoretisches Konstrukt vorliegt. Der Zusammenhang mit dem Grundgedanken der Rechtsphilosophie ist nicht zu übersehen: Nur unter Voraussetzung eines allgemeinen Willens ist »Übereinstimmung der freien Willkür eines jeden mit der Freiheit von jedermann, mithin ein Recht überhaupt und also auch ein anderes Mein und Dein möglich«.[8]

Zwischen Ethik, Rechts- und Staatslehre sowie Völkerrecht bzw. philosophischer Grundlegung der internationalen Politik besteht nun in formaler Hinsicht weitgehende Übereinstimmung. Das Völkerrecht enthält die Idee einer Ordnung der Staaten in Analogie zur Rechtsordnung des Staates. Diese Ordnung wird mit Hilfe des Vertragsgedankens ähnlich konstruiert wie die Idee der staatlichen Rechtsordnung. Diese Parallelität hat Kant selbst angedeutet, wenn er feststellte, »daß Staaten, im äußeren Verhältnis gegeneinander betrachtet (wie gesetzlose Wilde) von Natur in einem nicht-rechtlichen Zustande sind«. Da dieser Zustand ein Zustand des Kriegs ist, in dem das Recht des Stärkeren herrscht, ist er unrecht und verlangt daher nach Überwindung durch Er-

7 *Metaphysik der Sitten, Rechtslehre*, § 10; *Ges. Schr.*, Bd. VI, S. 259.
8 Ebenda, § 14; *Ges. Schr.*, Bd. VI, S. 263.

richtung eines Völkerbundes »nach der Idee eines ursprünglichen gesellschaftlichen Vertrages«.[9] Anders als im Staate dient diese Konstruktion aber nicht der Rechtfertigung einer unauflöslichen rechtlichen Bindung, sondern lediglich einer genossenschaftlichen Verbindung auf Zeit. Abgesehen davon ist jedoch der Parallelismus unübersehbar. Wenn die Begründung der Verbindlichkeit der Rechtsordnung transzendentalen Charakter hat, gilt daher dasselbe für die philosophische Rechtfertigung des Projekts einer internationalen Friedensordnung.

4. Das Völkerrecht vor dem Hintergrund der Transzendentalphilosophie

Der Zusammenhang von Staatsphilosophie und philosophischer Grundlegung des Völkerrechts ergibt sich auf Grund der Analogie von Staat und Staatengemeinschaft: »Völker und Staaten« können wie einzelne Menschen beurteilt werden, »... deren jeder um seiner Sicherheit willen von dem andern fordern kann und soll, mit ihm in eine der bürgerlichen ähnliche Verfassung zu treten, wo jedem sein Recht gesichert werden kann« (354). Demgemäß ist auch bei der völkerrechtlichen Forderung eines Staatenbundes ein allgemeiner Wille vorauszusetzen (378). So wie die Vereinigung der einzelnen zum Staat in Form eines Vertrags gedacht wird, so soll auch der Staatenbund als Ergebnis eines Vertrags (oder von Verträgen) betrachtet werden. Und so wie die Erzeugung der staatlichen Rechtsordnung moralisch geboten ist, so gebietet die praktische Vernunft auch den Frieden im Verhältnis der Staaten und damit den Abschluß eines Übereinkommens, ohne welchen der Friede zwischen den Völkern nicht denkbar ist (356). Im gleichen Sinne schrieb Kant in der *Metaphysik der Sitten*:

> Da der Naturzustand der Völker ebensowohl als einzelner Menschen ein Zustand ist, aus dem man herausgehen soll, um in einen gesetzlichen zu treten: so ist vor diesem Ereignis alles Recht der Völker ... bloß *provisorisch* und kann nur in einem allgemeinen *Staatenverein* (...) *peremtorisch* geltend und ein wahrer *Friedenszustand* werden.[10]

9 Ebenda, § 54; *Ges. Schr.*, Bd. VI, S. 344.
10 *Metaphysik der Sitten, Rechtslehre*, § 61; *Ges. Schr.*, Bd. VI, S. 350.

Sowohl der Vertrag, der die Grundlage der staatlichen Rechtsordnung bildet, als auch der Vertrag zwischen den Völkern sind Ideen: Die Föderation mehrerer Völker ist so zu denken, als ob sie durch einen Vertrag zustande gekommen wäre. Die Begründung ist dieselbe wie bei der staatlichen Rechtsordnung: Die Normen, die die zwischenstaatlichen Beziehungen regeln, müssen von solcher Art sein, daß mit der Zustimmung aller Betroffenen gerechnet werden kann. Diese Forderung wird durch den konstruierten Begriff eines Vertrags ausgedrückt.

Dem Prinzip der Universalisierbarkeit in der Ethik und in der Staatsphilosophie entspricht im Völkerrecht das Prinzip der Öffentlichkeit. Während im moralischen Bereich Maximen daraufhin zu prüfen sind, ob ihre Verallgemeinerung in Form eines allgemeinen Gesetzes zu einem Widerspruch führt, soll im internationalen Bereich gefragt werden, ob sich Maximen öffentlich machen lassen, ohne auf allgemeinen Widerstand zu stoßen. Ist damit zu rechnen, daß eine Maxime die Öffentlichkeit nicht verträgt – müßte sie also verheimlicht werden, um Erfolg zu haben –, so zeigt dies an, daß sie nicht rechtens ist.

Diese Formel ist, wie die Formeln des Kategorischen Imperativs, insofern »bloß negativ« (381), als sie nur die Feststellung des Unrechtscharakters von Maximen erlaubt; sie stellt nur eine notwendige, nicht zugleich auch eine hinreichende Bedingung der Rechtlichkeit dar. Die Publizität garantiert mit einem Wort ebensowenig die Gerechtigkeit der internationalen Politik (vgl. 384 f.), wie die Verallgemeinerungsfähigkeit einer individuellen Handlungsmaxime schon deren Sittlichkeit garantiert.

Die Parallelität tritt deutlich zutage, wenn man die das Prinzip der Universalisierbarkeit illustrierenden Beispiele in der *Grundlegung zur Metaphysik der Sitten* und in der *Kritik der praktischen Vernunft* mit den Beispielen im Entwurf »Zum ewigen Frieden« vergleicht. So wie z. B. die Maxime »Man darf Rückzahlung eines Darlehens im klaren Bewußtsein der Unfähigkeit zur Rückzahlung versprechen, wenn eine besondere Notlage dies nahelegt« sich aufheben würde, wenn sie zu einem allgemeinen Gesetz gemacht würde – die Grundlage von Treu und Glauben, von der ausgegangen wird, würde zerstört –, so verhält es sich auch im rechtlichen Bereich. Angenommen, in den Sozialkontrakt würde die Klausel aufgenommen, daß dem Volk unter gewissen Bedingungen das Recht auf Empörung gegen die Regierung zukomme, dann würde ein solcher Vorbehalt die Absicht des Sozialkontrakts hinfällig machen (382). Bei internationalen Verträgen würden Vorbehalte im Gegensatz zur Intention solcher Verträge, nämlich eine vernünftige Ordnung der Staaten herzustellen, stehen, was sich darin zeigt, daß sie, falls sie vorhanden sind, verheimlicht werden müssen. Kant hat diese Zusammenhänge im Anhang II des Entwurfs »Zum ewigen Frieden« hervorgehoben:

Nur unter Voraussetzung irgendeines rechtlichen Zustandes (...) kann von einem Völkerrecht die Rede sein: weil es als ein öffentliches Recht die Publikation eines jedem das Seine bestimmenden allgemeinen Willens schon in seinem Begriffe enthält, und dieser status iuridicus muß aus irgendeinem Vertrage hervorgehen,

und zwar so, daß das Kriterium der Publizität zur Geltung kommt (383). Kant hat die Formel, in der das Kriterium ausgedrückt ist, im weiteren Verlauf verschärft: Handlungen eines Staates in bezug auf andere Staaten sind rechtens, wenn sie nicht nur öffentlich gemacht werden können, sondern wenn sie der Publizität *bedürfen* (386). Die Publizität wird damit zur Bedingung der Rechtmäßigkeit von Maximen außenpolitischen Handelns. Letztlich beruht das Völkerrecht auf der Moral bzw. auf der praktischen Vernunft. Die Moral bildet die Grundlage der Rechtsordnung, sofern sie den Rechtsgehorsam als sittlich geboten erweist: Nur unter rechtlichen Bedingungen kann dem Anspruch auf Freiheit aller Rechnung getragen werden; ebenso erfordert die Moral einen Zusammenschluß von Staaten, weil nur ein Staatenbund den Frieden, der durch die Vernunft geboten wird, zu sichern vermag. Nicht nur der Zusammenschluß der einzelnen zur staatlichen Gemeinschaft, sondern auch der Zusammenschluß zwischen Staaten soll, über das Ziel der Friedenssicherung hinaus, die Freiheit garantieren: Die staatliche Rechtsordnung ist mit der Freiheit der einzelnen verträglich, wenn sie derart ist, daß die Zustimmung der einzelnen vorausgesetzt werden kann; analog verhält es sich mit einer föderativen Ordnung im internationalen Bereich: Auch hier ist die Ordnung so zu denken, als ob sie durch Vertrag zustande gekommen wäre. Der Begriff des Vertrags dient der Konstruktion der Idee einer Ordnung, die mit der Idee der Freiheit verträglich ist und infolgedessen mit der Moral im Einklang steht. Mit der Idee eines solchen Vertrags ist das Moment der Publizität wesentlich verbunden; Vorschläge, die nur unter der Bedingung der

Geheimhaltung praktikabel wären, sind als Unrecht zurückzuweisen.
Offensichtlich wollte Kant nicht nur plausible Überlegungen über die Vorteile einer internationalen Friedensordnung vortragen, sondern den Rahmen der Rechtslehre verallgemeinern, um die praktische Philosophie vollständig zu machen, wie er betonte. Kant hat ausdrücklich von der Aufgabe gesprochen, die praktische Philosophie mit sich einig zu machen (376). Tatsächlich ist das Völkerrecht der Abschluß der Philosophie der Praxis, deren Grundlage die Ethik bildet. In der Ethik wird gefragt, wie sich die Verbindlichkeit der Forderungen als möglich begreifen läßt, die sich an den Einzelnen richten; in der Rechtslehre wird nach den Bedingungen der Verbindlichkeit jener Forderungen gefragt, die das Verhältnis der einzelnen zueinander betreffen; das Völkerrecht hat es schließlich mit den Bedingungen zu tun, unter denen eine internationale Staatenordnung als verbindlich gelten kann. Gegen die These, daß die in dem Entwurf »Zum ewigen Frieden« enthaltenen Gedanken Ergänzungen der Kantischen Rechtsphilosophie sind, kann nicht eingewendet werden, daß dieser Entwurf bereits zwei Jahre vor der *Metaphysik der Sitten* erschienen ist, da damals die in dem allgemeineren Werk entwickelten Gedanken bereits konzipiert waren. Das zeigt sich in der Übereinstimmung der beiden Werke in wesentlichen Punkten. Wenn Kant in der Schrift von 1795 zum Beispiel »Freiheit« definierte als »Befugnis, keinen äußeren Gesetzen zu gehorchen, als zu denen ich meine Beistimmung habe geben können« (350, Anm.), dann steht das im Einklang mit dem in der *Metaphysik der Sitten* aufgestellen Prinzip: »Eine jede Handlung ist *recht*, die oder nach deren Maxime die Freiheit der Willkür eines jeden mit jedermanns Freiheit nach einem allgemeinen Gesetze zusammenbestehen kann.«[11] Die Übereinstimmung ist auch klar zu sehen, wenn »Gleichheit« 1795 definiert wird »als dasjenige Verhältnis der Staatsbürger, nach welchem keiner den andern wozu rechtlich verbinden kann, ohne daß er sich zugleich dem Gesetz unterwirft, von diesem wechselseitig auf dieselbe Art auch verbunden werden zu *können*« (350, Anm.).
Am Rande sei bemerkt, daß Kant nur einen Staatenbund für möglich gehalten und die Alternative eines internationalen Bundes-

11 Ebenda, Einleitung § C; *Ges. Schr.*, Bd. VI, S. 230.

staates nicht ins Auge gefaßt hat, und zwar aus praktischen Gründen. Hierin kann man ein Abgehen von seinen Grundsätzen erblicken, nach denen die Praxis den ethisch-rechtlichen Forderungen unbedingt unterzuordnen ist. Es soll auch nicht verschwiegen werden, daß der Vertrag, in dem der Staatenbund begründet ist, nicht so eindeutig wie der die staatliche Rechtsordnung konstituierende Vertrag als Idee, d.h. als konstruierter Begriff, charakterisiert ist. An vielen Stellen des Entwurfs hatte Kant offensichtlich tatsächliche Verträge vor Augen. In dieser Hinsicht blieb seine Position ähnlich zweideutig, wie es die Standpunkte vieler früherer Vertreter der Sozialkontraktslehre waren.

5. Juristische Konstruktion und Transzendentalphilosophie

Kant hat den Grundsatz der Publizität als »transzendentale Formel des öffentlichen Rechts« (381) bezeichnet und damit – wie schon mit dem Untertitel seines Entwurfs – zu erkennen gegeben, daß die Grundlagen seiner Konzeption philosophischen Charakter hätten. Was er aber mit dem Ausdruck »transzendental« gemeint hat, ist nicht ohne weiteres klar. Anzuknüpfen ist an die Bestimmung von »transzendental« als einer Betrachtungsweise, »die sich nicht sowohl mit Gegenständen, sondern mit unserer Erkenntnisart von Gegenständen, sofern diese a priori möglich sein soll, beschäftigt«[12], jedoch mit dem Zusatz, daß die Transzendentalphilosophie nicht auf die Frage nach Bedingungen der Möglichkeit *apriorischer* Erkenntnis zu beschränken, sondern als Frage nach den Bedingungen der Erkenntnis bzw. der Erfahrung von Gegenständen *im allgemeinen* aufzufassen ist. Im Verlauf seiner Denkentwicklung hat Kant die Aufgabe der Transzendentalphilosophie erweitert, indem er sie auf die Frage nach Bedingungen der Möglichkeit moralischer und rechtlicher Verbindlichkeit ausdehnte, so daß zum Beispiel in der Ethik das Prinzip der Kausalität aus Freiheit als eine solche Bedingung fungiert: Freiheit ist »die Bedingung des moralischen Gesetzes ..., welches wir wissen«.[13]

12 *Kritik der reinen Vernunft*, B 25; *Ges. Schr.*, Bd. III, S. 43; Vgl. B 80f.; *Ges. Schr.* III, 78 (A 56; IV 51).

13 *Kritik der praktischen Vernunft*, Vorrede; *Ges. Schr.*, Bd. V, S. 4.

Wenn Kant auch das Prinzip der Publizität als »transzendental« bezeichnete, dann kann das nur heißen, daß es eine Bedingung ausdrückt, unter welcher die Verbindlichkeit zur Errichtung einer internationalen Friedensordnung als möglich begriffen werden kann. Obwohl nicht zu leugnen ist, daß es sich hier nicht mehr um eine »Bedingung der Möglichkeit« in dem Sinne handelt, in dem in der *Kritik der reinen Vernunft* nach Bedingungen der Möglichkeit von Erfahrung gefragt wurde, liegt doch eine analoge Verwendung des Terminus vor.

Das Prinzip der Publizität ist insofern transzendental, als es eine Bedingung formuliert, die erfüllt sein muß, wenn die von Kant ins Auge gefaßte völkerrechtliche Ordnung als rechtliche und letzten Endes als moralische Ordnung begriffen werden soll. Da das Friedensgebot der Vernunft entspringt und daher unbedingt verbindlich ist, hat auch die Errichtung einer internationalen Ordnung, die den Frieden zu gewährleisten vermag, als geboten zu gelten. Als Transzendentalphilosoph fragte Kant, wie sich eine solche Ordnung als verbindlich – also nicht etwa nur als empfehlenswert – begreifen lasse; seine Antwort lautete: unter der Voraussetzung, daß die Staatengemeinschaft als Analogon des Staates betrachtet und wie dieser auf einen gemeinschaftlichen Willen bezogen wird, dessen Beschlüsse derart sein müssen, daß sie jederzeit öffentlich zum Ausdruck gebracht werden können. Womöglich noch deutlicher als im Entwurf »Zum ewigen Frieden« kommt in der *Metaphysik der Sitten* zum Ausdruck, daß Kant eine begriffliche Konstruktion vor Augen hatte. Wie er betonte, »ist der *ewige Friede* (das letzte Ziel des ganzen Völkerrechts) ... eine unausführbare Idee«. Nichtsdestoweniger ist es möglich, sich diesem Ziel zu nähern, und danach zu streben ist geboten.[14] Im gleichen Sinne betonte Kant am Ende des Entwurfs von 1795, daß der ewige Friede »keine leere Idee, sondern eine Aufgabe« sei (386).

Letztlich beruht die Idee einer Friedensordnung auf der Moral, das heißt, sie ist insofern vernünftig, als sie der praktischen Vernunft entspringt. Die Verbindung von Sittlichkeit und Völkerrecht bzw. internationaler Politik bildet zwar den Hintergrund der Abhandlung »Zum ewigen Frieden«, wird in ihr aber nicht explizit erörtert, sie kommt aber in Kants geschichtsphilosophischen Überlegungen deutlich zum Vorschein.

14 *Metaphysik der Sitten, Rechtslehre*, § 61; *Ges. Schr.*, Bd. VI, S. 350.

Daß der mit einer vertraglich verankerten Staatenordnung erreichte »weltbürgerliche Zustand« nicht letztes Ziel, sondern selbst nur Mittel ist, ergibt sich daraus, daß nach Kant das Endziel der Geschichte in der Moralisierung der Menschen besteht, die auf deren Zivilisierung und Kultivierung folgen soll. Er glaubte, Anhaltspunkte für die Annahme zu haben, daß sich die Menschheit diesem Ziel annähere: Die Freiheit kommt immer deutlicher zur Geltung, Freiheitsbeschränkungen lassen sich immer schwerer aufrechterhalten, weil die Aufklärung immer mehr Einfluß auf die Regierungen erlangt. Wenn Kant von »Aufklärung« sprach, tat er das ebenfalls primär in philosophischem, näherhin in ethischem, und nicht in kulturhistorischem Sinn, wie aus der kleinen Schrift »Was ist Aufklärung?« (1784) hervorgeht. Voraussetzung aller Aufklärung ist die Freiheit, »von seiner Vernunft in allen Stücken *öffentlichen Gebrauch* zu machen«.[15] Auch hier kommt also das Prinzip der Öffentlichkeit zur Geltung. Verzicht auf die so verstandene Freiheit zu leisten hieße, »die heiligen Rechte der Menschheit verletzen und mit Füßen treten«.[16]

Kant war in der Frage des zivilisatorischen Fortschritts als eines Fortschreitens zu immer vollkommenerer Sittlichkeit im individuellen, staatlichen und internationalen Bereich durchaus optimistisch eingestellt. Die Grundlage seines Optimismus bildete die Überzeugung, daß »die Natur« dem Menschen gewisse Anlagen verliehen habe, welche die Menschheit zu entfalten bestimmt sei. Die Bestimmung der Gattung besteht »in nichts als im *Fortschreiten* zur Vollkommenheit«, so unbefriedigend auch viele Versuche ausgefallen sein mögen, sich diesem Ziele anzunähern.[17] Kant wollte es aber mit dieser allgemeinen Feststellung nicht bewenden lassen und suchte nach einem Anhaltspunkt in der Erfahrung, der auf die Tendenz der Entwicklung hinweisen könnte. Er fand ihn in der Reaktion der meisten Menschen auf die Französische Revolution – nicht in der Revolution selbst! –, nämlich in der Teilnahme der Beobachter an der Bemühung der Franzosen, sich eine gute, d. h. eine republikanische Verfassung zu geben. Kants positive Einstellung gegenüber der leitenden Idee der Französischen

15 *Was ist Aufklärung? Ges. Schr.*, Bd. VIII, S. 36.
16 Ebenda, S. 39.
17 *Mutmaßlicher Anfang der Menschengeschichte*; *Ges. Schr.*, Bd. VIII, S. 115.

Revolution – »... ein solches Phänomen *vergißt sich nicht mehr*, weil es eine Anlage und ein Vermögen in der menschlichen Natur zum Besseren aufgedeckt hat ...«[18] – hatte ihren Grund in seiner Überzeugung, daß das Prinzip des Republikanismus, nach dem die Rechtssubjekte in ihrer Gesamtheit zugleich gesetzgebend sind, die ewige Norm jeder bürgerlichen Staatsverfassung sei.[19] Extrapolierend meinte er daher sagen zu können, »daß das menschliche Geschlecht im Fortschreiten zum Besseren immer gewesen sei und so fernerhin fortgehen werde ...«[20]

In der Rückschau muß man feststellen, daß Kants Optimismus in bezug auf das nahe Endziel der Entwicklung zum friedlichen und freiheitlichen Zusammenleben aufgeklärter, kultivierter und moralisierter Menschen unter einer aufgeklärten, die Menschenrechte achtenden Regierung nicht gerechtfertigt war. Das schmälert aber die Bedeutung seiner Betrachtungsweise nicht, die durch den Anspruch geprägt ist, vom Standpunkt der Philosophie aus auch zu Fragen des Rechts Stellung zu nehmen. Dies kann, dem Charakter der Philosophie entsprechend, nur in formaler Weise geschehen. Gerade die Reflexion auf die Verbindlichkeit des Friedensgebotes im internationalen Bereich macht aber deutlich, daß formale Analysen keineswegs praktisch folgenlos sein müssen. Sie sind zwar nicht geeignet, inhaltliche Thesen zu begründen; aber sie stecken einen Bereich ab, innerhalb dessen es erst sinnvoll ist, inhaltliche Auffassungen zu entwickeln und nach Begründungen für sie zu suchen. Auf Grund dieser Überzeugung konnte er die Art, in welcher der praktische Politiker auf den Theoretiker herabsieht, nicht billigen (343). Den »Schlangenwindungen einer unmoralischen Klugheitslehre« (375) müssen Prinzipien entgegengesetzt werden, die nicht pragmatisch, sondern rein theoretisch, nämlich mit den Mitteln der Transzendentalphilosophie, gerechtfertigt sind.

18 *Der Streit der Fakultäten*, II; *Ges. Schr.*, Bd. VII, S. 88.
19 Ebenda, S. 90 f.
20 Ebenda.

Roland Wittmann
Kants Friedensentwurf – Antizipation oder Utopie?*

Der Zerfall des Kommunismus ist nicht nur ein weltgeschichtliches, sondern auch ein philosophisches Ereignis. Die marxistische Vorhersage einer Gesellschaft, in der das Prinzip »jeder nach seinen Fähigkeiten, jeder nach seinen Bedürfnissen« gelten sollte, hat sich als das herausgestellt, was sie von Anfang an war, nämlich eine Illusion. Der neue Mensch des Kommunismus wurde durch die zentrale Planwirtschaft und das Staatseigentum an Produktionsmitteln nicht hervorgebracht. Das angebliche Auf-die-Füße-Stellen der Hegelschen Philosophie hat sich in Wirklichkeit als ein folgenreiches Mißverständnis des objektiven Idealismus erwiesen. Den Anspruch, den der junge Marx an die Philosophen gestellt hat, daß nämlich es darauf ankomme, die Welt zu verändern, statt sie nur verschieden zu interpretieren, hat die marxistische Philosophie nicht erfüllt. Die geschichtliche Notwendigkeit, die nach der angeblichen Einheit von Theorie und Praxis zur kommunistischen Gesellschaft führen sollte, hat sich nicht ergeben. Der Marxismus, der durch seine behauptete Wissenschaftlichkeit sich von den utopischen Sozialisten gerade abgrenzen wollte, hat die geschichtliche Entwicklung nicht zu erfassen vermocht. Er hat sich vielmehr selbst als eine Utopie herausgestellt.

Ganz anders verhält es sich mit Kants Friedensentwurf. Der allgemeine Friedenszustand unter den Staaten und Völkern mußte zu Kants Zeit als eine reine Utopie erscheinen. Die Zeit der Religionskriege lag noch nicht allzu lange zurück. Der siebenjährige Krieg hat Preußen an den Rand seiner Existenz gebracht. Die Französische Revolution löste gerade einen europäischen Krieg aus. Kant selbst bemerkte zwei Jahre vor Erscheinen der Friedensschrift in seiner Abhandlung »Die Religion innerhalb der Grenzen der bloßen Vernunft«, daß der philosophische Chiliasmus, der

* Diese Abhandlung stellt die überarbeitete Fassung meiner an der Europa-Universität Frankfurt (Oder) am 2.5.1995 gehaltenen Antrittsvorlesung dar.

auf den Zustand eines ewigen, auf einen Völkerbund als Weltrepublik gegründeten, Friedens hofft, als Schwärmerei allgemein verlacht werde.[1] Durch die seitherige geschichtliche Entwicklung ist der Kantsche Entwurf einer internationalen Friedensordnung immerhin in die Nähe des Realisierbaren gerückt. Die Staatengemeinschaft bemüht sich, selbst zunächst unlösbar scheinende Konflikte auf dem Verhandlungsweg zu bereinigen. Es liegt daher nahe, nach der philosophischen Methode zu fragen, die Kant ermöglicht hat, in seiner Zeit eine für eine entferntere Zukunft gedachte und dennoch plausible Vorhersage zu machen. Der Kantsche Entwurf, zu seiner Zeit eine Utopie, könnte sich, von der heutigen Weltlage aus betrachtet, als die Antizipation eines allgemeinen Friedenszustandes erweisen. Die Frage nach der Methode Kants ist daher gleichbedeutend mit der Frage nach dem Unterschied zwischen Utopie und Antizipation.

Kant gelangt von einigen wenigen Definitivartikeln aus zu der Annahme, daß der allgemeine Friedenszustand keine leere Idee, sondern ein nach und nach realisierbares Ziel ist. Nach dem ersten Definitivartikel zum ewigen Frieden soll die bürgerliche Verfassung in jedem Staate, wie Kant es ausdrückt, republikanisch sein. Man könnte diesen Gedanken als das *Homogenitätsprinzip* der Staaten bezeichnen. Das Kennzeichen einer republikanischen Verfassung sieht Kant in dem Gewaltenteilungsprinzip, wobei er lediglich auf die Trennung der ausführenden Gewalt von der gesetzgebenden abstellt, ohne die Rechtsprechung zu berücksichtigen. Im Kantschen Sinne kann auch eine Monarchie republikanisch sein, wenn sie sich an den Gewaltenteilungsgrundsatz hält. Nur der gewaltenteilende Staat gewährleistet die Freiheit der Glieder einer Gesellschaft, die Abhängigkeit aller von einer einzigen gemeinsamen Gesetzgebung und die Gleichheit aller als Staatsbürger. Wenn über Krieg oder Frieden die Staatsbürger bestimmen, dann ist nach Kant eine Entscheidung für den Krieg und die mit ihm verbundenen Übel nicht zu erwarten. Das Homogenitätsprinzip gewährleistet daher die Entscheidung aller Staaten für den allgemeinen Friedenszustand. Deutet man den ersten Definitivartikel als Homogenitätsprinzip, dann ist es klar, daß die Verfassungen der Staaten auch noch in anderen Punkten einander ähnlich sein müssen, wenn ein allgemeiner Friedenszustand unter

1 *Werke*, hg. Weischedel, Darmstadt 1966, IV 682 f.

den Staaten geschaffen werden soll. Aus heutiger Sicht gehört zum Homogenitätsprinzip die allgemeine Beachtung der Menschenrechte. Menschenrechtsverletzungen, die auf dem Territorium eines bestimmten Staates begangen werden, gehen die Staatengemeinschaft insgesamt an.
Der zweite Grundsatz, auf den nach Kant der allgemeine Friedenszustand aufbaut, ist das *Föderalismusprinzip*. Kant überträgt den aus seiner Ethik bekannten Gedanken des Zusammenbestehenkönnens der Freiheit aller auf das Verhältnis der Staaten untereinander. Die Souveränität der einzelnen Staaten bleibt nicht nur erhalten, sondern ist geradezu die Voraussetzung für den Frieden. Kant lehnt damit, wie schon in seiner oben zitierten religionsphilosophischen Abhandlung, die Idee einer Weltrepublik ab. Der Friedensbund der Staaten, für den Kant den früher schon geprägten Ausdruck Völkerbund benutzt, geht auf keinen Erwerb, sondern lediglich auf Erhaltung der Freiheit eines jeden am Bündnis beteiligten Staates. Der Friedensbund muß, ebenso wie der allgemeine Friedenszustand, gestiftet werden. Hierunter versteht Kant nicht einen einmaligen Akt, sondern ein allmähliches Übergreifen des Föderalismusprinzips auf die Staatengemeinschaft. Für diese Entwicklung setzt er nicht einen Idealtypus des Menschen voraus, der plötzlich, man weiß nicht woher, da wäre, er geht vielmehr mit außerordentlicher Nüchternheit von der Bösartigkeit der menschlichen Natur aus. Scharfsichtig bemerkt er, daß diese Bösartigkeit sich im freien Verhältnis der Völker untereinander unverhohlen blicken läßt. Wie weit diese Bösartigkeit reicht, hat der Einsatz von Massenvernichtungsmitteln in unserem Jahrhundert auf eine Weise gezeigt, die Kant nicht überrascht hätte, auch wenn ihm die technische Machbarkeit von chemischen oder bakteriologischen Waffen oder Kernwaffen nicht bekannt war. Trotz der Bösartigkeit der menschlichen Natur nimmt er an, daß der Rechtsbegriff im Verhältnis der Staaten untereinander schließlich doch die Oberhand gewinnen werde. Diese Vorhersage stützt er auf eine noch schlummernde, moralische Anlage im Menschen. Eine Art empirische Bestätigung für diese Anlage sieht Kant darin, daß selbst kriegführende Staaten auf den Rechtsbegriff nicht verzichten, sondern ihn zur Rechtfertigung des Krieges zu benutzen versuchen. Über den geschichtlichen Prozeß der Entstehung des Friedensbundes entwickelt Kant sehr realistische Vorstellungen. So spricht er von einem mächtigen und aufgeklär-

ten Volk, das einen Mittelpunkt der föderativen Vereinigung für andere Staaten abgeben werde. Ob Kant hierbei an ein bestimmtes Volk dachte, wissen wir nicht; es ist eher wahrscheinlich, daß er den geschichtlichen Prozeß insoweit als noch offen angesehen hat. Den strukturellen Ansatz für die Entwicklung einer Weltfriedensordnung hat Kant allerdings genau getroffen, wenn wir auf die politische Entwicklung in unserem Jahrhundert zurückblicken. Die von ihm postulierte Rolle ist in der Staatengemeinschaft den Vereinigten Staaten zugefallen, die den Anstoß zur Bildung des Vorläufers der UNO, des Völkerbundes, gegeben haben und später sich an der Gründung der UNO aktiv beteiligten. Kant sah auch die Bildung weiterer überstaatlicher Verbindungen voraus und betrachtete sie als Vorstufe zum allgemeinen Friedenszustand.[2]

Der dritte Grundsatz ist vielleicht derjenige, der am meisten auf die Zeit Kants bezogen und aus ihr heraus zu verstehen ist. Danach soll das *Weltbürgerrecht* lediglich ein Besuchsrecht sein, welches allen Menschen zusteht. Kant wollte hiermit dem Mißbrauch des Besuchsrechts und des Gastrechts durch die Kolonialmächte einen Riegel vorschieben. Die Einschränkung des Weltbürgerrechts dient daher aus der Sicht von Kant der Herstellung des allgemeinen Friedenszustands. Zum positiven Inhalt des Weltbürgerrechts ist zu sagen, daß Kant von der Gleichheit aller Menschen als Weltbürger ausgeht. Das Weltbürgerrecht macht aus dem herkömmlichen Völkerrecht, wie Kant es ausdrückt, ein öffentliches Menschenrecht, was so zu verstehen ist, daß damit nicht nur die Staaten, sondern auch die einzelnen Menschen Subjekte des Völkerrechts werden. Als empirische Bestätigung für die Vorhersage eines Weltbürgerrechts betrachtet Kant die Tatsache, daß die Rechtsverletzung an einem Platz der Erde von allen gefühlt wird.[3] Freilich ist diese Beobachtung als solche jedenfalls zu Kants Zeit eine Vorwegnahme, die aus der heutigen Sicht einer Medien- und Informationsgesellschaft sich weitgehend realisiert hat. Antizipatorisch wirkt auch der Zwang zur Toleranz aufgrund der begrenzten Oberfläche der Erde als Kugelfläche. In der ersten Phase des atomaren Rüstungswettlaufs wurden Sprengköpfe mit immer größerer Sprengkraft getestet, ohne Rücksicht auf mögli-

2 »Zum ewigen Frieden«, hg. v. H. Klemme, Hamburg 1992, 67.
3 »Zum ewigen Frieden«, hg. v. H. Klemme, 72.

che Folgen für die gesamte Erdoberfläche. Erst allmählich gewann der Gedanke einer auf den Planeten Erde begrenzten Schicksalsgemeinschaft politisch an Boden. Die religiöse Intoleranz, die in der Menschheitsgeschichte früher die Ursache zahlreicher Kriege gewesen ist, nimmt in unserer Zeit infolge sogenannter fundamentalistischer Bewegungen wieder zu. In Fortführung der Kantschen Konzeption wird man jedoch sagen können, daß auf lange Sicht kein Staat sich mit religiöser Intoleranz wird identifizieren können.

Ausgehend von insgesamt nur drei Grundsätzen und einigen wenigen, freilich scharfsichtigen Beobachtungen gelingt es Kant, in einer Zeit, in der eine Welt ohne Krieg als Utopie erscheinen mußte, die Entstehung einer weltumspannenden Friedensordnung gedanklich vorwegzunehmen. Sein Entwurf läßt sich als eine Antizipation der heute sich abzeichnenden Friedensordnung qualifizieren. Die Entstehung internationaler Organisationen geht freilich über den bloßen Friedensbund, wie Kant ihn sich vorgestellt hat, hinaus. Soweit diese Organisationen auf der Souveränität der einzelnen Staaten aufbauen, wird man gleichwohl sagen können, daß sie der Kantschen Skepsis gegenüber einer Weltrepublik Rechnung tragen. Philosophische Relevanz gewinnt der Begriff der Antizipation freilich erst, wenn er auch als adäquate Bezeichnung der Methode aufgefaßt werden kann, deren Anwendung Kant zu seiner Vorhersage befähigt hat. Der Begriff der Antizipation kommt bereits in der Kritik der reinen Vernunft vor, dort freilich in einem anderen Zusammenhang. Nach Kants Auffassung kann der Verstand lediglich die Form einer möglichen Erfahrung überhaupt antizipieren, nicht jedoch die mit einer Wahrnehmung verbundenen Empfindungen.[4] Diese These hängt mit der Annahme zusammen, daß synthetische Urteile a priori, die sich auf die Form einer möglichen Erfahrung beziehen, möglich sind. Die Frage, ob es synthetische Urteile a priori gibt, wird in der modernen Wissenschaftstheorie bekanntlich kontrovers diskutiert. Hierauf braucht in dem vorliegenden Zusammenhang nicht näher eingegangen zu werden. Entscheidend ist vielmehr, ob der von Kant für die Lehre von der Erfahrung entwickelte Begriff der Antizipation auf das Gebiet der praktischen Philosophie übertragbar ist.

4 *Werke*, hg. v. Weischedel, II 209, 275.

Man möchte zunächst meinen, daß das nicht der Fall ist. Die drei Grundsätze, aus denen Kant die Friedensordnung ableitet, haben keinen apriorischen Charakter. Überdies werden sie durch empirische Beobachtungen plausibel gemacht. Doch ist die tragende Grundlage aller drei Definitivartikel der Begriff des Rechts, der seinerseits auf dem kategorischen Imperativ beruht.[5] Dieser hat als Imperativ der Pflicht, d. h. als Quelle und Ableitungsregel aller anderen Imperative, apriorischen Charakter. Das gilt für alle drei Fassungen des kategorischen Imperativs. Die erste lautet bekanntlich: Handle nur nach derjenigen Maxime, durch die du zugleich wollen kannst, daß sie ein allgemeines Gesetz werde. Bei dieser Fassung ist immerhin noch an die Möglichkeit von Ausnahmen zu denken; es hängt, wie Singer gezeigt hat[6], vom Grad der Verallgemeinerung ab, inwieweit das Gesetz Ausnahmesituationen Rechnung trägt. Eine Notlüge zur Rettung eines von Verbrechern bedrohten Freundes wäre nach einer entsprechend konkretisierten, aus der ersten Fassung des kategorischen Imperativs abgeleiteten Regel entgegen der Meinung von Kant zulässig. Die zweite Fassung des kategorischen Imperativs läßt demgegenüber keine Ausnahme zu. Sie lautet: Handle so, als ob die Maxime deiner Handlung durch deinen Willen zum allgemeinen Naturgesetze werden sollte.[7] Auch die dritte Fassung ist auf ausnahmslose Geltung angelegt: Handle so, daß du die Menschheit, sowohl in deiner Person als in der Person eines jeden anderen, jederzeit zugleich als Zweck, niemals bloß als Mittel brauchst.[8] Da Kant alle drei Arten des Prinzips der Sittlichkeit als gleichwertig betrachtet, ist davon auszugehen, daß die Formulierung »als ob die Maxime deiner Handlung durch deinen Willen zum allgemeinen Naturgesetz werden sollte« bei Anwendung der ersten Fassung mit zu bedenken ist. Insgesamt gestattet also der kategorische Imperativ nach Kants Auffassung die Ableitung von Sollenssätzen mit ausnahmsloser Geltung. Deshalb ist nach Kant die Notlüge zur Rettung des Lebens eines Freundes nicht erlaubt.

Der apriorische Charakter der Antizipation des allgemeinen Frie-

5 »Zum ewigen Frieden«, hg. v. H. Klemme, 91.

6 *Verallgemeinerung in der Ethik*, Frankfurt am Main 1975, 276 ff.

7 *Grundlegung zur Metaphysik der Sitten*, hg. v. K. Vorländer, Hamburg 1965, 43.

8 *Grundlegung zur Metaphysik der Sitten*, hg. v. K. Vorländer, 52.

denszustands ergibt sich daraus, daß Kant der Entwicklung, die die Staaten allmählich zur Annahme des Friedensbundes führt, den Rechtsbegriff und damit den kategorischen Imperativ zugrunde legt. Dieser gilt insoweit a priori, als er unbedingte Befolgung unabhängig vom Erreichen eines weiteren Zwecks verlangt. Seine Geltung ist daher von der Erfahrung unabhängig. Aus seiner kategorischen Natur folgt somit sein apriorischer Charakter. Kants Haupteinwand gegen eine utilitaristische Ethik war gerade, daß die Gültigkeit einer vom Eintritt eines weiteren Erfolgs abhängigen Regel bei Ausbleiben dieses Erfolges in Frage gestellt wird.
Der kategorische Imperativ ist die deontische Prämisse aller weiteren Sollenssätze, er ist daher seinerseits nicht mehr deduktiv ableitbar. Insbesondere folgt er natürlich nicht aus ontologischen Aussagen darüber, was der Fall ist oder nicht der Fall ist. Die Nichtableitbarkeit des kategorischen Imperativs bedeutet jedoch nicht, daß er etwa auf dem bloßen Evidenzerlebnis der Person beruhen würde, die zur autonomen Selbstgesetzgebung aufgerufen ist. Seine Geltung stützt sich vielmehr auf die Vernunftgründe, die für ihn vorgebracht werden können. Der apriorische Charakter des kategorischen Imperativs ist auch nicht zu verwechseln mit der – ontologischen – Notwendigkeit seiner Geltung. Eine solche ontologische Notwendigkeit nimmt Kant gerade nicht an. Er lehnt es ab, die Überwindung der Bösartigkeit der menschlichen Natur und den Eintritt des allgemeinen Friedenszustands mit Notwendigkeit vorherzusagen, oder, wie er es ausdrückt, zu weissagen.[9] Von der nezessitativen Denkweise Hegels ist Kant durch Welten getrennt. Kant ist lediglich der Meinung, daß der Mechanismus der menschlichen Neigungen letztlich dazu führen wird, daß der Pflichtbegriff vom ewigen Frieden die Oberhand gewinnt. Die Auffassung von Kripke, wonach Kant nicht zwischen »a priori« und »notwendig« unterschieden habe[10], ist schon für Kants Theorie der Erfahrung, wie sie in der Kritik der reinen Vernunft vorgetragen wird, zweifelhaft. Im Bereich der praktischen Philosophie ist sie unhaltbar. Die Notwendigkeit der Geltung des kategorischen Imperativs folgt nicht daraus, daß er a priori gilt, sondern aus der Betrachtung des Endzwecks der

9 »Zum ewigen Frieden«, hg. v. H. Klemme, 81.
10 S. A. Kripke, »Naming and Necessity«, in: *Semantics of Natural Language*, hg. v. D. Davidson, G. Harman, Dordrecht 1972, 260 f.

Menschheitsentwicklung. Es handelt sich also nicht um eine ontologische, sondern um eine teleologische Notwendigkeit der Geltung.

Der kategorische Imperativ enthält ein zweifaches Sollen. Zum einen soll die Maxime des Handelns verallgemeinerungsfähig sein. Insoweit handelt es sich um ein *deontisches* Sollen. Zum anderen soll die Verallgemeinerungsfähigkeit als solche im Hinblick auf einen Endzustand betrachtet werden, in dem alle sich an den kategorischen Imperativ als den Imperativ der Pflicht halten. Insoweit geht es um ein *teleologisches* Sollen. Das im kategorischen Imperativ enthaltene teleologische Sollen kommt in seiner zweiten Fassung deutlich zutage: Handle so, als ob die Maxime deiner Handlung durch deinen Willen zum allgemeinen Naturgesetz werden sollte. Naturgesetze gelten ohne Ausnahme. In dieser Fassung bezieht sich der kategorische Imperativ auf einen Endzustand in der Entwicklung des Menschen, in dem die Befolgung der Gebote der Sittlichkeit zur Menschennatur geworden ist. Der Handelnde, der den kategorischen Imperativ befolgt, trägt damit schon jetzt nicht nur die Verantwortung für sich selbst, sondern auch für die zukünftige Menschheitsentwicklung. Da Kants Friedensentwurf sich auf den Pflichtbegriff des ewigen Friedens stützt und damit auf dem kategorischen Imperativ beruht[11], stellt er daher nicht nur eine Antizipation, sondern eine *teleologische* Antizipation dar.

Der Möglichkeit einer teleologischen Antizipation könnte der Einwand entgegenstehen, daß von Zwecken nur gesprochen werden könne, wenn ein zwecksetzender Wille vorliegt. Stegmüller beschränkt den Begriff der Teleologie in der Tat auf intendiertes Verhalten.[12] Kant betont in der Kritik der teleologischen Urteilskraft, daß wir über den Satz, ob ein nach Absichten handelndes Wesen als Weltursache (mithin als Urheber) dem, was wir mit Recht Naturzwecke nennen, zugrunde liege, objektiv nicht urteilen können.[13] In der Friedensschrift lehnt er es ausdrücklich ab, statt des Mechanismus der Natur von Vorsehung zu sprechen.[14]

11 »Zum ewigen Frieden«, hg. v. H. Klemme, 91.

12 *Probleme und Resultate der Wissenschaftstheorie und Analytischen Philosophie*, Berlin 1969, I 585.

13 *Werke*, hg. v. W. Weischedel, V 516f.

14 »Zum ewigen Frieden«, hg. v. H. Klemme, 75.

Als Garantie zur Entwicklung zum ewigen Frieden hin betrachtet er andererseits die große Künstlerin Natur, aus deren mechanischem Laufe sichtbarlich Zweckmäßigkeit hervorleuchte. Es entspricht daher Kants Sprachgebrauch, die Antizipation des allgemeinen Friedenszustands als teleologisch zu bezeichnen. Entgegen der Meinung von Stegmüller ist es nicht zwingend, Systeme der Selbstregulierung und der Selbstorganisation aus dem Begriff der Teleologie auszuschließen. Ein System der Selbstorganisation stellt nach Kant die Natur und insbesondere die Menschennatur dar, wobei er freilich entsprechend der Vorherrschaft der Mechanik in der Naturwissenschaft seiner Zeit vom Mechanismus der Natur spricht. Im Unterschied zur subjektiven Teleologie der intendierten Zwecke menschlichen Handelns kann man im Hinblick auf die Systeme der Selbstorganisation von *objektiver* Teleologie sprechen. Damit ist die Abgrenzung gegenüber einer bloßen teleologischen Metaphysik gegeben. Diese verkennt, daß die Betrachtung des Endzwecks der Welt und des Zwecks der Menschheitsentwicklung von einem Urheber aus Sache der Religion und nicht der Philosophie ist.

Wenn nach der heutigen Weltlage die von Kant vorgestellte allgemeine Friedensordnung in ihren wesentlichen Elementen in greifbare Nähe gerückt ist, so bleibt doch gegen die Annahme, Kant habe diese Entwicklung teleologisch antizipiert, ein entscheidender Einwand. Die Frage ist nämlich, ob Kants Friedensentwurf in Wirklichkeit nicht doch eine Utopie darstellt, die nur zufällig das Glück hatte, in wichtigen Punkten realisiert zu werden. Diese Möglichkeit kann nur dann ausgeschlossen werden, wenn der Nachweis gelingt, daß der *teleologischen Antizipation* eine verallgemeinerungsfähige *Methode* zugrunde liegt, die ihre Plausibilität gewährleistet, während Utopien, mögen sie auch äußerlich systematisch angelegt sein, den Stempel der Nichtrealisierbarkeit gleichsam auf der Stirn tragen. Der Gegensatz zwischen Antizipation und Utopie kann daher nur dann klar gefaßt werden, wenn der Begriff der Utopie auf Zukunftsvorstellungen beschränkt wird, die nach dem Wissensstand im Zeitpunkt der Äußerung einer solchen Zukunftsvorstellung prinzipiell nicht realisierbar sind.[15] Das entspricht auch dem Wortsinn des von Thomas Morus

15 Daher ist der Utopiebegriff Ernst Blochs abzulehnen. Er unterscheidet nicht zwischen einem Noch-Nicht im Sinne des real Möglichen

gebildeten Kunstworts »Utopia«, das ein Land bezeichnet, das sich nirgendwo befindet. Eine utopische Vorstellung ist aus heutiger Sicht eine solche, die sich bis jetzt nicht realisiert hat und auch in Zukunft niemals realisieren wird. Kants Vorstellung eines allgemeinen Friedenszustands wäre utopisch, wenn nach dem Wissens- und Informationsstand seiner Zeit die von ihm erwartete Menschheitsentwicklung prinzipiell auszuschließen gewesen wäre.

Nicht jedes Denken, das auf das Mögliche gerichtet ist, ist ein utopisches. Das utopische Denken hat das *bloß Denkmögliche* zum Gegenstand. Demgegenüber zielt die Antizipation auf das *real Mögliche*. Das real Mögliche ist Teil der Realität, es ist das aristotelische dynamei on.[16] Utopisches Denken schlägt ein bestimmtes Teilstück oder auch eine Mehrheit von Elementen aus der vorhandenen Realität heraus und ersetzt sie durch angeblich irgendwann sich realisierende neue Teile. Demgegenüber geht die Antizipation von der gegebenen Realität aus und versucht eine real mögliche Entwicklung aufzuzeigen. Antizipatorisches Denken beachtet die Konstanten der Gesamtnatur ebenso wie die anthropologischen Konstanten. Utopisches Denken setzt sich über solche Konstanten hinweg. Kant geht realistisch von der Bösartigkeit der Menschennatur aus und nimmt eine durch den Mechanismus der Natur selbst garantierte Entwicklung an. Er hofft ausdrücklich nicht auf die moralische Besserung des Menschen.[17] Demgegenüber hat die kommunistische Ideologie den Egoismus des Individuums aus der menschlichen Realität herausgebrochen und gedanklich durch die Begeisterung des neuen Menschen ersetzt, der nach dem Prinzip »jeder nach seinen Fähigkeiten, jeder nach seinen Bedürfnissen« für das Kollektiv arbeitet. Antizipatorisches Denken ist problemorientiert, da es durch die

und dem bloß Denkmöglichen, vgl. nur *Experimentum Mundi*, Frankfurt am Main 1975, 139 ff. Das schmälert freilich nicht das philosophische Verdienst Blochs, in die öde Notwendigkeitslehre des Marxismus durch den von ihm entwickelten Utopiebegriff ein Stück intellektueller Freiheit hineingetragen zu haben. Es ist deshalb nicht verwunderlich, daß Blochs Ansatz bei Vertretern des sogenannten orthodoxen Marxismus auf Abneigung gestoßen ist.

16 Ernst Bloch, a.a.O., mißversteht das dynamei on als »In-Möglichkeit-Sein«.

17 »Zum ewigen Frieden«, hg. v. H. Klemme, 79.

Realität und das real Mögliche begrenzt ist. Demgegenüber zielt utopisches Denken auf die Ersetzung der vorhandenen Welt durch eine bloß denkmögliche Welt, in der die bisherigen Probleme von selbst verschwinden sollen. So sollten etwa mit dem Hervortreten des neuen Menschen im Kommunismus Kriminalität und Prostitution sich von selbst erledigen. Kant fragt demgegenüber konkret nach der Erreichbarkeit eines allgemeinen Friedenszustands und zeigt ihn, ausgehend vom Wissens- und Informationsstand seiner Zeit, als reale Möglichkeit auf.
Innerhalb des utopischen Denkens lassen sich verschiedene Arten unterscheiden. Allen diesen Arten ist jedoch gemeinsam, daß eine bloß denkmögliche Welt errichtet wird. Ohne Anspruch auf Vollständigkeit kann man zunächst mit Martin Buber[18] voluntaristische und nezessitative Utopien unterscheiden. Bei der voluntaristischen Utopie wird vorgestellt, daß ihre Realisierung vom Einsatz der beteiligten Personen oder allgemein aller Menschen abhängt. Demgegenüber baut die nezessitative Utopie auf der Illusion einer mit Notwendigkeit ablaufenden geschichtlichen Entwicklung auf. Die kommunistische Ideologie war eine nezessitative Utopie, die den voluntaristischen Anteil hinter der angeblichen Einheit von Theorie und Praxis versteckte. Vom zeitlichen Aspekt her gesehen lassen sich rückwärtsgewandte und rein zukunftsbezogene Utopien unterscheiden. Eine rückwärtsgewandte Utopie ist etwa der Blick zurück auf ein angebliches goldenes Zeitalter. Der Taoismus baut bekanntlich auf einer rückwärtsgewandten Utopie auf.[19] Die meisten Utopien sind rein zukunftsbezogen, auch wenn sie häufig die Kritik gegenwärtiger Zustände bezwecken.[20] Vom inhaltlichen Aspekt her lassen sich Sozialutopien und wissenschaftlich-technische Utopien unterscheiden. Auch diesen ist gemeinsam, daß sie sich auf eine bloß denkmögliche Welt richten.[21] So war sicherlich bereits Platons Staat eine Sozialutopie. Sozialutopien setzen sich über die Gegebenheiten

18 *Pfade in Utopia*, Heidelberg 1985, 33.
19 Vgl. Arthur Waley, *The Way and Its Power*, London 1968, 50ff.
20 Hier berührt sich der philosophische Utopiebegriff mit dem literarischen. Eine Utopie im philosophischen Sinne liegt jedoch nicht nur dann vor, wenn die Kritik der bestehenden Verhältnisse mitbezweckt ist.
21 Zu den Sozialutopien vgl. neuerdings F. J. Hinkelammert, *Kritik der utopischen Vernunft*, Luzern/Mainz 1994.

der Menschennatur hinweg. In entsprechender Weise stoßen wissenschaftlich-technische Utopien in eine denkmögliche Welt vor, in der physikalische Konstanten der realen Welt entweder nicht gelten oder durch andere ersetzt werden. Auf diese Weise werden entgegen der Relativitätstheorie Einsteins Raumfahrten zu fernen Galaxien mit Überlichtgeschwindigkeit möglich.

Die Antizipation ist im Gegensatz zur Utopie eine von den Gegebenheiten der realen Welt ausgehende und durch sie gestützte Hypothese über eine real mögliche Entwicklung. Die teleologische Antizipation im Sinne von Kant benutzt dabei zusätzlich die Hypothese einer auf bestimmte Zwecke hin sich vollziehenden Selbstorganisation. Es liegt die Frage nahe, ob Kants Methode auch auf andere Problemstellungen übertragbar ist. Kant hat die Möglichkeit eines allgemeinen Friedenszustands unter den Staaten untersucht. Wohl noch schwieriger wäre der Versuch, die mögliche Entwicklung der Menschennatur daraufhin zu untersuchen, ob etwa jemals die Kriminalität oder bestimmte Arten von Kriminalität aus dem Zusammenleben der Menschen verschwinden.

Eine wichtige Folge der teleologischen Antizipation des allgemeinen Friedenszustands liegt darin, daß der Pflichtbegriff des ewigen Friedens nach der Kantschen Ethik bereits jetzt Vorwirkungen entfaltet. Er begründet mindestens das Recht, wenn nicht sogar die Pflicht, zur Verweigerung des Kriegsdienstes mit der Waffe. Aus ihm folgt ferner, daß es bereits jetzt keinen gerechten Krieg mehr geben kann. Gerechtfertigt sind allenfalls friedenserhaltende Maßnahmen der Vereinten Nationen. Das gilt jedoch nur in dem Maße, als sie zur Erhaltung des allgemeinen Friedenszustandes erforderlich sind. Der Pazifismus erhält durch Kants Friedensentwurf die ihm zukommende moralische Wertung, Vorkämpfer einer teleologisch antizipierten Menschheitsentwicklung zu sein.[22] Als Ergebnis der allgemeinen Selbstorganisation menschlichen Wissens ist der Friedenszustand unter den Staaten – der ewige Friede – realisierbar.

22 Zur schwankenden Haltung Bertrand Russells in Sachen Pazifismus vgl. *The Autobiography of B. Russell*, London 1975, 239f. einerseits und 430f. andererseits.

Otfried Höffe

Eine Weltrepublik als Minimalstaat

Zur Theorie internationaler politischer Gerechtigkeit

Die Gerechtigkeit ist als philosophischer Grundbegriff wieder anerkannt, die politische Gerechtigkeit ist es noch nicht. Daher bedarf es einer Vorbemerkung: Die personale Gerechtigkeit, bekanntlich eine der Kardinaltugenden, bezeichnet eine Eigenschaft natürlicher Personen. Im Unterschied dazu nenne ich »politisch« nicht etwa eine Instrumentalisierung der Gerechtigkeit zugunsten der Politik, wohl aber die Gerechtigkeit politischer Regeln, Verfahren und Institutionen. Letztlich kommt es auf die Grundordnung eines Gemeinwesens, auf ihre teils geschriebene, teils ungeschriebene Verfassung, an. Dort, wo man auch zwischenstaatliche und überstaatliche Verhältnisse der Gerechtigkeitsfrage unterwirft, spreche ich von internationaler politischer Gerechtigkeit. Auch hier, so die leitende Vermutung, ist gefragt, was politische Gerechtigkeit besagt: eine Beurteilung vom Standpunkt der Moral aus. Allerdings bezeichnen wir mit dem Ausdruck »Gerechtigkeit« nicht den Gesamtbereich der Moral, sondern nur jenen elementaren Anteil, dessen Anerkennung die Menschen einander schulden. Darin unterscheidet sich die Gerechtigkeit vom verdienstlichen Mehr, daß man sie vom anderen einfordern darf, was auf Handlungen von Mitleid (Sympathie), Brüderlichkeit bzw. Solidarität und Nächstenliebe nicht zutrifft. Wer beispielsweise einem Notleidenden hilft, den er selber in die Not gestürzt hat, erfüllt nur eine Gerechtigkeitspflicht, wer auch anderen hilft, handelt dagegen aus Nächstenliebe.

1. Ein erstaunliches Defizit

Überlegungen zur internationalen politischen Gerechtigkeit beginnen mit einer erstaunlichen Beobachtung: Philosophen sprechen bekanntlich gern über das Universale. Da sie seit ihren Anfängen über Politik nachdenken und dabei den Standpunkt der

Gerechtigkeit berücksichtigen, erwartet man zur universalen politischen Gemeinschaft, der der gesamten Menschheit, eine Fülle von Überlegungen. In dieser Erwartung wird man enttäuscht. Angefangen von der Antike über das Mittelalter und die Neuzeit bis in die Gegenwart liefert die Philosophie zu diesem Thema – wenn überhaupt – sehr wenige Beiträge. (Über die Diskussion, die es neuerdings doch gibt, informiert Rinderle 1994.)

Vorformen der hier zuständigen Sache, des Völkerrechts, gibt es bereits in der vorgriechischen Antike, so etwa Verträge zwischen mesopotamischen Stadtstaaten (vgl. Grewe 1984). Obwohl die politische Philosophie an ihrem Ursprung ungewöhnlich erfahrungsgesättigt ist, spielen hier, bei den Griechen, derartige Themen keine Rolle. Platon sieht zwar die Gefahr eines »natürlichen Imperialismus«; dank der Begehrlichkeit ihrer Bürger will jede Polis expandieren. Die Gefahr gibt ihm aber nicht Anlaß, von einer die Einzelpoleis übergreifenden, inter- oder suprapolitischen Gemeinschaft zu sprechen und dafür Gerechtigkeitsprinzipien aufzustellen; eingeführt wird statt dessen ein neuer Stand, das Militär (*Politeia* II, 373 e-374 a; in den *Nomoi* III 684 a-b gibt es allerdings einen Ansatz, den Beistandsvertrag zwischen drei Königen und ihren Völkern). Auch Aristoteles macht keine Ausnahme. Die ideale Polis, die er in den Büchern VII und VIII der *Politik* entwirft, sieht keine panhellenischen Institutionen vor, geschweige denn Rechtsbeziehungen nach außen, zu Persien etwa. Bei den großen Werken der Neuzeit, bei Hobbes und Locke, bei Rousseau und Hegel, setzt sich das Desiderat fort. Während Europa von Kriegen überzogen wird, gibt es zwar zur Theorie des Krieges bemerkenswerte Ansätze, etwa in Lockes *Second Treatise* (Kap. XVI), in Adam Smith' *Theory of Moral Sentiments* (3. Teil, 3. Kap.) und in Hegels *Rechtsphilosopie* (§§ 338-340); die Theorie für eine Überwindung der Kriegsgefahr, die Theorie zu einer internationalen, sogar weltweiten Friedensgemeinschaft und zu der sie leitenden Gerechtigkeit fehlt.

Innerhalb der politischen Grundeinheiten, der Einzelstaaten, wird der Friede durch die Rechtsform des Zusammenlebens erreicht. Sollten die internationalen Beziehungen demselben Muster folgen, dann bräuchte es jene rechtsförmige Koexistenz der Staaten, die ich eine internationale, gegebenenfalls supranationale Rechtsgemeinschaft nenne. Genau dafür fehlt es an philosophischer Theorie. Gegen mögliche Mißverständnisse ist zu betonen,

daß im Ausdruck »international« der Bestandteil »Nation« nicht die *gens* meint, das Volk gleicher Abstammung, sondern die *civitas*, die Gesamtheit der Bürger. Statt von einer inter-nationalen könnte man daher von einer zwischen-staatlichen Rechtsgemeinschaft sprechen. Dem nationalen Mißverständnis erliegt aber so gut wie niemand, der die Ausdrücke »Internationales Recht«, »International Law« oder »Droit International« liest.
Bekanntlich ist das Desiderat nicht vollständig. Mit der Schrift »Zum ewigen Frieden«, vorher schon mit den einschlägigen Teilen der Geschichtsphilosophie (*Idee zu einer Geschichte in weltbürgerlicher Absicht*), ferner der *Kritik der Urteilskraft*, der Theorie-Praxis-Schrift, sogar der Religionsschrift und später der *Rechtslehre* (§§ 53-62), also nicht etwa mit einem Gelegenheitsthema, sondern mit einem Grundmotiv seines Denkens, bietet die große Ausnahme Immanuel Kant. Zugegeben, seit der Renaissance und noch einmal verstärkt seit dem Westfälischen Frieden erscheinen Friedensrufe und Friedenspläne in Hülle und Fülle (vgl. v. Raumer 1953). Um ein einziges Beispiel zu nennen: Zu Beginn des 18. Jahrhunderts veröffentlicht Abbé de Saint-Pierre einen Text, den Rousseau exzerpieren und Leibniz kritisieren wird und den Kant natürlich kennt. Außerdem lesen wir Ansätze zur einschlägigen Theorie im Völkerrecht, wie es von den Spaniern de Las Casas, Vitoria und Suárez, später vom Niederländer Grotius entwickelt, und vom Ehrenbürger der französischen Republik, Bentham, fortgebildet wird. Bezeichnenderweise sind die Verfasser aber Moraltheologen und Juristen oder zwar Philosophen, aber nicht jene großen Klassiker – Hobbes, Locke, Rousseau, Hegel –, auf die sich das europäische Rechts- und Staatsdenken jahrhundertelang beruft.
Überraschenderweise setzt sich das Desiderat bis in die Gegenwart fort. Die Wiederbelebung der politischen Philosophie erfolgt zwar im Namen Kants. Im einschlägigen Text, in Rawls' *Theorie der Gerechtigkeit* (1971, dt. 1975), auch in der Fortsetzung, *Political Liberalism* (1993), sucht man trotzdem Überlegungen zur internationalen Gerechtigkeit vergeblich. Lediglich in einem Paragraphen, in § 58 der *Theorie der Gerechtigkeit*, führt Rawls, auch dann nur *en passant*, den traditionellen Grundsatz der Nichteinmischung ein. Für die philosophische Gegenposition, den Utilitarismus, gilt dasselbe. Das, was der Gründungsvater, Jeremy Bentham, in den *Principles of International Law*, begonnen hat,

setzt Hart (1961, Kap. x) nicht fort. Er behandelt zwar das Thema »Internationales Recht«, aber ohne einen »Plan für einen allgemeinen und dauernden Frieden« zu entwerfen, wie Benthams Kapitel 4 heißt. In das heute vorherrschende Desinteresse fügt sich auch gut ein, daß die beiden Bentham-Übersetzungen schon vor langer Zeit angefertigt wurden; die eine stammt aus dem Jahre 1833, die andere von 1915, also immerhin aus der Zeit des Ersten Weltkrieges. Bei einer Theorie, die sich vornimmt, utopische Energien freizusetzen, erwartet man eine Ausnahme. Trotzdem sieht es hier, bei Bloch und Marcuse, bei Horkheimer und Adorno, selbst bei Habermas' Rechtsphilosopie (1992) nicht anders aus. So man muß sich ernsthaft fragen, wie eine Gesellschaftstheorie »kritisch« heißen darf, wenn sie im Jahrhundert zweier Weltkriege und ungezählter Regionalkriege die Theorie und Utopie eines ewigen Friedens »vergißt«.
Jedenfalls gibt dem Hegelwort, die Eule der Minerva beginne ihren Flug nicht vor Einbrechen der Dämmerung, dieser Befund in einem trivialen Sinn recht. Ob analytische oder kritische Philosophie: Zu einem lebensweltlich dringenden Problem bietet die Philosophie so wenige Vorarbeiten an, daß wir uns an das Thema noch herantasten müssen (ausführlicher Höffe 1996, Kap. 5). Wir suchen keine runde Theorie, Bausteine für eine künftige Theorie aber doch. Unser *erster Baustein* hält das Defizit fest: Es fehlt an einer Philosophie der internationalen politischen Gerechtigkeit.

II. Vier Optionen

Jeder Aufbruch ins Unvertraute setzt beim Vertrauten an; hier bei der politischen Gerechtigkeit von Einzelstaaten. Unser *zweiter Baustein* bestimmt deren Aufgabe; sie ist zweigeteilt. Einerseits geht es um Zuständigkeiten, andererseits um die Art und Weise, wie man die Zuständigkeiten regelt. Dort, bei den Zuständigkeiten, der Regelungskompetenz, sprechen wir innerstaatlich von Staatsaufgaben, hier, bei der Regelungsform von der Art der Staatlichkeit. Beide Aufgaben sind in einem zwar moralischen, aber nur rechtsmoralischen Sinn zu erörtern. Die Gerechtigkeit begnügt sich nämlich, wie gesagt, mit einem höchst bescheidenen Moralbegriff, mit Verbindlichkeiten, deren Anerkennung man sich schuldet; ausgeschlossen bleibt jedes verdienstliche Mehr.

Nicht auf so etwas Anspruchsvolles wie Moralität, auf eine Rechtsgesinnung oder personale Gerechtigkeit kommt es an, ebensowenig auf das so gefällige, aber vage Prinzip Solidarität. Wer sich auf Gerechtigkeit beruft, muß sich mit einer Elementarmoral zufriedengeben.

Für die vertraute Rechtsgemeinschaft, den Einzelstaat, kennen wir, so unser *dritter Baustein*, im wesentlichen vier Optionen; dabei gibt es fließende Übergänge: (1) Entweder geht man freie Vereinbarungen ein; man schließt Verträge ab, ohne hinsichtlich ihrer Auslegung und Durchsetzung auf seine Freiheit zu verzichten. (2) Oder man läßt sich auf einen derartigen Freiheitsverzicht, auf einen geringen Verzicht allerdings nur, ein und übergibt die entsprechende Souveränität einem Dritten, einer zwangsbewehrten Rechtsordnung. (3) Oder man verzichtet auf einen beträchtlichen Teil der Freiheit. (4) Schließlich kann man auf seine Freiheit bzw. Souveränität so gut wie ganz verzichten.

Im ersten Fall einigt man sich zwar auf Regeln, aber nicht auf ihre gemeinsame, sogenannte öffentliche Durchsetzung. Man bildet eine Rechtsgemeinschaft ohne jede Staatlichkeit, einen freien Rechtsverbund bzw. Ultraminimalstaat (*UMS*). Im zweiten Fall entsteht ein Staat mit der sehr eng begrenzten Kompetenz des liberalen Nachtwächterstaates; es entsteht ein Minimalstaat (*MS*). Im dritten Fall bildet man, was dem heutigen sozialen Rechts- und Verfassungsstaat entspricht (*VS*), während die vierte Option, ein Staat ohne Kompetenzbegrenzung, auf einen absolutistischen Staat (*AS*), vielleicht sogar despotischen oder totalitären Staat hinausläuft. In allen vier Fällen konstituiert sich die Rechtsgemeinschaft durch Freiheitsverzichte derjenigen, die die Gemeinschaft bilden.

Die systematisch erste Frage politischer Gerechtigkeit betrifft die Rechtfertigung eines Gemeinwesens überhaupt: Ist es legitim, die Freiheit einzuschränken und ein Gemeinwesen zu bilden? Man kann von einer politik*legitimierenden* Gerechtigkeit sprechen und sie gegen die in systematischer Hinsicht zweite Frage absetzen, gegen die nach der näheren Ausgestaltung des Gemeinwesens, gegen die politik*normierende* Gerechtigkeit. Unter das Stichwort »politiklegitimierende Gerechtigkeit« fallen genaugenommen zwei Fragen. Zunächst ist zu klären, ob die Rechtsform der menschlichen Koexistenz legitim ist, erst danach stellt sich die Frage nach der Legitimität von Staatlichkeit. Fällt auch die zweite Antwort positiv aus, so stünde die Entscheidung, ein Geschäft vorzunehmen, einem Verein beizutreten oder eine Ehe einzugehen, kurz: die erste Option, jedem frei; nicht mehr frei wäre er bei der Entscheidung, ob er einer Gemeinschaft beitreten soll, die derartige Handlungen verbindlich regelt. Im Gegenteil wäre zumindest die im Ultraminimalstaat gegebene Andeutung von Staatlichkeit rechtsmoralisch geboten.

Beliebt ist die Frage, ob sich die Rechtsgemeinschaft primär aus Individuen zusammensetzt oder eher aus natürlichen Sozialeinheiten wie Familien oder Sippen, vielleicht sogar aus Institutionen oder gesellschaftlichen Teilsystemen. Die Frage ist aber nicht so wichtig wie der Umstand, daß handlungsfähige Einheiten, die ein gewisses Territorium miteinander teilen, sich mit verschiedenen Aufgaben konfrontiert finden. Von ihnen übernimmt die Rechtsordnung vor allem die folgenden drei Aufgaben: Mittels sanktionsbewehrter Regeln sucht sie (1) Handlungen zwischen den Einheiten soweit nötig zu koordinieren; sie sorgt (2) dafür, daß gewisse Konflikte teils nicht entstehen, teils gewaltfrei gelöst werden; nicht zuletzt, etwa bei Fragen der Mündigkeit, nimmt sie (3) Ermächtigungen vor. Das Recht ist wie die Grammatik einer Sprache, da es mit Hilfe von Regeln über die auftauchenden Probleme von Koordination, Konflikt und Autorisierung verbindlich Entscheidungen trifft.

Der moralische Rang bzw. der Gerechtigkeitsanspruch einer Rechtsordnung beginnt mit der »Herrschaft von Regeln«. Darin spricht sich nicht etwa ein Regelfetischismus aus, sondern der Einspruch gegen ein Verhalten gemäß dem Sozialdarwinismus im kruden Verständnis. An die Stelle einer Herrschaft von Willkür und Gewalt tritt die gewaltfreie Konfliktlösung, und dabei herrscht wegen der Regeln Gleichbehandlung. Man definiert eine Rechts- und Staatsordnung gern durch das Gewaltmonopol. Die Definition ist richtig und trifft doch nur eine sekundäre Eigenschaft; das primäre Monopol haben die Regeln inne. Da sich Regeln aber nicht selber zur Wirklichkeit bringen, da man sie erstens definieren, zweitens auslegen und drittens durchsetzen muß, bedarf das primäre Monopol einer entsprechenden Ergänzung. Durch sie wird die erste Option von Staatlichkeit, der Ultraminimalstaat, zurückgenommen. Statt dessen braucht es Instanzen, die über die Auslegung und Durchsetzung der Regeln und vorab über ihren genauen Inhalt entscheiden; kurz: es braucht öffentliche Gewalten, folglich mehr als nur die Andeutung von Staatlichkeit.

Die öffentlichen Gewalten gibt es bekanntlich im Plural. Primär dafür verantwortlich ist nicht etwa die Gefahr des Machtmißbrauchs, sondern der Umstand, daß es hinsichtlich der Regeln die genannten drei unterschiedlichen Aufgaben gibt. Nur zusätzlich und weder ausschließlich noch primär gilt das Argument, daß bei beiden öffentlichen Gewalten, weil sie von Wesen »verwaltet« werden, die Interessen und Leidenschaften haben, mit einem Mißbrauch zu rechnen ist. Ihm tritt man mittels Gewaltenteilung entgegen. Dabei gibt es sowohl die bekannte horizontale Gewaltenteilung als auch jene vertikale, für die die Prinzipien Föderalismus und Subsidiarität wichtig sind (vgl. Höffe 1996, Kap. 10). Die Grundlage des Ganzen bildet ein bestimmtes Verständnis von Demokratie, nicht die Demokratie als Organisationsprinzip, die Mehrheitsregel, sondern eine demokratische Tiefendimension. Von ihren Wurzeln her, also im wörtlichen Sinn radikal demokratisch und zugleich gerecht ist eine Rechtsgemeinschaft, deren Gewalt vom Volke ausgeht und deren Regeln sich nach Regeln höherer Stufe richten, nach Rechtsprinzipien, die die Zustimmung aller Betroffenen verdienen und daher Menschenrechte heißen. Die heute beliebte Konsenstheorie ist als Wahrheitstheorie nur in engen Grenzen plausibel, hingegen überzeugt sie als Theorie politischer Legitimation uneingeschränkt. Ihr Geburtshaus steht aber nicht in Frankfurt, sondern in Malmesbury (Hobbes), in Genf (Rousseau) und vor allem in Königsberg (Kant). Und in diesem Haus leben Zwillinge: die Volkssouveränität und jene Rechte, die über den Gedanken bloßer Grundrechte hinausgehen, die Menschenrechte.

Damit haben wir den *vierten Baustein* gefunden und zugleich die Grundthese der politischen Gerechtigkeit: Gerecht ist eine politische Ordnung, die die skizzierten Bedingungen anerkennt, also (1) Rechtsregeln, (2) öffentliche Gewalten mit horizontaler und vertikaler Gewaltenteilung, (3) die Souveränität des Volkes und (4) die Menschenrechte. Diese Bedingungen verbinden die Legitimation einer Rechtsgemeinschaft mit ihrer Limitation. Die Rechtfertigung öffentlicher Gewalten spricht nun gegen die erste Option; daß die Gewalten keine Blankovollmacht erhalten, gegen die vierte Option, so daß die zweite und die dritte Option, der Minimalstaat und der Verfassungsstaat, übrigbleiben.

Als Oberbegriff für sie kann man den Begriff der Republik verwenden. Allerdings ist der Begriff mehrdeutig. Eine semantische

Differenzierung unterscheidet den deskriptiven Begriff – die Republik im Gegensatz zur Monarchie – von der Republik als politischem Ideal, wie es sich in der Zeit vom 16. bis zum 18. Jahrhundert herausbildet. Bei diesem Ideal nahm man sich die altrömische Republik zum Vorbild; man blickte aber auch auf Venedig, auf die Niederlande, auf die deutschen Reichsstädte, auf Cromwells »Commonwealth of England« und auf die Schweiz. Bentham (1915, 116) etwa führt als Beispiele für die »europäische Bruderschaft« an: »die amerikanische Konföderation, den Deutschen Reichstag, die Schweizer Eidgenossenschaft«. Verwandt mit der Republik als politischem Ideal ist ein dritter, rechtsethischer Begriff der Republik, die Idee einer gerechten politischen Ordnung. Der dritte Begriff umfaßt nun die zweite und die dritte Ordnung von Staatlichkeit: Wenn es überhaupt eine politische Ordnung geben soll, dann nicht irgendeine, sondern nur jene, die die genannten vier Bedingungen erfüllt und die der Republik nach ihrem rechts- und staatstheoretischen Begriff entspricht.

III. Vom Einzelstaat zur Weltrepublik

Ein *fünfter Baustein* erlaubt, vom Vertrauten zum Unvertrauten überzugehen, das heißt von der innerstaatlichen zur zwischenstaatlichen Rechtsgemeinschaft. Das zuständige Bindeglied, unser Brückenprinzip, besteht in einer Analogie. Ihr zufolge sind Einzelstaaten nicht, was der »Globalist« Beitz (1979, 81) befürchtet, organische Ganzheiten, wohl aber Kollektivsubjekte bzw. juristische Personen, die sich zwar nicht in jeder, wohl aber in mancher Hinsicht wie Individuen verhalten.

Vor allem vier Entsprechungen gibt es: Auch Einzelstaaten treffen nach innen verbindliche Entscheidungen (über Gesetze z. B.); außerdem schließen sie nach außen Verträge ab. Ferner gibt es sowohl die Individuen als auch die Einzelstaaten im Plural, folglich die Möglichkeit, mit seinesgleichen zu kooperieren, freilich auch die Gefahr, sich gegenseitig zu beeinträchtigen. Nicht zuletzt verhalten sich die Einzelstaaten insofern wie natürliche Personen zueinander, als sie mangels einer gemeinsamen Rechtsordnung im Zustand der Rechtlosigkeit, dem sogenannten Naturzustand, miteinander leben. Beitz (1979, Teil II) legt Wert darauf, daß Einzelstaaten nicht im selben Sinn wie natürliche Personen

Ziele und Zwecke verfolgen. Das ist aber nur begrenzt richtig und stellt selbst dort, wo es zutrifft, kein hinreichendes Gegenargument gegen die genannte Analogie dar. Da es schon die Einzelstaaten gibt, besteht der Naturzustand lediglich zwischenstaatlich, nicht mehr innerstaatlich; vorhanden ist nur noch ein Rest-Naturzustand.

Soweit die Analogie zutrifft und sich Einzelstaaten zueinander tatsächlich wie Individuen verhalten, gilt für zwischenstaatliche Verhältnisse dasselbe Antwortmuster wie für die innerstaatlichen. Aus diesem Grund lassen sich die Legitimationsbedingungen eines Einzelstaates übertragen: Gerecht in einem bescheidenen Verständnis leben die Staaten dort miteinander, wo sie der Gewalt eine Absage erteilen, den Krieg als Mittel der Konfliktlösung ächten und sich statt dessen Regeln, also dem Recht, unterwerfen. In einem anspruchsvolleren Sinn leben sie aber erst dann gerecht, wenn sie die Regeln einerseits öffentlichen Gewalten überantworten und sie andererseits auf unser Zwillingspaar des politischen Konsenses verpflichten, auf Volkssouveränität und Menschenrechte. Die Konsequenz ist ebenso klar wie einschneidend, unser *sechster Baustein*: In einem mehr als minimalen Sinn gerecht ist eine internationale Koexistenz nur dort, wo sie die Form einer Republik annimmt.

Zu bestimmen für die internationale politische Gerechtigkeit, sagten wir einleitend, ist einerseits die Regelungskompetenz, andererseits die Regelungsform, wobei es für die zweite Aufgabe, die Staatlichkeit, im wesentlichen nur vier Optionen gibt. Die erste Option entspricht einer internationalen Gemeinschaft ohne irgendeinen nationalen Souveränitätsverzicht. Auf dem Weg von bi- und multilateralen Verträgen erklären sich die Einzelstaaten zur Koordination und vor allem zur gewaltfreien Konfliktlösung bereit; jene Regelungsform, die für die einzelstaatliche Rechtssicherung als unverzichtbar gilt, soll aber zwischenstaatlich entfallen. Die entsprechende Gemeinschaft, ein Staatenverbund – Kant sagt: Völkerbund – sieht gewisse gemeinsame Gesetze vor, aber nicht ein autorisiertes (Schieds-)Gericht und schon gar nicht eine Macht, Gerichtsurteile durchzusetzen. Die Rechtsverhältnisse, die es dank freier Vereinbarungen gibt, bestehen zwischen souveränen Partnern, die ihre Souveränität vollumfänglich bewahren. Nicht von einem unparteiischen Dritten werden die allfälligen Probleme geregelt, sondern von den Parteien, den Einzelstaaten, selber.

Ein Vorteil liegt auf der Hand: Was es in einem Staat denn auch gibt, den Machtmißbrauch und die Übergriffe in legitime Handlungsräume, hat man von einer staatsfreien Gemeinschaft nicht zu befürchten. Die Hoffnung, die man in die Staatsgewalten setzt, die Erwartung eines wohldefinierten und zugleich gesicherten Rechtsschutzes, entfällt allerdings auch. Den Einzelstaaten, die in der Regel ihre Souveränität eifersüchtig hüten, ist diese erste Option willkommen. Sie widerspricht jedoch der Grundthese politischer Gerechtigkeit, daß Streitigkeiten, um sie vom Machtpotential der Beteiligten abzukoppeln, von einem ebenso unparteiischen wie hinreichend mächtigen Dritten zu entscheiden sind.
Besser als direkte Gewalt, als ein Krieg, sind Vereinbarungen ohne Zweifel; für die rechtsförmige Sicherung des Vereinbarten fehlen aber die geeigneten Instrumente. Das Recht gilt daher nur unter Vorbehalt; und im »Ernstfall« muß es der Gewalt weichen. Der Staatenverbund kann deshalb nur ein Durchgangsstadium zu dem sein, was die eigentliche Aufgabe bleibt, zur staatsförmigen Sicherung internationaler Rechtsaufgaben, zu einer supranationalen Staatsordnung. Wir können ihn vorläufig einen Völkerstaat nennen, insofern unter »Völker« (wie in den Ausdrücken »Völkerrecht« und »Volkssouveränität«) nicht *gentes*, Gruppen gleicher Abstammung, verstanden werden, sondern *civitates*, die Bürgerschaften von Einzelstaaten.
Weil zum Völkerstaat öffentliche Gewalten gehören, bestehen andererseits durchaus Bedenken. Selbst der große Theoretiker einer internationalen Friedensordnung, Kant, setzt sich lediglich für vertragliche Vereinbarungen ohne jeden Staatscharakter, für einen bloßen Bund der Staaten, ein, für jenen Völkerbund, der dem Ultraminimalstaat entspricht (»Zum ewigen Frieden«, Zweiter Definitivartikel; dazu kritisch Höffe 1995, Kap. 6).
Gegen einen Völkerstaat erheben sich verschiedene Befürchtungen; fassen wir sie als *siebenten Baustein* zusammen: Man befürchtet, daß die bestehenden Konflikte nicht wirklich gelöst, sondern lediglich transformiert werden. Dabei, so die weitere Befürchtung, bei der Transformation von zwischenstaatlichen zu innerstaatlichen Konflikten, gehen wichtige Barrieren verloren; bei nur innerstaatlichen Konflikten entfällt nämlich eine wichtige rechts- und sozialpsychologische Hemmschwelle, die Barriere der Staatsgrenzen. Außerdem, so heißt es, wird ein Menschenrecht hinfällig, das wir seit der Aufklärungszeit kennen, das Recht, aus

einem Einzelstaat auszuwandern. (Interessanterweise wird heute das Recht tatsächlich als Argument eingebracht: Boxill 1987.) Und dort, wo dieses Recht verweigert wird, kann man mindestens zu fliehen versuchen. Bei einer globalen Staatsordnung wird jedoch beides, das Auswanderungsrecht ebenso wie die Fluchtmöglichkeit, gegenstandslos. Nach einer vierten Befürchtung entfällt die Hoffnung, die Opposition gegen eine eventuelle Diktatur könne im Exil überleben, und die andere, daß sich eine Diktatur von außen auflösen lasse. Ferner erscheint ein globaler Staat als bürgerfern, außerdem als überbürokratisiert und vielleicht trotzdem nicht wirklich regierbar. Nicht zuletzt gehört zu einem funktionierenden Gemeinwesen eine Institution, die man sich bei einem Weltstaat – noch? – nicht vorstellen kann: eine politische Öffentlichkeit, in der die verschiedenen Gruppen, insbesondere auch die unterschiedlichen Minderheiten, Gehör finden.

Jede einzelne der Befürchtungen ist ernstzunehmen und noch mehr ihre »geballte Ladung«. Berechtigt sind sie aber im wesentlichen nur bei einem bestimmten Verständnis von Staatlichkeit. Lediglich bei der vierten Option, dort, wo die Einzelstaaten auf ihre gesamte Souveränität verzichten, ihre Staatlichkeit also aufgeben und von einem in seiner Staatlichkeit homogenen, uniformen Weltstaat, einem Weltreich oder Superstaat, aufgesogen werden, werden die Befürchtungen allzuleicht Wirklichkeit.

Verstanden als pragmatische Bedenken, können die Befürchtungen – immerhin sieben an der Zahl – durchaus überzeugen. Das Gewicht eines grundsätzlichen Einwandes haben sie aber schon deshalb nicht, weil sie sinngemäß auch gegen Einzelstaaten sprechen und dort nicht jede Staatlichkeit zu diskreditieren vermögen. Auf den Plan rufen sie lediglich, aber auch immerhin verläßliche Schutzvorkehrungen. Da bei einem weltumspannenden Staat weit größere Gefahren drohen, sind hier die Schutzvorkehrungen entschieden umsichtiger zu treffen. Ein mehr als pragmatisches Gegenargument ist aber nicht benannt.

IV. Die Weltrepublik als Minimalstaat

Gegen den in seiner Staatlichkeit homogenen Weltstaat, das Weltreich, spricht ein prinzipielleres Argument. Erstaunlicherweise fehlt es beim großen Theoretiker der Weltrepublik, bei Kant: Gerechtigkeitsgeboten ist die supranationale Staatlichkeit nicht schlechthin, sondern nur für eine einzige und festumrissene Aufgabe. Wie beim Einzelstaat, so führt auch auf globaler Ebene die Legitimation der Staatlichkeit von vornherein ihre Limitation mit sich. Im Fall der Weltrepublik verbindet sich die Legitimation der Staatlichkeit mit dem, was wir *intra*national einen Nachtwächterstaat oder Minimalstaat nennen, also mit einem äußerst restriktiven Begriff der Staatsaufgaben. Weil die primäre Rechtssicherung den Einzelstaaten obliegt, ist für deren Koexistenz nur eine sekundäre Staatsordnung vonnöten. Unser *achter Baustein*: Den Einzelstaaten verbleibt der Rang von Primärstaaten; der supranationale Staat, der Völkerstaat, ist gerade kein Einheitsstaat, der sich über den gesamten Globus ausbreitet, sondern lediglich ein Sekundärstaat. Im Rahmen der rechtsmoralischen Aufgabe, anfallende Streitigkeiten nicht nach Maßgabe von Gewalt zu lösen, im Rahmen dieses universalen Rechtsgebotes, verbleiben der internationalen Rechtsgemeinschaft nur wenige Restaufgaben. Die Fragen des Zivil- und des Strafrechtes, die des Arbeits- und des Sozialrechtes, das Recht der Sprachen, der Religionen und der Kultur – diese und andere der vertrauten Staatsaufgaben bleiben der Kompetenz des Sekundärstaates entzogen und fallen weiterhin in die Zuständigkeit der Primärstaaten.

Die Lösung »Völkerbund statt Weltrepublik« verteidigt Kant unter anderem mit dem Argument, daß die Staaten, weil sie »innerlich schon eine rechtliche Verfassung haben, ... dem Zwang anderer, sie nach ihren Rechtsbegriffen unter eine erweitert gesetzliche Verfassung zu bringen, entwachsen sind« (»Zum ewigen Frieden», Zweiter Definitivartikel). Das Argument ist aber nicht triftig: Gemäß dem neuen Menschenrecht, dem Selbstbestimmungsrecht, sind die Staaten zwar der Pflicht enthoben, ihre Verfassung aufgrund der Wünsche anderer Staaten zu ändern. Derartige Wünsche stehen in der Weltrepublik aber gar nicht zur Diskussion; eine internationale Staatlichkeit ist lediglich für jene Minimalstaatlichkeit zuständig, auf die sich das Selbstbestimmungsrecht gar nicht erstreckt.

Die derzeit wichtigste Institution der internationalen Rechtsgemeinschaft will bekanntlich mehr als Minimalstaatlickeit. Die Präambel der *Allgemeinen Erklärung der Menschenrechte* (1948) nennt für die Vereinten Nationen (UNO) drei Aufgaben: (1) den Schutz der Menschenrechte, (2) die Förderung der internationalen Zusammenarbeit bis hin zur »Entwicklung freundschaftlicher Beziehungen zwischen den Nationen«, (3) schließlich die Förderung des sozialen Fortschritts und besserer Lebensbedingungen bei größerer Freiheit.

Einem Sekundärstaat steht nur die erste Aufgabe zu, und selbst für sie gilt eine restriktive Interpretation. Die Kompetenzen der zweiten und der dritten Aufgabe könnte man eine – jetzt internationale – Sozial-, Wohlfahrts- und vielleicht sogar Kulturstaatlichkeit nennen; dieser Aufgabenbereich entfällt vollständig. Und für die Aufgabe, die legitim bleibt, für die Menschenrechte, verdienen den internationalen Schutz nicht, zumindest nicht in erster Linie, die Individuen selbst, auch nicht die Gruppen, sondern lediglich die Einheiten, die noch im Naturzustand miteinander leben, eben die Einzelstaaten. Diese Einschränkung halte ich für die schlüssige Konsequenz der genannten Analogie. Solange Staaten wie Individuen zu betrachten sind, dürfen die Staaten-Individuen tun und lassen, was sie wollen – vorausgesetzt, sie greifen nicht in die Rechte der anderen Staaten-Individuen ein. Auf ein derartiges Handeln haben sie sogar ein angeborenes Recht, einen rechtsmoralischen Anspruch.

Damit tut sich ein neues Menschenrecht auf, neu freilich nicht im Inhalt, sondern hinsichtlich des Trägers. Unser *neunter Baustein* besteht in einem Menschenrecht von Staaten; es hat, ebenso klar wie eng umgrenzt, im wesentlichen zwei Teile. Wie Individuen so haben auch Staaten einerseits ein Recht auf Leib und Leben sowie auf Eigentum, hier vor allem auf territoriale Unversehrtheit; andererseits haben sie ein Recht auf politische und kulturelle Selbstbestimmung. Gerade weil die Primärstaaten Mehraufgaben zu erfüllen haben, steht dem Sekundärstaat nur eine Minimalstaatlichkeit zu. Die Erweiterung der Staatsaufgaben um eine Sozial-, vielleicht sogar Kulturstaatlichkeit wäre eine Rechtsanmaßung, mithin ein Verstoß gegen die internationale politische Gerechtigkeit. Was auf einzelstaatlicher Ebene zulässig ist, verbietet sich auf globaler Ebene; nicht als Verfassungsstaat ist die Weltrepublik legitim, sondern lediglich als Miminalstaat.

Die erste Option, der Staatenverbund, ist ein sinnvolles, in geschichtlicher Hinsicht sogar notwendiges Zwischenziel. Als Leitziel taugt sie aber nicht, da ihr jede Staatlichkeit fehlt. Die dritte Option, die des globalen Einheitsstaates, entfällt, weil sie sich zuviel an Staatlichkeit anmaßt. Die verbleibende Option, der Völkerstaat, hat zwar einen Staatscharakter; dessen Staatsaufgabe ist aber auf die genannte Restaufgabe eingeschränkt. Die erforderlichen Souveränitätsverzichte sind also höchst begrenzt; außer der genannten Minimalstaatsaufgabe verbleiben alle anderen Kompetenzen bei den Einzelstaaten. Genauer gesagt, treten sie, da sie die Primärstaaten bilden, von sich aus gewisse Kompetenzen ab.
Dieser Hinweis ist legitimationstheoretisch wichtig, enthält er doch das internationale Pendant zum einzelstaatlichen Begriff der Volkssouveränität: Alle Gewalt des Völkerstaates geht von seinem Staatsvolk, der Gemeinschaft der Einzelstaaten aus. Diese verzichten selber – was nur in voller Freiwilligkeit geschehen darf – auf einen minimalen Teil ihrer Souveränität. Der Völkerstaat, wenn es ihn denn geben soll, trägt für die Sicherheit und das Selbstbestimmungsrecht der Einzelstaaten Sorge und für nichts sonst. Ihm gebührt keine partielle, sondern die volle Souveränität, allerdings eingeschränkt auf einen minimalen Kompetenzbereich, auf die zwischenstaatlichen und nicht die innerstaatlichen Konflikte.

v. Politische Konsequenzen

Da der Rechts- und Verfassungsstaat einschließlich der Sozialstaatlichkeit im Prinzip anerkannt ist, ist die intranationale politische Gerechtigkeit im wesentlichen schon erreicht; die Theorie der *inter*nationalen Gerechtigkeit ist daher politisch wichtiger als die der intranationalen. Dazu einige gewiß vorläufige Bemerkungen:
1. Aus der Gerechtigkeitsperspektive ist es kaum vertretbar, die totgeglaubte Theorie des gerechten Krieges ad hoc, unter dem Eindruck des Golfkrieges, wieder ins Leben zu rufen. Jedenfalls liefert die internationale politische Gerechtigkeit ein sehr restriktives Prinzip; legitim ist allein die Selbstverteidigung. Und soweit diese einen Schutz von außen erhält, darf dieser keineswegs in die Offensive übergehen oder gegen die Elementarregel verstoßen,

daß das Leben und das Eigentum der Zivilbevölkerung unverletztlich sind. Nicht zuletzt müssen sich die »Schutzmächte« den Vorwurf gefallen lassen, einem späteren Aggressor lange Zeit selber Waffen geliefert, außerdem durch ihr langes Wohlverhalten einem Diktator geholfen zu haben.

2. Nach dem staatsethischen Anteil in der politischen Gerechtigkeit kommt die Rechtssicherheit nicht ohne öffentliche Gewalten aus. Weil aber eine Staatlichkeit unverzichtbar ist, sind die zuständigen Institutionen, beispielsweise die Vereinten Nationen, fortzubilden in Richtung auf eine souveräne Gewalt. Zu beachten ist allerdings, daß die staatliche Gewalt nur unter jenen strengen Bedingungen legitim ist, die in einem Begriff der Republik zusammenlaufen und in etwa einem Rechts- und Verfassungsstaat entsprechen. Auch für eine internationale Staatlichkeit sind zu fordern: die Menschenrechte als normative Vorgabe (»Prinzip Freiheit«), die strenge Gleichbehandlung (»Gesetz der Gleichheit«) und die Gewaltenteilung. Das mittlere Prinzip verbietet etwa, gegen Annexionen selektiv vorzugehen und nur gegen einen Teil wirksam anzukämpfen. Ferner ist sicherzustellen, daß die internationale Staatlichkeit nicht die Form einer Pax Romana annimmt, weder, wie damals im Mittelmeerraum, in offener Form noch auf die subtilere Weise, daß mit den einschlägigen Staatsaufgaben eine einzelne Großmacht oder eine Gruppe von Staaten betraut wird. Dann vermischen sich nämlich allzu leicht konkurrierende Interessen: die Aufgabe einer internationalen Rechtssicherung mit einem (mehr oder weniger subtilen) Hegemoniestreben.

3. Nach dem staatsethischen Argumentationsmuster »Legitimation plus Limitation« ist die Fortbildung der Regelungsform allerdings an mehr Bescheidenheit in den Regelungskompetenzen gebunden. Der politischen Gerechtigkeit zufolge braucht die internationale Rechtsgemeinschaft beides, sowohl – formaliter – mehr Staatlichkeit als auch – materialiter – weniger Staatsaufgaben. Vorliegt außerdem ein strenges Junktim; nur wenn die Zuständigkeiten erheblich eingeschränkt werden, ist deren staatsförmige Wahrnehmung legitim. Und eine zwangsbefugte Zuständigkeit für minimale Sozialrechte (vgl. Pogge 1992, 61-69, und schon Beitz 1979, Teil III) halte ich auch dann für bedenklich, wenn eine für die reicheren Staaten schmerzliche Randbedingung zutrifft und die Nichtanerkennung der Sozialstaatlichkeit jene sogenannten »Hungerlöhne« zuläßt, deretwegen die Arbeitsplätze aus den

sozial verantwortlicheren Staaten auswandern. Selbst bei Fragen von Hunger und Überbevölkerung sind zwar internationale Absprachen erwünscht, aber keine gewaltsamen Eingriffe in andere Staaten erlaubt.

4. In mindestens einer Hinsicht, der Unverletzlichkeit der Territorien, sind die Zuständigkeiten zu erweitern. Bislang denkt man nur an militärische Übergriffe. Auf ein fremdes Territorium greift jedoch auch über, wer seine Nachbarn ökologisch belastet. Den Begriff der ökologischen Belastung wird man sogar so weit fassen müssen, daß er entsprechende Gefährdungen mitumfaßt. Daß gefährliche Betriebe (etwa Atomkraftwerke und Chemiewerke), ferner Atomversuchsanlagen, selbst Einflugschneisen von Flughäfen (wegen der Gefahren und des Lärms) den Nachbarn mit den entsprechenden Risiken belasten, ohne ihn an den Vorteilen und an den Entscheidungsprozessen zu beteiligen, ist ein Eingriff in fremde Territorien. Daß sich schwierige Anschlußfragen aufdrängen – Fragen nach der Abgrenzung, nach der Überprüfung usw. –, liegt auf der Hand; es handelt sich aber um Anschlußfragen, nicht um Gegenargumente.

5. Ein Standardvorwurf gegen den Gedanken einer Weltrepublik heißt: lebensfernes Ideal oder reine Utopie. Die Fortschritte im internationalen Umweltschutz, ihr Schneckentempo nämlich, könnten die Skeptiker darin bestätigen, daß die Staaten, wie Kant sagt, die Weltrepublik »durchaus nicht wollen« (»Zum ewigen Frieden«, Zweiter Definitivartikel). Über den Defiziten im Umweltschutz und bei vielen anderen Themen darf man aber das andernorts schon Erreichte nicht übersehen. Längst hat sich das bloße Neben- und Gegeneinander der Staaten in ein dichtes Netz von Verträgen transformiert. Ein Großteil von ihnen entspricht der ersten Option, dem Ultraminimalstaat; aus dem Singular ist allerdings ein Plural geworden, eine sowohl regional wie thematisch komplexe Vielfalt. Eine gemeinsame Staatsmacht zeichnet sich dabei nicht im entferntesten ab. Trotzdem geht ein Teil der Verträge über einen losen Bund von Einzelstaaten hinaus. Dort, wo internationale Inspektionen vorgesehen sind, findet – fast unmerklich, gewiß, aber eben doch – ein Souveränitätsverlust statt. Erweitert wird dieses erste Element von Staatlichkeit, sobald man zusätzlich internationale Schiedsinstanzen oder Gerichtshöfe einrichtet. Und unübersehbar ist die Staatlichkeit, sobald die Gerichtsentscheide eine Durchsetzungsmacht erhalten.

So ungewollt, wie Kant befürchtet, ist eine Weltrepublik also doch nicht. Mit der Weltrepublik verhält es sich vielmehr so, wie Kant in seiner Geschichtsphilosophie sagt (*Idee*, Sechster Satz: VIII 23) und im letzten Satz der Friedensschrift wiederholt: Sie ist ein Teil jenes Rechtsfortschrittes, zu dem beizutragen wir moralisch verpflichtet sind. Obgleich nämlich der ewige Friede »nur in einer ins Unendliche fortschreitenden Annäherung wirklich zu machen« ist, handelt es sich um »keine leere Idee, sondern eine Aufgabe, die, nach und nach aufgelöst, ihrem Ziele... beständig näher kommt« (»Zum ewigen Frieden«, Anhang II.).

Zur Interpretation dieser Sachlage können wir zwei Begriffe von Utopie verwenden. Die Weltrepublik ist keine schwärmerische Utopie des grundsätzlichen Nirgendwo; sie ist eine Utopie des Noch-Nicht: ein politisches Ideal, dessen Verwirklichung uns nicht nur rechtsmoralisch geboten ist, zu der wir vielmehr schon realiter unterwegs sind. Spricht man bei der erstmaligen Einrichtung demokratischer Rechtsstaaten von einer republikanischen Revolution, so kann die Einrichtung der zum Zweck des Friedens gebotenen Weltrepublik die zweite republikanische Revolution heißen. Im Unterschied zur ersten erfolgt sie nicht in jener plötzlichen Veränderung der Verhältnisse, die sich mit Gewalt und Arglist zu verbinden pflegt und dabei mannigfaches Unrecht begeht. Sie geschieht auf einem Weg, der nicht nur in moralischer Hinsicht umsichtiger ist, auf dem Weg von Reformen.

Weil dieser Weg die Gefahr, die von Frankreich nach der Revolution ausging, daß ein Staat andere Staaten zu verschlingen sucht, verringert, sprechen auch Klugheitsgründe dafür, die Weltrepublik nicht durch einen einmaligen Rechtsakt zu realisieren. Nötig ist es, die entsprechenden Konflikte Thema für Thema, also in vielen kleinen Schritten, in durchsetzungsfähige Rechtsgestalten zu überführen. Dabei wird keine homogene Zentralgewalt angestrebt, sondern eine vielfach gestufte Souveränität. Vielleicht ist die republikanische Ordnung zwischen republikanisch verfaßten Staaten, die Weltrepublik, nichts anderes als der Inbegriff all dieser nach und nach errichteten Rechtsgestalten.

Literatur

Beitz, Ch.: *Political Theory and International Relations,* Princeton 1979

Bentham, J.: »Principles of International Law«, in: J. Bowring (Hg.), *The Works of J. B.*, Bd. 11, 535-560, Edinburgh 1838 ff., 1962² (dt. 1833 und 1915)

Boxill, B.: »Global Equality and National Integrity«, in: *Social Philosophy and Policy* 5, (1987), 143-168

Grewe, W. G.: *Epochen der Völkerrechtsgeschichte,* Baden-Baden 1984

Habermas, J.: *Faktizität und Geltung. Beiträge zur Diskurstheorie des Rechts und des demokratischen Rechtsstaats,* Frankfurt a. M. 1992

Hart, H. L. A.: *The Concept of Law,* Oxford 1961, dt. Frankfurt a. M. 1973

Hegel, G. W. F.: *Grundlinien der Philosophie des Rechts*, Frankfurt a. M. 1970

Höffe, O.: »Eine entmoralisierte Moral. Zur Ethik der modernen Politik«, in: *Politische Vierteljahresschrift* 32, H. 2, (1991), 302-316

– (Hg.): *Immanuel Kant. Zum ewigen Frieden,* Berlin 1995 (Reihe ›Klassiker Auslegen‹)

– *Recht–Menschenrechte–Demokratie. Studien zur sozialen Vernunft*, Frankfurt a. M. 1996

Kant, I.: »Zum ewigen Frieden« 1795 (*Akad. Ausg.* VIII, 341-386)

–: »Idee zu einer allgemeinen Geschichte in weltbürgerlicher Absicht« (*Akad. Ausg.* VIII 15-31)

Locke, John: *Second Treatise of Government*, Cambridge 1960

Pogge, Th. W.: »Cosmopolitanism and Sovereignty«, in: *Ethics* 103 (1992), 48-75

Raumer, K. v.: *Ewiger Friede. Friedensrufe und Friedenspläne seit der Renaissance*, Freiburg/München 1953

Rawls, J.: *A Theory of Justice,* Oxford 1971 (dt. Frankfurt a. M. 1975)

–: *Political Liberalism,* New York 1993

Rinderle, P.: »Die Idee einer wohlgeordneten Staatengemeinschaft«, in: *Politische Vierteljahresschrift* 35 (1994), 658-698

Smith, A.: *The Theory of Moral Sentiments,* 1759 (dt. Hamburg ²1977)

Wolfgang Kersting

Weltfriedensordnung und globale Verteilungsgerechtigkeit

Kants Konzeption eines vollständigen Rechtsfriedens und die gegenwärtige politische Philosophie der internationalen Beziehungen

In der zeitgenössischen politischen Philosophie wird die politische Welt zwischen den Staaten immer noch wie ein Stiefkind behandelt. Fragen der internationalen Gerechtigkeit und der zwischenstaatlichen Rechtsordnung gehören noch längst nicht zum etablierten Themenkanon der politischen Philosophie. Nun mag man vielleicht zögern, diese Vernachlässigung der normativen Fragen einer internationalen Ordnung aus theorieimmanenter Perspektive als ernstes Versäumnis anzusehen, unter dem Gesichtspunkt einer wirklichkeitsaufmerksamen politischen Philosophie muß sie jedoch als ein gravierender Mangel beklagt werden. Angesichts des rapide wachsenden Einflusses einer uniformen Weltwirtschaft auf alle Entscheidungsbereiche des politischen Lebens, der stetigen Zunahme internationaler Verflechtung und damit der Abhängigkeit staatlichen Handelns von internationalen Vorgegebenheiten, aber auch angesichts jüngster Veränderungen und heftiger, Gewalt freisetzender Verwerfungen in einer unruhig gewordenen, nach neuen Koexistenzmodellen und Kooperationsformen suchenden Staatenwelt bleibt die traditionelle Leitvorstellung von der abgeschlossenen staatlichen Einheit als einer selbstgenügsamen, autonomen Schicksalsgemeinschaft zunehmend mehr hinter den sich beschleunigenden Entwicklungen der Realität zurück.

Diese Zurückhaltung kann im Fall des Kommunitarismus freilich nicht überraschen, der die Gemeindegrenzen für die Grenzen der Welt nimmt und dessen bodenständiges Temperament keine Begeisterung fürs Kosmopolitische, keinen »philosophischen Chiliasm« (VI, 34)[1] erlaubt. Im Fall des philosophischen Liberalismus

1 Kants Schriften werden nach der Akademie-Ausgabe zitiert und im Text ausgewiesen, der Band wird römisch, die Seite arabisch gezählt.

jedoch ist es schon verwunderlich, daß seine moral- und rechtsuniversalistischen Orientierungen selten über die Ausstattung der gesellschaftlichen Grundstruktur in nationalstaatlicher Abgeschiedenheit hinausgreifen.

Diese kritische Einleitungsbemerkung setzt natürlich voraus, daß der Bereich zwischen den Staaten überhaupt ein für Philosophen begehbares Gelände darstellt. Ihr liegt die These zugrunde, daß der kosmopolitische Skeptizismus[2] falsch ist, der aus erschwerten Durchsetzungsbedingungen auf unerfüllbare Gültigkeitsbedingungen schließt und ein prinzipienbegründetes internationales Recht, eine Theorie internationaler Gerechtigkeit für begriffliche Chimären hält. Sie stützt sich auf einen kosmopolitischen Kognitivismus, der die Anwendbarkeit und Gültigkeit der normativen Begriffe, die wir routiniert zur Beschreibung der rechtlichen und moralischen Problemlagen auf den einheimischen Feldern der Politik verwenden, über die nationalen Grenzen hinaus ausdehnt und den Universalismus des Rechts und der Moral kosmopolitisch ernst nimmt. Der kosmopolitische Kognitivismus verknüpft zwei Thesen: er behauptet nicht nur, daß der menschenrechtliche Minimalismus kulturinvariante Verbindlichkeit besitzt und als Legitimationstheorie politischer Herrschaftsverhältnisse globale Gültigkeit beanspruchen darf, er unterstellt auch, daß die für eine allgemein anerkennungswürdige innerstaatliche Gesellschaftsordnung zuständige Gerechtigkeitstheorie auch die normative Begründung einer allgemein anerkennungswürdigen zwischenstaatlichen Rechtsordnung liefern kann. Natürlich arbeitet die Philosophie in der Welt der internationalen Beziehungen unter erschwerten Bedingungen, aber das bedeutet keinesfalls, daß die normative Philosophie hier zum hobbesanischen Reduktionismus verurteilt ist, daß es keine normativen internationalen Rahmenbedingungen gibt, die die Staaten bei ihrer außenpolitischen Routine der strategischen Beziehungspflege und klugen Interessenverfolgung zu beachten verpflichtet sind.[3]

2 Vgl. Marshall Cohen, »Moral Skepticism and International Relations«, in: *International Ethics. A Philosophy and Public Affairs Reader*, hg. v. Charles Beitz u. a., Princeton: Princeton University Press 1985, 3-52; Charles Beitz, *Political Theory and International Relations*, Princeton, NJ: Princeton University Press 1979, 15-66.

3 Für eine detailliertere Behandlung dieser metaethischen Problemstellung vgl. Wolfgang Kersting, »Philosophische Probleme der internatio-

Um eine erste systematische Vermessung des begriffsunsicheren und noch weitgehend unbegangenen Geländes der normativen politischen Philosophie der internationalen Beziehungen zu erhalten, werde ich im folgenden die beiden wichtigsten Theoriekonzeptionen des kosmopolitischen Kognitivismus vergleichen, die in der politischen Philosophie der Neuzeit bislang entwickelt worden sind. Sie entstammen der Tradition des philosophischen Liberalismus und sind die Frucht sehr ehrgeiziger und hoch elaborierter Theorieprogramme. Beide bilden den Schlußstein einer konsequenten theorieimmanenten Argumentationsentwicklung, die die Prinzipien einer gerechten internationalen Ordnung in folgerichtiger Ausweitung des Begründungsprogramms der Basistheorie und in schlüssiger Ausdehnung ihrer begrifflichen Ausgangskonstellation auf den zwischenstaatlichen Problemkontext gewinnt. Die erste Gestalt des kosmopolitischen Kognitivismus ist bereits Ende des 18. Jahrhunderts von Kant entwickelt worden. In seiner Rechtsphilosophie begegnet uns eine umfassende politische Theorie, die das Politische in der Sprache des vernünftigen Rechts buchstabiert und von der inneren Logik des Vernunftrechtsbegriffs selbst und seiner Verwirklichungsbedingungen getrieben wird, den vertrauten Horizont der staatlichen Ordnung zu überschreiten und in eine Theorie der Weltrepublik einzumünden. Die zweite Variante des kosmopolitischen Kognitivismus ist in der gegenwärtigen politischen Philosophie entwickelt worden. Sie wurde zuerst 1979 von Charles Beitz in seinem Buch *Political Theory and International Relations*[4] konzipiert und ist in Aufbau und Durchführung dem kontraktualistischen Begründungsprogramm der Rawlsschen *justice-as-fairness*-Konzeption stark verpflichtet. Wie diese legt sie Gerechtigkeitsfragen als Verteilungsprobleme aus und gibt der internationalen Gerechtigkeitsordnung daher die Gestalt eines globalen Verteilungsarrangements. Rawls selbst freilich hat der Globalisierung seiner Gerechtigkeitstheorie widersprochen. In den *Oxford Amnesty Lectures* von 1993[5] hat er

nalen Beziehungen«, in: Kurt Bayertz (Hg.), *Ethik und Politik*, Stuttgart: Reclam 1996.

4 Charles Beitz, *Political Theory and International Relations*, a.a.O.; vgl. Thomas W. Pogge, *Realizing Rawls*, Ithaca: Cornell University Press 1989; ders., »Rawls and Global Justice«, in: *Canadian Journal of Philosophy* 18 (1988), 227-265.

5 John Rawls, »The Law of Peoples«, in: Stephen Shute/Susan Hurley

eine philosophische Völkerrechtsbegründung skizziert, die sich zwar auf das kontraktualistische Rechtfertigungskonzept stützt, jedoch Fragen der Verteilungsgerechtigkeit ausdrücklich aus dem Programm einer politischen Philosophie der internationalen Beziehungen ausschließt.

Ich werde im folgenden diese unterschiedlichen Theoriekonzeptionen einer politischen Philosophie der internationalen Beziehungen analysieren und miteinander vergleichen. Der Vergleich erfolgt in systematischer Absicht. Er konzentriert sich auf eine genaue Rekonstruktion der internen Verbindung zwischen der Basistheorie und ihrem kosmopolitischen Schlußstein und arbeitet die unterschiedlichen Begründungsargumente und Gerechtigkeitskonzepte heraus. Daher kann von ihm ein erster Aufschluß über die systematischen Gelingens- und Mißlingensbedingungen einer politischen Philosophie der internationalen Beziehungen erwartet werden. – Ich beginne mit einer Darstellung der Kantischen Theorie eines vollständigen Rechtsfriedens (I). Im zweiten Teil behandle ich dann die Theorie internationaler Gerechtigkeit bei Rawls und den Rawlsianern; zuerst betrachte ich die knappe Völkerrechtsskizze der *Theorie of Justice* (dt.: *Theorie der Gerechtigkeit*) (II.1); dann folgt eine eingehende und kritische Analyse des uneingeschränkten Kosmopolitismus des Rawlsianers Beitz (II.2); und schließlich werfe ich einen Blick auf die kontraktualistische Völkerrechtsbegründung, die Rawls 1993 in seiner *Oxford Amnesty Lecture* entwickelt hat (II.3).

I.

In Kants Friedensschrift formulieren die sechs Präliminarartikel zum ewigen Frieden unter Staaten die negativen Bedingungen eines zwischenstaatlichen Friedenszustandes. Ihr Gegenstand sind Vermeidungshandlungen, die zum konventionellen politischen Repertoire der Kriegsverhinderung und Friedensermöglichung gehören und als unerläßliche Voraussetzungen eines rechtlich befestigten Friedens empirisch ausweisbar sind. Auf der Grundlage

(Hrg.), *On Human Rights. The Oxford Amnesty Lectures 1993*, New York: Basic Books 1993, 41-82; vgl. Thomas W. Pogge, »An Egalitarian Law of Peoples«, in: *Philosophy and Public Affairs* 23 (1994), 195-224.

dieser Präliminarartikel läßt sich ein Vorfriede erreichen, ein Zustand der Kriegsabwesenheit. Ein Zustand der Kriegsabwesenheit ist jedoch selbst noch kein positiver Friedenszustand. *Um vom Zustand der Kriegsabwesenheit zum Zustand des Friedens überzugehen, muß der Weg der Verrechtlichung eingeschlagen werden.* Nur durch das Recht gelangen Menschen und Staaten zum Frieden.

Ein Zustand der Kriegsabwesenheit ist für Kant Naturzustand und daher Kriegszustand. Das ist kein Widerspruch, denn für Kant ist der Naturzustand aus strukturellen Gründen ein Kriegszustand, weil es in ihm keine gewaltfreien, von kontingenten Machtverteilungen unabhängigen rechtlichen Verfahren der Konfliktregulierung und Ordnungsherstellung gibt. Im Naturzustand, sowohl in dem zwischen den Menschen als auch in dem zwischen den Staaten herrschenden, ist jeder durch jeden anderen allein schon dadurch in seinem grundlegenden Freiheitsrecht verletzt, daß ein solcher Zustand der Gesetzlosigkeit zwischen ihnen besteht. Kant spricht daher von einer strukturellen, zustandsbedingten Rechtsverletzung, von einer »laesio per statum« (XIX, R 7647). Aus dieser Naturzustandsinterpretation folgt unmittelbar die rechtliche Notwendigkeit, den Naturzustand zu verlassen. »Es soll kein Krieg sein; weder der, welcher zwischen Mir und Dir im Naturzustand, noch zwischen uns als Staaten, die obzwar innerlich im gesetzlichen, doch äußerlich (im Verhältniß gegen einander) im gesetzlosen Zustand sind« (VI, 354).

Vor dem Hintergrund der politischen Philosophie *Hobbes'* zeichnet sich der anspruchsvolle Charakter der Kantischen Theorie des vollständigen Rechtsfriedens deutlich ab.[6] Während Kant den Frieden durch rechtliche Überwindung des zwischenstaatlichen Naturzustandes erreichen will, muß Hobbes nach einem Frieden *im* zwischenstaatlichen Naturzustand suchen, durch den der Zustand der Kriegsabwesenheit möglichst lange konserviert wird. Er stützt sich dabei auf ein Friedensprogramm des rationalen Mißtrauens, dessen Grundidee darauf zielt, den Krieg dadurch abzuhalten, daß jeder die Aufhebung des krieglosen Zustandes für alle

6 Für eine umfassende Darstellung der Kantischen Rechtsphilosophie vgl. Wolfgang Kersting, *Wohlgeordnete Freiheit. Immanuel Kants Rechts- und Staatsphilosophie*, Frankfurt/M.: Suhrkamp 1993 (1. Aufl. Berlin: de Gruyter 1984).

anderen so teuer macht, daß sich für niemanden damit eine vernünftige Gewinnerwartung verbinden läßt. Der Kerngedanke ist also die Abschreckungsbalance, die zu stabilisieren eine stete Nachrüstungsbereitschaft nötig ist, die ihrerseits, um nicht Gefahr zu laufen, zu spät zu kommen, notwendigerweise zu einer Vorrüstungsbereitschaft tendiert, so daß die Abschreckungspolitik selbst die Rüstungsspirale aus sich hervortreibt. Damit wiederholt sich zwischen den Staaten das rationalitätstheoretische Dilemma, das bereits den Naturzustand zwischen den Menschen charakterisierte: die Maximierung der subjektiven Rationalität führt unvermeidlich zu einer Steigerung der objektiven Irrationalität. Nur steht für den objektiv irrationalen zwischenstaatlichen Naturzustand nicht mehr die Lösung bereit, die zur Beendigung des objektiv irrationalen Kriegszustandes zwischen den Menschen führte: ein globaler Leviathan ist in der Hobbesschen Philosophie nicht vorgesehen. Zwischen den Staaten bleibt der strukturelle Kriegszustand als internationaler Dauerzustand bestehen. Kant hingegen will keine Kriegsabwesenheit in einem Abschreckungsgleichgewicht begründen, sondern einen positiven Friedenszustand durch eine Rechtsordnung sichern. Bei ihm wird die Gewaltdynamik des Naturzustandes nicht durch ein Arrangement der Klugheit gebändigt, sondern durch eine »bürgerliche Verfassung« (VIII, 349) beendet, die einzurichten und nach reinen Rechtsprinzipien zu formen die Vernunft kategorisch von den Menschen und Staaten verlangt.

Die drei Definitivartikel zum ewigen Frieden formulieren die positiven Rechtsbedingungen dieses umfassenden Friedenszustandes. Sie beschreiben damit zugleich drei unterschiedliche Verrechtlichungsschritte staatsrechtlicher, völkerrechtlicher und weltbürgerrechtlicher Natur, die zur endgültigen Überwindung des Naturzustandes unternommen werden müssen. Diese »Eintheilung ist nicht willkürlich, sondern nothwendig in Beziehung auf die Idee vom ewigen Frieden« (VIII, 349/Anm.). Der ewige Friede ist das Ergebnis der Verrechtlichung aller konfliktträchtigen Beziehungen in der Welt der äußeren Freiheit. Nun kann es gesetzlosigkeitsbedingte Gewalt zwischen Menschen und Menschen, zwischen Staaten und Staaten und schließlich auch noch zwischen Staaten und Menschen (die fremden oder gar keinen Staaten angehören) geben. Folglich muß ein Programm der umfassenden Vermeidung konflikterzeugter Gewalt alle Konfliktzonen verrechtlichen, folglich muß das Programm eines zeitlich wie räumlich umfassenden Friedens eine staatsrechtliche Friedensstiftung, eine völkerrechtliche Friedensstiftung und eine weltbürgerrechtliche Friedensstiftung enthalten und miteinander kombinieren.[7]

Die Kantische Theorie des vollständigen Rechtsfriedens ist das Ergebnis einer konsequenten Freilegung der notwendigen Bedingungen peremtorischer Rechtsverhältnisse. Sie durchläuft drei Stufen. Sie beginnt mit dem Naturzustand, der den Charakter eines Rechtsprovisoriums besitzt. Um dieses Rechtsprovisorium zu überwinden, ist die Etablierung staatlicher Verhältnisse unerläßlich. Erst in einem System der öffentlichen Gerechtigkeit, in dem das Recht eines jeden durch Gesetze und Gerichte zuverlässig bestimmt wird, herrschen peremtorische Rechtsverhältnisse.

7 Man könnte einwenden, daß das Thema der staatsrechtlichen Ordnung in einer Theorie des zwischenstaatlichen Friedens keine Rolle spielen könne und Kant ja selbst auch seinen vernunftrechtlichen Friedensvertrag als einen philosophischen Entwurf einer zwischenstaatlichen Rechtsordnung bezeichnet habe. Aber diesem Einwand begegnet Kant mit einem scharfsinnigen Argument, das zwei Thesen verknüpft. Die erste These lautet: Es gibt einen engen Zusammenhang zwischen der Verfassung eines Staates und seinem Verhalten zu anderen Staaten, so daß man grundsätzlich kriegsbegünstigende, unfriedliche Verfassungen und friedliche, kriegsverhindernde Verfassungen unterscheiden kann. Die zweite These lautet: Eine republikanische Verfassung ist eine friedensfunktionale Verfassung, die aus internen Gründen der vernunftrechtlichen Friedensforschung entgegenkommt. Daher hat die Vernunft also gleich einen doppelten Grund, eine republikanische Verfassung des Gemeinwesens zu verlangen. Einmal einen staatsrechtlichen, weil sie die einzig rechtmäßige, mit dem angeborenen Freiheitsrecht der Menschen in Übereinstimmung stehende bürgerliche Organisationsform ist. Und zum anderen einen völkerrechtspolitischen, weil sie die Etablierung einer internationalen Rechtsordnung begünstigt. Die aus reinen Rechtsprinzipien entwickelte völkerrechtliche Friedensordnung hat also eine staatsrechtliche Prämisse, deren Erläuterung Bestandteil des philosophischen Friedensentwurfs sein muß. Daher enthält der erste Definitivartikel zum ewigen Frieden unter Staaten die staatsrechtlich wie völkerrechtlich motivierte Vernunftrechtsforderung: »Die bürgerliche Verfassung in jedem Staat soll republikanisch sein« (VIII, 349); vgl. Wolfgang Kersting, »›Die bürgerliche Verfassung in jedem Staat soll republikanisch sein‹«, in: Otfried Höffe (Hg.), *Kants Schrift »Zum ewigen Frieden«*, Reihe: Klassiker auslegen, Berlin: Akademie Verlag 1995.

Aber peremtorisch ist das Recht in einer Republik nur in innerstaatlicher Hinsicht geworden. Die innerstaatliche Friedensstiftung führt nur zu einer Halbierung des Rechtsprovisoriums.[8] Der Einzelstaat ist selbst noch ein halbes Rechtsprovisorium, der mit anderen seinesgleichen sich in einem gesetzlosen Zustand befindet. Zwischen den einzelnen staatlichen Naturzustandsüberwindern entsteht ein neuer, ein internationaler Naturzustand, dessen Rechtsgefährdungspotential dem des interindividuellen Naturzustandes strukturell gleicht und der daher nach einer analogen rechtlichen Befriedung verlangt. Angesichts der unvermeidbaren Interdependenz der Staaten besteht ein unauflöslicher Zusammenhang zwischen der innerstaatlichen Friedensstiftung und der interstaatlichen Friedensstiftung. Der innerstaatliche Rechtsschutz kann jederzeit durch zwischenstaatlich ausbrechende Kriege zerstört werden. Die gesetzliche Freiheit der Individuen hängt nicht allein von der inneren Stabilität ihres Staates selbst ab, sondern auch von der rechtlichen Festigkeit der äußeren Beziehungen ihres Staates zu den anderen Staaten. Daher muß die Vernunft den Entwurf einer Rechtsordnung der bürgerlichen Gesellschaft um völker- und weltbürgerrechtliche Bestimmungen erweitern, die die Verhältnisse und das Verhalten der Staaten zueinander rechtlich ordnen. Oder, anders formuliert, die von der Vernunft a priori gestiftete rechtliche Ordnung der äußeren Freiheit der Menschen ist erst dann vollständig, wenn auch die zwischenstaatlichen Verhältnisse der normierenden Vernunft unterstellt werden.

Das Problem der Errichtung einer vollkommen bürgerlichen Verfassung ist von dem Problem eines gesetzmäßigen äußeren Staatenverhältnisses abhängig und kann ohne das letztere nicht aufgelöst werden. Was hilfts, an einer gesetzmäßigen bürgerlichen Verfassung unter einzelnen Menschen, d. i. an der Anordnung eines gemeinen Wesens, zu arbeiten? Dieselbe Ungeselligkeit, welche die Menschen hiezu nöthigte, ist wieder die Ursache, daß ein jedes gemeine Wesen in äußerem Verhältnisse, d. i. als ein Staat in

8 »Da der Naturzustand der Völker ebensowohl als einzelner Menschen ein Zustand ist, aus dem man herausgehen soll, um in einen gesetzlichen zu treten: so ist vor diesem Ereignis alles Recht der Völker und alles durch den Krieg erwerbliche oder erhaltbare äußere Mein und Dein der Staaten bloß provisorisch, und kann nur in einem allgemeinen Staatenverein (analogisch mit dem, wodurch ein Volk ein Staat wird) peremtorisch geltend und ein wahrer Friedenszustand sein« (VI, 350).

Beziehung auf Staat, in ungebundener Freiheit steht, und folglich einer von dem anderen eben die Übel erwarten muß, die die einzelnen Menschen drückten und sie zwangen in einen gesetzmäßigen bürgerlichen Zustand zu treten (VIII, 24).

Das individuelle Recht auf eine vollkommene bürgerliche Verfassung ist nur durch eine »vollkommene bürgerliche Vereinigung in der Menschengattung« (VIII, 29), durch eine sowohl »innerlich- und ... auch äußerlich-vollkommene Staatsverfassung« (VIII, 27), also durch einen »Menschenstaat« (VIII, 349) oder ein Staatenbündnis zu gewährleisten, da nur in einem »allgemeinen Menschenstaat« oder durch eine staatliche Konföderation alle Naturzustandsgefahr beseitigt ist. Angesichts dieser Überlegung zeigt sich, daß Kants Konzept des Menschenrechts oder des subjektiven Rechts a priori weit über die Vorstellungen liberaler Grundrechtstheorie hinausweist und die utopische Dimension einer gesicherten Mitgliedschaft in einer Weltrepublik umfaßt. Entfaltet das jedem Menschen als Menschen zukommende Recht seine normativen Implikationen vollständig, dann entdeckt es sich in letzter Konsequenz als Recht auf inner- und interstaatliche Gerechtigkeit und als Recht auf inner- und interstaatlichen Frieden.

Es ist nur konsequent, wenn Kant die naturzustandsüberwindende Verrechtlichungsentwicklung in einen »Menschenstaat«, in eine »vollkommene bürgerliche Vereinigung in der Menschengattung« einmünden läßt. Denn das kontraktualistische Argument ist aus systematischen Gründen ein weltstaatsorientiertes, auf einen einzigen Staat zielendes Argument[9]: die in ihm entwickelte normativ ausgezeichnete Ordnungsvorstellung vermag erst in einem Weltstaat Realität zu gewinnen. Das zeigt eine einfache Überlegung: es ist innerhalb der begrifflichen Arrangements des Naturzustandsarguments nicht möglich, Grenzen zu ziehen und unterschiedliche Vertragsgemeinschaften anzunehmen. Der Kontraktualismus ist notwendigerweise kosmopolitisch, der in ihm konstituierte rechtliche Zustand ist von globalem Ausmaß; denn der Naturzustand ist selbst so groß wie die Welt. Die Welt ist der Ort, wo Knappheit herrscht, wo Menschen nicht vermeiden können, einander in der Verteilung der Güter ins Gehege zu kommen, wo Menschen unvermeidlicherweise einander Hindernisse bei der

9 Vgl. Wolfgang Kersting, *Die politische Philosophie des Gesellschaftsvertrags,* Darmstadt: Wissenschaftliche Buchgesellschaft 1994, 212 ff.

Wahrnehmung ihrer äußeren Freiheit sind; die Welt ist aufgrund ihrer Endlichkeit durchgehend ein Ort der Konkurrenz und des Konflikts. Die Problembeschreibungen im Naturzustandsgewand stützen sich allein auf diese grundlegenden Merkmale; das Problem des Naturzustandes ist daher ein weltweites Problem. Der Syllogismus des kontraktualistischen Arguments umfaßt entsprechend die ganze Welt. Der das Naturzustandsproblem auflösende Rechtszustand muß sich über die ganze Welt erstrecken; Unordnung an den Rändern, Rechtlosigkeitsinseln, Gewaltenklaven beweisen die Fortdauer des Naturzustandes, stufen die erreichte Verrechtlichung auf ein Provisorium herab. Auch die Einzelstaatsgründungen sind nur Partialverrechtlichungen, Rechtsinseln innerhalb weltumspannender Gesetzlosigkeit. Der Gesellschaftsvertrag ist notwendigerweise ein Weltgesellschaftsvertrag; und die in ihm gründende politische Organisationsform zielt auf einen Weltstaat.

Werden die Implikationen der politischen Philosophie des Gesellschaftsvertrags argumentationslogisch voll ausgereizt, dann nimmt sie also die Gestalt eines kontraktualistischen Kosmopolitismus an. Es gibt nur einen Philosophen, der den gesellschaftsvertraglichen Egalitarismus und die in ihm begründete politische Organisationsform einer Republik des allgemeinen Gesetzes bis ins Kosmopolitische ausgedehnt hat. Es zeugt von der philosophischen Gründlichkeit und rechtsphilosophischen Genialität Kants, daß er den Weltstaat als notwendige Idee in seine Rechtsphilosophie aufgenommen und jede politisch-rechtliche Organisationsform unterhalb des globalen Niveaus als Provisorium charakterisiert hat. Solange die Staaten in einem Hobbesschen Pluriversum nebeneinander leben, ist der Naturzustand noch nicht überwunden; ist dem Postulat des öffentlichen Rechts noch nicht Genüge getan. Erst wenn die rechtlichen Setzungen des allgemeinen Willens die Welt umspannen, erst wenn der Vertrag, durch den sich der allgemeine Wille konstituiert, ein Weltgesellschaftsvertrag ist, ist die gewaltverdrängende Verrechtlichungsbewegung zum Abschluß gekommen. Die Kugelgestalt der Erde, die Knappheit des Raumes und der Dinge bewirkt und diesen Planeten zu einem konfliktträchtigen Wohnplatz der Menschen macht, ist zugleich der kontingentmateriale Grund für die Einrichtung von Rechtsverhältnissen und ihr notwendiges Ziel. Erst wenn die Rechtsordnung der Vernunft den ganzen Globus umspannt, herrschen peremtorische Rechtsverhältnisse, ist das Postulat, den Naturzustand zwischen den Menschen zu überwinden, erfüllt.

Nun gibt es gute Gründe, das Weltstaatsmodell abzulehnen. Kant befürchtet von einem Weltstaat einen unwiderstehlichen Despotismus, der die Welt in einen »Kirchhof der Freiheit« (VIII, 367) verwandeln würde, und hält ihn überdies nicht für regierbar. Damit scheidet eine zentralistische Lösung des Weltfriedensproblems aus. Der Rechtsphilosophie verbleibt nur die Möglichkeit, den globalen Rechtsfrieden als zwischenstaatliche Friedensordnung zu konzipieren. Das hat die methodologische Konsequenz, daß die kontraktualistische Einigungsprozedur auf der internationalen Ebene wiederholt werden muß. Damit erweist sich der zweistufige Kontraktualismus als notwendige Rechtfertigungsbasis einer zwischenstaatlichen Rechtsordnung. Deren institutionelle Ausgestaltung kann in die Richtung einer Konföderation, einer Vertragsgemeinschaft souveräner Staaten weisen, die selbst keine strukturellen Elemente von Staatlichkeit aufweist und im institutionell unbefestigten, moralischen Schwebezustand reiner Verabredung verbleibt. Oder sie kann sich dem Verfassungstyp nähern, den Kant, als »Staatenverein«, als »Republik freier verbündeter Völker« (VI, 24/Anm.) bezeichnet. Charakteristisch für dieses völkerrechtliche Organisationsmodell ist es, daß es Elemente supranationaler Staatlichkeit einschließlich effektiver Institutionen für die Durchsetzung des internationalen Rechtsfriedens auf der Grundlage einvernehmlicher und partieller Souveränitätsverzichte der Mitgliedsstaaten umfaßt. Kant hat sich für die erste der beiden Optionen entschieden. Er lehnt eine Weltrepublik, einen selbst staatsförmigen »Staatenverein« ab und argumentiert nur für die schwächste Form rechtlich verfaßter Internationalität, für einen Föderalismus ohne jede interne Staatlichkeitsstruktur.[10]

Kant führt jedoch auch ein systematisches Argument gegen die Weltstaatlösung an. Das Verfahren der Einzelstaatsgründung läßt

10 Zu dieser Frage im besonderen und zum Kantischen Völkerrecht und Friedenskonzept im allgemeinen vgl. Georg Geismann, »Kants Rechtslehre vom Weltfrieden«, in: *Zeitschrift für Philosophische Forschung* 37 (1983), 363-388; Otfried Höffe, *Kategorische Rechtsprinzipien*, Frankfurt/M.: Suhrkamp 1990, 249-284; Wolfgang Kersting, »Pax Kantiana. Towards a Political Philosophy of International Relations«, in: *prima philosophia* 6 (1993), 153-168.

sich nicht auf der internationalen Ebene wiederholen. Zwar gibt er zu:

Für Staaten im Verhältnisse unter einander kann es nach der Vernunft keine andere Art geben, aus dem gesetzlosen Zustande, der lauter Krieg enthält, herauszukommen, als daß sie eben so wie einzelne Menschen ihre wilde (gesetzlose) Freiheit aufgeben, sich zu öffentlichen Zwangsgesetzen bequemen und so einem (freilich immer wachsenden) Völkerstaat..., der zuletzt alle Völker der Erde befassen würde, bilden (VIII, 357).

Jedoch kann der Übergang vom Naturzustand zum Einzelstaat nicht als Muster für den Übergang vom Naturzustand der Völker zu einer Weltfriedens- und Weltgerechtigkeitsordnung dienen. Es ist zwar rechtlich geboten,

aus dem gesetzlosen Zustande der Wilden hinaus zu gehen und in einen Völkerbund zu treten; wo jeder, auch der kleinste Staat seine Sicherheit und Rechte nicht von eigener Macht, oder eigener rechtlichen Beurtheilung, sondern allein von diesem großen Völkerbunde..., von einer vereinigten Macht und von der Entscheidung nach Gesetzen des vereinigten Willens erwarten könnte (VIII, 24),

doch kann die interstaatliche Friedensstiftung nicht die innerstaatliche Friedensstiftung kopieren, obwohl hinsichtlich der rechtlichen Statik zwischen der Weltrepublik und der einzelnen Republik nicht der mindeste Unterschied besteht. Es kann nämlich kein staatsadressiertes Analogon zum individuenadressierten Postulat des öffentlichen Rechts geben, es kann kein Erlaubnisgesetz der Vernunft zur Gewaltnahme zum Zwecke der Errichtung eines Weltstaates geben, und daher kann sich die Befriedung durch Einzelstaatlichkeit nicht als Befriedung durch Weltstaatlichkeit vervollständigen. Es gibt im Kantischen Vernunftrecht Raum für Staatsgründungsgewalt, aber nicht für Weltstaatsgründungsgewalt. Menschen, jedoch nicht Staaten dürfen einander zwingen, sich einer gemeinsamen gesetzgebenden Gewalt zu unterwerfen. Die einzelstaatlichen Friedensstifter können nicht selbst zulässige Objekte friedensstiftender, staatlichkeitserzeugender Gewalt werden. So plausibel und konsequent einerseits die Idee des allgemeinen Menschenstaats, die Idee einer Weltrepublik ist, so steht sie doch andererseits im Widerspruch zur einzelstaatlichen Souveränität, wenn sie zum Gegenstand eines Postulats eines öffentlichen weltbürgerlichen Rechts gemacht wird. Sie muß daher auf die Idee der Föderalität durch »gemeinschaftliche Verabredung«

(VIII, 25) herabgestuft werden. Denn zwar darf ich als Individuum jeden nötigen, mit mir in einen gemeinschaftlich-gesetzlichen Zustand zu treten; jedoch ist kein Staat rechtlich befugt, einen anderen Staat zu zwingen, mit ihm in einen weltstaatlichen Zustand einzutreten und sich weltöffentlichen Zwangsgesetzen zu unterstellen.

Kant interpretiert diese Unantastbarkeit der einzelstaatlichen Souveränität jedoch darüber hinaus auch im Sinne einer rechtlichen Unmöglichkeit, freiwillig auf Souveränitätsteile zu verzichten. Übertragungen hoheitlicher Kompetenzen an internationale Institutionen, denen dadurch begrenzte supranationale Staatlichkeit zuteil würde, verurteilt Kant als Selbstverletzung der Souveränität, als staatsrechtliche Annihilation des Staates. Den Staaten ist es strikt untersagt, jeder für die Etablierung einer effizienten zwischenstaatlichen Friedensordnung notwendigen Souveränitätsschmälerung zuzustimmen, da Kant wie Hobbes die zwischenmenschlich-innerstaatliche Friedensstiftung unauflöslich mit dem absolutistischen Souveränitätsschema verknüpft. Damit ist die Lösung des Staatenvereins, der selbst Staatlichkeitsmerkmale aufweisenden zwischenstaatlichen Ordnung aus souveränitätstheoretischen Gründen unmöglich geworden. Das Dogma der einzelstaatlichen Souveränität reduziert die Möglichkeiten einer zwischenstaatlichen Rechtsordnung somit auf die organisationstechnisch unverbindlichste und machtpolitisch schwächste Option des vertraglich vernetzten Föderalismus. Damit gerät die Rechtsvernunft in eine mißliche Lage: was sie einerseits um des Rechts willen gebieten muß, die Errichtung einer effektiven globalen Rechtsordnung, muß sie andererseits um des Rechts willen für unmöglich erklären. Die »positive Idee der Weltrepublik« mit einem hohen rechtlichen Institutionalisierungs- und politischen Organisationsgrad weicht dem »negativen Surrogat« eines vertraglich verflochtenen Staatenbundes (VIII, 357) ohne alle institutionelle Verankerung und politische Struktur. Wenn das die Staaten multilateral verbindende Vertragswerk aufgrund auftauchender Konflikte zusammenbricht, dann ist die friedensgarantierende Wirkung des Völkerbundes beendet, denn die Konföderierten haben keinerlei institutionelle Vorkehrungen für den Fall des Zusammenbruchs vertraglicher Vereinbarungen getroffen. Es gibt hier keine überstaatlichen Entscheidungsgremien, keinen internationalen Gerichtshof, erst recht keine international organisierte

Macht, die internationalen Beschlüssen Geltung verschaffen könnte, keinen institutionellen Rahmen, in dem sich ein in den Einzelstaaten legitimatorisch verankerter internationaler politischer Wille bilden und agieren könnte. Damit ist deutlich, daß Kants Völkerbund den Naturzustand der Völker noch nicht verlassen hat, denn den Naturzustand kann man nicht durch kontingente rechtliche Verabredungen, sondern nur durch die Institutierung rechtsschützender Staatlichkeit überwinden. Der Völkerbund stellt als fragile und transitorische, aller Staatlichkeit entbehrende Vertragsgemeinschaft eine völlig ungeeignete Organisationsform für die Verwirklichung des globalen Rechtsfriedens dar.
Zweifellos stehen Kants Vorstellungen einer institutionellen Verwirklichung des globalen Rechtsfriedens im Bann einer dogmatischen Souveränitätskonzeption. Für den hier interessierenden systematischen Vergleich zwischen der Kantischen Konzeption des vollständigen Rechtsfriedens und der kontraktualistischen Ethik der internationalen Gerechtigkeit der Rawlsianer ist es jedoch nicht erforderlich, der Frage der mangelhaften Institutionalisierung des Weltfriedensentwurfs der Rechtsphilosophie Kants weiter nachzugehen. Es ließe sich zeigen, daß der subkutane Hobbesianismus der Kantischen Souveränitätskonzeption entbehrlich ist und salva veritate durch ein nachgiebiges, funktional legitimierte Teilsouveränitätsverzichte erlaubendes Souveränitätskonzept ersetzt werden kann: die Solidität des vernunftrechtlichen Fundaments der Rechtsphilosophie Kants würde dabei ebensowenig Schaden leiden wie ihre prinzipientheoretische Architektonik und ihre argumentative Kohärenz. Insbesondere bliebe das großartige Argument selbst davon völlig unberührt, das das grundlegende Motiv der Gewalt-Recht-Opposition bis in den internationalen Kontext hinein verfolgt und die »eintzige affirmative äussere natürliche Pflicht« (XIX, R 7075), das kategorische »exeundum a statu naturali«-Gebot als doppelten, innerstaatlichen wie zwischenstaatlichen Friedensimperativ auslegt. Wir bekämen dann einen völkerrechtlich ermutigten, vom Hobbesschen Dogmatismus befreiten Kantianismus; er hielte an dem Modell agierender Staaten fest, entlastete die Staaten nur von der Hypothek der unteilbaren Souveränität und gäbe ihnen damit die Freiheit für die Institutionalisierung einer effektiven zwischenstaatlichen Rechtsordnung, deren normatives Profil durch die menschenrechtlichen oder vernunftrechtlichen Prinzipien der

Gleichheit, Wechselseitigkeit und Selbstbestimmung hinreichend bestimmt werden kann. Denn die apriorischen Prinzipien des Rechts bestimmen die normative Grundstruktur der internationalen Ordnung genauso zuverlässig wie die normative Grundstruktur der sozialen Handlungswelt und der politischen Selbstorganisation der Gesellschaft.

Vergegenwärtigen wir noch einmal den philosophischen Grundriß der Kantischen Lehre vom globalen Rechtsfrieden. Ihren systematischen Kern könnte man als *These von der rechtlichen Notwendigkeit einer transnationalen Rechtsfortsetzung* bezeichnen. Sie umfaßt die folgenden Teilthesen:

I. Die Ausdehnung des Verrechtlichungsprozesses über die staatlichen Grenzen hinaus in den zwischenstaatlichen Bereich hinein ist nicht nur ein Klugheitsgebot, sondern eine a priori verbindliche Rechtspflicht.

II. Innerstaatliche Rechtsordnung und zwischenstaatliche Rechtsordnung ruhen auf demselben vernunftrechtlichen Sockel, sind durch dieselben vernunftrechtlichen Prinzipien der Freiheit, Gleichheit und Wechselseitigkeit geprägt. D. h. die normative Zielvorstellung und Gerechtigkeitsorientierung der zwischenstaatlichen Rechtsordnung unterscheidet sich nicht von der normativen Zielvorstellung und Gerechtigkeitsorientierung der binnenstaatlichen Rechtsordnung.

III. Der theoretische Aufbau eines vollständigen Rechtsfriedens verknüpft zwei unterschiedliche Stufen: während sich auf der ersten Stufe Individuen zum Zwecke der gemeinsamen Etablierung einer rechtsverwirklichenden und rechtssichernden staatlichen Ordnung vertraglich vereinigen, kommen auf der zweiten Stufe Staaten zusammen, um sich einvernehmlich, »nach der Idee eines ursprünglichen gesellschaftlichen Vertrages« (VI, 344) eine verbindliche rechtliche Ordnung zu geben. Die normative Binnenstruktur des *contractus originarius* und des Gründungsvertrags der Staatenkonföderation sind identisch; und wie der erste ist auch der zweite rechtlich notwendig und daher ein pactum sui generis. Der ewige Frieden hat kontraktualistische Wurzeln: er ist das Ergebnis einer rechtlichen Vereinigung der Völker, eines Vertrags zwischen den Staaten. *Kants Theorie des vollständigen Rechtsfriedens basiert also auf einem zweistufigen vernunftrechtlichen Kontraktualismus.*

II.

In den Reihen des Rawlsianismus gibt es seit dem Erscheinen von Rawls' Hauptwerk eine aufschlußreiche und systematisch interessante Kontroverse über die richtige Verwendung des kontraktualistischen Konstruktivismus für die Begründung einer politischen Philosophie der internationalen Beziehungen. Während Rawls selbst in einer kurzen Passage seiner *Theorie of Justice* an das Kantische Modell der Zweistufigkeit und Rechtsfortsetzung anknüpft und eine politische Philosophie der internationalen Beziehungen im Rahmen einer zweiten Verfassungswahl staatlicher Repräsentanten begründet, die sich auf reine Rechtsprinzipien beschränken und alle Fragen einer globalen Verteilungsgerechtigkeit aus dem Völkerrecht heraushalten, verwenden Beitz, Pogge und andere die Instrumente der Rawlsschen Theorie für eine einstufige, mit der Ermittlung der binnenstaatlichen Gerechtigkeitsprinzipien zusammenfallende Begründung einer internationalen Verteilungsgerechtigkeit, die eine globale Version des Differenzprinzips in den Mittelpunkt stellt und die Maximierung der sozio-ökonomischen Position der global Schlechtestgestellten zur universalen, menschenrechtlich begründeten Pflicht erhebt.

Ich werde im folgenden zuerst Rawls' Begründungsskizze aus der *Theory of Justice* behandeln, sodann den uneingeschränkten Kosmopolitismus von Beitz und Pogge diskutieren und schließlich auf Rawls *Oxford Amnesty Lecture* von 1993 eingehen, in der er sein Völkerrechtskonzept ausbaut und gegen Kritik verteidigt.

Rawls' Gerechtigkeitstheorie ist eine Theorie der Verteilungsgerechtigkeit, deren Anwendungsbereich die gesellschaftliche Grundordnung ist.[11] Ihr Interesse gilt den fundamentalen politischen, ökonomischen und sozialen Einrichtungen, die mit der Bestimmung der Rechte und Pflichten der Menschen und der Verteilung der Früchte der gesellschaftlichen Zusammenarbeit die Lebenschancen von jedermann tiefgreifend und von Anfang an beeinflussen. Welche Kriterien muß nun ein Grundsatz erfüllen, um den Anspruch eines allgemein verbindlichen Gerechtigkeitsprinzips erheben zu können und insofern gerechtfertigt zu sein?

11 Zum Aufbau der Rawlsschen Gerechtigkeitstheorie und der Bedeutung ihrer einzelnen Lehrstücke vgl. Wolfgang Kersting, *John Rawls*, Hamburg: Junius 1993.

Rawls' Grundidee ist, daß gerechtfertigte und objektiv verbindliche Prinzipien der Gerechtigkeit identisch sind mit den Prinzipien, die freie und rationale, nur an ihrem eigenen Interesse ausgerichtete Personen wählen würden, wenn sie in einen ursprünglichen Zustand der Gleichheit versetzt wären und die Aufgabe bekämen, die Form, die Grundstruktur und die fundamentalen, alle Folgegesetze bindenden Normen ihrer zukünftigen Gesellschaft zu bestimmen. Mit einem Wort: Gerechtigkeitsprinzipien sind das Ergebnis einer rationalen Einigung unter fairen Bedingungen.

Nehmen wir an, wir hätten bereits die Gerechtigkeitsgrundsätze für Gesellschaften als ganze und für die Grundstruktur hergeleitet. Ferner seien die verschiedenen Grundsätze der Pflicht und der Verpflichtung für Einzelmenschen festgelegt. Die Menschen im Urzustand haben sich also auf die Grundsätze des Rechten für ihre Gesellschaft und für sich als ihre Mitglieder geeinigt. An diesem Punkte kann man nun die Vorstellung vom Urzustand erweitern und sich die Beteiligten als Abgesandte verschiedener Nationen vorstellen, die gemeinsam die ersten Grundsätze für die Regelung gegensätzlicher Ansprüche zwischen Staaten festlegen müssen. Im Sinne des Begriffs des Urzustands nehme ich an, daß diesen Abgesandten verschiedene Kenntnisse fehlen. Sie wissen zwar, daß jeder eine andere Nation vertritt, in der aber jeweils die gewöhnlichen menschlichen Lebensverhältnisse herrschen; doch sie wissen nichts über die besonderen Verhältnisse ihrer eigenen Gesellschaft, ihre Macht im Vergleich zu anderen, und sie kennen auch nicht ihre persönliche Stellung in ihrer Gesellschaft. Wiederum werden bei den Vertragspartnern, in diesem Falle den Vertretern von Staaten, nur die Kenntnisse vorausgesetzt, die ihnen eine vernünftige Entscheidung im Sinne ihrer Interessen ermöglichen, aber nicht solche, die es den besser Gestellten unter ihnen ermöglichen würden, ihre besondere Situation für sich auszunützen. Dieser Urzustand ist fair zwischen den Nationen; er schaltet die Zufälligkeiten und Einseitigkeiten des Geschichtsverlaufs aus. Die Gerechtigkeit zwischen Staaten bestimmt sich nach den Grundsätzen, die in dem so definierten Urzustand gewählt würden. Es sind politische Grundsätze, denn sie bestimmen die staatliche Politik gegenüber anderen Nationen.[12]

Die Prinzipienwahl der anonymen nationalstaatlichen Repräsentanten ist in zweifacher Hinsicht bemerkenswert. Zum einen führt

12 John Rawls, *A Theory of Justice*, Cambridge, Mass.: Harvard University Press 1971, 377 f.; dt.: *Eine Theorie der Gerechtigkeit*, Frankfurt/M. Suhrkamp 1979, S. 415 f.

sie zu einer Bekräftigung des traditionellen Völkerrechts.[13] Die völkerrechtliche Gerechtigkeitsfortsetzung bestätigt die Grundsätze der staatlichen Selbstbestimmung, verbietet den Interventionismus, räumt das Recht auf Selbstverteidigung ein, bekräftigt die alte völkerrechtliche *pacta sunt servanda*-Norm und legt Grundsätze des *ius ad bellum* und des *ius in bello* in altem Stil fest. Bemerkenswerter aber als dieser völkerrechtliche Konservatismus selbst ist die ihm zugrundeliegende gerechtigkeitstheoretische Halbierung: während Rawls' kontraktualistische Begründung der Verfassung einer gerechten staatlichen Gesellschaft in zwei Prinzipien gipfelt, die einen rechtlich-politischen Egalitarismus mit einem komplexen Programm sozio-ökonomischer Verteilungsgerechtigkeit kombinieren, stützt sich seine kontraktualistische Begründung des Völkerrechts auf die Prinzipien der politischen Autonomie und Rechtsgleichheit der Staaten.[14] Rawls' politische

13 Rawls versteht »law of peoples« im Sinne des alten *ius gentium*, bezogen auf die moderne Staatenwelt. Natürlich sind die Völkerrechtssubjekte nicht Völker im ethnisch-kulturellen Sinne, sondern Staatsvölker im rechtlich-politischen Sinne. Daher ist völlig unverständlich, wenn Pogge dem Rawlsschen Konzept mangelnde begriffliche Klarheit vorwirft und auf den bekannten Umstand verweist, daß die Staatsgrenzen nicht mit den Grenzen zwischen Ethnien, Kulturen und Sprachen zusammenfallen. Die Zweistufigkeit des Rawlsschen Vorgehens macht diesen kritischen Einwand ebenfalls unverständlich: die Vertragsparteien des zweiten Wahldurchgangs sind Repräsentanten von Nationalstaaten, also von institutionellen Kontexten, innerhalb deren die im ersten Wahldurchgang ermittelten Gerechtigkeitsprinzipien anzuwenden sind; sie sind keine Repräsentanten von Ethnizitäten oder Kulturen. Dieses Mißverständnis ist freilich charakteristisch: während Rawls wie Kant eine normative internationale Ordnung an der institutionellen Struktur der Einzelstaaten festmacht und keinen Sinn darin sieht, eine internationale Ordnung in den institutionell ungefestigten Raum globaler Interindividualität zu hängen, sehen Beitz und Pogge und die anderen rawlsianischen Vertreter einer globalen Verteilungsgerechtigkeit gerade in der individualistischen Radizierung der globalen Verteilungsgerechtigkeit den systematisch weiterführenden Schritt über Rawls hinaus; vgl. Thomas W. Pogge, »An Egalitarian Law of Peoples«, in: *Philosophy and Public Affairs* 23 (1994), 195-224; 197.

14 Barry bezeichnet Rawls' völkerrechtliche Prinzipien als »principles of liberal nationalism. Woodrow Wilson would recognize and applaud them« (Brian Barry, *Theories of Justice*, Berkeley: University of California Press 1989, 185).

Philosophie der internationalen Beziehungen zielt lediglich auf eine vertragstheoretische Rechtfertigung von »just political principles regulating the conduct of states«[15] und nimmt keine Regeln sozio-ökonomischer Verteilungsgerechtigkeit in ihren Prinzipienkanon auf. Eine gerechte, ungleichheitssensitive Verteilung der grundlegenden sozialen und ökonomischen Güter gehört zu den Aufgaben staatlicher Innenpolitik, nicht jedoch zu den Aufgaben staatlicher Außenpolitik. Internationale Gerechtigkeitsprinzipien betreffen allein die rechtliche Ordnung von zwischenstaatlichen Machtbeziehungen, nicht die gerechte Verteilung von ökonomischen Ressourcen und sozialen Chancen. Ihr Ideal ist das friedliche Nebeneinander von Staaten, die sich in gerechtigkeitstheoretischer Selbstgenügsamkeit allein um die Aufrechterhaltung und rechtliche Verbesserung ihrer inneren institutionellen Ordnung kümmern und in ihren äußeren Beziehungen sich allein von den Regeln einer konsequenten Menschenrechtspolitik leiten lassen. Haben die Individuen gegenüber ihrem Staat das Recht auf gleiche Freiheit und eine Verteilung von sozio-ökonomischen Gütern nach dem Differenzprinzip, so haben sie gegenüber fremden Staaten das Recht auf eine äußerlich ungestörte, selbstbestimmte gerechtigkeitspolitische Entwicklung der inneren gesellschaftlichen und staatlichen Verhältnisse. Sind sie Mitglieder einer staatlichen Gemeinschaft, die nicht nach liberalen Gerechtigkeitsprinzipien geordnet ist, dann liegt ihre Hoffnung allein darin, daß ihr Staat durch andere Staaten mit den Sanktionsinstrumenten einer offensiven Menschenrechtspolitik zu liberalen Reformen im Innern gezwungen wird. Interventionistische Kreuzzüge für das Menschenrecht oder gar für ungleichheitsmindernde Umverteilung sind durch das Rawlssche Völkerrecht nicht zulässig. In der Tat, Rawls' »theory of international justice bears a strinking resemblance to that proposed in the Definitive Articles of Kant's *Perpetual Peace*«.[16]

15 John Rawls, *A Theory of Justice*, Cambridge, Mass.: Harvard University Press 1971, 377; dt. Ausgabe S. 415.

16 Charles Beitz, »Justice and International Relations«, in: H. Gene Blocker/Elizabeth H. Smith (Hg.), *John Rawls' Theory of Social Justice*, Athens: Ohio University Press 1980, 211-228; 217.

III.

Viele Rawlsianer haben Rawls' völkerrechtliche Begründungsskizze harsch kritisiert. Sie haben methodologische Einwände vorgebracht und in der völkerrechtlichen Orientierung eine unstatthafte Abweichung vom normativen Individualismus erblickt, demzufolge nicht Staaten und Nationen, sondern »only persons are to be viewed as ultimate units of (equal) moral concern«.[17] Sie haben sich an dem völkerrechtlichen Konservatismus gestoßen und in ihm einen Abfall von dem moralischen Standard-Niveau der Rawlsschen Gerechtigkeitstheorie erblickt, der nach einer systemkonformen Revision verlange, die das hohe ethische Niveau der Rawlsschen Gerechtigkeitstheorie auch in der politischen Philosophie der internationalen Beziehungen zur Geltung bringe. Sie haben dazu die Zweistufigkeit und die gerechtigkeitstheoretische Halbierung im Völkerrecht aufgehoben und die Rawlssche Gerechtigkeitstheorie unmittelbar globalisiert: beide Aufgabenstellungen sind ineinander geschoben worden und das Wahlgremium der ersten Verfassungswahl mit der Aufgabenerweiterung konfrontiert worden, zusätzlich Prinzipien einer internationalen Verteilungsgerechtigkeit festzulegen.[18] Das Ergebnis ist ein globalisiertes Differenzprinzip: »we can justify our global institutional order only insofar as we can show that no feasible alternative scheme would produce a better-off least advantaged group«.[19] »Taken seriously, Rawls's conception of justice will make the life prospects of the globally least advantaged the primary standard for assessing our social institutions.«[20]

Beitz' Argument folgt allen Windungen der Rawlsschen Begründung der Prinzipien der Gerechtigkeitstheorie und überträgt sie schematisch, gleichsam wie mit einem argumentativen Storchschnabel, in den globalen Kontext. Die globale Gerechtigkeit ist die Gerechtigkeit der politischen Gemeinschaft in Majuskeln. Es ist evident, daß bei diesem Vergrößerungsverfahren das Verhältnis der Staatsbürger zu den Nicht-Bürgern ebenso seine normative Eigenständigkeit verlieren muß wie das Verhältnis der Staaten un-

17 Thomas W. Pogge, »Rawls and Global Justice«, a.a.O., 238.
18 Thomas W. Pogge, »Rawls and Global Justice«, a.a.O., 237.
19 Thomas W. Pogge, »Rawls and Global Justice«, a.a.O., 238.
20 Thomas W. Pogge, »Rawls and Global Justice«, a.a.O., 233.

tereinander: d. h., die genuin politische Dimension der staatsbürgerlichen Existenz und der außenpolitischen Beziehungen der Staaten wird kassiert. Der binnenstaatliche Egalitarismus der Staatsbürger wird in einen ethischen Weltbürgeregalitarismus transformiert. Das politische Gefälle zwischen Bürgerstatus und Nicht-Bürger-Status wird nivelliert. Dieses egalitaristische Weltbürgerethos ist radikal entpolitisiert, es kennt nur noch bedürftige Erdenmenschen und verwandelt die ganze Weltbevölkerung in die Klientel einer anonymen globalen Verteilungsagentur. Der Weg von der innerstaatlichen Gerechtigkeitsordnung zur globalen Gerechtigkeitsordnung ist für den kosmopolitischen Rawlsianismus denkbar kurz: er beinhaltet nur den Schritt eines Parameteraustauschs; das Rechtfertigungsargument in der Klammer jedoch verändert sich überhaupt nicht. In beiden Fällen haben wir eine unmittelbar individualistisch radizierte Gerechtigkeitskonzeption, die Gerechtigkeit im Horizont individueller fairer Anteile an den weltwirtschaftlich produzierten Gütern auslegt. Wird das Unparteilichkeitskriterium im Weltmaßstab angewandt, gilt jeder Weltbürger so viel wie jeder andere, gibt es keine besonderen politischen Verpflichtungen der Staaten gegenüber ihren Bürgern. Wird das Problem der normativen Begründung internationaler Beziehungen mit dem begrifflichen Inventar des individualistischen Kontraktualismus angegangen, muß sich die internationale Gerechtigkeit als Ausgleich individueller Ansprüche verstehen, ist Weltpolitik Gerechtigkeitsdienst an den legitimen Ansprüchen der Individuen auf einen fairen Anteil an den weltweit erarbeiteten Gütern.

Es ist instruktiv, diese Konzeption in den größeren Zusammenhang der Geschichte der politischen Philosophie der internationalen Beziehungen zu stellen. Ursprünglich war das Nachdenken über eine Ethik der internationalen Beziehungen durch das Paradigma des Krieges bestimmt; es war eine Ethik der Kriegshege, die die Bestimmungen eines ius in bello entwickelte, und es war eine Ethik des gerechten Krieges, die als ius ad bellum Kriterien für die Unterscheidung legitimer und illegitimer Anwendungen kriegerischer Gewalt zwischen den Staaten formulierte. Die große Bedeutung der Kantischen Rechtsphilosophie auch für die Philosophie der internationalen Beziehungen zeigt sich darin, daß Kant das Kriegsparadigma durch das Paradigma des Rechtsfriedens abgelöst hat und die internationalen Beziehungen auf den Sockel einer vernunftrechtlich begründeten kooperativen Rechtsordnung gestellt hat. Damit hat Kant die republikanische Revolution globalisiert und das Rechtsstaatsprinzip zur internationalen Ordnung ausgeweitet. Mit seiner Rechtsphilosophie hat der Liberalismus Einzug in die internationalen Beziehungen gehalten: die Ordnungs- und Gerechtigkeitsprobleme werden im Innerstaatlichen und im Zwischenstaatlichen einheitlich in der Sprache des negativen Rechts und der negativen Freiheit buchstabiert. Mit dem Beitzschen Rawlsianismus ändern sich die normativen Orientierungen in der politischen Philosophie der internationalen Beziehungen: mit ihm zieht der Sozialdemokratismus in die internationalen Beziehungen ein. Der Beitzsche Rawlsianismus ist ein kosmopolitischer Sozialdemokratismus, der das Paradigma der zwischenstaatlichen Rechtsordnung durch das Paradigma der gerechten weltbürgerlichen Güterversorgung ersetzt. Die in der modernen Geschichte der Nationalstaaten zu beobachtende Entwicklung einer kompensatorischen Komplettierung der rechtsstaatlichen Freiheitsordnung durch sozialstaatliche Versorgungssysteme wird durch seine umfassende Konzeption der Verteilungsgerechtigkeit ins Globale hinein verlängert. Die sozialdemokratische Redistributionsmaschinerie, die bislang den inneren Stoffwechsel der Nationalstaaten leitete, muß jetzt aus Gründen des Rechtes eines jeden Weltbürgers an einem fairen Anteil der weltwirtschaftlich erarbeiteten Güter globale Ausmaße annehmen; die einzelnen nationalstaatlichen Verteilungsagenturen müssen selbst der distributiven Kontrolle einer globalen Agentur unterworfen werden, die unparteilich über die gleichen Rechte der Weltbürger wacht.

Zwei Gründe führt Beitz für die Notwendigkeit einer unmittelbaren Einbeziehung der Gerechtigkeitsprobleme internationaler Beziehungen in das ursprüngliche Entscheidungsprogramm der Rawlsschen Verfassungswähler an. Da ist zum einen die ungleiche Verteilung der natürlichen Ressourcen; da ist zum anderen die globale Interdependenz, die »international social cooperation«.[21] Beide Gründe verdanken die ihnen zugeschriebene rechtfertigende Kraft einer Analogisierung. Im Fall der ungleichen Verteilung der natürlichen Ressourcen greift Beitz auf Rawls' Argument von der moralischen Zufälligkeit der individuellen Begabungsaus-

21 Charles Beitz, »Justice and International Relations«, a.a.O., 217.

stattung und der moralischen Notwendigkeit der Reglementierung der durch sie erzeugten sozio-ökonomischen Ungleichheiten zurück.

> In the case of natural resources, the parties to the international original position would know that resources are unevenly distributed with respect to population, that adequate access to resources is a prerequisite for successful operation of (domestic) cooperative schemes, and that resources are scarce. They would view the national distribution of resources as arbitrary in the sense that no one has a natural prima facie claim to the resources that happens to be under one's feet. The appropriation of scarce resources by some requires a justification against the competing claims of others and the needs of future generations. Not knowing the resource endowments of their own societies, the parties would agree on a resource redistribution principle that would give each society a fair chance to develop just political institutions and an economy capable of satisfiying its member's basic needs ... The underlying principle is that each person has an equal prima facie claim to a share of the total available resources, but departures from this initial standard could be justified (analogously to the operation of the difference principle) if the resulting inequalities were to the greatest benefit of those least advantaged by the inequality. In any event, the resource redistribution principle would function in international society as the difference principle functions in domestic society. It provides assurance to persons in resource-poor societies that their adverse fate will not prevent them from realizing economic conditions sufficient to support just social institutions and to protect human rights guaranteed by the principles for individuals.[22]

Beitz begründet sein Prinzip der gerechtigkeitstheoretisch notwendigen Ressourcenverteilung mit einem Argument, das den nationalen Ressourcenbesitz mit dem individuellen Talentbesitz gleichsetzt. Beides ist das Ergebnis einer natürlichen Lotterie und daher moralisch arbiträr. In beiden Fällen muß die blinde natürliche Verteilung durch eine autonome menschengerechte Verteilung auf der Grundlage allgemein anerkennungsfähiger Prinzipien korrigiert werden. Wo bislang Natur und Zufall wohnten, sollen jetzt Vernunft und moralische Notwendigkeit einziehen. Und das heißt: wie im intrastaatlichen Bereich die begabungsverursachten sozio-ökonomischen Ungleichheiten durch eine redistributive Abschöpfung des Ertrags der von Natur aus Bevorzugten egalitaristisch korrigiert werden müssen, so müssen auch im internatio-

22 Charles Beitz, *Political Theory and International Relations*, a.a.O., 141 f.

nalen Bereich die sozio-ökonomischen Ungleichheitsfolgen der blinden natürlichen Ressourcenverteilung durch geeignete, die Bevorzugten redistributiv belastende Maßnahmen egalitaristisch korrigiert werden. Beitz nennt das Prinzip, das durch diese Überlegungen als notwendiges globales Gerechtigkeitsprinzip ausgewiesen sein soll, »resource distribution principle«.

Beitz übersieht freilich, daß die Analogie nicht trägt, daß der Vergleich hinkt. Was er völlig mißachtet, ist, daß die korrigierende globale Verteilungsgerechtigkeit nicht auf das Resultat einer natürlichen Ressourcenlotterie trifft, sondern auf einzelstaatliche Eigentumsordnung. Intelligenz und Schönheit, Talente, Fertigkeiten und alle sonstigen für die individuellen Lebensprojekte nützlichen natürlichen Eigenschaften sind ebensowenig rechtlich erwerbbar wie der eigene Körper, zu dessen empirischen Bestimmungen sie zählen: eine rechtliche Erwerbung kann es hier nicht geben, weil man all dies immer schon, von Natur aus besitzt. Niemand aber besitzt immer schon und von Natur aus Land, Bodenschätze, Meerzugänge, Wasseradern, Paßstraßen, Wälder usw. Hier entstehen also Rechtskonkurrenzen, Kollisionen zwischen der globalen Verteilungsgerechtigkeit und den Eigentumsrechten einer liberalen, möglicherweise sogar wohlgeordneten Gesellschaft.[23] Folglich muß die Anwendung des »resource distribution principle« die Aufhebung individueller Eigentumsrechte und damit nichts Geringeres als die Relativierung aller einzelstaatlichen Eigentums- und Rechtsordnungen verlangen. Detaillierte Operationalisierungsmöglichkeiten dieses Prinzips der Ressourcenverteilung führt Beitz nicht an. Er erwähnt nur das Differenzprinzip, in dem er eine Art Rahmen für die nähere Ausgestaltung der Ressourcenumverteilung erblickt.

Den zweiten Grund, der eine Ausdehnung der gerechtigkeitstheoretischen Prinzipiensuche auf den Bereich der internationalen

23 Ein anderer Aspekt dieser normativ aporetischen Situation wird sichtbar, wenn man die Gerechtigkeitspflichten der Einzelstaaten betrachtet: »If one applied the Rawlsian principles across borders, it would mean that a state which is domestically just – which meets in its borders the requirements of Rawls's principles – could still be obliged to transfer resources to a poorer state (and perhaps make itself unjust in the process)« (Stanley Hoffmann, *Duties Beyond Borders. On the Limits and Possibilities of Ethical International Politics*, Syracuse: Syracuse University Press 198, 155).

Beziehungen notwendig macht, erblickt Beitz in dem Faktum der wachsenden globalen Interdependenz, der vielsträngigen internationalen ökonomischen und politischen Abhängigkeit und Verflechtung. Er gibt diesen Interdependenzphänomenen eine sehr starke Interpretation und legt sie als »global scheme of social cooperation« aus. Damit ist das zentrale Argument der Rawlsschen Gerechtigkeitstheorie anwendbar: wo ein System der Kooperation besteht, gibt es ein Problem der gerechten Verteilung von Kooperationsbürden und Kooperationsgewinnen. Und da der globale Kooperationskontext den nationalen Kooperationskontext umgreift, können die nationalen Grenzen keinerlei moralische Bedeutung für die Definition von gerechtigkeitsbegründeten Ansprüchen und Pflichten darstellen. Mit der Globalisierung der sozio-ökonomischen Kooperation wird ein menschenrechtlich oder weltbürgerrechtlich begründeter Kosmopolitismus der Verteilungsgerechtigkeit unvermeidbar.

If evidence of global economic and political interdependence shows the existence of a global scheme of social cooperation, we should not view national boundaries as having fundamental moral significance. Since boundaries are not coextensive with the scope of social cooperation, they do not mark the limits of social obligation. Thus the parties to the original position cannot be assumed to know that they are members of a particular national society, choosing principles of justice primarily for that society. The veil of ignorance must extend to all matters of national citizenship, and the principles chosen will therefore apply globally.[24]

Die Überlegung ist mühelos nachvollziehbar: da die internationale Verteilung der Gewinne und Lasten der globalen Kooperation für jeden einzelnen ein Gerechtigkeitsproblem aufwerfen muß, da die innergesellschaftlichen Verteilungsmargen von den internationalen Kontexten und den in ihnen vorherrschenden Macht- und Ressourcenverteilungen abhängig sind, müssen die Gerechtigkeitsregeln auf den Bereich der globalen Kooperation ausgedehnt werden. Und das hinwiederum verlangt, daß der entindividualisierende Schleier der Unwissenheit auch über die Kenntnis der nationalen Zugehörigkeit der Verfassungswähler gezogen werden muß: nur wenn sie nicht wissen, welcher Nation sie angehören, und folglich befürchten müssen, der ärmsten (›least well-off‹) der nationalen Gesellschaft anzugehören, werden sie zu

24 Charles Beitz, *Political Theory and International Relations*, a.a.O., 151.

einer fairen und daher gerechtigkeitsverbürgenden Prinzipienwahl in der Lage sein. Beitz ist davon überzeugt, daß das rechtfertigungstheoretische Instrument des Urzustandes und der Verfassungswahl unter dem Schleier der Unwissenheit sich in ein und demselben Entscheidungsdurchgang sowohl national wie international interpretieren läßt. Folglich ist die internationale Gerechtigkeit für ihn auch nur eine ins Globale ausgeweitete Variante des Rawlsschen Prinzipiendualismus. Die gerechten freiheitsrechtlichen Ansprüche der weltgesellschaftlichen Individuen werden durch den menschenrechtlichen Egalitarismus und das politische Prinzip der demokratischen Freiheit bestimmt. Und eine gerechte globale Verteilung der sozialen und ökonomischen Güter liegt dann vor, wenn dem Differenzprinzip weltweit entsprochen wird und zwischen den sozio-ökonomischen Positionen der Weltbürger materiale Ungleichheit nur in dem Maße anzutreffen ist, wie es für die Besserstellung der Schlechtestgestellten ökonomisch notwendig ist.

Rawls hat seine Gerechtigkeitstheorie als Institutionentheorie entwickelt; es geht in ihr um Gerechtigkeit als institutionelle Tugend. Die Urzustandssituation ist eine Entscheidungssituation, in der sich Individuen als Angehörige eines kooperativen Systems über die Regeln der Gestaltung ihrer Institution, d. h. der institutionellen Grundstruktur ihres kooperativen Systems einigen sollen. Der Rawlssche Kontraktualismus ist also in einen funktional eindeutigen institutionellen Kontext eingebettet... Es ist evident, daß durch die Globalisierung des Rawlsschen Kontraktualismus genau dieser institutionelle Kontext aufgesprengt wird. Die für die Rawlssche Theorie charakteristische und durch den unterstellten nationalstaatlichen bzw. einzelstaatlichen Hintergrundkontext auch plausible Verknüpfung zwischen gemeinsamen Kooperationssystemen und gemeinsamen Institutionen ist in die globalisierte Ursprungssituation nicht hinüberzuretten. Weder kann man die Welt als gemeinsames Kooperationssystem der Weltbürger bezeichnen, denn vielfältige Interdependenzen und umfassende Handlungsbeziehungen begründen noch kein kooperatives Unternehmen zu wechselseitigem Vorteil[25], noch gibt es

25 Es ist unfair, wie Beitz es tut, Rawls eine »assumption of national self-sufficiency« zu unterstellen und ihn in eine abgelegte souveränitätstheoretische Tradition des Absolutismus einzureihen, nur weil er

gemeinsame Institutionen, die von den globalen Kooperationspartnern gemeinsam nach allgemein anerkannten Gerechtigkeitsprinzipien zu gestalten wären. Es sind somit gerade nicht mehr die Voraussetzungen gegeben, die eine kontraktualistische Begründung der Prinzipien internationaler Gerechtigkeit durch Individuen erlauben würden. Denn um eine Weltstaatsbegründung geht es den Rawlsianern vernünftigerweise nicht. Dann aber hätten sie eine Theorie der Staatenbeziehung und ein interstaatliches Begründungsprogramm ins Auge fassen müssen. Die kosmopolitischen Rawlsianer entwerfen aber eine individualistische Begründung der internationalen Gerechtigkeit in einem institutionell völlig offenen Argumentationsgelände, die sich auf das gleiche Recht der Individuen an erwünschten Verteilungszuständen stützt, einen Egalitarismus hinsichtlich der Freiheitsverteilung verlangt und eine Güterverteilung gemäß des Differenzprinzips fordert.

Beitz' Verfahren der Rawls-Globalisierung ist lehrreich, denn es klärt die Bedingungen, die eine politische Philosophie der internationalen Beziehungen zu beachten hat. Hinsichtlich der gangbaren theoretischen Wege scheint eine vollständige Disjunktion zu bestehen: Wenn wir einen traditionell kontraktualistischen Ansatz wählen und mit individualistischem Urzustandspersonal arbeiten, dann muß die Theorie der globalen Gerechtigkeit die Gestalt einer Weltstaatsbegründung annehmen. Wenn wir einen Weltstaat vermeiden wollen und an einer Theorie der internationalen Gerechtigkeitsordnung interessiert sind, dann müssen wir die Theorie der globalen Gerechtigkeit als eine Theorie der zwischenstaatlichen Rechts- und Friedensordnung entwerfen. Wollen wir dieser Theorie ein kontraktualistisches Design geben, dann müssen wir mit einem Urzustandspersonal arbeiten, das aus Staaten besteht. Durch diese kontraktualistische Option sind noch

sich weigert, den vielfältigen globalen ökonomischen Interdependenzen den Charakter eines reziprok strukturierten, alle Nationalstaaten integrierenden Kooperationssystems zu geben und damit den globalen Kontext als Quell von Verpflichtungen der Verteilungsgerechtigkeit zu betrachten. Denn Rawls tut recht daran; Handelsbeziehungen konstituieren kein Kooperationssystem, vgl. Brian Barry, »Humanity and Justice in Global Perspective«, in: ders., *Democracy, Power and Justice. Essays in Political Theory*, Oxford: Clarendon Press 1989, 434-462; 446.

keinerlei Einzelheiten hinsichtlich des institutionellen Rahmens der zwischenstaatlichen Ordnung festgelegt; es sind viele Möglichkeiten zwischen einer Konföderation in der Schwebe reiner Verabredung und einem dichten Netz transnationaler Institutionen mit dem Charakter subsidiärer Staatlichkeit denkbar. Aber was die vorhin skizzierte methodologische Alternative für eine gelungene Theorie der internationalen Beziehungen angeht, da gilt ein striktes *tertium non datur*. Und da ein Weltstaat wohl aus keinem Blickwinkel als sonderlich wünschenswert erscheinen kann, haben wir hier ein starkes Argument für die Kantische Theorieform des zweistufigen Kontraktualismus: eine normative Theorie der internationalen Beziehungen muß als individualistische Theorie globaler Verteilungsgerechtigkeit mißlingen, vermag als Theorie einer zwischenstaatlichen Rechts- und Friedensordnung zu überzeugen.[26]

A cosmopolitan conception of international morality is not equivalent to, nor does it necessarily imply, a political program like those often identified with political universalism, world federalism, or ›world order‹. It is important to distinguish moral structures from political ones, and to recognize that global normative principles might be implemented otherwise than by global institutions conceived on the analogy of the state.[27]

Mit diesem Antiinstitutionalismus des uneingeschränkten Kosmopolitismus hängt eine schwerwiegende Geringschätzung des Strukturelements der rechtlichen Ordnung zusammen, die angesichts der lexikalischen Vorordnung der Rechtsordnung vor dem System der wohlfahrtsstaatlichen Verteilungsgerechtigkeit verwundern muß. Mit dieser lexikalischen Vorordnung der Freiheit vor der gerechten Güterversorgung nimmt Rawls eine alte Einsicht der praktischen Philosophie auf: Rechtspflichten haben Vorrang vor Liebespflichten; die Sicherung des esse rangiert vor der

26 Ich weiß mich hierin einig mit Christine Chwaszcza, *Zwischenstaatliche Kooperation. Grundlagenprobleme, normative Aspekte, institutionelle Implikationen*, Diss. München 1993; dies., »Ethik der internationalen Beziehungen«, in: *Handbuch der Angewandten Ethik*, hg. von Julian Nida-Rümelin Stuttgart: Kröner 1996; dies., »Anmerkungen zur vertragstheoretischen Begründung globaler Gerechtigkeit«, in: αναλυωμεν – *Analyomen 2. Perspectives in Analytical Philosophy*, hg. v. G. Meggle/J. Nida-Rümelin, Berlin/New York: de Gruyter 1996.

27 Charles Beitz, *Political Theory and International Relations*, a.a.O., 182 f.

Ermöglichung des bene esse; Leidminimierung und Koexistenzsicherung müssen aller individuellen Moral und kollektiven Politik der Glückspromotion und Wohlfahrtsmaximierung vorangehen.[28] Diese Vorrangigkeit der rechtlichen Ordnung der äußeren Freiheit vor der Erfüllung materialer redistributiver Ansprüche spiegelt sich auch in der Hierarchie der Menschenrechte, die in den Rechten auf Leben, leibliche Unversehrtheit und äußere Freiheit Individuen wie Kollektive gleichermaßen bindende Ansprüche begründet sieht, die im Konfliktfall alle anderen Glücks- und Wohlfahrtsansprüche nachordnen. Diese logische Ordnung der Menschenrechte wird im uneingeschränkten Kosmopolitismus verwischt, die primären Schutz- und Unterlassungsansprüche werden sekundären Leistungs- und Redistributionsansprüchen gleichgeordnet. Damit haben die unverhandelbare staatliche Rechtsordnung und deren nicht minder rechtlich notwendige zwischenstaatliche Fortsetzung ihren Halt in der menschenrechtlichen Basis verloren. Jetzt haben wir eine internationale Moralität, die ihre Prioritäten anders gesetzt hat, die die materiale Verteilungsgerechtigkeit in das Zentrum stellt, jedoch dem Gedanken der unverrückbaren Priorität des Rechts und seiner institutionellen Sicherung keinen Raum mehr zu geben vermag.

Mit dieser Moralisierung, durch die die sozioökonomische Verbesserung der benachteiligten Staaten und Regionen den traditionellen und institutionell eingebundenen außenpolitischen Werkzeugen der Entwicklungspolitik und Außenhandelspolitik, der offensiven Menschenrechtspolitik und der zwischenstaatlichen humanitären Hilfsprogramme entzogen wird und als schwere Gerechtigkeitspflicht gegenüber jedermann den Staaten und den Individuen gleichermaßen aufgebürdet wird, sind beträchtliche Schwierigkeiten verbunden. Sie verwandelt die globale Ethik der Rawlsianer in eine Theorie der »überbordenden Verantwortlichkeit«, die die Menschen auf Agenten globaler Verteilungsgerechtigkeit reduziert und in »Instrumente unpersönlicher Wertmaximierung« verwandelt und damit die Integrität der Persönlichkeit

28 Vgl. Wolfgang Kersting, »Das starke Gesetz der Schuldigkeit und das schwächere der Gültigkeit. Kant und die Pflichtenlehre im 18. Jahrhundert«, in: *Studia Leibnitiana* XIV (1982), 184-220; ders., »Vollkommene und unvollkommene Pflichten«, in: *Historisches Wörterbuch der Philosophie*, Bd. 7, Basel: Schwabe 1989, 433-439.

zerstört;[29] denn ebensowenig wie die staatlichen Gemeinschaften im Horizont des Gerechtigkeitsglobalismus an den ethischen Implikationen politischer Gemeinschaftsbildung festhalten können und besondere Verpflichtungen gegenüber ihren Bürgern anerkennen dürfen, können Personen im Banne dieses Maximierungsprogramms den notwendigen Raum für die Verwirklichung privater Lebensprojekte verteidigen. Konsequent zu Ende gedacht, verurteilt diese Ethik die Mitglieder bevorzugter Volkswirtschaften zu Produktionssklaven in einem globalen unpersönlichen Verteilungsarrangement.

Es ist nicht zu erwarten, daß die Menschen die Motivation entwickeln werden, die diese spontanen Redistributionsakte brauchen. Auch eine fortschreitende Universalisierung des moralischen Bewußtseins, selbst die Ausbildung einer moralischen Weltöffentlichkeit wird keinesfalls eine umfassende verteilungsfreudige Motivationsbildung nach sich ziehen, die sich von der direkten oder indirekten Wahrnehmung menschlicher Not unabhängig machen könnte, die nicht empfindungsfundierte Hilfeleistung, sondern prinzipiengeleitete Pflichterfüllung wäre. Denn genau darauf muß es einer globalen Gerechtigkeitsethik in erster Linie ankommen, den traditionellen Humanismus der Hilfeleistung durch ein normativ weitaus anspruchsvolleres, weil gerechtigkeitsfundiertes Pflichtbewußtsein zu ersetzen. Gerechtigkeitspflichten, die von uns verlangen, das zu leisten, was wir anderen schuldig sind, sind normentheoretisch von ganz anderer Art als Pflichten zur Hilfeleistung; daß die letzteren auf Notfälle reagieren, die ersten hingegen auf langfristige Zustandsveränderung in der globalen Güterverteilung, ist nur einer der Unterschiede zwischen diesen beiden Formen moralischer Forderung.

Mit der Moralisierung der globalen Verteilungsethik ist eine weitere Schwierigkeit verbunden. Sie hängt mit den bereits erwähnten Problemdimensionen eng zusammen, ist aber durchaus eigener, nämlich epistemologischer Art. Pflichten der Verteilungsgerechtigkeit gehören zu den Begehungspflichten, die anders als die Unterlassungspflichten des äußeren Menschenrechts epistemologisch unterbestimmt sind. Wir wissen ganz genau, was das Recht auf Leben, körperliche Unversehrtheit und äußere Freiheit von Individu-

29 Vgl. Julian Nida-Rümelin, *Kritik des Konsequentialismus*, München: Oldenbourg 1994, 90ff.

en und Regierungen verlangt. Diesem Recht kann man zu jeder Zeit entsprechen; die Erfüllung der ihm korrespondierenden Pflicht ist gänzlich voraussetzungslos. Begehungspflichten hingegen, und Pflichten der redistributiven Gerechtigkeit *sind* Begehungspflichten, verlangen die Beantwortung vieler Fragen; und die Menge der erfüllungsrelevanten Informationen nimmt natürlich beträchtlich zu, wenn wir ein Gerechtigkeitskonzept vor uns haben, das durch redistributive Handlungen nach einem »resource distribution principle« oder nach einem internationalen Differenzprinzip globale Verteilungszustände mit langfristiger Wirkung verändern will. Selbst wenn also das Motivationsproblem, das »compliance«-Problem gelöst werden könnte, hätten die Menschen aufgrund der epistemologischen Unterbestimmung der Prinzipien globaler Verteilungsgerechtigkeit ein großes Handlungshindernis vor sich. Wir hätten dann die merkwürdige Situation, daß eine redistributionsbreite globale Moralität ratlos ist, wie sie ihrer Redistributionsbereitschaft wirksamen Ausdruck verleihen soll.

Indem die kosmopolitischen Rawlsianer Rawls vorwerfen, die kosmopolitischen Implikationen seiner Gerechtigkeitstheorie unterdrückt zu haben, setzen sie natürlich deren Rechtfertigungskonstruktion und Prinzipienkanon als unerschütterliche Grundlage einer vollständigen Gerechtigkeitstheorie voraus. Ihre Kritik betrifft hauptsächlich Rawls' Weigerung, eine politische Philosophie der internationalen Beziehungen als eine Theorie der Verteilungsgerechtigkeit auszulegen und den internationalen Kontext als Quell redistributiver Ansprüche und Obligationen zu bestimmen. Sie selbst treten für eine globale Verteilungsethik ein und erheben eine globalisierte Version des Differenzprinzips in den Rang einer internationalen Redistributionsregel. Sie greifen damit bemerkenswerterweise auf das strittigste Prinzip der Rawlsschen Gerechtigkeitstheorie zurück; der weitaus überwiegende Teil der umfassenden Literatur zum Rawlsschen Differenzprinzip ist kritisch und bezweifelt, daß das Differenzprinzip im Rahmen einer Wahl verschleierter Egoisten gewählt worden wäre; sie bezweifeln die empirische Gültigkeit des diesem Prinzip unterliegenden entscheidungspsychologischen Pessimismus; sie bezweifeln seine Operationalisierbarkeit und damit seine gesellschaftsreformerische Brauchbarkeit. Die rawlsianischen Kosmopoliten gehen mit keinem Wort auf diese massive Kritik an dem Differenzprinzip ein und umgehen somit die naheliegende Frage, ob mit der Entscheidung, die gerechtigkeitstheoretische Prinzipienwahl aus dem institutionellen Kontext des einzelnen Nationalstaats herauszunehmen und in einem gänzlich unstrukturierten globalen Kontext, also gleichsam unter freiem Himmel, abzuhalten, die kritischen Einwände gegen das Differenzprinzip nicht noch erheblich an Gewicht gewinnen.

Makellose Dinge überstehen eine Vergrößerung unbeschadet; für schadhafte, unfertige, fehlerhafte Dinge ist die Vergrößerung jedoch überaus nachteilig, da sie alle Schwächen groß und unübersehbar ins Bild rückt. Ein gleiches Schicksal erleidet die Rawlssche Gerechtigkeitstheorie, wenn sie durch das Vergrößerungsglas der Beitzschen Globalisierung betrachtet wird. Mit der Ausweitung des Anwendungskontextes vergrößern sich auch ihre Schwächen; was gegen die Rawlssche Rechtfertigungskonstruktion als Begründungsverfahren für die Gerechtigkeitsordnung einer nationalstaatlichen Einheit vorgebracht werden kann, kann a fortiori gegen die Rawlssche Rechtfertigungskonstruktion als Begründungsverfahren für eine globale Gerechtigkeit vorgebracht werden. Bereits der Rawlsschen Gerechtigkeitstheorie von 1971 hat man einen erschlichenen Universalismus vorgeworfen; die von Rawls unterstellte universelle Gültigkeit seiner Liste der sozialen Grundgüter ist angezweifelt und als Ausdruck einer partikularen liberalen Wertgrammatik ideologiekritisch decouvriert worden. Wie haltlos muß aber dann erst der Beitzsche Universalismus sein? Wie kann Beitz die universelle Gültigkeit seiner Grundgüterliste unterstellen? Wie kann überhaupt irgendeine Liste von Grundgütern den Anspruch auf universelle Gültigkeit erheben. Das Rechtsstaatsprinzip, also der menschenrechtliche Egalitarismus mag ja in die Konzeption einer globalen Gerechtigkeit aufgenommen werden können; aber die Rawlssche Version des Sozialstaatsprinzips sperrt sich heftig gegen eine Globalisierung. In dem Maße, in dem die Bedeutung der begehrten Güter kulturell codiert ist, in dem die Begehrlichkeit selbst kulturell ausdifferenziert ist, in dem Maße scheint es völlig aussichtslos, eine universell gültige Währung der Verteilungsgerechtigkeit zu etablieren. Wenn die Liste der Basisgüter schon innerhalb demokratischer und pluralistischer Gesellschaften keine allgemeine Anerkennung finden wird, wie kann dann gehofft werden, daß sich die Welt auf eine Grundgüterliste einigt – was sie müßte, wenn das Verfahren der rationalen Wahl eines Verteilungsprinzips für soziale und ökonomische Güter Anwendung finden soll. Die Schwierigkeit tritt noch deutlicher hervor, wenn wir den kohärenztheoretischen Teil des Rawlsschen Rechtfertigungsarguments mit in die Globalisierungsoperation aufnehmen. Die kohärenztheoretische Begründung dient der Rechtfertigung der normativen Bestimmungen der Entscheidungssituation: gerechtfertigt sind Urzustand und Unwissenheitsschleier, wenn wir sie ebenso wie die in ihrem Schatten gewählten Gerechtigkeitsprinzipien selbst als philosophische Interpretation unserer grundlegenden normativen Überzeugungen akzeptieren können. Die Gerechtigkeitstheorie entdeckt sich damit als philosophische Explikation unserer intuitiven Gerechtigkeits- und Fairneßvorstellungen. Es ist evident, daß diese kohärenztheoretische Absicherung einer globalen Gerechtigkeit nicht zuteil werden kann; es gibt kein werthomogenes Weltethos, das in einer Rawlsianischen Theorie globaler Gerechtigkeit dann seinen allgemein anerkennungswürdigen philosophischen Ausdruck finden würde.

Je schwächer die Voraussetzungen einer Theorie, um so stärker ist die Theorie, um so größer ihre Geltungsreichweite. Sowohl Kant als auch die Rawlsianer bestätigen diese These. Kants Theorie ist voraussetzungsschwach und entwirft eine nationale wie internationale Rechtsordnung, die ein unverzichtbares und kategorisch verbindliches normatives Minimum von universeller, kulturinvarianter Geltung ist. Die Rawlsianische Theorie ist voraussetzungsstark und entwirft eine komplexe Gerechtigkeitsordnung für die binnenstaatliche und die globale Gesellschaft mit überbordendem Anspruch, der jedoch universell nicht eingelöst werden kann und als Verabsolutierung der partikularen Wertgrammatik privilegierter liberaler Bürger kritisiert werden muß. Bereits die Problembeschreibung, die nach dem Lösungstyp einer mit dem Differenzprinzip operierenden Verteilungsgerechtigkeit verlangt, ist kulturell codiert: das konfliktuelle Kooperationsschema ist eine Abbreviatur liberal-kapitalistischer Wirtschaftsorganisation, die ihrerseits massive Wertentscheidungen beinhaltet, die keinesfalls bedenkenlos universalisiert werden können. Es ist keinesfalls abwegig, sich Staaten und Kulturen vorzustellen, die sich weigern, die weltwirtschaftliche Interdependenz zu vergrößern, und vielmehr bemüht sind, ihre Independenz zu stärken, die sich den Uniformierungstendenzen des globalen Kapitalismus entgegenstemmen und sich um nationale Kontrolle der anonymen weltwirtschaftlichen Aktivitäten bemühen. Angehörige dieser Staaten und Kulturen würden sich durch die anonymisierten Verfassungswähler der Rawlsschen Ursprungssituation gerade nicht repräsentiert sehen, da sie sich nicht primär als individuelle Rechtsbesitzer, sondern als selbstbehauptungswillige Angehörige einer Kultur und Lebensform betrachten. Es ist keineswegs abwegiger, sich Staaten vorzustellen, deren Gerechtigkeitsbedürfnis sich mit den redistributiven Wohltaten des Differenzprinzips nicht zufriedenstellen läßt, die nicht im mindesten an einer Aufrechterhaltung des globalen Kooperationsschemas interessiert sind, sondern an seiner revolutionären Veränderung. Eine Gerechtigkeitssprache, die die Begriffe der Ausbeutung und der Deprivation noch nicht der anonymen Kooperationssprache von Wechselseitigkeit und Abhängigkeit geopfert hat, wird nach einer strukturellen Veränderung verlangen, nicht nach einer systembewahrenden Verteilungsreform. Innerhalb der Staaten mag die Unterstellung des kapitalistischen Konsenses plausibel sein, vor allem dann, wenn sich in der Theorie eine kapitalistische Welt über sich selbst verständigt, aber die Annahme, auch bei einer kontraktualistischen Begründung einer internationalen Gerechtigkeitstheorie von einem globalen kapitalistischen Konsens ausgehen zu können, ist völlig unbegründet. Damit ist nichts gegen eine kontraktualistische Begründung einer politischen Philosophie der internationalen Beziehungen gesagt, sondern nur deutlich gemacht, daß Voraussetzungsschwäche eine unerläßliche Gelingensbedingung eines solchen Unternehmens ist. Eine Theorie jedoch, die mit einem einstufigen Kontraktualismus arbeitet und noch dazu die normativen Prinzipien einer internationalen Gerechtigkeitsphilosophie als Verteilungsregeln für materiale und soziale Güter innerhalb eines kapitalistischen Systems auslegt, macht überaus starke Voraussetzungen. Gesetzt alle Bürger der Welt würden sich überhaupt auf das Verfahren einlassen, die erforderlichen Ordnungsprinzipien gemeinsam von einem Standpunkt der Unparteilichkeit aus zu entwickeln, so würden sie sich keinesfalls alle auf den voraussetzungsreichen Rawlsschen Sockel stellen und sich als Bewohner seiner, von Beitz, Pogge und anderen kosmopolitisch neuarrangierten Ursprungssituation verstehen können. Das ist nur für diejenigen selbstverständlich, die in der Ursprungssituation, in der Problembeschreibung, den Entscheidungsverfahren und den Prinzipien ihre kulturell codierten Gerechtigkeitsvorstellungen auf höchstem philosophischen Niveau ausgedrückt finden. Auch die Beitzsche internationale Ethik ist keine globale Theorie, sondern eine Philosophie für westlich-liberale Komplicen.

IV.

In seiner *Oxford Amnesty Lecture* von 1993 zeigt sich Rawls von der Kritik Beitz' und anderer an seinem gerechtigkeitstheoretisch halbierten Völkerrecht völlig unbeeindruckt. Er baut die kurze Passage aus seinem Buch von 1971 unbeirrt aus und weicht keinen Fußbreit vom Kantianismus seiner völkerrechtlichen Skizze ab. Ausdrücklich wehrt er sich gegen den individualistischen Kosmopolitismus seiner Schüler und hält an dem Zweistufigkeitsmodell der Gerechtigkeitsausdehnung fest: »I think it best to follow the two-level bottom-up procedure, beginning first with the principles of justice for the basic structure of domestic society and then moving upward and outward to the law of peoples.«[30] Rawls' Entscheidung für die zweistufige Begründung internationaler Rechtsbeziehungen wird durch ein interessantes methodologisches Argument gestützt.[31] Der kontraktualistische Konstruktivismus darf keinesfalls in dem Sinne als ein universales moralphilosophisches Erkenntnisverfahren aufgefaßt werden, daß mit ihm ein universell anzuwendendes, allzuständiges und kontextunabhängiges Prinzip ermittelt werden könnte; er sei nur in dem Sinne universell, daß es für nahezu jede moralphilosophische Problemstellung eingesetzt werden könne, *wobei jedoch die besondere Physiognomie der Problemstellung, der jeweils andere Kontext der Gerechtigkeit durch ein entsprechendes Neuarrangement des Urzustandsexperiments berücksichtigt werden müßte.* Im Fall der Anwendung des kontraktualistischen Konstruktivismus auf die Frage der Völkerrechtsbegründung zeigt sich der Einfluß der gewandelten Problemstellung in zweierlei: zum einen in einer Neubesetzung des Prinzipienwählergremiums, jetzt sind es nicht mehr Personen als Mitglieder einer zu ordnenden Gesellschaft, sondern Repräsentanten einer staatlichen Gemeinschaft, zum anderen in einer Restriktion des gerechtigkeitstheoretischen

30 John Rawls, »The Law of Peoples«, a.a.O., 66.
31 John Rawls, »The Law of Peoples«, a.a.O., 45 ff.

Erkenntnisprogramms: nur allseits anerkennungsfähige Regelungen des zwischenstaatlichen Verhaltens sind gefragt; Probleme der Verteilungsgerechtigkeit gehören nicht ins Völkerrecht und sind nach Rawls auch nicht im Rahmen einer Theorie des internationalen Rechts begründbar: »We do not need a liberal principle of distributive justice«,[32] wenn wir wissen wollen, wie sich Staaten, unabhängig davon, ob sie intern liberal geordnet sind oder nicht, gegeneinander verhalten sollen.[33]

Während der unbeschränkte Kosmopolitismus die Gerechtigkeitstheorie vollständig entpolitisiert und in eine Theorie der »international morality« verwandelt, die sich von jedem politischen Programm und jeder institutionellen Struktur unabhängig macht und allein mit der entgegenkommenden kosmopolitischen Gerechtigkeitsgesinnung der Weltbürger rechnet[34], läßt sich Rawls den völkerrechtlich zu regelnden Gerechtigkeitskontext von den politischen Verhältnissen vorgeben. Er geht von dem Faktum einer Pluralität von Staaten aus, die intern nicht alle gemäß den Prinzipien des Liberalismus verfaßt sind, und fragt nach einer allgemein zustimmungsfähigen, also von den Prinzipien des Liberalismus selbst nicht Gebrauch machenden Grundlage für die Regelung des zwischenstaatlichen Verhaltens. Er findet sie in den Menschenrechten, die er wie Kant als fundamentale Freiheitsrechte versteht; sie bilden eine »necessary condition of a regime's legitimacy and of the decency of its legal order«.[35] Diese politische Betrachtungsperspektive macht Rawls auch immun gegen den monokausalen Ökonomis-

32 Ebd., 229, Fn. 51.

33 »Although I think the difference principle is reasonable for domestic justice in a democratic society, it is not feasible as a way to deal with the general problem of unfavorable conditions among societies. For one thing, it belongs to the ideal theory for a democratic society and is not framed for our present case. More serious, there are various kinds of societies in the society of peoples and not all of them can reasonably be expected to accept any particular liberal principle of distributive justice; and even different liberal societies adopt different principles of their domestic institutions ... In our construction of the liberal law of peoples, therefore, liberal principles of domestic distributive justice are not generalized to answer questions about unfavorable conditions« (Rawls, »Law of Peoples«, a.a.O., 75).

34 Charles Beitz, *Political Theory and International Relations*, a.a.O., 182.

35 John Rawls, »Law of Peoples«, a.a.O. 71.

mus der Anhänger der kosmopolitischen Verteilungsgerechtigkeit, die die Fragen der natürlichen Ressourcen dramatisieren und in der ungleichen Verteilung natürlicher Ressourcen den größten Gerechtigkeitsskandal erblicken und dabei völlig übersehen, daß es eine Fülle von politischen, moralischen und kulturellen Ungerechtigkeitsursachen gibt, die völlig unabhängig von der Verteilung natürlicher Ressourcen wirksam werden; genauso wie umgekehrt auch wohlgeordnete liberale Gemeinwesen völlig unabhängig von einer reichen natürlichen Ressourcenausstattung entstehen und gedeihen können. Deutschland beispielsweise würde als rohstoffarmes Land in den Genuß der von Pogge vorgeschlagenen »global resources tax« kommen, die rohstoffreiche Länder zu entrichten hätten.[36] Nicht die Ressourcenungleichverteilung ist das Grundübel der Ungerechtigkeit, auch nicht die bestehenden ökonomischen Ungleichheiten, sondern der Krieg, der Terror, die Folter, die Unterdrückung, die Korruption.

The problem is often not the lack of natural resources. Many societies with unfavorable conditions don't lack for resources. Well-ordered societies can get on with very little; their wealth lies elsewhere: in their political and cultural traditions, in their human capital and knowledge, and in their capacity for political and economic organization. Rather, the problem is commonly the nature of the public culture and the religions and philosophical traditions that underlie its institutions. The great social evil in poorer societies are likely to be oppressive government and corrupt elites; the subjection of women abetted by unreasonable religion, with the resulting overpopulation relative to what the economy of the society can decently sustain.[37]

Rawls widerspricht hier implizit der Tendenz der Anhänger der kosmopolitischen Verteilungsgerechtigkeit, die politischen Struk-

36 Vgl. Thomas W. Pogge, »An Egalitarian Law of Peoples«, a.a.O.

37 John Rawls, »The Law of Peoples«, a.a.O., 77; vgl. »Person's adverse fate is more often to be born into a distorted and corrupt political culture than into a country lacking resources. The only principle that does away with that misfortune is to make the political traditions and culture of all people reasonable and able to sustain just political and social institutions that secure human rights« (229, Fn. 52). Und das erreicht man durch zwischenstaatlichen Frieden und kollektive Sicherheitspartnerschaft, offensive Menschenrechtspolitik und internationale Hilfsprogramme, aber nicht durch ein im institutionellen Nirgendwo hängendes »resource distribution principle«.

turen der unterentwickelten Länder von der politischen Verantwortung für die sozio-ökonomischen Bedingungen der Lebenssituation der Bevölkerung zu entlasten und alles der globalen Verteilungssituation und den von ihr angeblich profitierenden Industriestaaten anzulasten.

Rawls bekräftigt das grundlegende Argument Kants. Eine normative politische Philosophie der internationalen Beziehungen muß auf die Begründung, Ausformulierung und Etablierung einer internationalen Rechtsordnung zielen, auf eine globale Sicherheitspartnerschaft, deren Grundlage, Form und Ziel das Recht ist. Mit dieser vergleichsweise bescheidenen Zielsetzung ist angesichts von Völkermord, blutigen Stammesfehden, haßerfülltem Tribalismus allerorten, angesichts eines um sich greifenden und mit den modernsten Vernichtungswaffen ausgerüsteten Atavismus und eines wachsenden gewaltbereiten Fundamentalismus schon viel erreicht. Die Sozialdemokratisierung des Globus, eine internationale Ausweitung des in den politischen Idyllen der westlichen Industrienationen entwickelten wohlfahrtsstaatlichen Konzepts sozio-ökonomischer Gerechtigkeit gehört nicht zu den Aufgaben einer allgemein anerkennungsfähigen politischen Philosophie der internationalen Beziehungen.

Zusammenfassung

Ich habe vorne gezeigt, daß der staatsphilosophische Kontraktualismus klassischen Zuschnitts aus internen Gründen eine Weltstaatsphilosophie sein muß. Der Naturzustand kennt keine Nationalstaatsgrenzen, sondern ist globalen Zuschnitts; daher ist auch der durch den Vertrag herbeigeführte *status civilis* weltumspannend. Angesichts des Faktums der Pluralität von Staaten nun bieten sich der kontraktualistischen Philosophie drei Begründungswege an. Zum einen kann sie sich auf die Begründung einer innerstaatlichen Ordnung beschränken, dann müßte sie hinsichtlich der Frage einer internationalen Ordnung eine hobbesianische oder realistische Position beziehen. Sodann kann sie einen zweistufigen Kontraktualismus entwickeln und wie Kant und Rawls der kontraktualistischen Begründung einer innerstaatlichen Rechts- und Gerechtigkeitsordnung im Rahmen eines Vertrages zwischen Individuen die kontraktualistische Begründung einer interstaatlichen Rechts- und Gerechtigkeitsordnung im Rahmen eines Vertrages zwischen nationalstaatlichen Repräsentanten oder, wie Kant sagt, im Rahmen eines Staatenvertrags folgen lassen. Schließlich, und diesen Weg schlagen die Rawls-Kritiker ein, kann sie an einem einstufigen Kontraktualismus festhalten und das gerechtigkeitstheoretische Begründungsprogramm für nationalstaatliche Kontexte unmittelbar auf den globalen Bereich anwenden, muß dann aber die internationale Ethik von den institutionellen Strukturen der nationalstaatlichen Kontexte entkoppeln und den Preis der radikalen Entpolitisierung der globalen Gerechtigkeit entrichten. In der einstufig-kontraktualistischen Begründung einer internationalen Ethik werden aus dem normativen Individualismus uneingeschränkt gültige universalistische Prinzipien destilliert, die die Menschen mit gerechtigkeitsbegründeten Ansprüchen ausstatten, die eine globale, alle kontingenten nationalen Grenzen transzendierende Verbindlichkeit besitzen. Damit wird die staatliche Organisationsebene zwischen den Polen des Individualismus und des Kosmopolitismus kassiert; die nationalen Grenzen verlieren ihre rechtlich-moralische Bedeutung. Der prinzipienwählende, kontrahierende nationalstaatliche Repräsentant verschwindet völlig aus dem kontraktualistischen Begründungsarrangement und gibt seine Rolle an die Individuen zurück, die ihre gerechtigkeitstheoretische Grundlegungsarbeit jetzt zusätzlich unter der Perspektive des individuellen Weltbewohners angehen. Damit wird die institutionelle Hierarchie und das damit verbundene Obligationsgefälle nivelliert; es gibt keine ethisch-rechtliche Asymmetrie mehr, die die eigenen Bürger zu bevorzugten Adressaten der staatlichen Gerechtigkeits- und Wohlfahrtspolitik machen würde. Der Unterschied zwischen dem Bürgerstatus und dem Weltbürgerstatus wird gerechtigkeitstheoretisch belanglos. Besondere Verpflichtungen verdampfen angesichts des egalitaristischen Kosmopolitismus, der besonders dann bedrückend ist, wenn er das normative Anspruchsprofil der globalen Ethik nach dem komplexen Gerechtigkeitsbegriff der *Rawlsschen justice-as-fairness*-Theorie modelliert und die Individuen nicht nur verpflichtet, die menschenrechtlichen Ansprüche der negativen Freiheit universell zu achten, sondern auch die Nutzenposition und sozio-ökonomische Ausstattung der global Schlechtestgestellten zu maximieren. Es wäre konsequent, wenn die einstufig-kontraktualistische Begründung einer politischen Philosophie der internationalen Beziehungen auf die Etablierung eines Weltstaats aus wäre oder zumindest für die Einrichtung eines dichten Geflechts effektiver internationaler Institutionen argumentieren würde. Jedoch tut sie das nicht; ihr Kontraktualismus erzeugt zwar institutionelle Rechte, aber diese Rechte können sich auf keine Strukturen institutioneller Sicherung stützen, sie verbinden sich zu einem wolkigen, ethisch überspannten Globalethos, das seine Realisierungshoffnung allein auf den motivationsstarken Gerechtigkeitssinn eines homogenen globalen moralischen Bewußtseins setzen kann.

Der Vergleich zwischen den Theorien internationaler Beziehungen von Kant, Rawls und den rawlsianischen Anhängern eines uneingeschränkten Kosmopolitismus sollte Auskunft geben über die Gelingens- und Mißlingensbedingungen einer politischen Philosophie der internationalen Beziehungen. Es sollte deutlich geworden sein, daß dem Theorietyp des zweistufigen Kontraktualismus der Vorzug gebührt, daß eine politische Theorie der internationalen Beziehungen eine Theorie der Rechtsordnung und Sicherheitskooperation sein muß und keine Theorie einer globalen Verteilungsgerechtigkeit sein darf, daß sie an die institutionellen Kontexte der Staaten anschließen muß und sich nicht als Philosophie internationaler Moralität von den Implementierungsleistungen staatlicher und zwischenstaatlicher Institutionen und Strukturen unabhängig machen darf.

Zum Abschluß soll einem möglichen Mißverständnis vorgebeugt werden. Die Kritik des uneingeschränkten Kosmopolitismus impliziert keinesfalls die Negation jeder moralischen Verpflichtung der Staaten jenseits der grundlegenden Forderung, an der Herstellung einer internationalen Rechtsordnung mitzuwirken. Sie stellt kein indirektes Plädoyer für einen lifeboat-Darwinismus dar, der jede Form von normativ orientierter zwischenstaatlicher Hilferegelung als Störung notwendiger natürlicher Selektionsprozesse ablehnt.[38] Sie behauptet nur, daß eine normative politische Philosophie der internationalen Beziehungen als kosmopolitische Theorie der Verteilungsgerechtigkeit aus vielfältigen Gründen scheitern muß. Weder kann auf die Anbindung der normativen

38 Garrett Hardin, Lifeboat Ethics: »The Case Against Helping the Poor«, in: William Aiken/Hugh La Follette (Hg.), *World Hunger and Moral Obligation*, Englewood Cliffs, NJ.: Prentice Hall 1977, 11-21.

internationalen Prinzipien an die staatlichen Strukturen und politischen Systeme zugunsten einer individualistischen globalen Moralität ohne jeden institutionellen Kontext verzichtet werden noch darf die prinzipielle Vorrangigkeit der rechtlichen Ordnungsdimension zugunsten einer globalen Umverteilungsmoral geopfert werden. Eine normative Theorie der internationalen Beziehungen muß eine institutionalistische und eine politische Theorie sein; sie muß eine Theorie des globalen Rechtsfriedens und der internationalen Sicherheitskooperation sein. Damit ist eine globale Solidaritätsverpflichtung der Staaten nicht geleugnet, nur hat diese nicht den Grund in einem globalen Menschenrecht auf einen fairen Anteil an den natürlichen Ressourcen und den kooperativ erwirtschafteten Gütern; auch hat sie nicht die Gestalt einer Maximierungsverpflichtung gegenüber den global Schlechtestgestellten, die sich, wie es das Differenzprinzip verlangt, Armutsstufe um Armutsstufe nach oben zu arbeiten hätte, bis der globale sozioökonomische Egalisierungsprozeß so weit vorangetrieben worden wäre, daß nur noch das produktivitätssichernde Minimum an Ungleichheit bestehen würde. Die globale Solidaritätsverpflichtung findet ihre Rechtfertigung nicht in einer Theorie der globalen Verteilungsgerechtigkeit, sondern in einer konsequenten Menschenrechtspolitik; sie findet ihren strukturpolitischen Ausdruck in okkasionellen und strukturellen Hilfsprogrammen, in zwischenstaatlichen Wirtschaftsförderungsmaßnahmen und in den Bemühungen um eine gerechtere Weltwirtschaftsordnung, die allesamt im Rahmen der traditionellen Aufgabenbereiche der staatlichen Außen-, Außenwirtschafts- und Entwicklungspolitik entwickelt, durchgeführt und verantwortet werden.

Peter Koller
Frieden und Gerechtigkeit in einer geteilten Welt

Einleitende Bemerkungen

Kants Schrift *Zum ewigen Frieden* hat bei ihrem Erscheinen vor zweihundert Jahren sofort enormen Widerhall gefunden, und sie gilt bis heute zu Recht als einer der großen Meilensteine der Theorie des Völkerrechts und der internationalen Beziehungen.[1] Gegenüber früheren Friedenskonzeptionen stellt sie sowohl in theoretischer wie auch in praktischer Hinsicht einen bedeutenden Fortschritt dar. Die Kantische Konzeption hat nicht nur das Verständnis zwischenstaatlicher Verhältnisse um einige neue und grundlegende Einsichten bereichert, sondern auch für geraume Zeit ein zukunftsweisendes Programm der internationalen Friedensstiftung geboten. Ich möchte nur einige ihrer Meriten hervorheben.[2]

1 Ich zitiere Kants Friedensschrift (EF) im folgenden nach dem Abdruck in der Suhrkamp-Ausgabe: Immanuel Kant, *Schriften zur Anthropologie, Geschichtsphilosophie, Politik und Pädagogik 1*, Werkausgabe Bd. XI, hg. von Wilhelm Weischedel, Frankfurt 1968, S. 193-251. Über diese Schrift hinaus sind die folgenden Werke Kants relevant: »Über den Gemeinspruch: Das mag in der Theorie richtig sein, taugt aber nicht für die Praxis«, in: ebd., S. 125-172, 165 ff.; *Die Metaphysik der Sitten* (MS), Werkausgabe Bd. VIII, hg. von Wilhelm Weischedel, Frankfurt 1968, S. 466-479.

2 Zur Bedeutung und Rezeption von Kants Friedenskonzeption siehe: Sylvester John Hemleben, *Plans for World Peace through Six Centuries*, Chicago 1943, S. 87 ff.; Kenneth N. Waltz, »Kant, Liberalism, and War«, in: *The American Political Science Review* 56 (1962), S. 331-340; F. H. Hinsley, *Power and the Pursuit of Peace*, Cambridge 1963, 62 ff.; Zwi Batscha/Richard Saage (Hg.), *Friedensutopien*, Frankfurt 1979, S. 7 ff.; Georg Geismann, »Kants Rechtslehre vom Weltfrieden«, in: *Zeitschrift für philosophische Forschung* 37 (1983), S. 363-388; Otfried Höffe, *Kategorische Rechtsprinzipien*, Frankfurt 1990, Kap. 9, S. 249-279, Wolfgang Kersting, *Wohlgeordnete Freiheit*, Taschenbuchausgabe, Frankfurt 1993, S. 67-83.

Gegen die Auffassung der älteren politischen Philosophie und des klassischen Völkerrechts hat Kant erstens überzeugend dargetan, daß die *Moral* für die Beziehungen zwischen Völkern und Staaten ebenso Geltung besitzt wie für das wechselseitige Verhalten der einzelnen Menschen. Die Staaten sind demnach nicht berechtigt, sich in ihren gegenseitigen Beziehungen allein vom Ziel der Verfolgung ihrer eigenen Interessen leiten zu lassen. Sie sind vielmehr den Forderungen der moralisch-praktischen Vernunft unterworfen, die kategorisch gebietet, den Krieg zu vermeiden und einen dauerhaften Frieden anzustreben. Daraus ergibt sich für alle Staaten die *moralische Pflicht*, den Naturzustand internationalen Unfriedens zu überwinden und einen *rechtlichen Zustand* zu begründen, der die gleiche Freiheit aller Völker wirksam sichert.[3]
Zweitens hat Kant eindrucksvoll gezeigt, daß weder moralische Appelle noch das Selbstinteresse der Staaten allein einen dauerhaften Friedenszustand zu garantieren vermögen, sondern daß ein solcher Zustand nur im Rahmen einer allgemein verbindlichen *rechtlichen Ordnung* möglich ist. Und er erkannte, daß eine solche Ordnung nicht nur gewisse Regeln des zwischenstaatlichen Verhaltens, sondern auch eine entsprechende *interne Verfassung* der beteiligten Staaten verlangt. So argumentierte er, eine dauerhafte Friedensordnung setze voraus, daß die Staaten eine *republikanische* Verfassung haben, eine nicht-despotische, rechtsstaatliche Regierungsform, in der die Staatsgewalt entsprechend dem allgemeinen Willen der Bürger ausgeübt wird. Denn sofern Kriege der vernünftigen Zustimmung der Bürger der beteiligten Staaten bedürften, würden sie nur noch selten geführt werden.[4]
Ein dritter Vorzug von Kants Konzeption besteht darin, daß sie das Ideal eines dauernden Friedens nicht nur einfach moralisch postuliert, sondern sich auch mit der Frage auseinandersetzt, wie dieses Ideal mit der *Realität zwischenstaatlichen Handelns* ver-

3 Siehe dazu EF, Anhang, S. 228 ff.; Gemeinspruch, S. 169 f.; MS, S. 477 f. Allgemein zur Frage der Anwendbarkeit der Moral auf internationale Beziehungen: Charles R. Beitz, *Political Theory and International Relations*, Princeton, N. J. 1979, S. 11-66; Stanley Hoffmann, *Duties Beyond Borders*, Syracuse, N. Y. 1981, S. 1-43; Thomas W. Pogge, *Realizing Rawls*, Ithaca – London 1989, S. 211 ff.; Peter Rinderle, »Die Idee einer wohlgeordneten Staatengemeinschaft«, in: *Politische Vierteljahresschrift* 35 (1994), S. 658-698.

4 Vgl. EF, S. 204 ff.; MS, S. 467 ff.

mittelt werden kann, in der das Recht des Stärkeren regiert und für moralisches Handeln wenig Raum besteht. Kant war sich der Schwierigkeiten, die der Verwirklichung einer friedlichen Weltordnung entgegenstehen, vollkommen bewußt. Er hat deshalb auch gar nicht angenommen, sie lasse sich sozusagen mit einem Schlag auf direktem Wege realisieren. Er glaubte aber an die Möglichkeit, durch entsprechende institutionelle Reformen nach und nach eine Annäherung an eine solche Ordnung zu erreichen.[5]

Trotz ihrer unbestreitbaren Meriten leidet Kants Konzeption an einigen gravierenden Unzulänglichkeiten, die ihre theoretische Überzeugungskraft wie auch ihren praktischen Nutzen erheblich schmälern. Obwohl diese Unzulänglichkeiten vor dem Hintergrund der tiefgreifenden Veränderungen der Welt in den letzten zwei Jahrhunderten deutlicher hervortreten, sind sie im wesentlichen schon im konzeptuellen Rahmen der Kantischen Theorie angelegt. Es scheint mir daher äußerst zweifelhaft, daß uns diese Theorie auch heute noch eine angemessene Vorstellung einer friedlichen und gerechten Weltordnung zu bieten vermag.

Ich möchte im folgenden zuerst die Kantsche Vorstellung einer internationalen Friedensordnung etwas näher betrachten und ihre gravierendsten Schwachstellen aufzeigen. Im Anschluß daran werde ich dann versuchen, die Grundlinien einer Theorie zu skizzieren, die zwar an die von Kant erreichten Einsichten anknüpft, aber den kritischen Einwänden gegen seine Konzeption Rechnung trägt.

1. Zur Kritik der Kantischen Friedenskonzeption

Kants Vorstellung einer internationalen Friedensordnung

Kant faßt die *Bedingungen*, die nach seiner Ansicht erfüllt sein müssen, um einen dauerhaften Weltfrieden zu ermöglichen, in der Form eines zweistufigen Friedensvertrags zusammen, der in sechs Präliminar- und drei Definitivartikel untergliedert ist. Während die Präliminarartikel die negativen Unterlassungsgebote angeben,

5 Siehe dazu vor allem: EF, Erster Zusatz, S. 217 ff.; MS, S. 474 f.

die die Staaten unbedingt einhalten müssen, um zunächst einmal den zwischen ihnen bestehenden Kriegszustand zu beenden, bringen die Definitivartikel die positiven Handlungsgebote zum Ausdruck, die einen dauerhaften Frieden gewährleisten sollen.[6] Die Artikel enthalten unter anderem die folgenden Grundsätze:

– »Kein Staat soll sich in die Verfassung und Regierung eines andern Staats gewalttätig einmischen.« (5. Präliminarartikel)[7] Dieser Grundsatz, das bekannte *Prinzip der Nichtintervention*, impliziert die Annahme der *Autonomie der Staaten*, nach der jeder Staat als ein selbständiges und freies Gemeinwesen das Recht besitzt, seine inneren Angelegenheiten frei von äußerer Einmischung zu regeln.

– »Das Völkerrecht soll auf einen Föderalismus freier Staaten gegründet sein.« (2. Definitivartikel)[8] Das bedeutet, daß sich die Staaten zur Regelung ihrer wechselseitigen Beziehungen zu einem dezentralen, auf freiwilliger Kooperation beruhenden und jederzeit auflösbaren Staatenbund zusammenschließen sollen, ohne ihre Unabhängigkeit zugunsten einer übergeordneten Rechtsmacht aufzugeben. Die Idee eines Weltstaates als einer überstaatlichen Zwangsgewalt wird von Kant verworfen. Damit nimmt er an, daß jeder Staat nicht nur innere Autonomie, sondern auch in seinen äußeren Beziehungen *uneingeschränkte Souveränität* besitzt, also keiner übergeordneten Zwangsgewalt unterworfen ist. Die Gebote des zwischenstaatlichen Verhaltens, die sich aus dem Prinzip der Nichtintervention sowie aus internationalen Verträgen ergeben, können daher nur durch zwischenstaatliche Vergeltungsmaßnahmen erzwungen werden.

– »Das Weltbürgerrecht soll auf die Bedingungen der allgemeinen Hospitalität eingeschränkt sein.« (3. Definitivartikel)[9] Dieser Grundsatz schließt nach Kant die folgenden Verhaltensregeln ein: 1. jeder Staat ist berechtigt, Fremde abzuweisen, sofern dies nicht deren Untergang zur Folge hat; 2. Fremde haben in jedem Land, das sie erlaubterweise besuchen, ein Recht darauf, nicht feindselig behandelt zu werden; und 3. Fremde sind zwar berechtigt, den

6 Siehe dazu und zur Interpretation der Artikel die erhellende Darstellung von Georg Geismann, »Kants Rechtslehre vom Weltfrieden« (wie Anm. 2), S. 368 ff.

7 EF, S. 199.

8 EF, S. 208.

9 EF, S. 213.

Einwohnern anderer Länder einen wechselseitig vorteilhaften Tauschverkehr anzubieten, sie haben aber nicht das Recht, andere Völker zu einem solchen Verkehr zu zwingen oder sie unter dem Vorwand eines solchen Verkehrs zu unterdrücken. Während die Regeln 1 und 3 wiederum den Prinzipien der Autonomie und der Souveränität jedes Staates Ausdruck verleihen, erlegt nur die 2. Regel allen Staaten eine – sehr schwache – Pflicht gegenüber Fremden auf, die allerdings in Ermangelung einer überstaatlichen Zwangsgewalt nur im Wege zwischenstaatlicher Vergeltungsmaßnahmen durchgesetzt werden kann.

Nimmt man die genannten Grundsätze zusammen, so zeigen sich die Konturen einer internationalen Ordnung, die in einem deutlichen *Kontrast* zu dem moralischen Endzweck steht, den sie realisieren soll. Dieser Kontrast tritt in den folgenden Antagonismen zwischen moralischen Forderungen und ihrer politischen Umsetzung zutage: (1) Obwohl ein globaler Friedenszustand nach Kant gerade darum moralisch gefordert ist, weil die *Rechte der Menschen* über den Wirkungsbereich der Staaten hinaus auch auf internationaler Ebene gesichert werden sollen, nimmt die von ihm konzipierte Ordnung ausschließlich auf die wechselseitigen Beziehungen der *Staaten* als selbständiger Akteure Bezug und läßt das Schicksal der einzelnen Menschen vollkommen außer Betracht. (2) Trotz der Annahme, daß die Staaten in ihrem *gegenseitigen Verhalten* gewissen Geboten der praktischen Vernunft unterworfen sind, haben sie dennoch *uneingeschränkte Souveränität*, weshalb diese Gebote nur durch zwischenstaatliche Vergeltungsmaßnahmen, nicht aber durch die Zwangsbefugnisse einer überstaatlichen Autorität durchgesetzt werden können. (3) Obwohl die Staaten auch bezüglich ihrer *inneren Verfassung* bestimmten Forderungen der Moral unterliegen, darf kein Staat durch andere gewaltsam zur Einhaltung dieser Forderungen gezwungen werden.

Diese Antagonismen zwischen Moral und Politik resultieren aus gewissen *Voraussetzungen* teils begrifflicher, teils empirischer Natur, die der Kantischen Konzeption entweder ausdrücklich oder bloß stillschweigend zugrunde liegen. Dazu gehören die folgenden: (a) die Annahme der moralischen Autonomie der Staaten, (b) die These der Unmöglichkeit einer überstaatlichen rechtlichen Autorität und (c) die Annahme der Separiertheit der diversen staatlichen Gesellschaften. Ich möchte diese Voraussetzungen etwas näher betrachten.

Staaten, so meint Kant, »können wie einzelne Menschen beurteilt werden, [...] deren jeder, um seiner Sicherheit willen, von dem andern fordern kann und soll, mit ihm in eine, der bürgerlichen ähnliche, Verfassung zu treten, wo jedem sein Recht gesichert werden kann«.[10] Diese Annahme mag harmlos klingen, sie hat aber tiefgreifende Konsequenzen. Denn sie impliziert, daß Staaten einen *moralischen Status* besitzen, der jenem einzelner Menschen vergleichbar ist. Und dies heißt, ihnen Eigenwert und moralische Autonomie zuzuschreiben. Jeder bestehende Staat, wie despotisch und aggressiv er auch sein mag, wird demgemäß als eine moralische Person aufgefaßt, die ihren Zweck in sich selber trägt und darum ein *unantastbares Recht auf Anerkennung* besitzt. Und dies zieht zugleich die Folge nach sich, daß sich die Rechte der Einzelmenschen im Rahmen der zwischenstaatlichen Beziehungen in nichts auflösen. Welche Gründe mögen Kant zu dieser Annahme bewogen haben, die sich mit seiner individuenzentrierten Moral- und Rechtsphilosophie schwer verträgt? Soweit ich sehe, kommen zwei Gründe in Betracht.

Der erste Grund ist Kants Ansicht, daß jeder bestehende Staat schon deswegen unbedingte Achtung verdient, weil seine Existenz zwar keine hinreichende, aber doch eine *notwendige Bedingung der Sicherung der Rechte jedes Menschen* ist.[11] Diese Ansicht hat zwar einiges für sich, sie ist aber in der allgemeinen Form, in der sie von Kant vertreten wird, nicht akzeptabel. Sie leuchtet ein, soweit eine staatliche Ordnung, mag sie auch erhebliche Mängel haben, für ihre Bürger immer noch besser ist als ein Zustand sozialen Unfriedens, den eine Revolution oder eine gewaltsame Intervention von außen hervorrufen kann. Aber es gibt Staaten, die diese Bedingung offensichtlich *nicht* erfüllen, etwa solche, die die fundamentalsten Menschenrechte der Bürger ständig mit Füßen treten, oder solche, die Minderheiten grausam verfolgen oder gar mit dem Tode bedrohen. Verglichen mit solchen Staaten kann selbst ein Kriegszustand als vorzugswürdig erscheinen, und es wäre daher absurd, ihnen ein Existenzrecht zuzusprechen, das auf

10 EF, S. 208 f.; vgl. MS, S. 466 f.

11 Vgl. EF, S. 223 f.; MS, S. 422 ff., 429 ff., 437 ff.

der Ebene internationaler Beziehungen unbedingten Respekt verdient.

Der zweite Grund besagt, daß ein allgemeiner Friedenszustand zwischen den Staaten überhaupt nur unter der Voraussetzung der *allseitigen Anerkennung des Existenzrechts jedes bestehenden Staates* ungeachtet seiner inneren Verfassung möglich ist, weil ohne dieses Recht kein Staat in seinem Bestand sicher wäre und darum auch seinerseits keinen Anlaß hätte, Frieden zu halten.[12] Auch dieser Grund ist nur mit Einschränkungen triftig. Denn er läßt den *Preis* gänzlich außer acht, den die Menschen für einen solchen Frieden möglicherweise zahlen müssen. Er setzt nämlich voraus, daß nur die folgende Alternative besteht: entweder allgemeiner Frieden, d. h. Frieden zwischen *allen* Staaten, oder *gar kein* Frieden, also allgemeiner Kriegszustand. Bestünde nur diese Alternative, so würden sich vernünftige Menschen wohl für die erste Möglichkeit entscheiden, obwohl sie damit auch solchen Staaten ein Existenzrecht einräumen müßten, die die Rechte der Bürger gröblichst verletzen. Aber es trifft einfach nicht zu, daß nur diese Wahlmöglichkeit existiert. Zwischen einem Zustand allgemeinen Friedens und einem allgemeinen Kriegszustand gibt es verschiedene Zwischenstufen, je nachdem, welche Arten von Staaten in den Friedenszustand einbezogen sind. Eine der möglichen Alternativen lautet z. B. so: entweder Frieden zwischen *allen* Staaten, gleichgültig, wie ihre innere Ordnung immer beschaffen sein mag, oder Frieden nur zwischen allen jenen Staaten, die *wenigstens im großen und ganzen die grundlegenden Menschenrechte respektieren.* In diesem Fall ist es nicht mehr so klar, ob ein allgemeiner Frieden unter allen Bedingungen vorzuziehen ist. Die zweite Option scheint zumindest dann den Vorzug zu verdienen, wenn es realistische Chancen gibt, durch die allgemeine Ächtung von Staaten, die die Menschenrechte gröblichst verletzen, die Respektierung dieser Rechte zu fördern. Und diese Bedingung ist dann erfüllt, wenn es eine hinreichend große Menge von Staaten gibt, die die Menschenrechte nicht nur selber respektieren, sondern auch bereit sind, diese Rechte im Verkehr mit anderen Staaten zu verteidigen.

Aus alledem geht hervor, daß die Annahme der moralischen Autonomie der Staaten in der uneingeschränkten Form, in der sie

12 In diesem Sinne: EF, S. 210ff.; MS, S. 470f.

von Kant vertreten wird, nicht aufrechtzuerhalten ist. Daraus folgt jedoch nicht, daß der Existenz von Staaten gar kein moralischer Wert zukommt. Im Gegenteil: Wenn es zutrifft, daß ein friedliches und gedeihliches Zusammenleben der Menschen unter den Bedingungen differenzierter Gesellschaften nur im Rahmen staatlich organisierter Gemeinwesen möglich ist, dann haben Staaten zweifellos ein moralisches Gewicht, das viele einzelne Rechte von Individuen überwiegt. Aber es macht keinen Sinn, die Existenz von Staaten als Selbstzweck aufzufassen, der von den Rechten der Menschen gänzlich unabhängig ist. Und es gibt daher auch keinen Grund, ein uneingeschränktes Recht jedes bestehenden Staates auf Existenz zu postulieren, das Eingriffe in seine inneren Angelegenheiten in jedem Falle ausschließt.

Die These der Unmöglichkeit einer überstaatlichen Autorität

Obwohl nach Kant alle Staaten, ebenso wie zuvor schon alle Einzelpersonen, moralisch verpflichtet sind, den anfänglichen Zustand ungeregelter Friedlosigkeit zu verlassen und sich einer rechtlichen Ordnung zu unterwerfen, ist er der Ansicht, daß diese Ordnung, anders als die bürgerliche, nicht die Form einer *staatlichen* Ordnung haben kann. Einen *Völker-* oder *Weltstaat,* also eine überstaatliche gesetzgebende Autorität, die zugleich über entsprechende Zwangsbefugnisse verfügt, lehnt Kant als unmöglich ab. Die einzige Form einer internationalen Ordnung, die er für möglich und mit der Existenz verschiedener Staaten für vereinbar hält, ist ein Völkerbund, d. h. eine föderative Vereinigung freier Staaten, die auf freiwilliger Kooperation beruht und jederzeit auflösbar ist.[13] Kant stützt diese Ansicht im wesentlichen auf zwei Argumente, auf ein analytisches und ein empirisches Argument.

Das *analytische* Argument lautet so: Die Forderung, daß die Staaten in einen Völkerstaat eintreten sollen, führe in einen Widerspruch, »weil ein jeder Staat das Verhältnis eines Oberen (Gesetzgebenden) zu einem Unteren (Gehorchenden, nämlich dem Volk) enthält, viele Völker aber in einem Staate nur ein Volk ausmachen

13 Vgl. EF, S. 208 ff., 246 f.; MS, S. 474 f.

würden, welches [...] der Voraussetzung widerspricht«.[14] Doch dieses Argument ist pure Sophisterei, die auf einem begrifflichen Taschenspielertrick beruht. Setzt man schon im Begriff des Staates dessen unbeschränkte Souveränität voraus und geht man von der Existenz verschiedener Staaten aus, so folgt mit logischer Notwendigkeit, daß eine überstaatliche rechtliche Autorität mit Gesetzgebungs- und Zwangsbefugnissen unmöglich ist. Aber eine solche Begriffsverwendung ist kaum zweckmäßig, wenn es darum geht, nach den möglichen Formen einer Einbindung der Staaten in eine Ordnung zu suchen, die globale Befriedung und Gerechtigkeit bringen soll. Ebensowenig wie es innerhalb von Staaten einer absoluten Herrschaftsgewalt bedarf, um die Rechte der Menschen zu sichern, erfordert die Vielfalt von Staaten deren ungeteilte äußere Souveränität. Nichts hindert uns, wie Wolfgang Kersting treffend betont, »ein gestuftes Souveränitätskonzept anzuwenden und den Friedensimperativ der reinen Rechtsvernunft als Aufforderung zu konkretisieren, durch geeignete Teilsouveränitätsverzichte zwischen und über den Staaten ein institutionelles System subsidiärer Staatlichkeit zu etablieren, das die Rechtlosigkeit zwischen den Staaten beendet und ein gesetzmäßiges äußeres Staatenverhältnis etabliert«.[15]Kant scheint mit dem analytischen Argument selber nicht recht zufrieden gewesen zu sein. Denn erstens deuten, nach Ansicht mancher Kant-Experten, einige Bemerkungen von ihm darauf hin, daß er als das anzustrebende, wenn auch kaum erreichbare Ideal einer Weltverfassung eine »Republik freier verbündeter Völker« betrachtete, eine globale Rechtsgemeinschaft, »innerhalb derer es eine Vielfalt sich selber ›verwaltender‹, staatsrechtlich unabhängiger und insofern freier Völker, gleichsam ›autonome Regionen‹ gibt«.[16] Zweitens hätte er, wenn er das analytische Argument für durchschlagend gehalten hätte, auf ein empirisches Argument ohne weiteres verzichten können. Das *empirische* Argument besagt, ein Zustand der Absonderung vieler unabhängiger Staaten sei trotz seiner Unzulänglichkeiten dennoch in jedem Falle besser »als die Zusammenschmelzung derselben, durch eine die andere überwachsende und in eine Universalmonarchie übergehende Macht, weil die Gesetze mit dem

14 EF, S. 209.
15 Kersting, *Wohlgeordnete Freiheit* (wie Anm. 2), S. 75.
16 Geismann, »Kants Rechtslehre vom Weltfrieden« (wie Anm. 2), S. 383.

vergrößerten Umfange der Regierung immer mehr an ihrem Nachdruck einbüßen, und ein seelenloser Despotism, nachdem er die Keime des Guten ausgerottet hat, zuletzt doch in Anarchie verfällt«.[17] Ich kann mich hier nicht im einzelnen darauf einlassen, ob und inwieweit dieses Argument sachlich richtig ist. Zwar trifft die Behauptung, daß die Gesetze eines Staates mit dessen zunehmender Größe an Wirksamkeit verlieren, in dieser einfachen Form sicher nicht zu. Aber Kant dürfte darin recht haben, daß – unter den politischen, militärischen und technischen Bedingungen seiner und wohl auch unserer Zeit – dem Versuch, ein zentralisiertes Weltimperium zu gründen, wenig Erfolg beschieden wäre. Denn ein solches Imperium würde mit großer Wahrscheinlichkeit bald wieder in verschiedene einzelne Staaten zerfallen. Doch darauf kommt es gar nicht an. Worauf es ankommt, ist vielmehr Kants Folgerung, die Unrealisierbarkeit bzw. Unerwünschtheit eines einheitlichen und zentralisierten Weltstaates erweise die Unmöglichkeit *jeder* Form einer transnationalen, die Souveränität der Einzelstaaten einschränkenden rechtlichen Gewalt.

Diese Folgerung kann schon deshalb nicht überzeugen, weil sie auf der falschen Prämisse beruht, es bestehe nur die folgende Alternative: entweder globaler Einheitsstaat oder eine Vielheit vollkommen souveräner Staaten. Diese Alternative geht in zwei Hinsichten fehl, nämlich sowohl was die Ausdehnung als auch die Organisationsform transnationaler Rechtsgemeinschaften betrifft. Zum einen besteht die Möglichkeit, daß mehrere Staaten größere Einheiten territorial *begrenzten Umfangs* bilden, was für sie zu einem Zuwachs an Sicherheit führen kann. Zum anderen sind, wie das Beispiel der Europäischen Gemeinschaften zeigt, vielfältige Formen der Assoziation möglich, die einen *Mittelweg* zwischen einem globalen Zentralstaat und einem Nebeneinander vollständig souveräner Einzelstaaten darstellen: nämlich *föderalistisch gegliederte und subsidiär gestufte Staatengemeinschaften mit supranationalen Organen*, denen begrenzte Rechtsetzungs- und Zwangsbefugnisse zukommen.

17 EF, S. 225.

Die Annahme der Separiertheit der Gesellschaften

Kant bringt diese Annahme zwar nirgendwo explizit zum Ausdruck, aber er muß sie voraussetzen, wenn seine ganze Vorstellung der zwischenstaatlichen Beziehungen Sinn ergeben soll. Die Annahme könnte etwa so formuliert werden: Die Welt besteht aus einer Vielzahl von Völkern, d. h. staatlichen Gesellschaften, die im großen und ganzen unabhängig voneinander existieren und von denen jede die für ihr Bestehen und Gedeihen erforderlichen Leistungen im wesentlichen selber zu erbringen vermag. Dies schließt wechselseitige Tauschbeziehungen zwischen verschiedenen Gesellschaften und vielfältige Kontakte zwischen deren Bürgern nicht aus, aber sie unterstellt, daß diese Tauschbeziehungen und Kontakte noch nicht jenes Ausmaß arbeitsteiliger Kooperation erreichen, das die einzelnen Gesellschaften bei der Bewältigung der wesentlichen Aufgaben ihres sozialen Lebens voneinander abhängig macht. Die Kantische Konzeption zwischenstaatlicher Beziehungen macht von dieser Annahme deshalb Gebrauch, weil sie die wechselseitigen Ansprüche der staatlichen Gesellschaften gegeneinander strikt auf die Sicherung der Unabhängigkeit und Freiheit aller begrenzt. Und das ist nur dann sinnvoll, wenn angenommen wird, daß jede staatliche Gesellschaft über den ihr zukommenden Anteil an Land und natürlichen Ressourcen verfügt und in der Sicherung der Bedingungen ihres Lebens von anderen weitgehend unabhängig ist.[18]

Doch diese Annahme hat schon zu Kants Zeiten der Realität nicht entsprochen, und sie ist seither vollends zur Fiktion geworden. Die einzelnen Gesellschaften unserer heutigen Welt existieren nicht als selbstgenügsame soziale Gemeinschaften unabhängig voneinander, sondern sie wachsen in zunehmendem Maße zu einem *System globaler Kooperation und Interdependenz* zusammen. Diese Entwicklung ist vor allem durch die folgenden

18 Siehe hierzu die ausführlichen Erörterungen bei Charles R. Beitz, »Justice and International Relations«, in: *Philosophy and Public Affairs* 4 (1975), S. 360-389; ders., *Political Theory and International Relations* (wie Anm. 3), S. 67 ff.; ders.; »Sovereignty and Morality in International Affairs«, in: *Political Theory Today*, hg. von David Held, Cambridge 1991, S. 236-254; Thomas W. Pogge, *Realizing Rawls* (wie Anm. 3), S. 240 ff.

Umstände bedingt: die fortschreitende *wirtschaftliche Arbeitsteilung* zwischen den verschiedenen Nationalgesellschaften, die steigende *politische Abhängigkeit* der Nationen, die zunehmenden *Migrationsbewegungen* zwischen den Ländern dieser Erde, und die anwachsenden und auch immer sichtbarer werdenden *ökologischen Wechselwirkungen* des Lebens der einzelnen Gesellschaften.

Alle diese Umstände, die sich ihrerseits wechselseitig ergänzen und verstärken, lassen die einzelnen Gesellschaften immer mehr als interdependente Teile einer umfassenden Weltgemeinschaft erscheinen. Aus moralischer Perspektive betrachtet, entstehen daraus für das Verhältnis zwischen den einzelnen Gesellschaften moralische Verpflichtungen, die das Verbot der Nichtschädigung durch gewaltsame Intervention bei weitem übersteigen. Denn in dem Maße, in dem die verschiedenen Nationen zu einem System wechselseitiger Kooperation und Abhängigkeit zusammenwachsen, unterliegen ihre Beziehungen nicht allein den Geboten der universellen Humanität, sondern zugleich auch den Forderungen der *distributiven Gerechtigkeit*. Worin immer diese Forderungen im einzelnen bestehen mögen, sie verlangen jedenfalls soviel, daß die aus der weltweiten Zusammenarbeit und Abhängigkeit resultierenden Vorteile und Lasten gerecht, d.h. auf eine für alle beteiligten Völker annehmbare Weise verteilt werden.[19]

Wenn die bisherigen Überlegungen zutreffen, dann kann die Auffassung Kants, daß sich die Völker in ihrem Verkehr nicht mehr als die wechselseitige Sicherung ihrer Unabhängigkeit und Freiheit schulden, nicht richtig sein. Damit erweist sich aber seine ganze Theorie einer friedlichen und gerechten Weltordnung als defizient. Dieser Befund legt die Frage nahe, wie denn eine Theorie globaler Gerechtigkeit aussehen könnte, die unserer heutigen Welt besser Rechnung trägt.

19 Vgl. Pogge, *Realizing Rawls*, (wie Anm. 3), S. 240ff.; Onora O'Neill, »Transnational Justice«, in: *Political Theory Today*, hg. von David Held, Cambridge 1991, S. 276-304; dies., »Grenzen der Gerechtigkeit«, in: *Probleme der internationalen Gerechtigkeit*, hg. von Karl Graf Ballestrem und Bernhard Sutor, München 1993, S. 9-20.

11. Grundlinien einer Theorie globaler Gerechtigkeit

Normative Grundlagen internationaler Gerechtigkeit

Es kann hier nicht darum gehen, eine gehaltvolle Konzeption internationaler Gerechtigkeit zu entwickeln, aus der sich mehr oder minder konkrete Anforderungen an die zwischenstaatlichen Beziehungen unter den Bedingungen der heutigen Welt ableiten lassen. Da eine solche Konzeption nur auf der Grundlage einer fundierten Kenntnis der vielfältigen empirischen Zusammenhänge zwischen den einzelnen Staaten und Gesellschaften möglich ist, würde sie nicht nur den zur Verfügung stehenden Platz, sondern auch meine fachliche Kompetenz bei weitem überschreiten. Mein Ziel ist viel bescheidener: Ich möchte nur einige der Probleme aufwerfen, die mir für jede normative Theorie internationaler Beziehungen von fundamentaler Bedeutung zu sein scheinen, um damit in knappen Strichen den Grundriß einer derartigen Theorie zu skizzieren.

Ein erstes Problem betrifft den *normativen Maßstab,* an dem sich die moralische Bewertung internationaler Beziehungen orientieren soll. Jede Konzeption globaler Gerechtigkeit muß einen solchen Maßstab annehmen, um die möglichen Formen zwischenstaatlichen Verhaltens bewerten und die Anforderungen an eine internationale Ordnung bestimmen zu können. Worin dieser Maßstab bestehen soll, ist offenbar nicht selbstverständlich. Kants oberster Maßstab ist, wie wir gesehen haben, die Annahme einer – der Autonomie der Einzelmenschen analogen – Autonomie der Staaten, woraus sich die Forderung ergibt, daß die internationale Ordnung einzig und allein die Freiheit und Unabhängigkeit der Staaten sichern muß, auch wenn dabei die Rechte der Menschen auf der Strecke bleiben. Ich bin der Ansicht, daß dieser Maßstab mit einer angemessenen Konzeption von Moral unvereinbar und deshalb unannehmbar ist.[20]

Sofern eine rationale Begründung moralischer Normen überhaupt möglich ist, kann sie sich auf keine andere Grundlage stützen als auf die vernünftige Einsicht der Menschen als freier und gleicher

20 Vgl. Pogge, *Realizing Rawls* (wie Anm. 3), S. 242 ff.

Personen. Eine moralische Norm kann demnach nur dann als begründet gelten, wenn hinreichende Gründe dafür sprechen, daß ihre allgemeine Geltung, bei vernünftiger Erwägung ihrer voraussehbaren Konsequenzen aus unparteiischer Perspektive, im übereinstimmenden Interesse aller Betroffenen liegt und deshalb von jeder Person vernünftigerweise angenommen werden sollte. Und das bedeutet, daß es für die Richtigkeit moralischer Normen kein anderes Kriterium als deren *Annehmbarkeit für alle betroffenen Personen* gibt.[21]

Daraus folgt nicht, daß organisierte soziale Gemeinwesen, wie etwa Staaten, in der Moral keinen Platz haben und daß solche Gemeinwesen keinen kollektiven Willen bilden können, der für ihre Mitglieder Verbindlichkeit besitzt. Im Gegenteil: Da die Menschen als soziale Wesen nur in Gemeinschaft überleben und gedeihen können, haben sie zwingende Gründe, sich einem Organ der *kollektiven Willensbildung* zu unterwerfen, das die Befugnis besitzt, verbindliche Entscheidungen über die Regelung ihres Zusammenlebens zu treffen. Und es spricht vieles dafür, daß in großen und differenzierten Gesellschaften eine zentralisierte Herrschaftsorganisation von der Art des *Staates* nötig ist, um eine friedliche und gedeihliche soziale Ordnung zu ermöglichen. Es spricht aber gar nichts dafür, daß sich vernünftige Personen *jeder* Form staatlicher Herrschaft ohne Rücksicht darauf fügen sollten, ob sie ihren grundlegenden Rechten Wirkung verschafft oder sie knechtet und unterdrückt. Die Herrschaftsbefugnisse der Staaten bestehen darum auch nur dann und insoweit zu Recht, wenn ihr Gebrauch wenigstens im großen und ganzen dem vernünftigen Interesse aller Individuen entspricht.[22]

Den Prüfstein der Gerechtigkeit einer internationalen Ordnung bildet demnach nicht die Annehmbarkeit dieser Ordnung für alle bestehenden Staaten, sondern ihre Annehmbarkeit aus der Sicht aller einzelnen Menschen als freier und gleicher Personen. Um die Annehmbarkeit einer internationalen Ordnung zu beurteilen, ist es dabei erforderlich, eine *globale moralische Perspektive* einzu-

21 Eingehender hierüber Peter Koller, *Theorie des Rechts*, Wien – Köln – Weimar 1992, S. 251 ff.

22 Siehe dazu Peter Koller, »Moralischer Diskurs und politische Legitimation«, in: *Zur Anwendung der Diskursethik in Politik, Recht und Wissenschaft*, hg. von Karl-Otto Apel und Matthias Kettner, Frankfurt 1992, S. 62-83.

nehmen, in der die verschiedenen Gestaltungsmöglichkeiten einer solchen Ordnung aus unparteiischer Sicht miteinander zu vergleichen und abzuwägen sind.[23] Die Frage nach den Forderungen globaler Gerechtigkeit kann damit so formuliert werden: Welchen Anforderungen muß eine internationale Ordnung genügen, die bei sorgfältiger Erwägung der relevanten Tatsachen von jeder Person unabhängig davon, welcher Gesellschaft sie angehört, angenommen werden könnte?

Die Beantwortung dieser Frage ist sicher nicht einfach. Denn sie erfordert eine *hypothetische Überlegung*, die, wie jede moralische Erwägung, mit mehreren Unbekannten operiert, über die es unausräumbare Meinungsdifferenzen geben kann. Aus diesem Grunde ist es nicht sehr wahrscheinlich, daß über eine angemessene Ordnung der Welt jemals vollständige Übereinstimmung erreichbar ist. Es besteht aber auch keine Veranlassung, in einen totalen moralischen Skeptizismus zu verfallen. Auch wenn verschiedene Vorstellungen einer gerechten Weltordnung rational vertretbar sein mögen, so scheint aus einer globalen Perspektive doch nicht *jedes* Ergebnis annehmbar. Und dies berechtigt zur Hoffnung, daß sich zumindest einige schwache Forderungen globaler Gerechtigkeit plausibel begründen lassen.

Die moralische Signifikanz der Staaten

Ein anderes Problem besteht in der moralischen Beurteilung der *Diversität und Pluralität von Staaten*, also der Existenz einer Vielzahl von relativ selbständigen und voneinander abgegrenzten gesellschaftlichen Gemeinwesen: Hat die Diversität der Staaten einen Eigenwert oder ist sie bloß eine kontingente historische Tatsache, der eine normative Theorie internationaler Beziehungen zwar Rechnung tragen muß, die aber für sich keinen moralischen Wert in sich trägt? Von der Beantwortung dieser Frage hängt ab, ob und inwieweit die Auflösung selbständiger Staaten zugunsten einer globalen Rechtsgemeinschaft überhaupt erstrebenswert ist. Geht man von Kants Argumentation gegen einen Weltstaat aus, so

23 In diesem Sinne auch Beitz, *Political Theory and International Relations«* (wie Anm. 3), S. 143 ff.; Pogge, *Realizing Rawls* (wie Anm. 3), S. 245 ff.

scheint für das Bestehen einer Vielzahl begrenzter Staaten nur soviel zu sprechen, daß die Realisierung eines globalen Staates, der weltweit den Rechtsfrieden zu sichern vermag, *faktisch* nicht möglich ist. Das würde aber bedeuten, daß die Errichtung eines globalen Einheitsstaates unbedenklich, ja sogar erstrebenswert wäre, wenn er sich als realisierbar erweisen sollte. Außerdem läge es dann auch nahe zu fordern, die Staaten sollten jeweils auf den größtmöglichen Umfang ausgedehnt werden, bis zu dem sie jeweils imstande sind, die rechtliche Ordnung zu garantieren. Doch diese Argumentation greift offenbar zu kurz, und zwar deswegen, weil sie den verschiedenen Zwecken der Staaten nicht gebührend Beachtung schenkt.

Natürlich ist es der vorrangige Zweck jedes Staates, innerhalb seines Gebietes den Rechtsfrieden zu gewährleisten und zumindest den grundlegendsten Rechten aller seiner Mitglieder Geltung zu verschaffen. Aber dies ist nicht sein einziger Zweck. Darüber hinaus kommen den Staaten wenigstens zwei weitere Funktionen zu, die deren Diversität voraussetzen: die *Gewährleistung sozialer Solidarität* und die *Ermöglichung nationaler Selbstbestimmung*.

Unter *sozialer Solidarität* verstehe ich alle jene besonderen moralischen Rechte und Pflichten, die zwischen den Mitgliedern derselben Gesellschaft, nicht aber zwischen Menschen schlechthin bestehen. Die Annahme solcher Rechte und Pflichten stützt sich auf die weithin geteilte Intuition, daß Menschen um so stärkere Ansprüche und Verbindlichkeiten gegeneinander haben, je enger sie durch gemeinschaftliche Bande miteinander verbunden und voneinander abhängig sind. Und ich denke, daß diese Intuition vollkommen begründet ist, und zwar aus dem folgenden Grund. Wenn *alle* Menschen unabhängig von ihren wechselseitigen Beziehungen die *gleichen* moralischen Verbindlichkeiten gegeneinander hätten, entstünde ein Dilemma: damit diese Verbindlichkeiten von jeder Person akzeptiert und befolgt werden könnten, dürften sie nur sehr *schwache Anforderungen* stellen; sie würden dann aber kaum der Aufgabe entsprechen, jenes Maß an sozialer Kooperation zu bewirken, das zur Bewältigung der wesentlichen Daseinsprobleme der Menschen notwendig ist. Sollen sie diese Aufgabe erfüllen, so müßten sie sehr *starke Forderungen* enthalten; in diesem Fall würden sie jedoch schwerlich allgemeine Befolgung finden und damit ihre eigene Geltung untergraben.

Aus diesem Dilemma ergibt sich der Bedarf nach einer Art von *moralischer Arbeitsteilung*, deren naheliegendste Form darin besteht, die gegenseitigen moralischen Rechte und Pflichten zwischen einzelnen Personen entsprechend der Intensität ihrer sozialen Beziehungen abzustufen. Und gerade darin liegt der moralische Sinn der Segmentierung der sozialen Welt in eine Vielzahl verschiedener Gemeinschaften, deren Mitglieder sich gegenseitig ein stärkeres Maß an Solidarität schulden als die Angehörigen verschiedener Gemeinschaften. Man kann nun Staaten als eine umfassende Form von sozialer Gemeinschaft betrachten, die unter den Bedingungen fortgeschrittener gesellschaftlicher Differenzierung nicht nur erforderlich ist, um die Sicherheit und Freiheit jeder Person zu gewährleisten, sondern auch die Funktion hat, den Forderungen der sozialen Solidarität, wie jener nach einer angemessenen Daseinssicherung, Geltung zu verschaffen.[24]

Damit hängt eine weitere Funktion von Staaten zusammen, die sie ebenfalls nur unter der Voraussetzung ihrer Diversität erfüllen können: die Sicherstellung der Bedingungen, die es den Menschen ermöglichen, eine eigene *nationale Kultur* zu entwickeln, d. h. eine *kollektive Lebensform*, in der sie sich zu Hause fühlen und die sie zu einer Gemeinschaft zusammenbindet. Die furchtbaren Verbrechen, die im Namen des Nationalismus geschehen sind und immer noch geschehen, sollten uns nicht veranlassen, die zentrale Bedeutung nationaler Kulturen für das Gelingen des sozialen Zusammenlebens und damit auch für das Wohlergehen der Menschen zu übersehen. Die Verwurzelung in und die Identifizierung mit einer kulturellen Lebensform ist nicht nur eine wesentliche Komponente des Selbstverständnisses von Personen, sondern auch eine notwendige Voraussetzung ihres sozialen Zusammenhalts. Da jede nationale Kultur ihr eigenes Profil durch ihre Abgrenzung von anderen gewinnt, setzt ihr Gedeihen notwendig eine Mehrzahl differenter nationaler Gemeinschaften voraus.[25]

Dieser Sachverhalt birgt zwar erhebliche Gefahren in sich, weil er unter Umständen zum Entstehen nationalistischer Chauvinismen

24 Siehe dazu: David Miller, »The Ethical Significance of Nationality«, in: *Ethics* 98 (1988), S. 647-662; Robert E. Goodin, »What Is So Special about Our Fellow Countrymen?«, in: *Ethics* 98 (1988), S. 663-686.

25 Zu dieser Thematik siehe vor allem: Michael Walzer, *Spheres of Justice*, New York 1983; Yael Tamir, *Liberal Nationalism*, Princeton, N. J. 1993; George P. Fletcher, *Loyalität*, Frankfurt 1994 (amerikan. Originalausg. 1993).

führen kann, aber er schließt die Respektierung anderer Nationen keineswegs aus. Das Ziel kann daher nicht darin bestehen, den Bestand nationaler Gemeinschaften durch eine Nivellierung der politischen Grenzen zu unterbinden. Vielmehr muß es darum gehen, einen geeigneten institutionellen Rahmen zu etablieren, der eine Entfaltung nationaler Gemeinschaften sowohl ermöglicht als auch auf die Grenzen ihrer Verträglichkeit beschränkt. Und es spricht einiges dafür, daß ein solcher Rahmen eine Pluralität relativ selbständiger und teilsouveräner Nationalstaaten erfordert.

Die moralische Unvollkommenheit internationaler Beziehungen

Ein weiteres Problem ergibt sich aus der Tatsache, daß in der Sphäre internationaler Beziehungen, anders als im Bereich der zwischenmenschlichen Beziehungen innerhalb einer Gesellschaft, Bedingungen vorherrschen, die eine Befolgung der gewöhnlichen moralischen Regeln häufig als unmöglich erscheinen lassen. Dies deshalb, weil die beteiligten Akteure wegen des Fehlens einer durchsetzungsfähigen überstaatlichen Autorität weder erwarten können, daß auch alle anderen Parteien jene Regeln einhalten, noch im Falle, daß sie selber die Regeln verletzen, mit entsprechenden Sanktionen rechnen müssen. Das ist das Problem des *Handelns unter Bedingungen moralischer Unvollkommenheit.*[26] Es konfrontiert uns mit der Frage, ob im Bereich internationaler Beziehungen moralisches Handeln überhaupt möglich ist, und wenn ja, welche Regeln für dieses Handeln gelten.

Auf diese Frage gibt es im wesentlichen drei mögliche Antworten: (1) Die moralischen Gebote, die unter normalen Umständen gelten, sind unter *allen* Bedingungen verbindlich, gleichgültig, ob sich die anderen Parteien daran halten oder nicht. (2) Die Gebote der Moral besitzen *keine* Verbindlichkeit, wenn nicht damit gerechnet werden kann, daß sie von der Mehrzahl der beteiligten Parteien befolgt werden. (3) Die üblichen moralischen Gebote ha-

26 Siehe dazu Peter Koller, »Moral Conduct Under Conditions of Moral Imperfection«, in: *Norms, Values, and Society*, hg. von Herlinde Pauer-Studer, Dordrecht – Boston – London 1994 (Vienna Circle Institute Yearbook 2), S. 93-112.

ben zwar *keine strikte* Geltung, wenn sie von den meisten der Beteiligten mißachtet werden; doch auch in diesem Fall gibt es moralische Pflichten, die unter Berücksichtigung der jeweils in Betracht stehenden Situation allgemein annehmbar sein müssen.

Die erste Position hat Kant zumindest hinsichtlich aller jener moralischen Pflichten vertreten, die sich aus dem Kategorischen Imperativ für das individuelle Handeln ergeben; diese Pflichten sind nach seiner Ansicht unter allen Bedingungen zu befolgen. Ob dasselbe auch von den Pflichten des zwischenstaatlichen Handelns gelten soll, ist dagegen nicht so klar; aber es scheint, daß er hier bereit war, gewisse Ausnahmen zuzulassen. Doch wie immer es sich damit verhalten mag, die Ansicht, daß die unter geordneten sozialen Verhältnissen verbindlichen moralischen Regeln auch dann strikt befolgt werden müssen, wenn die meisten anderen sie mißachten, ist keinesfalls annehmbar, ob sie nun individuelles oder zwischenstaatliches Verhalten betrifft. Denn sie verlangt, daß die Beteiligten ihre eigenen Interessen zugunsten jener opfern, die sich selber nicht moralisch verhalten. Damit geht sie nicht nur über die Grenzen des moralisch Zumutbaren weit hinaus, sondern führt auch den Sinn jeder Moral ad absurdum. Ebensowenig kann die zweite Position überzeugen, die der Logik der Hobbes'schen Moralphilosophie entspricht. Die Auffassung, daß moralische Regeln überhaupt nicht mehr gelten, wenn sich die meisten nicht daran halten, steht erstens in Widerspruch zur Intuition, daß es auch unter solchen widrigen Bedingungen noch Möglichkeiten gibt, sich einigermaßen anständig zu verhalten, und sie trägt zweitens die Tendenz in sich, das Kollabieren moralischer Kooperation zu beschleunigen, wenn nur einige der Beteiligten ihre moralischen Pflichten verletzen.

Eine annehmbare Konzeption des Handelns unter Bedingungen moralischer Unvollkommenheit ist daher, so glaube ich, nur auf der Grundlage der dritten Position möglich. Das bedeutet, daß moralische Normen, die unter geordneten sozialen Verhältnissen offensichtlich Geltung besitzen, nicht ohne weiteres auf einen Zustand anwendbar sind, in dem diese Normen keine oder nur eine geringe Wirksamkeit haben. Unter solchen Umständen gelten jene Normen vielmehr nur mit gewissen Einschränkungen, die jedoch ihrerseits für alle Beteiligten bei unparteiischer Betrachtung akzeptabel sein müssen. Aus diesem Grund kann sich eine Theorie globaler Gerechtigkeit nicht einfach darauf beschränken, eine *ideale Weltordnung* zu entwerfen, die zwar erstrebenswert sein mag, aber in Ermangelung einer sie begünstigenden rechtlichen Struktur wenig Chancen auf Verwirklichung hat. Darüber hinaus muß sie sich auch mit der schwierigen Frage auseinandersetzen, von welchen Richtlinien sich die beteiligten Akteure, also vor allem die Staaten und ihre politischen Repräsentanten, *unter den realen Gegebenheiten unserer Welt* sinnvollerweise leiten lassen sollten.

Um eine solche Theorie auszuarbeiten, ist es zweckmäßig, sie in zwei Teile aufzuspalten, die in sukzessiven Schritten entwickelt werden müssen. Den ersten Schritt bildet eine *ideale Theorie*, die darauf abzielt, die Grundsätze einer internationalen Ordnung aufzufinden, die aus einer globalen moralischen Perspektive von allen Menschen unabhängig von ihrer Gesellschaftszugehörigkeit bei vernünftiger Erwägung aller relevanten Tatsachen vorgezogen werden würden, wenn *fiktiverweise* angenommen wird, daß es ohne besondere Probleme möglich ist, die allgemeine Befolgung dieser Grundsätze sicherzustellen; diese Grundsätze wären die einer idealen Weltordnung. Davon ausgehend kann dann in einem zweiten Schritt eine *realistische Theorie* entwickelt werden, welche der realen Beschaffenheit unserer Welt besser Rechnung trägt, indem sie untersucht, in welche Richtungen hin die idealen Grundsätze modifiziert werden müssen, wenn man die fiktive Annahme ihrer allgemeinen Befolgung fallenläßt und von einer realistischen Einschätzung ihrer Wirksamkeit ausgeht.[27]

Ich möchte abschließend nur noch einige wenige Bemerkungen darüber machen, auf welche Weise man sich einer derartigen Theorie globaler Gerechtigkeit annähern könnte.

27 Dieser Vorschlag knüpft an ähnliche Überlegungen anderer Autoren an, nämlich der folgenden: John Rawls, *Eine Theorie der Gerechtigkeit*, Frankfurt 1975 (amerikan. Originalausg. 1971), S. 276ff., 386ff., 429f.; Bruce A. Ackerman, *Social Justice in the Liberal State*, New Haven – London 1980, S. 19ff.; Karl-Otto Apel, *Diskurs und Verantwortung*, Frankfurt 1988, S. 267ff., 271ff.

Zuerst ist eine *ideale Theorie globaler Ordnung* zu entwickeln. Hier geht es darum, die Grundsätze einer allgemein wünschbaren Weltordnung aufzufinden, wobei unterstellt wird, daß es keine Schwierigkeiten bereitet, diese Grundsätze in die Wirklichkeit umzusetzen. Um jene Grundsätze zu bestimmen, sind allerdings gewisse Annahmen über die Beschaffenheit der Welt vonnöten. In erster Annäherung lassen sich *drei idealtypische Weltmodelle* unterscheiden, die als mögliche Ausgangspunkte für eine Theorie globaler Gerechtigkeit in Betracht kommen: (1) das Modell separierter Gesellschaften, (2) das Modell einer umfassenden Weltgesellschaft und (3) das Modell interdependenter Nationalgesellschaften.

Das *Modell separierter Gesellschaften* geht davon aus, daß sich die Welt aus einer Mehrzahl von unabhängigen, selbstgenügsamen und voneinander abgegrenzten Gesellschaften zusammensetzt, die untereinander nicht durch enge Kooperationsbeziehungen verbunden sind und zwischen denen keine wesentlichen Interdependenzen bestehen. Dieses Modell, das den meisten klassischen Theorien internationaler Beziehungen, einschließlich der Kantischen, zugrunde liegt, geht zwar offensichtlich an der Realität vorbei; aber es ist immerhin lehrreich zu fragen, welche Weltordnung aus globaler Perspektive als erstrebenswert erscheinen würde, wenn die Welt ihm entspräche.[28] Welche Grundsätze der internationalen Ordnung würden sich unter der Voraussetzung dieses Modells ergeben? Offenbar nicht viele und nicht sehr anspruchsvolle.

Ich denke, diese Grundsätze wären im wesentlichen die folgenden: erstens, daß jede Gesellschaft Anspruch auf eine *akzeptable Anfangsverteilung* von Land und anderen natürlichen Ressourcen hat, wobei unter idealen Bedingungen anzunehmen ist, daß sie über den ihr zustehenden Anteil verfügt; zweitens, daß jede Gesellschaft ein *Recht auf Existenz und Selbstbestimmung* besitzt,

28 Auch einige zeitgenössische Autoren scheinen das Modell separierter Gesellschaften immer noch überzeugend zu finden, darunter John Rawls, *Eine Theorie der Gerechtigkeit* (wie Anm. 27), S. 415 ff.; und Michael Walzer, *Spheres of Justice* (wie Anm. 25), S. 31 ff. Zur Kritik dieses Modells siehe Beitz, *Political Theory and International Relations* (wie Anm. 3), S. 127 ff.; Pogge, *Realizing Rawls* (wie Anm. 3), S. 240 ff.

insoweit es mit dem gleichen Recht jeder anderen Gesellschaft verträglich ist; drittens, daß jeder Mensch ein *Recht auf volle Zugehörigkeit* zu wenigstens einer der bestehenden Gesellschaften hat; viertens, daß kein Staat seine nationalen Interessen mit gewaltsamen Maßnahmen durchsetzen darf, also ein wechselseitiges *Gewaltverbot*; und schließlich fünftens ein Grundsatz, der jeden Staat berechtigt, gegen andere *Vergeltungsmaßnahmen* zu ergreifen, sofern sie die aus den genannten Grundsätzen resultierenden Pflichten verletzen. Es besteht dagegen wenig Grund anzunehmen, daß unter der Voraussetzung separierter Gesellschaften Grundsätze annehmbar wären, die den Gesellschaften sehr weitgehende Verpflichtungen auferlegen: sicher nicht ein Grundsatz, der jedem Menschen ein Recht auf freie Bewegung und Aufenthalt in jedem Land seiner Wahl verleiht; und auch sicher kein Grundsatz der globalen Verteilungsgerechtigkeit, der eine Umverteilung des Reichtums von den reicheren zu den ärmeren Nationen verlangt.

Der Vorstellung separierter Gesellschaften ist das *Modell einer umfassenden Weltgesellschaft* konträr entgegengesetzt. Es besteht in der Annahme, daß die einzelnen Nationalgesellschaften dieser Welt aufgrund ihrer vielfältigen ökonomischen, politischen und ökologischen Wechselbeziehungen längst zu einer weltumspannenden Einheitsgesellschaft verschmolzen sind, in der alle Völker der Erde miteinander in Kooperation stehen und voneinander abhängig sind. Obwohl auch dieses Modell, mit dem einige zeitgenössische Denker operieren, meines Erachtens weder der heutigen Realität entspricht, noch eine erstrebenswerte Zukunftsvision darstellt, ist es dennoch von Nutzen, weil es den Gegenpol zu einer Welt mit separierten Gesellschaften bildet.[29] Was also wären die Grundsätze einer idealen globalen Verfassung unter der Annahme einer umfassenden Weltgesellschaft? Sie müßten im wesentlichen jenen Grundsätzen entsprechen, die eine annehmbare Vorstellung der politischen und sozialen Gerechtigkeit einer domestischen Gesellschaft ergeben.[30]

29 Von der Vorstellung einer umfassenden Weltgesellschaft gehen z.B. aus: Beitz, »Justice and International Relations« (wie Anm. 18); Henry Shue, *Basic Rights*, Princeton, N.J. 1980; Kai Nielsen, »World Government, Security, and Global Justice«, in: *Problems of International Justice*, hg. von Steven Luper-Foy, Boulder – London 1988, 263-282.

30 Siehe dazu die Darstellung in meinem Aufsatz: »Soziale Güter und

Ich nehme an, daß zu diesen Grundsätzen jedenfalls die folgenden gehören würden: erstens ein Grundsatz der *Weltbürgerschaft*, der allen Menschen ein Recht auf freie Bewegung, Aufenthalt und Bürgerschaft überall in der Welt gewährt; zweitens ein Grundsatz der *rechtlichen Gleichheit* und der *bürgerlichen Freiheit*, der die weltweite Gewährleistung der Menschenrechte und Grundfreiheiten verlangt; drittens ein Grundsatz der *globalen Verteilungsgerechtigkeit*, der eine für alle Teile der Welt annehmbare Verteilung der Güter und Lasten der globalen wirtschaftlichen Kooperation fordert; ich nehme an, daß dieser Grundsatz, wie immer er im einzelnen lauten mag, eine erhebliche Umverteilung des wirtschaftlichen Reichtums von den wohlhabenden zu den ärmeren Ländern erforderlich machen würde. Da diese Grundsätze nicht ohne eine geeignete globale Autorität wirksam werden können, kommen noch zwei weitere Forderungen hinzu: viertens die Forderung nach einer *globalen politischen Herrschaftsorganisation*, die über hinreichende Gesetzgebungs- und Zwangsbefugnisse verfügt, um den genannten Grundsätzen weltweit Wirksamkeit zu verschaffen; und fünftens die Forderung nach einer *föderalistischen und subsidiär gestuften Gliederung* der Weltgesellschaft, die dem Verlangen der einzelnen Völker nach nationaler Selbstbestimmung so weit wie möglich Rechnung trägt.

Die beiden bisher besprochenen Modelle stellen gegensätzliche Extremtypen dar, zwischen denen das *Modell interdependenter Nationalgesellschaften* eine mittlere Stellung einnimmt. Es stimmt zwar mit dem Modell einer umfassenden Weltgesellschaft insoweit überein, als es ebenfalls eine hochgradige Verschränkung der einzelnen Nationen zu einem globalen System arbeitsteiliger Kooperation und wechselseitiger Abhängigkeit als gegeben annimmt. Dessen ungeachtet geht das Modell interdependenter Nationalgesellschaften aber davon aus, daß die einzelnen Gesellschaften sich nicht nur faktisch ein gewisses Maß an *Selbständigkeit* bewahrt haben, sondern um ihres sozialen Zusammenhalts und ihrer Selbstbestimmungsfähigkeit willen auch bewahren sollten. Ich denke, daß dieses Modell den tatsächlichen Gegebenhei-

soziale Gerechtigkeit«, in: *Theorien der Gerechtigkeit*, hg. von H.-J. Koch, M. Köhler u. K. Seelmann, ARSP Beiheft 56, Stuttgart 1994, S. 79-104.

ten der Welt am ehesten entspricht und auch aus moralischen Erwägungen vorzuziehen ist.[31]

Setzt man das Modell interdependenter Nationalgesellschaften voraus, so ist es allerdings viel schwieriger, die Grundsätze globaler Gerechtigkeit anzugeben, die allgemeine Zustimmung finden könnten. Dies aus zwei Gründen: Erstens ist das Modell ohne genauere Informationen über das *Ausmaß* der Interdependenz der verschiedenen Gesellschaften allzu unbestimmt, um eine Wahl gehaltvoller Grundsätze zu ermöglichen. Und zweitens verlangt das Modell eine völlig neuartige Vorstellung globaler Ordnung, die zwei *heterogene* Anforderungen auf einen Nenner bringen muß, nämlich die Forderungen globaler Freiheit und Gerechtigkeit einerseits und die Erfordernisse nationaler Selbstbestimmung andererseits. Ich kann diese Probleme hier nicht lösen, möchte aber versuchen, in erster Annäherung wenigstens die Richtung anzugeben, in die die Grundsätze einer solchen Ordnung gehen müßten.

Ich meine, daß die ideale Ordnung einer Welt, die aus einer Mehrzahl interdependenter Gesellschaften besteht, wenigstens Grundsätze der folgenden Art enthalten sollte: erstens einen *Grundsatz der beschränkten Autonomie der Staaten*, der jedem Staat zwar einen gewissen Umfang an Selbständigkeit garantiert, diese aber gleichzeitig auf jenes Maß begrenzt, das mit einer effektiven Sicherung des Friedens, der Menschenrechte und der globalen Verteilungsgerechtigkeit vereinbar ist; zweitens einen *Grundsatz des weltweiten Schutzes der Menschenrechte*, der alle Staaten zur Achtung der Menschenrechte verpflichtet und im Fall gravierender Menschenrechtsverletzungen geeignete Maßnahmen der Staatengemeinschaft verlangt, die notfalls bis zu militärischen Interventionen reichen können; drittens einen *Grundsatz der bedingten Weltbürgerschaft*, der allen Menschen ein (bedingtes) Recht gewährt, in andere Länder einzureisen, dort Aufenthalt zu nehmen und zu verbleiben, ein Recht, das ihnen ein Staat nur dann verwehren darf, wenn dies zum Zwecke der Wahrung seiner inneren Ordnung erforderlich ist; viertens einen *Grundsatz der globalen Verteilungsgerechtigkeit*, der fordert, daß die Vorteile und Lasten der internationalen Kooperation unter den einzelnen Gesellschaften nach dem Ausmaß ihrer ökonomischen, politi-

31 In eine ähnliche Richtung argumentiert Thomas W. Pogge, »Cosmopolitanism and Sovereignty«, in: *Ethics* 103 (1992), S. 48-75.

schen und ökologischen Interdependenzen so verteilt werden, daß diese Kooperation nicht nur den mächtigen und wohlhabenden, sondern auch den ärmeren Nationen zum Vorteil gereicht; und fünftens einen *Grundsatz der supranationalen Ordnungssicherung*, der die Staaten verbindet, durch ihr gemeinschaftliches Zusammenwirken ein Netzwerk supranationaler Organisationen zu etablieren, die mit hinreichenden Eingriffs- und Zwangsbefugnissen ausgestattet sind, um den Grundsätzen globaler Gerechtigkeit Wirksamkeit zu verschaffen.

Soviel zur idealen Theorie, die uns immerhin zu einigen vagen Grundsätzen einer idealen Weltordnung geführt hat. Wie immer diese Grundsätze im einzelnen konkretisiert werden mögen, es kann kein Zweifel darüber bestehen, daß sie unter den realen Bedingungen unserer Welt geringe Verwirklichungschancen haben und daß ihre strikte Befolgung daher auch nicht gefordert sein kann. Um zu Geboten des zwischenstaatlichen Handelns zu kommen, deren Einhaltung den beteiligten Akteuren tatsächlich zugemutet werden kann, gilt es eine *realistische Theorie* zu entwickeln, die den moralischen Unvollkommenheiten der bestehenden Welt Rechnung trägt. Diese Unvollkommenheiten lassen sich grob in drei Arten einteilen: 1. die *Unsicherheiten*, die aus dem Fehlen einer durchsetzungsfähigen und überparteilichen supranationalen Zwangsgewalt entspringen; 2. die *Ungerechtigkeiten*, die aus den extremen Macht- und Wohlfahrtsunterschieden zwischen den Nationen resultieren; und 3. die *Verbrechen*, die von repressiven Regierungen an den eigenen Staatsbürgern verübt werden. Jede dieser Arten läßt bestimmte Einschränkungen bzw. Modifikationen der idealen Grundsätze als gerechtfertigt erscheinen.

In Ermangelung einer überstaatlichen rechtlichen Gewalt ist die gegenseitige Bedrohung der Einzelstaaten nach wie vor das wirksamste Mittel, um den Grundsätzen des zwischenstaatlichen Verhaltens Wirksamkeit zu verschaffen. Daraus ergeben sich jedoch neue Konfliktgefahren, die um so größer sind, je weiter jene Grundsätze die Souveränität der Staaten beschränken und Eingriffe in deren innere Domäne erlauben. Dieser Umstand legt es den Staaten nahe, die Entstehungsgründe internationaler Konflikte durch die reziproke Anerkennung ihrer Unabhängigkeit und Souveränität zu verringern. Und dies scheint dann legitim, wenn die größere Unabhängigkeit der Staaten tatsächlich einen Zuwachs an Sicherheit bringt und nicht bloß den Regierenden die

Garantie verschafft, ihre eigenen Bürger nach Belieben zu knechten. Man kann also annehmen, daß eine zwar nicht uneingeschränkte, aber doch weitgehende Souveränität der Einzelstaaten unter den realen Gegebenheiten unserer Welt eher gerechtfertigt ist als in einer idealen Welt.

Was die offensichtlichen Ungerechtigkeiten betrifft, die in der ungleichen Reichtumsverteilung der Welt bestehen, so scheint mir, daß sie einen Balanceakt zwischen einer kurzfristigen und einer langfristigen Perspektive erfordern: Auf der einen Seite bestehen auf kurze Sicht wenig Möglichkeiten, den bestehenden Zustand zu ändern, weil jeder Versuch, die Ungerechtigkeiten auf raschem Wege zu beseitigen, nicht nur die Existenzgrundlagen der mächtigen und reichen Staaten, sondern auch die labile Ordnung vieler armer Länder gefährden würde. Auf der anderen Seite aber bedingen diese Ungerechtigkeiten eine besondere Verpflichtung der mächtigen und reichen Nationen, das Elend der armen und schwachen zu lindern und entsprechende Maßnahmen zu setzen, die zumindest auf längere Sicht zu einer grundlegenden Verbesserung der Verhältnisse führen.

Man kann wohl ohne Übertreibung behaupten, daß in einer nicht geringen Zahl von Staaten Verbrecherbanden herrschen, die vor keinem Mittel staatlicher Repression zurückschrecken und die Menschenrechte mit Füßen treten, um sich selber an der Macht zu halten und die Interessen ihrer Klientel zu befriedigen. Da in einer Welt, in der die internationale Ordnung in erster Linie durch den Gebrauch gegenseitiger Drohungen aufrechterhalten wird, wenig Aussicht besteht, auch nur die schlimmsten dieser Regime zu beseitigen, haben die freien Staaten zumindest die Pflicht, den von Verfolgung bedrohten Menschen so gut wie möglich Hilfe und Unterstützung zu leisten.

Es versteht sich von selbst, daß jede dieser Unvollkommenheiten der realen Welt ihrerseits wieder eine Reihe von schwierigen Fragen in sich birgt. Darauf kann ich hier nicht mehr eingehen. Ganz allgemein läßt sich aber soviel sagen, daß die moralische Imperfektion der Realität dazu zwingt, vom anspruchsvollen Ideal einer gerechten Welt erhebliche Abstriche zu machen. Doch auch wenn die Chancen, die beste aller Welten zu erreichen, nicht gut stehen mögen, so müssen wir um nichts weniger trachten, wenigstens die zweitbeste zu realisieren und der besten ein Stück weit näher zu kommen.

Julian Nida-Rümelin

Ewiger Friede zwischen Moralismus und Hobbesianismus

1. Zur Aktualität der Schrift

Seitdem die bipolare Welt in den demokratischen Revolutionen Ende der achtziger Jahre untergegangen ist, hat nicht nur das Thema, sondern haben auch einzelne Thesen der Friedensschrift von Immanuel Kant wieder hohe Aktualität.[1] Auch der gelegentlich sarkastische Ton gegenüber dem »weltkundigen Staatsmann«, der »mit großer Selbstgefälligkeit auf ihn (den theoretischen Politiker) als einen Schulweisen« herabsieht, und insbesondere gegenüber den Despoten, für die der Krieg »die unbedenklichste Sache von der Welt ist«, weil sie durch den Krieg keine Einbußen an ihren »Tafeln, Jagden, Lustschlössern, Hoffesten u. dgl.« haben, hat angesichts des gegenwärtigen Weltzustandes wieder reichlich Nahrung.

1 Die immer wieder erneuerte Aktualität der Schrift und die immer wieder keimende, aber schließlich doch vergebliche Hoffnung auf ein endgültiges Ende des kriegerischen Zeitalters nach Revolutionen und Kriegen kann man natürlich auch als eine Bestätigung der sarkastischen Skepsis Kants im Vorwort verstehen: »Das bedingt sich aber der Verfasser des Gegenwärtigen aus (...), daß der praktische Politiker«, der »mit großer Selbstgefälligkeit auf ihn als einen Schulweisen« herabsieht, »der dem Staat, welcher von Erfahrungsgrundsätzen ausgehen müsse, mit seinen sachleeren Ideen keine Gefahr bringe (...) auch im Falle eines Streites mit jenem sofern konsequent verfahren müsse, hinter seinen auf gut Glück gewagten und öffentlich geäußerten Meinungen nicht Gefahr für den Staat zu wittern«. Der Völkerbund wurde jedenfalls schon im 18. Jahrhundert vor der Friedensschrift Kants diskutiert, und trotz einer Vielzahl von Konzeptionen konnte bis heute keine stabile Weltfriedensordnung etabliert werden; vgl. *Ewiger Friede. Friedensrufe und Friedenspläne seit der Renaissance,* hg. v. Kurt von Raumer, Freiburg/München 1953; Günther Patzig: »Kants Schrift ›Zum ewigen Frieden‹«, in diesem Band; und *Anderssein ein Menschenrecht*, hg. v. H. Hoffmann und D. Kramer, Weinheim 1995, darin bes. der Beitrag von Lothar Brock »Eine Welt – von der Hoffnung zum Alptraum. Über die Vergeblichkeit weltbürgerlicher Absichten.«

Das Jahr 1989 markiert eine Zäsur, deren Bedeutung hinter den anderen beiden großen Zäsuren dieses Jahrhunderts, 1945 und 1918, nicht zurücksteht. Auffallend ist allerdings, daß zumindest in dem nur mittelbar betroffenen westlichen Teil Europas diese neuerliche Zäsur nur ganz zögerlich wahrgenommen wird, ja, man kann gelegentlich den Eindruck gewinnen, daß sich die bipolare Welt der Nachkriegsordnung so tief in den Alltagsorientierungen auch der Politik verankert hat, daß die neuen Realitäten trotz ihrer rhetorischen Beschwörung allzu irritierend sind, um vollständig wahrgenommen zu werden. Das weitgehende Versagen der Politik vor den seit 1989 gestellten Aufgaben[2] ist nicht so sehr Ausfluß der Inkompetenz einzelner Politiker oder politischer Parteien, sondern Symptom einer besorgniserregenden Realitätsverweigerung des öffentlichen Bewußtseins. So wie es jedem aufmerksamen Beobachter mit politischer Urteilskraft nicht entgehen konnte, daß die so sehr herbeigewünschte und zur Friedenssicherung unumgängliche Détente seit Mitte der sechziger Jahre mit einer Idyllisierung und Verharmlosung der kommunistischen Diktaturen einherging, so lag es nach 1989 auf der Hand, daß das Ende der *pax sovietica* in eine Serie von kriegerischen Konflikten einzumünden drohte, der nur der rasche Aufbau gesamteuropäischer Strukturen hätte Einhalt gebieten können.
Nach einer Phase intensiver politiktheoretischer Diskussionen in den sechziger und siebziger Jahren hatte sich die traditionell theorieorientierte Linke vor der rechten Theorieoffensive, die in Reaganism und Thatcherism ihre beträchtliche Wirkung entfaltete, im Laufe der achtziger Jahre zunehmend entpolitisiert, so daß nach dem Scheitern dieser rechten Offensive eine weitgehend theorielose politische Landschaft übrigblieb. Es wäre jedoch zu einfach, das Politikversagen seit 1989 den Politikern und ihrem Umfeld allein zuzuschreiben. Die Situation der Politik entspricht einem gesellschaftlichen Bewußtsein, das der neuen Situation erkennbar

2 Dieses Versagen betrifft nicht nur die Politik der internationalen Friedenssicherung, sondern insbesondere auch die der gesamteuropäischen Integration, im Innern die klägliche Verfassungsreform und die konzeptionslose Wirtschaftsvereinigung, die eine gigantische Industriebrache hinterlassen hat, deren soziale Folgen durch Sozialtransfers in dreistelliger Milliardenhöhe übertüncht wurden. Es ist hier nicht der Ort, die Alternativen zu erörtern – daß es sie gab und teilweise noch gibt, kann aber kaum bezweifelt werden.

nicht gewachsen ist. So war die dritte deutsche Friedensbewegung der Nachkriegszeit, entstanden in den Jahren des mühseligen und letztlich nicht erfolgreichen Salt-II-Prozesses, auf ihrem Höhepunkt 1983 mit der einigenden Parole »Verhindert die Nachrüstung – Gegen die Stationierung von Pershing II und Cruise Missiles« angetreten. Mit der Regierungsübernahme Helmut Kohls und Reagans Gegenoffensive des »Doppelnull« war der Friedensbewegung die Kraft vorläufig genommen, und sie hat erstaunlicherweise selbst angesichts schwerer kriegerischer Auseinandersetzungen mitten in Europa seitdem keine unmittelbare Wirkung mehr entfaltet. Allerdings ist die Mehrzahl der Deutschen, wenn man Umfragen glauben darf, kriegerischen Aktionen gegenüber in weit höherem Maße abgeneigt als die Bevölkerung anderer westlicher Industriestaaten. Möglicherweise ist dies ein später Erfolg der Friedensbewegung der frühen achtziger Jahre. Eine nach wie vor friedensfreundliche Stimmung ersetzt jedoch nicht Konzeptionen der Friedenssicherung. Dies war die schmerzliche Erfahrung, die die Friedensbewegung in den achtziger Jahren machen mußte, und die sehr bald zur Entwicklung eines Gegenexpertentums führte und erst die Impulse für neue sicherheits- und friedenspolitische Konzeptionen gab, die – wenn auch nicht immer im intendierten Sinne – auf die Theorie und Praxis der Politik einwirkten.[3]

Solange es um die Fortschreibung bewährter Methoden unter vertrauten Umständen geht, kann die Politik zeitweise weitgehend ohne Theorie auskommen. In Phasen des Umbruchs und der Er-

3 Reagans Star-Wars-Rede und die dann folgenden ersten Schritte zur Installierung einer ›Strategic Defense Initiative‹ (SDI) trafen die Friedensbewegung an einem wunden Punkt. Wer die Politik der gesicherten wechselseitigen Zerstörung (MAD: Mutually Assured Destruction) als moralisch unzulässig ablehnt, tut sich schwer, ein jedenfalls von seiner offiziellen Intention her rein defensives Projekt, das allerdings die strategische Stabilität des ›MAD‹ im (zweifelhaften) Erfolgsfall beseitigen würde, zu kritisieren (einige Anmerkungen dazu habe ich in »Strategical and Political Implications of SDI«, in: W. Kerby, R. Rilling (Hg.), *Ways out of the Arms Race*, Hamburg 1986, gemacht). Dieses – unterdessen wieder aufgegebene – Projekt verfolgte eine doppelte Zielsetzung: die moralische Kritik der Friedensbewegung abzufangen und die technologische Überlegenheit gegenüber der Sowjetunion zu nutzen, um die strategische Parität zu unterlaufen.

neuerung ist Politik ohne Theorie zumeist schlechte Praxis. In der ihm eigenen begrifflichen Zuspitzung hat Kant die praxisleitende Rolle der Theorie mehrfach, auch in der Friedensschrift, variiert.[4] Die Theorie des militärischen Gleichgewichtes war in den achtziger Jahren von Konzeptionen der Stabilität teilweise durch den Übergang zu Milizstrukturen abgelöst worden. Sowohl die Gleichgewichts- wie die Stabilitätsmodelle erscheinen heute jedoch obsolet, ohne daß die Gründe dafür Gegenstand einer eingehenden Diskussion geworden wären. An den Vernichtungspotentialen hat sich zwar quantitativ einiges verändert, qualitativ aber bleibt grundsätzlich der Zustand der wechselseitigen weltweiten Vernichtungsdrohung bestehen. Die Massenvernichtungsmittel, die unverändert bei den USA und Rußland konzentriert sind, reichen aus, um einen Großteil der Menschheit und das zivilisatorische Niveau zu zerstören. Dennoch spielen die Massenvernichtungsmittel politisch heute nur noch eine untergeordnete Rolle. Man könnte den Eindruck gewinnen, sie seien aus dem Kalkül der Macht- und Einflußsicherung unwiderruflich herausgebrochen worden, nachdem die Militärstrategen der siebziger und achtziger Jahre u. a. durch die Theorie der flexiblen Reaktion (»flexible response«) und der Konzeption der Eskalationsdominanz ihre Integration in dieses Kalkül forciert hatten. Es ist wichtig festzuhalten, daß diese Veränderung mit technologischen oder strategischen Optionen nicht das geringste zu tun hat, sondern ausschließlich durch politische Strukturveränderungen ver-

4 In: *Über den Gemeinspruch: Das mag in der Theorie richtig sein, taugt aber nicht für die Praxis,* Akademieausgabe Bd. VIII, S. 273 ff., erläutert er dies zunächst im Verhältnis der »Theorie zur Praxis in der Moral überhaupt« in Auseinandersetzung mit kritischen Bemerkungen Garves bzgl. des Staatsrechtes (als »gegen Hobbes« gerichtet) und schließlich bzgl. des Völkerrechtes (gegen Moses Mendelssohn). In der Friedensschrift behandelt Kant dieses Thema im zweiten Zusatz unter dem Titel »Geheimer Artikel zum ewigen Frieden«, der fordert, daß »die Maximen der Philosophen über die Bedingungen der Möglichkeit des öffentlichen Friedens (...) von den zum Kriege gerüsteten Staaten zu Rate gezogen werden (sollen)«, und ausführlich in einem längeren Anhang, der sich in einem ersten Teil mit der »Mißhelligkeit zwischen der Moral und der Politik, in Absicht auf den ewigen Frieden« und in einem zweiten Teil mit der »Einhelligkeit der Politik mit der Moral nach dem transzendentalen Begriff des öffentlichen Rechts« befaßt.

ursacht wurde. Die Waffenfixierung sowohl der traditionellen Sicherheitspolitik wie ihrer Opponenten wurde damit noch einmal im nachhinein desavouiert. Die Qualität und Distribution von Gewaltmitteln wird für die Friedenssicherung immer nur eine untergeordnete Rolle spielen. Auch der wohl einzige echte Erfolg der Rüstungskontrollbemühungen seit den sechziger Jahren, der Salt-1-Vertrag von 1972, war im Kern politischer Natur und bestand in der wechselseitigen Anerkennung der Gleichgewichtigkeit der beiden Supermächte. Die Vereinbarung umfaßte gemeinsame Obergrenzen für bestimmte strategische Waffensysteme und verbot, mit jeweils einer Ausnahme, die Installierung von ABM-Systemen, womit das Bewußtsein der wechselseitigen Vernichtungskapazität gesichert werden sollte. Es ist eine der traurigen Ironien der Friedensbewegung, daß sie zweifellos durch ihre berechtigte Kritik an einer Friedenssicherung auf der Grundlage wechselseitiger Vernichtungsdrohung dazu beigetragen hat, daß die Militärdoktrin der Nato zu Strategien »glaubwürdiger Vergeltung« überging, was zur sicherheitspolitischen Destabilisierung im Verlaufe der siebziger und frühen achtziger Jahre führte. Die Sowjetunion ihrerseits hatte daran einen beträchtlichen Anteil insofern, als sie unterhalb der strategischen Schwelle die globale militärtechnische Unterlegenheit durch eine Sonderbedrohung Westeuropas in Form einer massiven Dislozierung atomarer Mittelstreckenraketen (SS 20) zu kompensieren versuchte.

Wie grundlegend sich die Bedingungen der Friedenssicherung geändert haben, ersieht man daran, daß all diese Erwägungen, die eine kritische Öffentlichkeit über Jahre hinweg in Atem gehalten haben, heute vollständig obsolet erscheinen. Dabei sollte man sich nicht der Illusion hingeben, sie seien deswegen obsolet geworden, weil es in den vergangenen Jahren drastische und von der Weltöffentlichkeit kaum noch registrierte Abrüstungs- und Demobilisierungsschritte gegeben hat. Sie wären auch dann obsolet, wenn sich an Qualität und Distribution der Waffensysteme seit Ende der achtziger Jahre nichts geändert hätte. Der Frieden ist heute nach dem Ende des sowjetischen Imperiums mit seinen osteuropäischen Vasallenstaaten sowohl dort bedroht, wo ein fast perfektes militärisches Gleichgewichtssystem mit mehreren Akteuren besteht, wie auf dem Gebiet des früheren Jugoslawien, als auch dort, wo ein vermeintlich friedenserzwingendes Machtgefälle zwischen einer militärischen Supermacht Rußland und einem Möchtegern-

Zwergstaat Tschetschenien besteht. Die Geschichte birgt zahlreiche Belege dafür, daß beide Situationen keineswegs ungewöhnlich sind.

Es liegt die Vermutung nahe, daß der prekäre vierzigjährige Friedenszustand der nördlichen Hemisphäre einer Kombination ungewöhnlicher Umstände zu verdanken war: Als Folge des Zweiten Weltkrieges war die Vielzahl von Akteuren de facto auf zwei reduziert, und diese beiden schlugen nach einer Phase der Instabilität eine Politik der Status-quo-Sicherung ein, d. h. unabhängig von aller öffentlichen Rhetorik wurden Chancen zur Veränderung des Status quo von der Gegenseite jeweils nicht oder nur halbherzig genutzt[5] und gewaltsame Veränderungen des Status quo mit der Atomkriegsdrohung, d. h. der gesicherten wechselseitigen Zerstörung, sanktioniert. Beide Akteure waren stark genug, um innerhalb ihrer Einflußsphäre abweichende Strategien[6] unterhalb einer Schwelle zu halten, deren Überschreitung die Auflösung der Bipolarität bedeutet hätte. Obwohl beide Seiten Vorteile auch durch kriegerische Konflikte an der Peripherie[7] suchten oder solche Konflikte für sich instrumentalisierten, achteten doch beide sorgfältig darauf, daß es nicht zu einer Eskalation kam, die die Essentialia der Status-quo-Sicherung bedrohen konnte. Daß diese Politik der Sicherung eines prekären, weil nur unter der Drohung des Weltuntergangs fortbestehenden Friedens erst 1972 »offiziell« in die wechselseitig anerkannte Parität einmündete, ändert nichts an der Tatsache, daß sie (zum Teil nur in Gestalt einer Geheimpolitik) schon seit den fünfziger Jahren praktiziert wurde.

Diese besondere historische Situation ist unwiderruflich vergan-

5 Dies zeigt sich in aller Deutlichkeit in der Art und Weise, wie beide Supermächte in Konfliktsituationen – wie dem Ungarn-Aufstand von 1956, der Kuba-Krise 1962 und schließlich dem sowjetischen Einmarsch in die Tschechoslowakei 1968 – agierten.

6 Dies gilt etwa für die außenpolitischen ›Dissidenten‹ Frankreich im Westen und Rumänien im Osten.

7 Unter ›Peripherie‹ sind hier Einflußzonen der beiden Supermächte gemeint, die nicht von einem vitalen Interesse waren, so daß die nukleare Drohung und Eskalationen, die diese nach sich ziehen mußte, keine Option darstellten. Diese Kriege in der Peripherie haben dennoch ganze Lebensräume, wie etwa im Vietnamkrieg, zerstört und zahllose Menschenleben gefordert.

gen. Die während des Kalten Krieges auf beiden Seiten gepflegte Vorstellung zweier imperialer Mächte, die jeweils für sich nach Weltherrschaft streben, hätte erwarten lassen, daß nach dem Zusammenbruch der pax sovietica eine amerikanische Offensive zur Eroberung neuer Märkte und zur Etablierung einer universalen pax americana erfolgen würde. Es ist eher das Gegenteil eingetreten: Wenn man von der Irak-Intervention absieht, die sich in eine lange Reihe vergleichbarer Interventionen seit dem Zweiten Weltkrieg einfügt, ist eher ein amerikanisches »disengagement« zu beobachten. Die jahrzehntelange Anspannung zur Sicherung des Status quo ist einem Laissez-faire gewichen, und es ist nicht auszuschließen, daß dies bald auch innerhalb des westlichen Staatengefüges Konflikte zuläßt, die die Schwelle zur militärischen Auseinandersetzung überschreiten. Krieg droht – mit bemerkenswerten Ausnahmen, auf die wir unten noch eingehen werden – wieder zu einem Mittel der Politik zu werden, ganz wie es zu den Zeiten Immanuel Kants üblich war. Die Abschreckungsmetaphysik André Glucksmanns ist obsolet, der mühselige Aufbau stabiler Friedensstrukturen und damit das Gedankengut der Friedensschrift ist wieder aktuell.

II. Foedus pacificum oder Weltbürgertum?

Nachdem die über Jahrzehnte angestellten Überlegungen zu einer im Kern auf nuklear-strategische Stabilität gestützten bipolaren Weltfriedensordnung durch eine grundlegende politische Veränderung der Bedingungen Makulatur geworden sind, stehen »die alten« Fragen der Friedenssicherung unter den Bedingungen einer Vielfalt von Akteuren als Folge des Zusammenbruchs oder der Instabilität hegemonialer Strukturen, der angesichts in der Zahl vermehrter, in ihrem jeweiligen Gewicht aber miniaturisierter Konfliktursachen unglaubwürdig gewordenen atomaren Vergeltungsdrohungen und der zuletzt im Jugoslawienkonflikt überdeutlich gewordenen Unzulänglichkeit von Interventionsdrohungen der Weltgemeinschaft auf der Tagesordnung. Es lohnt sich, in dieser Situation einen Blick auf die Kantische Konzeption zur Sicherung des Weltfriedens zu werfen.

Auffallend ist zunächst, daß die Kantische Konzeption, im Gegensatz etwa zur kristallenen Klarheit der Hobbesschen, zwischen der regulativen Idee eines Weltbürgertums und einem bloßen *foedus pacificum* changiert. Die Präliminarartikel zum ewigen Frieden des ersten Abschnittes der Schrift enthalten durchgängig Bestimmungen, die vom Fortbestand souveräner (National-)Staaten ausgehen und den jeweiligen Staatsoberhäuptern Pflichten im internationalen Umgang auferlegen – 1. Friedensschluß ohne geheimen Vorbehalt, 2. Ausschluß der Möglichkeit der Staatserwerbung, 3. Auflösung stehender Heere, 4. Verbot von Auslandsschulden, 5. Interventionsverbot, 6. Beachtung völkerrechtlicher Einschränkungen bei Kriegshandlungen –, während der erste Definitivartikel für alle Staaten eine republikanische Verfassung fordert, der zweite die Gründung des Völkerrechtes auf einem Föderalismus freier Staaten vorsieht und der dritte das Weltbürgerrecht auf Bedingungen der allgemeinen Hospitalität einschränkt.[8]

Im Gegensatz dazu steht insbesondere die Begründung des zweiten Definitivartikels, in der Völker als Staaten in der Analogie zu natürlichen Personen gesehen werden, die sich ohne äußere Zwangsgesetze wechselseitig schädigen und daher voneinander fordern können, in eine bürgerliche Verfassung zu treten. In einem gewundenen Bandwurmsatz im 4. Absatz dieser Begründung kondensiert sich aufs deutlichste die Unschlüssigkeit Kants.[9]

Der durch Beachtung dieser Normen gestiftete Friedensbund ist explizit völkerrechtlicher Natur. Er »setzt die Absonderung vieler voneinander unabhängiger benachbarter Staaten voraus«, wie es im ersten Zusatz unter Ziffer 2 heißt. Während der rechtliche Zustand einer gesetzlichen Verfassung nach Freiheitsprinzipien seinen Anfang in einer Gewalt nimmt, »auf deren Zwang nachher

8 Der Inhalt des von Kant vorgeschlagenen Friedensbundes knüpft an das 82 Jahre ältere *Projet pour rendre la paix perpétuelle en Europe* des Abbé de St.-Pierre an.

9 Seit Fertigstellung dieses Aufsatzes ist eine Reihe von Beiträgen erschienen, die deutlich machen, daß die Interpreten sich uneins sind, ob das foedus pacificum von Kant als eine bloße Zwischenstufe zu einer Globalrepublik gedacht ist (z.B. Geismann (1983)) oder ob die besondere Konstitution des republikanischen Staates überstaatliche Zwangsgesetze erübrige (so z.B. Gerhardt (1995), S. 93 ff.). Andere Autoren erkennen – m.E. zu Recht – eine innere Widersprüchlichkeit der Friedensschrift (z.B. Höffe (1995) und Habermas (1995)).

das öffentliche Recht gegründet wird« (S. 152)[10], muß das internationale Recht ohne Zwangsgewalt auskommen. Die »vereinigende Ursache«, die aus der Vielfalt partikularen Wollens das Ganze einer bürgerlichen Gesellschaft formt und den Kriegszustand des *status naturalis* durch einen gesicherten Frieden ablöst, steht für die internationale Friedenssicherung nach Kant nicht zur Verfügung. Zwei Fragen drängen sich da auf: Warum nicht? und: Wenn nicht, wie dann?

Zur ersten Frage verweist Kant (S. 147) auf die Natur und meint, sie bediene sich »zweier Mittel, um Völker von der Vermischung abzuhalten«: die Verschiedenheit der Sprachen und der Religionen. Diese Separierung wird jedoch nicht so sehr als Bedrohung des Friedens, obwohl sie »den Hang zum wechselseitigen Hasse und Vorwand zum Kriege bei sich führt« (S. 147), sondern als Bollwerk gegen Despotismus und Anreiz für die Herstellung eines Gleichgewichts der Kräfte »im lebhaftesten Wetteifer« (148) angesehen. Die Natur hat aber auch mit dem Eigennutz die Voraussetzungen geschaffen, daß der »Handelsgeist« entsteht, »der mit dem Kriege nicht zusammen bestehen kann« (148). Wirtschaftliche Interdependenz als Antwort auf die zweite Frage wurde in der Tat immer wieder mit großen Erwartungen auch in der Phase beginnender Entente seit der Kuba-Krise als ein zentrales Instrument der Friedenssicherung verstanden.

Der so oft des leeren Apriorismus bezichtigte Kant beantwortet also beide Fragen unter Verweis auf die Menschennatur. Dennoch muß diese anthropologische Rückversicherung irritieren, denn sowohl die Separierung in Siedlungen, Sippen, Familien, ja Einzelpersonen, als auch der Eigennutz als Movens wirtschaftlicher Interaktionen und Ursachen des Handelsgeistes kennzeichnen den vorbürgerlichen Zustand, und dennoch bedarf es nicht nur nach Hobbes, sondern auch nach Kant einer »vereinigenden Ursache« des partikularen Wollens, um eine bürgerliche Rechtsordnung herzustellen. Der kategoriale Unterschied zwischen innerstaatlicher und internationaler Rechtsordnung, der im einen Fall die Zentralgewalt einer Exekutive unumgänglich macht und im anderen schon die Beachtung einiger elementarer Umgangsregeln zwischen Staaten als ausreichend zur Friedenssicherung erscheinen läßt, wird bei Kant nicht plausibel. Entweder genügt der gute

10 Seitenzahlen nach Meiner-Ausgabe von 1913.

Wille der vielen, um eine Rechtsordnung auch ohne Zentralgewalt aufrechtzuerhalten, dann wären die »Hobbesianischen« Elemente der Kantischen Theorie (staatliches Gewaltmonopol, kein Widerstandsrecht) unbegründet, oder die Idee eines *foedus pacificum* wäre, da sie nicht auf empirische Prinzipien der menschlichen Natur gegründet ist, ein »sachleeres, unausführbares Ideal« (S. 153), denn nur »eine Praxis (...), [die] aus der Art, wie es in der Welt zugeht, Belehrung für ihre Maximen [zieht], kann einen ›sicheren Grund für ihr Gebäude der Staatsklugheit‹ zu finden hoffen« (S. 153).[11] Die empirischen Prinzipien menschlicher Natur würden bei dieser zweiten Alternative den Anfang einer internationalen Rechtsordnung in der Etablierung einer globalen Zwangsgewalt setzen, eine Konzeption, die Kant als eine »Universalmonarchie« charakterisiert, deren Gesetze »mit dem vergrößerten Umfange der Regierung immer mehr an ihrem Nachdruck einbüßen«, die letztlich zu einem »seelenlosen Despotismus« entarten muß und die, nachdem »die Keime des Guten« ausgerottet sind, letztlich doch »in Anarchie verfällt« (S. 147): Der Weltstaat ist demnach nicht nur pragmatisch unwahrscheinlich, sondern nicht einmal wünschenswert.

11 G. Geismann hat aufzuzeigen versucht, daß sich die Kantische Weltfriedenslehre bruchlos in ein umfassendes Verständnis der Kantischen Rechtslehre einbetten läßt, vgl. »Kants Rechtslehre vom Weltfrieden«, in: *Zeitschrift für Philosophische Forschung* 37 (1983), S. 363 ff. Die Trias Recht der Staatsbürger, Recht der Völker und Recht der Weltbürger ist jedoch spannungsreicher, als es Geismann darstellt – zum einen wegen der problematischen Konstitution des kollektiven Akteurs ›Volk‹, und zum anderen, weil der Souveränitätsgedanke des Rechts der Völker mit einer internationalen Rechtsordnung unvereinbar ist. Die Weltgemeinschaft des Völkerrechts ist keine Vorstufe, sondern eine Alternative des Menschenstaates als einer globalen Rechtsgemeinschaft.

III. Friedenssicherung durch strukturelle Kooperation

Dieses Kantische Dilemma zwischen Hobbesianismus und Moralismus läßt sich auflösen, und mir scheint, daß diese – nachstehend skizzierte – Auflösung im Sinne des Autors der Friedensschrift wäre.[12] Das Dilemma löst sich auf, wenn man Hypostasierungen, die bezüglich der bürgerlichen Rechtsordnung einerseits und der internationalen Friedensordnung andererseits in entgegengesetzte Richtung weisen, zurücknimmt.

Auch wenn eine freiheitliche Rechtsordnung nur möglich erscheint, wenn der Staat über Gewaltmittel verfügt, mit denen er geltendes Recht gegenüber jeder Person innerhalb seiner Grenzen durchsetzen kann, so wäre es doch verfehlt, die normativen Konstitutiva des staatlichen Gewaltmonopols unberücksichtigt zu lassen. Diese normativen Konstitutiva spielen in doppelter Weise eine Rolle: Zum einen besteht ein staatliches Gewaltmonopol nur solange, als es von der grundsätzlichen Zustimmung der Vielen getragen ist. Die Frage der Legitimation ist also keine Frage, die, von außen an eine staatliche Zwangsgewalt herangetragen, im Falle der Demokratie in der politischen Öffentlichkeit erörtert wird und die Organe der Gesetzgebung anleitet, sondern sie ist unverzichtbares Element, das die Exekution des gesetzgebenden Willens erst ermöglicht. Wenn diese Legitimation nicht nur von einzelnen und im Einzelfalle, sondern von der Bürgerschaft und als Ganzes bestritten wird, so reichen die bei staatlichen Institutionen konzentrierten Gewaltmittel in der Regel nicht aus, um ein staatliches Gewaltmonopol aufrechtzuerhalten. Die hinreichende Konzentration von Gewaltmitteln beim Staat, um allein dadurch materiell ein staatliches Gewaltmonopol sicherzustellen, war historisch gesehen selbst in totalitären Regimen immer Fiktion. Zum zweiten lebt das Kooperationsgefüge einer zivilen Gesellschaft von der Einhaltung einer Vielfalt von Regeln, die nur zu einem kleineren Teil juridisch fixiert und zu einem noch weit ge-

12 Die dieser Auflösung zugrundeliegenden rationalitätstheoretischen Überlegungen habe ich in *»Practical Reason or Metapreferences? An Undogmatic Defense of Kantian Morality«*, in: *Theory and Decision* 30 (1991), S. 133 ff., und in einem weiteren Kontext in *Kritik des Konsequentialismus*, München 1993, bes. Teil IV, dargestellt.

ringeren Teil auch effektiv sanktioniert sind. Kooperative Handlungsgründe prägen unser Alltagsverhalten und sind die Grundlage all der Interaktionen, die das soziale Gefüge auch auf dem Markt ermöglichen. Auch die »moralfreie« Zone[13] beruht selbst wieder auf der allgemeinen Konformität zu Regeln, von denen in hohem Umfang gilt, daß sie zu schwach sanktioniert sind, um diese Konformität durch individuelle Optimierer in hinreichendem Maße sicherzustellen.

Der Aufklärer und Universalist Kant hat an den theoretischen Fundamenten mitgewirkt, auf denen die Nationalstaatsideologie im Laufe des 19. Jahrhunderts ihre unselige Wirkung entfalten konnte. Entgegen den in seiner kritischen praktischen Philosophie entwickelten Auffassungen bleibt Kant, wie Hobbes und Rousseau, Proponent einer – hier republikanisch gewendeten – Identitätstheorie des bürgerlichen Staates, die zwölf Jahre später in Fichtes »Reden an die deutsche Nation« (1807/8) eine radikalere, den kosmopolitischen Universalismus Kants abstreifende und für die Folgezeit bis in unser Jahrhundert hinein stilbildende Form annimmt.

Es gibt zahlreiche Einwände gegen jede Art einer Identitätskonzeption der Demokratie, unter ihnen auch solche, die sich die zentralen Forschungsergebnisse der Logik kollektiver Entscheidungen zunutze machen, die aber hier nicht näher dargestellt werden können.[14] Die Identitätskonzeption geht davon aus, daß eine demokratische Ordnung die Konstituierung eines kollektiven Akteurs verlangt, dessen Entscheidungen als Aggregation der individuellen Bürgerinteressen verstanden werden können. Das Volk agiert nach dieser Vorstellung als kollektiver Akteur durch seine staatlichen Repräsentanten. Zweifellos gibt es in der politischen Realität diesen Aspekt der fiktiven Repräsentation des Volkswillens, der sich ja auch in Verfassungsbestimmungen niedergeschlagen hat. Dieser Aspekt ist jedoch weder zwingend noch zentral für einen demokratischen Rechtsstaat und eine auf Individualrechten basierende Zivilgesellschaft. Er ist nicht zwingend, weil die Repräsentation des Volkswillens nach

13 Vgl. David Gauthier, *Morals by Agreement*, Oxford 1986, Kap. IV.

14 Vgl. Verf., »Zur Philosophie der Demokratie: Arrow-Theorem, Liberalität und Struktur der Normen«, in: *Analyse und Kritik* 13 (1991), S. 184ff.

außen und in Konkurrenz mit anderen Völkerrepräsentanten in einer schrittweisen Überwindung des internationalen *status naturalis* ihre Bedeutung zunehmend einbüßt, was wir schon im Prozeß der europäischen Einigung im Verlaufe der vergangenen Jahrzehnte beobachten konnten und was nach Abschluß des Maastricht-Prozesses und der dann hoffentlich beginnenden Diskussion um eine europäische Verfassungsordnung endgültig der Vergangenheit angehören wird. Er ist nicht zentral, weil man einen demokratischen Staat besser als ein institutionell gestütztes Kooperationsgefüge versteht, dessen Bestand von der grundsätzlichen Übereinstimmung der Bürgerinnen und Bürger mit den etablierten Regeln des Konfliktaustragens und des sozialen Ausgleiches sowie des Schutzes individueller Rechte abhängt. Die Konzeption kollektiver Akteure mag pragmatisch sinnvoll sein, und sie ist durch die Rechtsfigur der juristischen Person vorgezeichnet, die Demokratie ist aber nicht durch eine spezifische Konstituierung eines kollektiven Akteurs definiert, sondern durch Verfahren der Regierungskontrolle, einschließlich ihrer möglichen Abwahl, durch staatliche Garantien individueller Rechte und durch organisierte Solidarität (Sozialstaat), die man auch als Ausdruck gleicher Achtung gegenüber allen, die sich zu diesem Kooperationsgefüge zusammengeschlossen haben, ansehen kann.

Demokratie, verstanden als ein institutionell gestütztes Kooperationsgefüge, läßt die »Separierung der Völker« obsolet erscheinen. Allerdings sind weitgehend dezentralisierte Entscheidungsverfahren Merkmal jeder effizienten, eine Vielzahl von Personen und Interessen umfassenden Kooperation, was die Horrorvision eines zentralisierten Weltstaates von vornherein ausschließt. Der in Deutschland und einigen wenigen anderen Staaten der Welt praktizierte Föderalismus mit seinen vielfältig abgestuften Entscheidungsprozessen, der konkurrierenden Gesetzgebung, dem Mehrkammersystem und der auch politisch wünschenswerten Machtbalance kann *cum grano salis* als Modell einer über die Nationalstaaten hinausgreifenden Rechtsordnung gelten. Das Problem ist nicht so sehr die Praktikabilität, sondern die Emanzipation der politischen Öffentlichkeit von überkommenen identitätstheoretischen und zumeist nationalstaatsorientierten Demokratiekonzeptionen.

Gerechtigkeit, verstanden als ein normativer Grundkonsens über sekundäre Regeln, bildet das Bindemittel einer demokratischen

Gesellschaft[15] und muß, um gegen struktursprengende Optimierungsstrategien einzelner und einzelner Gruppen geschützt zu sein, institutionell abgestützt werden. Institutionelle Abstützung verlangt auch die Möglichkeit eines Einsatzes von Gewaltmitteln als *ultima ratio* des demokratischen Rechtsstaates. Die Bereitschaft der Bürgerinnen und Bürger, ihrem optimierenden Handeln Grenzen aufzuerlegen, die dieses vereinbar mit dem institutionell abgesicherten Kooperationsgefüge eines demokratischen Rechtsstaates macht, ist Voraussetzung für die Stabilität einer zivilgesellschaftlichen Friedensordnung. So wie es nicht zu erwarten ist, daß der »innere« Friede durch die Konzentration von Gewaltmitteln bei staatlichen Institutionen allein gesichert werden kann, so ist nicht anzunehmen, daß der »internationale« Friede ohne jegliche Sanktionsgewalt transnationaler Institutionen auf Dauer gesichert werden kann.

Den interessanten empirischen Befund, daß es zwischen demokratischen Rechtsstaaten bisher noch keinen Krieg gegeben hat, kann man in unterschiedlicher Weise interpretieren: so wie Kant (und Marx): Das Volk, als das im Krieg eigentlich betroffene, sei grundsätzlich friedliebend; als Ausdruck der Besonderheit demokratischer Rechtsstaaten als Akteure[16]; als Folge des kontingenten Umstandes, daß sich das System der rechtsstaatlichen Demokratie gerade in denjenigen Staaten durchgesetzt hat, die durch ein hohes Maß wirtschaftlicher Verflechtung und aufgrund bitterer historischer Erfahrungen sowie eines gemeinsamen kulturellen Umfeldes kooperationsbereit sind; oder als Hinweis darauf, daß in demokratischen Rechtsstaaten das Verhältnis untereinander schon bisher im Sinne eines Kooperationsgefüges verstanden wurde, was nationalstaatlichen Optimierungsstrategien wirksame öffentliche Beschränkungen auferlegte. Natürlich schließen sich diese Interpretationen nicht wechselseitig aus, und tatsächlich scheinen mir alle vier für eine vollständige Erklärung notwendig zu sein.

Michael Doyle[17] hatte zur Erklärung dafür, daß seit den Napoleo-

15 John Rawls' Theorie ist zwar nicht in seinem kontraktualistischen Modell, aber in seiner Bestimmung der Rolle des Gerechtigkeitssinns für die politisch-gesellschaftliche Ordnung die gegenwärtig bedeutendste Repräsentantin dieses Ansatzes, vgl. *A Theory of Justice* (1971), dt. *Eine Theorie der Gerechtigkeit*, Frankfurt a. M. 1975.

16 Vgl. Reinhard Zintl: *Kooperation kollektiver Akteure*, 1994.

nischen Kriegen keine Demokratie gegen eine andere Krieg führte, den gemeinsamen normativen Grundkonsens individueller Freiheit und demokratischer Partizipation angeführt. Dieser Erklärungsansatz allerdings liegt über Kreuz mit der historischen Erfahrung, daß es auch in Demokratien zu nationalistischem Eiferertum und Chauvinismus kommen kann. Die Vielzahl demokratischer und sich demokratisierender Staaten ist eine Erfolgsgeschichte erst der achtziger und neunziger Jahre dieses Jahrhunderts – noch Mitte des 18. Jahrhunderts konnte man bestenfalls fünf Staaten als demokratisch bezeichnen (USA, Großbritannien, Frankreich, Belgien und die Schweiz). Eine internationale, sanktionsbewährte Rechtsordnung schiene mir auch dann unverzichtbar zur dauernden Sicherung des Friedens zu sein, wenn alle Staaten der Welt demokratisch würden. Die friedensstiftende Kraft von Institutionen, die von einem normativen Grundkonsens getragen werden, läßt sich angesichts der politischen Realität innerhalb der demokratischen Verfassungsstaaten schwer leugnen: selbst sogenannte »Völkerfeindschaften«, die über Jahrhunderte bis zu kriegerischen Konflikten eskalierten, ließen sich im Rahmen einer demokratischen Verfassungsordnung erstaunlich schnell domestizieren. Liebe und Haß zwischen Völkern sind gefährliche Illusionen, die, von politischen Demagogen geschickt eingesetzt, die Bereitschaft zu kriegerischer »Selbstbehauptung« jederzeit wecken können, wenn das institutionell gestützte Kooperationsgefüge seine normative Basis verloren hat. Die Spielräume für politische Demagogie gibt es auch in Demokratien, aber sie sind in Staaten ohne freie Presse, ohne parlamentarische Opposition und ohne rechtsstaatliche Kontrolle in der Regel wesentlich größer. Kants Plädoyer für »Republikanismus« und Publizität findet darin seine Rechtfertigung.

Wer demokratische Zivilgesellschaften als ein von einem normativen Grundkonsens über sekundäre Regeln getragenes Kooperationsgefüge versteht und staatliche Institutionen als sanktionsbewährte Stützung dieses Kooperationsgefüges, für den verliert die Vision einer international institutionalisierten Rechtsordnung ihren Schrecken. Es gibt keine ausgezeichnete Ebene der Kooperation – sie findet im sozialen Nahbereich ebenso statt wie in den

17 »Liberalism and World Politics«, in: *American Political Science Review* 80 (1986), S. 1151 ff.

alltäglichen, von einer Vielzahl sozialer Rollen geprägten Interaktionen etwa am Arbeitsplatz, und sie reicht hinauf bis in die Makrosysteme des Marktes und der sozialen Transferleistungen und schließlich der transnationalen Interaktion. In diesem gesamten Spektrum ist eine institutionelle Stützung zumindest hilfreich (wie im Familienrecht), als Vorkehrung gegenüber struktursprengendem Optimieren notwendig (wie etwa im Vertragsrecht für den Bereich der wirtschaftlichen Interaktionen) oder sogar konstitutiv (wie etwa für juristische Personen). Der allgewaltige (allerdings bei Kant normativ gebundene) Fürst (bzw. die entsprechende Zentralgewalt als Inkarnation des Staatswillens) verbreitet schon in kleinen Dimensionen Schrecken und ist als Weltmodell undenkbar. Das demokratische Kooperationsgefüge einer Zivilgesellschaft aber ist auf eine Instanz dieser Art nicht angewiesen, genauer: sie ist auf eine solche Instanz um so weniger angewiesen, als das zivilgesellschaftliche Fundament an Kraft gewinnt.

1866 haben sich Bayern und Preußen nicht vorstellen können, jemals in ein friedensstiftendes Kooperationsgefüge eingebettet zu sein. Vielen fällt es heute schwer, die Einfügung »ihres« Nationalstaates in ein europäisches Kooperationsgefüge zu akzeptieren, obwohl dieser Prozeß schon weiter vorangeschritten ist, als es die Öffentlichkeit wahrzunehmen scheint. Europäische Gesetzgebung ist schon heute wirksam möglich, ohne daß europäische Institutionen über eigene Gewaltmittel verfügen. Das staatliche Gewaltmonopol ist aufgrund eines bestehenden normativen Konsenses auch auf europäischer Ebene gesichert. Eine internationale Friedensordnung setzt in analoger Weise keine mit überlegenen militärischen oder polizeilichen Gewaltmitteln ausgestattete zentrale Instanz voraus, aber sie verlangt nach Institutionen, die Teil eines Gesamtgefüges sind, das diejenigen Regeln mit Sanktionen bewehrt, deren Einhaltung für die Aufrechterhaltung des Weltfriedens unverzichtbar sind. Dies ist der gedankliche Schritt, den Kant hätte konsequenterweise gehen müssen, um nicht in das Dilemma zu geraten, die nationale Friedensordnung durch ein fürstliches Gewaltmonopol und die internationale Friedensordnung durch Moral (und wirtschaftliche Interdependenz) aufrechterhalten zu lassen. Zumindest in der Theorie gibt es einen Weg zwischen Moralismus und Hobbesianismus, der aufgrund eines Rationalitätsverständnisses gangbar ist, das, wie mir scheint, durchaus Kantische Züge trägt.

Literatur

Brock, Lothar: »Eine Welt – von der Hoffnung zum Alptraum. Über die Vergeblichkeit weltbürgerlicher Absichten«, in: Hoffmann/Kramer (1995), 21-36.

Doyle, Michael: »Liberalism and World Politics«, in: *American Political Science Review* 80 (1986), 1151-1169.

Gauthier, David: *Morals by Agreement*, Oxford 1986.

Geismann, Georg: »Kants Rechtslehre vom Weltfrieden«, in: *Zeitschrift für Philosophische Forschung* 37 (1983), 363-388.

Glucksmann, André: *La force du vertige*, Paris 1983 (dt.: *Philosophie der Abschreckung*, Stuttgart 1984).

Habermas, Jürgen: »Kants Idee des ewigen Friedens«, in: *Information Philosophie*, Dez. 1995, S. 5-19.

Höffe, Otfried: »Völkerbund oder Weltrepublik?«, in: ders. (Hg.), *Zum ewigen Frieden*, Berlin 1995.

Hoffmann, H. und D. Kramer: *Anderssein, ein Menschenrecht*, Weinheim 1995.

Kant, Immanuel: »Über den Gemeinspruch: Das mag in der Theorie richtig sein, taugt aber nicht für die Praxis« (1793), *Akademieausgabe* Bd. VIII;

–, »Zum ewigen Frieden« (1795), *Akademieausgabe* Bd. VIII.

Kerby, W. und R. Rilling (Hg.): *Ways out of the Arms Race*, Hamburg 1986.

Nida-Rümelin, Julian: »Strategical and Political Implications of SDI«, in: Kerby/Rilling (1986).

–, »Practical Reason or Metapreferences? An Undogmatic Defense of Kantian Morality«, in: *Theory and Decision* 30 (1991), 133-162.

–, *Kritik des Konsequentialismus*, München 1993.

–, »Zur Philosophie der Demokratie: Arrow-Theorem, Liberalität und strukturelle Normen«, in: *Analyse und Kritik* 13 (1991), 184-203.

Patzig, Günther: Kants Schrift »Zum ewigen Frieden«, in: ders., *Gesammelte Schriften*, Bd. I, Göttingen o. J. [1994], 275-296; in diesem Band S. 12-30.

Rawls, John: *A Theory of Justice*, Cambridge/Mass. 1971 (dt. *Eine Theorie der Gerechtigkeit*, Frankfurt am Main 1975).

Ulrich Steinvorth
Soll es mehrere Staaten geben?

1. Die Rolle des Völkerrechts bei Kant

Zu den Grundproblemen der politischen Philosophie gehört die Frage, ob es überhaupt einen Staat geben sollte. Aber bejaht man diese Frage mit den Gründen, auf die sich die meisten neuzeitlichen Philosophen stützten, so stellt sich das aktuellere Problem, warum es mehrere Staaten geben sollte. Die Gründe, auf die sich die meisten neuzeitlichen Philosophen stützten, sind die Interessen der einzelnen an Sicherheit ihres Lebens und Eigentums, an Wohlstand und verläßlicher Freiheit. Ohne Staatsgewalt, so Hobbes, »men live without other security, than what their own strength, and their own invention shall furnish them withall ... the life of man (is) solitary, poore, nasty, brutish, and short« (*Leviathan*, Kap. 13, 1968, 186).

Der einzelne, so Locke, »is willing to joyn in Society with others who are already united, or have a mind to unite for the mutual *Preservation* of their Lives, Liberties and Estates, which I call by the general Name, *Property*« (*Treatise* II, § 123, 1960, 350).

Sind aber Sicherheitsinteressen der Grund für die Unterwerfung unter eine Staatsgewalt, so verlangt derselbe Grund Unterwerfung unter eine Weltstaatsgewalt. Das Gewaltmonopol, das die einzelnen dem damit zum Staatssouverän werdenden Herrscher überlassen, gibt ihm »so much Power and Strength ... that by terror thereof, he is inabled to forme the wills of them all«, »to keep them in awe, and to direct their actions to the Common Benefit« (Hobbes, *Leviathan*, Kap. 17, 1968, 227). Warum aber den Schrecken und Schauder der Staatsgewalt nur zur Disziplinierung der Individuen und Gruppen eines Landes und nicht auch aller Länder und Staaten der Welt gebrauchen? Zu Hobbes' Zeit war das Interesse der einzelnen und Gruppen an Sicherheit und Frieden auf nationaler Ebene vielleicht größer als auf Weltebene. Aber zwischenstaatliche Kriege waren auch zu Hobbes' Zeit schrecklich genug, um aus dem Interesse an ihrer Vermeidung einen hinreichenden Grund zu machen, einen Weltstaat zu gründen.

Kant hat diesen Zusammenhang erkannt. Er stellt 1784 in seiner »Idee zu einer allgemeinen Geschichte in weltbürgerlicher Absicht« fest:

Das Problem der Errichtung einer vollkommnen bürgerlichen Verfassung ist von dem Problem eines gesetzmäßigen *äußeren Staatenverhältnisses* abhängig und kann ohne das letztere nicht aufgelöset werden. Was hilfts, an einer gesetzmäßigen bürgerlichen Verfassung unter einzelnen Menschen, d.i. an der Anordnung eines *gemeinen Wesens* zu arbeiten? Dieselbe Ungeselligkeit, welche die Menschen hiezu nötigte, ist wieder die Ursache, daß ein jedes Gemeinwesen in äußerem Verhältnisse, d.i. als ein Staat in Beziehung auf Staaten in ungebundener Freiheit steht, und folglich einer von dem andern eben die Übel erwarten muß, die die einzelnen Menschen drückten und sie zwangen, in einen gesetzmäßigen bürgerlichen Zustand zu treten. (1913, 158f.)

Aus dieser Beschreibung schließt Kant zehn Jahre später in seinem philosophischen Entwurf »Zum ewigen Frieden«:

Für Staaten im Verhältnisse untereinander kann es nach der Vernunft keine andere Art geben, aus dem gesetzlosen Zustande, der lauter Krieg enthält, herauszukommen, als daß sie eben so wie einzelne Menschen ihre wilde (gesetzlose) Freiheit aufgeben, sich öffentlichen Zwangsgesetzen bequemen und so einen (freilich immer wachsenden) *Völkerstaat* (civitas gentium), der zuletzt alle Völker der Erde befassen würde, bilden (EF 357).*

Aber 1784 hört Kant die Vernunft noch einen anderen Weg raten, aus dem Krieg der Staaten herauszukommen. Zwar treibt nicht die Vernunft, sondern »die Natur« die Menschen

»durch die Kriege, ... durch die Not, die dadurch endlich ein jeder Staat, selbst mitten im Frieden, innerlich fuhlen muß«, auf diesen anderen Weg. Aber sie treibt sie doch »zu dem, was ihnen die Vernunft auch ohne so viel traurige Erfahrung hätte sagen können, nämlich: aus dem gesetzlosen Zustande der Wilden hinauszugehen und in einen Völkerbund zu treten« (»Idee«, 7. Satz, 1913, 159).

Was also verlangt die Vernunft nach Kant: einen Völker*staat* zu bilden, wie es der *Entwurf* von 1794 annimmt, in einen Völker*bund* zu treten, wie es die *Idee* von 1784 unterstellt, oder läßt sie die Wahl zwischen den beiden Möglichkeiten offen? Betrachten wir den Entwurf von 1794 näher, so finden wir eine konsistente

* Die Klammern in diesem und den folgenden Kant-Zitaten sind von Kant selbst. »EF« steht für Kants »Zum ewigen Frieden«; »Rph« für Hegels Rechtsphilosophie.

Begründung der politischen Empfehlung eines Völkerbundes, in dem die Aufsätze von 1784 und 1794 übereinstimmen. »Schwärmerisch ... scheint« nicht nur die Idee eines Völkerstaats, sondern auch die eines Völkerbunds, »und als eine solche« ist sie auch »an einem Abbé von St. Pierre oder Rousseau verlacht worden« (»Idee«, 7. Satz, 1913, 159). Aber die Idee eines Völkerstaats scheitere trotz ihrer überlegenen Vernünftigkeit an »der Bösartigkeit der menschlichen Natur, die sich im freien Verhältniß der Völker unverhohlen blicken läßt (indessen daß sie im bürgerlich-gesetzlichen Zustande durch den Zwang der Regierung sich sehr verschleiert)« (EF 355). Denn »gleichwie wir ... die Anhänglichkeit der« – staatenlosen – »Wilden an ihre gesetzlose Freiheit ... mit tiefer Verachtung ansehen ..., so, sollte man denken, müßten gesittete Völker ... eilen, aus einem so verworfenen Zustande« – der gesetzlosen Freiheit zwischen den Staaten – »je eher desto lieber herauszukommen: statt dessen aber setzt vielmehr jeder *Staat* seine Majestät (denn Volksmajestät ist ein ungereimter Ausdruck) gerade darin, gar keinem äußeren gesetzlichen Zwange unterworfen zu sein« (EF 354).

Der Völkerstaat ist vernünftig, aber unrealisierbar. Aber ein Völkerbund, »wo jedem« Volk »sein Recht gesichert werden kann«, ist unvernünftig, soweit er einen »Widerspruch« enthält. Denn auch in einem Völkerbund gäbe es »das Verhältniß eines *Oberen* (Gesetzgebenden) zu einem *Unteren* (Gehorchenden, nämlich dem Volk) ..., welches (da wir hier das Recht der *Völker* gegen einander zu erwägen haben, so fern sie ... nicht in einem Staat zusammenschmelzen sollen) der Voraussetzung widerspricht« (EF 354).

Ein Völkerbund ist widersprüchlich, soweit er die verbündeten Völker seinen Satzungen unterwerfen muß, aber, ohne zu einem Völkerstaat zu werden, nicht die Exekutivgewalt haben kann, die aus den Völkern das Volk der Gehorchenden machen könnte.

In seiner »Idee« von 1784 hat Kant noch ein weiteres Problem hervorgehoben. Obgleich ein Völkerstaat vernünftig ist, ist er nicht nur unrealisierbar, man muß auch an seiner Vernünftigkeit zweifeln, wenn er realisiert wäre. Denn zwar bedarf der einzelne wie der Staat

einen *Herrn*, der ihm den eigenen Willen breche und ihn nötige, einem allgemeingültigen Willen, dabei jeder frei sein kann, zu gehorchen. Wo nimmt er aber diesen Herrn her? Nirgends anders, als aus der Menschengattung. Aber dieser ist ebensowohl ein Tier, das einen Herrn nötig hat. Er mag es also anfangen, wie er will, so ist nicht abzusehen, wie er sich ein Oberhaupt der öffentlichen Gerechtigkeit verschaffen könne, das selbst gerecht sei (6. Satz, 1913, 157).

Und dennoch findet Kant einen Ausweg. Zwar, »aus so krummem Holze, als woraus der Mensch gemacht ist, kann nichts ganz Gerades gezimmert werden« (ebd., 158). Aber die »Annäherung zu dieser Idee« einer »allgemein das Recht verwaltenden *bürgerlichen Gesellschaft*«, in der nicht nur in einem Volk, sondern auf der ganzen Welt »jeder frei sein kann« (ebd., 5. und 6. Satz, 156-58), wird ermöglicht durch den Begriff des *Völkerrechts*. Denn wenn ein einzelner Staat sagt:

›Es soll kein Krieg zwischen mir und andern Staaten sein, obgleich ich keine oberste gesetzgebende Gewalt erkenne, die mir mein und der ich ihr Recht sichere‹, so ist es gar nicht zu verstehen, worauf ich dann das Vertrauen zu meinem Rechte gründen wolle, wenn es nicht das Surrogat des bürgerlichen Gesellschaftsbundes, nämlich der freie Föderalism ist, den die Vernunft mit dem Begriffe des Völkerrechts notwendig verbinden muß, wenn überall etwas dabei zu denken übrigbleiben soll (EF 356).

Ein Völkerbund kann trotz seiner Widersprüchlichkeit zur Weltgerechtigkeit beitragen, soweit er sich auf einen weltweit anerkannten Begriff des Rechts oder der Gerechtigkeit auch zwischen verschiedenen Staaten und Individuen verschiedener Nationen stützen kann. Das Recht läßt sich weltweit auch ohne oberste gesetzgebende Gewalt durchsetzen, weil und soweit es auf grundsätzliche Zustimmung stößt und es weniger als eines Gewaltmonopols bedarf, um ihm Befolgung zu sichern. Daher schließt Kant seine Überlegung 1794 trotz seines Bestehens auf der alleinigen Vernünftigkeit eines Weltstaats und trotz vielleicht stärker gewordener Zweifel mit demselben politischen Schluß wie 1784:

Für Staaten im Verhältnisse untereinander kann es nach der Vernunft keine andere Art geben, aus dem gesetzlosen Zustande ... herauszukommen, als daß sie ... einen ... Völkerstaat ... bilden. Da sie dieses aber nach ihrer Idee vom Völkerrecht durchaus nicht wollen, mithin, was in thesi richtig ist, in hypothesi verwerfen, so kann an die Stelle der positiven Idee *einer Weltrepublik* (wenn nicht alles verloren werden soll) nur das *negative* Surrogat eines den Krieg abwehrenden, bestehenden und sich immer ausbreitenden *Bundes* den Strom der rechtscheuenden, feindseligen Neigung aufhalten (EF 357).

Kants Idee eines Völkerbunds und sein Entwurf »Zum ewigen Frieden« gründen auf seiner Voraussetzung eines weltweit anerkannten, die verschiedenen menschlichen Kulturen übergreifenden Rechtsbegriffs. Er teilt diese Voraussetzung mit der englischen und französischen Aufklärung und müßte mit ihr fallen, wenn die Aufklärungskritik der Romantik, Hegels oder der verschiedenen Formen der Vernunftkritik des 19. und 20. Jahrhunderts berechtigt wäre. Ein Völkerbund, der sich nicht auf weltweit anerkannte Gerechtigkeitsprinzipien stützen kann, ist zum Scheitern verurteilt.

2. Hegels Kritik des Völkerrechts

Hegel verwarf Kants Idee eines Völkerbunds, weil er seinen Begriff des Völkerrechts verwarf. Seine Kritik ist von besonderem Interesse, weil sie mit einer positiven Theorie der Grundlagen von Recht und Moral verbunden ist, die viel Zustimmung gefunden hat, auch wenn ihre Anhänger Hegel nicht kennen. Diese Theorie hat gegenüber den Theorien von Locke und Kant, denen Hegel sie entgegenstellt, eine Eigenschaft, die ihr bei den meisten Heutigen zum Vorteil gereicht. Sie leitet die Prinzipien der Moral weder, wie Kant, aus einem zeitlosen Sittengesetz ab noch, wie Locke, aus ebenso zeitlosen Eigentumsprinzipien. Sie versteht sie vielmehr als Elemente oder Aspekte eines Systems von Institutionen und Regeln – der »Sittlichkeit« –, mit denen eine Gesellschaft ihre spezifische Lebensform zu sichern und zu verewigen sucht. Lokkes Naturrecht und Kants Moral, die Hegel unter den Titeln des abstrakten Rechts und der Moralität behandelt, versteht er als unzureichende Rekonstruktionen von Normen und Institutionen, die das menschliche Leben und Überleben regeln und nur bei Strafe des menschlichen Verfalls mißachtet werden können. Solche Normen und Institutionen erweisen sich, wenn man die Abhängigkeit von Recht und Moralität von den sozialen Lebensbedingungen erkennt, als

sittliche Mächte ... welche das Leben der Individuen regieren und in diesen als ihren Akzidenzen ihre Vorstellung, erscheinende Gestalt und Wirklichkeit haben« (Rph § 145), »den Völkern als die ewige Gerechtigkeit als an und für sich seiende Götter vorgestellt ..., gegen die das eitle Treiben der Individuen nur ein anwogendes Spiel bleibt (Rph § 145 z).

Die Sittlichkeit ist für Hegel die Substanz des menschlichen Lebens, weil sie die sozialen Bedingungen ausmacht, deren Befolgung die Entfaltung der spezifisch menschlichen Fähigkeiten – denkendes Erkennen und freies Wollen – möglich und notwendig macht. Sie prägt die Individuen, so daß sie immer nur einen beschränkten Spielraum haben, auf die vorgefundenen sozialen Bedingungen, mithin auch auf die Sittlichkeit, einzuwirken. Daher erscheinen Auflehnungen der Individuen gegen die Sittlichkeit als »eitles Treiben«. Aber sie werden als eitel dennoch nur »vorgestellt«, ebenso wie die Sittlichkeit als »ewige Gerechtigkeit« nur eine Vorstellung ist. Auch nach Hegel haben die Individuen einen Spielraum, Sittlichkeit und Überlieferung zu verändern. Denn die Substanz der Sittlichkeit hat in den Individuen »ihre ... Wirklichkeit«: sie kann nur durch sie wirken und fortbestehen, so wie ein Baum nur durch das Grünen seiner wechselnden Blätter wirken und fortbestehen kann.

Was Locke und Kant nach Hegel in ihren Rekonstruktionen der Sittlichkeit richtig sehen, ist, daß Normen und Institutionen nur Bestand haben können, wenn sie den Menschen eine Freiheit sichern, die ihrem freien Willen angemessen ist. Hegel entwickelt gemäß dieser Bedingung selbst seine Rechtsphilosophie als eine Abfolge von Verträglichkeitsbedingungen der zwei schwer vereinbaren Momente des Wollens (die auch solche des Denkens sind), nämlich der »Allgemeinheit«, d. h. der Fähigkeit, immer anders zu entscheiden oder zu urteilen, als man entscheidet, und der »Besonderheit«, d. h. der Fähigkeit, schließlich mit Gründen zu entscheiden (vgl. Rph. §§ 5-7 und Steinvorth 1994, 170-180). Was Locke und Kant aber nach Hegel unbeachtet lassen, ist eine elementare Voraussetzung der Freiheit, nämlich Dauer und Fortbestand menschlicher Gesellschaften. Wenn Hegel daher die Sittlichkeit auch »Idee der Freiheit« nennt (Rph § 142), gliedert er sie doch nach ihren Funktionen der menschlichen Selbsterhaltung. Denn er bestimmt als ihr erstes Moment oder Subsystem die Familie, als ihr zweites die bürgerliche Gesellschaft. Die Familie aber hat die Aufgabe der Erhaltung der menschlichen Gattung; die bürgerliche Gesellschaft, von Hegel beschrieben als System einer kapitalistischen Wirtschaft, hat die Aufgabe der Erhaltung der menschlichen Individuen. Der Staat dagegen hat keine eigene Aufgabe. Sein Zweck ist »das allgemeine Interesse als solches« (Rph § 270), aber dies kann nur verfolgt werden durch die »besonderen Interessen« (ebd.), soweit diese miteinander verträglich sind. Der Staat macht ihr gemeinsames Ziel bewußt: die Verewigung der menschlichen Existenz in der gegebenen Reproduktionsform, die für Hegel immer auch eine Form der Vernunft ist. Er wacht über die Verträglichkeit der besonderen Interessen untereinander und über ihre Zuträglichkeit für das gemeinsame Ziel der gesellschaftlichen Selbsterhaltung. Wegen dieser Funktion zweiter Ordnung, die Verträglichkeit der primären Funktionen von Familie und bürgerlicher Gesellschaft zu garantieren, beschreibt Hegel den Staat in einer Weise, die wie eine philosophische Apotheose klingt, tatsächlich aber die Einschränkung auf Dienstleistungen für Familie und bürgerliche Gesellschaft bedeutet:

»Der Staat ist ... der *offenbare*, sich selbst deutliche, substantielle Wille, der sich denkt und weiß und das, was er weiß und insofern er es weiß, vollführt« (Rph § 257, vgl. § 270).

Hegel hat für die funktionale Abhängigkeit des Staats von Familie und bürgerlicher Gesellschaft den Begriff der *Diremtion* gebraucht. Da er die Sittlichkeit und ihre Subsysteme als objektiven Geist versteht, kann er sagen, der (objektive) Geist zweiteile oder »dirimiere« sich in die zwei Sphären von Familie und bürgerlicher Gesellschaft (Rph §§ 256a, 262, 270, 270z, 165). Damit legt er sich auf die Annahme fest, daß die wesentliche Gliederung einer Gesellschaft die in die zwei Subsysteme Familie und bürgerliche Gesellschaft und daß der Staat kein Subsystem mit eigenen Zielen neben diesen beiden ist, sondern nur das System der Verträglichmachung und Bewußtwerdung der Ziele der zwei materialen Sphären der Gesellschaft (vgl. Steinvorth 1995).

Wie Familie und bürgerliche Gesellschaft ihre Erhaltungsaufgaben und wie der Staat seine Verträglichkeitssicherungsfunktion erfüllen, dafür gibt es nach Hegel keine Prinzipien a priori. Hier wirken vielmehr Zufall, Geschichte und menschliche Willkür oder Freiheit, und daher ist der Staat »Individualität« (Rph § 271). Daher gibt es auch eine Mehrzahl von Staaten – ebensoviele, wie es Arten der menschlichen Selbsterhaltung in solchen Gesellschaften gibt, die eine Institution zur Verträglichkeitssicherung ihrer besonderen Interessen ausgebildet haben.

Was Hegel über die Individualität des Staats und allgemeiner jedes Systems der Sittlichkeit sagt, impliziert nicht nur eine historische und soziologische Theorie des Staats, die auch Kant und andere

Aufklärer akzeptieren könnten. Es impliziert vielmehr eine normative Rechtstheorie, die nicht nur für Aufklärungsphilosophen unakzeptabel ist. Wie Staaten, so sind nach Hegel auch Rechtsordnungen, die Staaten innerhalb ihrer Grenzen durchsetzen, individuell und verbindlich nur für ihre Bürger. Da alle Normen als Glieder eines Systems der Sittlichkeit oder einer bestimmten Weise der sozialen Selbsterhaltung zu verstehen sind, können auch Normen der Gerechtigkeit nur Glieder eines bestimmten individuellen Selbsterhaltungssystems sein. Statt, wie die Aufklärung hoffte, einem Weltstaat oder wenigstens einem Völkerbund als Rechtsgrundlage zu dienen, können Gerechtigkeitsprinzipien nur einem bestimmten Staat zu seiner Stärkung dienen, da sie nie mehr sein können als Normen, die eine unter vielen möglichen Arten der sozialen Selbsterhaltung fördern.

Obgleich Hegel staatlich organisierte Gesellschaften als unterschiedliche Selbsterhaltungssysteme in der Theorie voneinander isoliert, erkennt er ihre vielfältigen Kontakte in der historischen Wirklichkeit an. Aber aus diesen Kontakten kann nach Hegel keine eigene Normativität oder Gerechtigkeit erwachsen. Zwar, »die europäischen Nationen bilden eine Familie nach dem allgemeinen Prinzipe ihrer Gesetzgebung, ihrer Sitten, ihrer Bildung« (Rph § 339 z), aber das hat historische Ursachen, die keine Gemeinsamkeit von Rechtsprinzipien in Konflikten garantieren:

»Der Streit der Staaten kann ..., insofern die besonderen Willen keine Übereinkunft finden, nur durch *Krieg* entschieden werden« (Rph § 334). »Die *Kantische* Vorstellung eines *ewigen Friedens* durch einen Staatenbund, welcher jeden Streit schlichtete ..., setzt die *Einstimmung* der Staaten voraus, welche ... immer auf besonderen souveränen Willen beruhte und dadurch mit Zufälligkeit behaftet bliebe« (Rph § 333 a, vgl. § 324 z).

Hegel leugnet nicht nur, daß aus zwischenstaatlichen Kontakten eigene Gerechtigkeitsprinzipien erwachsen können. Er behauptet vielmehr, daß sich in den kriegerischen Konfliktlösungen schließlich die Rechtsordnung des siegreichen Staates als die Weltgerechtigkeit durchsetze. Da jedes System der Sittlichkeit eine besondere Form des Geistes ist, als dessen fortschreitende Entäußerung in der Natur und Zusichselbstkommen in der Menschheitsgeschichte Hegel das Weltganze darstellt, ist für Hegel jedes System der Sittlichkeit der Geist nicht der Welt überhaupt, sondern eines besonderen Volkes:

»Die Prinzipien der *Volksgeister* sind ... überhaupt beschränkte«. Dennoch bringt aus »der Endlichkeit dieser Geister ... der *allgemeine* Geist, der *Geist der Welt*, als unbeschränkt ebenso sich hervor ..., als er es ist, der sein Recht – und sein Recht ist das allerhöchste – an ihnen in der *Weltgeschichte*, als dem *Weltgerichte*, ausübt« (Rph § 340).

In der Endlichkeit der Volksgeister, konkreter dem »höchst bewegten Spiel der inneren Besonderheit der Leidenschaften, Interessen, Zwecke, der Talente und Tugenden, der Gewalt, des Unrechts und der Laster wie der äußeren Zufälligkeit« (ebd.), erweist sich der eine Volksgeist als Weltgeist, der sich weltgeschichtlich gegen die übrigen behauptet. Seine besondere Rechtsordnung wird zur universellen Rechtsordnung, nicht weil sie die gerechteste, sondern weil sie die Rechtsordnung des stärksten Staats ist. Sie beweist ihre Tauglichkeit als Weltgerechtigkeit durch ihre Tauglichkeit, eine einzelne Gesellschaft zur durchsetzungsfähigsten zu machen.

Hegels Theorie dessen, was er »äußeres Staatsrecht« nennt, hat die Kritik auch wohlwollender Hegelinterpreten herausgefordert. Eine Verteidigung habe ich nur gefunden bei Mitias (1984). Er behauptet, »that for Hegel international law is not a useless, ineffective, rule of conduct between the states. On the contrary, it is the best means for establishing and promoting international order« (176). Er stützt sich vor allem auf Rph § 330 z, wonach ein Verhältnis zwischen Staaten »zwar auch an sich rechtlich sein (soll)«, und versteht Hegels unmittelbar folgende Einschränkung dieser Aussage: »... aber in der Wirklichkeit soll das Ansichseiende auch Gewalt haben« nur als Verweis auf die mangelnde Durchsetzbarkeit gültiger Verpflichtungen, die durch Verträge zwischen den Staaten geschaffen wurden. Er argumentiert:

... what does it mean for an international law in this context to be obligatory? It means that the law *ought*, as Hegel asserts, to be obeyed; it means, in other words, that there are good reasons to obey it. And the reasons which justify obeying them are: (1) the contracting states have voluntarily agreed to respect the law; (2) the law expresses the mutual interests of the contracting states. It is a mistake to argue that because a supreme judicial power capable of enforcing the law is absent the law is not obligatory; for, as I said before, we would then equate obligation with physical force. It is, however, generally agreed that this is not a reasonable position to espouse. The absence of a legitimate superior power that can enforce international laws has led Hegel to say that when a conflict cannot be settled between states they resort to war. I should here stress that war, for Hegel, does not determine what is right, nor is it the only means to settle international conflict. It only decides which of two or more conflicting right claims is to give way (Mitias 1984, 184).

Man muß Mitias einräumen, daß Hegels Verständnis des Rechts als eines Elements im System der Selbsterhaltung einer Gesellschaft nicht die Konzeption eines bindenden Völkerrechts ausschließt, das sich die Staaten im aufgeklärten Eigeninteresse schaffen. Aber Hegel folgte dieser von ihm selbst eröffneten begrifflichen Möglichkeit nicht. Denn er sagt, was Mitias nicht beachtet (vielleicht wegen der oft ungenauen Übersetzung der Rechtsphilosophie von T. M. Knox (Oxford 1962), der er folgt), nicht einfach, daß mangels einer über den einzelnen Staaten stehenden Gewalt die durch Verträge zwischen Nationen geschaffenen Verpflichtungen und das Völkerrecht insgesamt »die Form des *Sollens*« haben (Rph § 330), »beim Sollen bleiben« (§ 330 z, vgl. § 333). Das ist angesichts Hegels wiederholter Kritik des bloßen Sollens (etwa Rph, Vorrede, S. 26, § 135 a) immerhin schon kaum verträglich mit Mitias' These, Hegel finde im Völkerrecht

the best means for establishing and promoting international order«. Hegel sagt vielmehr: »Da nun keine Gewalt vorhanden ist, welche gegen den Staat entscheidet, was an sich Recht ist, und die diese Entscheidung verwirklicht, so *muß* es in dieser Beziehung *immer* beim Sollen bleiben (Rph § 330 z, meine Unterstreichungen).

Hegel behauptet hier die Notwendigkeit und notwendige Unveränderlichkeit des bloßen Sollens, das heißt der Nicht-Erzwingbarkeit völkerrechtlicher Bestimmungen, und das ist die entscheidende Aussage seiner Theorie des äußeren Staatsrechts. Auch wenn sie nicht aus Hegels vorangegangenen Bestimmungen des Rechts folgt, ist sie die Grundlage für Hegels Bestimmung des Verhältnisses einer Mehrzahl von Staaten untereinander und definiert nicht nur seinen Staats-, sondern auch seinen Rechtsbegriff.

Daß im übrigen der Krieg nach Hegel nicht entscheidet, was Recht ist, sondern »nur«, welcher von zwei widerstreitenden rechtlichen Ansprüchen weichen muß, heißt nicht viel. Der weichende Anspruch hört auf, als Recht zu gelten, selbst wenn man ihn echtes Recht nennen darf. Denn dem siegreichen Volk spricht Hegel ein »absolutes Recht« zu:

»Gegen dies sein absolutes Recht, Träger der gegenwärtigen Ent-

wicklungsstufe des Weltgeistes zu sein, sind die Geister der anderen Völker rechtlos, und sie, wie die, deren Epoche vorbei ist, zählen nicht mehr in der Weltgeschichte« (Rph § 347).
So verbindet Hegel seine aufklärungskritische These von der Verkörperung der einen Vernunft und Gerechtigkeit in vielen Gesellschaften und Staaten mit einer die Aufklärung verhöhnenden These von einer Weltgerechtigkeit, die sich nicht durch Aufklärung, sondern in Aufrüstung und Macht durchsetzt. Er bleibt nicht bei der romantischen Aufklärungskritik von Rousseau, Hamann und Herder stehen, die der einen abstrakten Vernunft die vielen konkreten Geister der vielen Völker und Nationen entgegenstellten. Er erkennt vielmehr die historische Tendenz zu einer Weltgesellschaft mit nur einer Rechtsordnung an. Aber statt Aufklärung oder Vertrag, Diskurs oder Konsens sieht Hegel nur Krieg und Macht am Werk. Ähnlich übrigens wie Kant in der »Idee zu einer allgemeinen Geschichte«, nur daß Kant das Machtspiel der Kriege mit allgemeiner Erschöpfung vor Einrichtung eines Völkerbundes statt mit der Entpuppung eines Volksgeistes als des Weltgeists enden sieht (vgl. 8. Satz).
Die Geschichte hat bisher weder Kant noch Hegel bestätigt. Die Welt wird jedenfalls noch nicht von einer Macht beherrscht, und Völkerbund und Vereinte Nationen verdanken ihre Existenz nicht dem Zustand der Erschöpfung *aller* Staaten. Haben Kant und Hegel die Macht von Aufklärung und Argument unterschätzt? Man wagt die Frage angesichts der Greuel dieses Jahrhunderts nicht zu bejahen. Aber selbst wenn man es wagte, wäre Hegels Aufklärungskritik nicht widerlegt. Was läßt sich gegen seine These anführen, daß sich eine Weltgerechtigkeit nicht dadurch durchsetzen läßt, daß die Menschen verschiedener Staaten gemeinsam anerkannte Gerechtigkeitsprinzipien institutionalisieren – etwa durch Einsetzung von Weltgerichtshöfen und der Mittel zur Exekution ihrer Entscheidungen –, sondern sie nur das Ergebnis von Machtkämpfen zwischen Gesellschaften mit unvereinbaren Gerechtigkeitskonzeptionen sein können? Ich will diese These Hegels These von der (notwendig nur) partikularen Gültigkeit von Gerechtigkeitsprinzipien nennen. Um sie zu prüfen und die normative Qualität der Existenz einer Mehrzahl von Staaten zu klären, müssen wir die Gesellschaften näher betrachten, für deren Rechtsprinzipien Hegel eine notwendig nur auf sie selbst beschränkte Gültigkeit behauptet. Wir haben es dabei mit zwar sehr

allgemeinen, aber empirischen Aussagen zu tun. Wir müssen weiter den normativen Charakter der Rechtsprinzipien betrachten, die Hegel den von ihm beschriebenen Gesellschaften zuschreibt. Dabei haben wir es mit deskriptiven Aussagen zu tun, soweit wir von Prinzipien handeln, die in einer Gesellschaft anerkannt sind, aber auch mit normativen Aussagen, soweit wir darüber urteilen, ob die Prinzipien nur in den betreffenden Gesellschaften oder universell gültig sind.

3. Hat Hegel recht?

Die Gesellschaften, für deren Rechtsprinzipien Hegel nur partikulare Gültigkeit behauptet, sind nicht primitiv, wenn man unter primitiven Gesellschaften solche versteht, die nur von Verwandtschaftsbeziehungen organisiert werden. Sie sind vielmehr differenziert, da sie neben dem Subsystem der Familie, in dem die primitive Gesellschaft fortbesteht, das Subsystem einer entwickelten Marktwirtschaft enthalten. Es sind moderne Gesellschaften, deren Bewegungen von zwei scharf unterschiedenen normativen Systemen zugleich geleitet werden: den Normen der Familie oder der Verwandtschaftsbeziehungen, die auch nach Hegel von Pflichten der Fürsorge, der liebenden Empfindung und der Aufopferung für die hilfsbedürftigen Angehörigen, insbesondere den Nachwuchs, bestimmt sind (vgl. Rph §§ 158 f.), und den Normen des Markts oder Austauschs. Diese sind am Vorteil des Individuums orientiert und knüpfen dessen Verfolgung nur an die Bedingung, daß jeder seinen Vorteil unter Respektierung derselben Möglichkeit durch die anderen verfolgen darf (vgl. Rph §§ 182 f., 186).

Hegel kann bei der Beschreibung der beiden Normensysteme voraussetzen, daß sie dem Leser vertraut sind, und zwar nicht als Normensysteme für Familie und Ökonomie, sondern als zwei auseinanderstrebende Aspekte einer Moral, die in der europäischen Philosophie mehr oder weniger überzeugend zusammengehalten wurden. Die Normen der Familie sind die Normen der Nächstenliebe, Hilfsbereitschaft und Großmut mit entsprechenden Tugendpflichten und einer Offenheit für eine grundsätzlich schrankenlose Aufopferung für supererogatorische Leistungen und moralisches Heldentum. Hume behandelt sie als die »natural virtues«, die durch Mitleid motiviert werden; Kant als Moralität und Tugendpflichten; Schopenhauer faßt sie im Hilfegebot zusammen; in der christlichen Morallehre gilt ihre Verletzung als verzeihlich und ihre Befolgung als lobwürdig im Maß der geleisteten Aufopferung. Die Normen der bürgerlichen Gesellschaft sind die Normen der Gerechtigkeit, denen erzwingbare Rechtspflichten entsprechen. Sie bestimmen das Minimum dessen, was jemand tun muß, um nicht als böse verurteilt zu werden. Hume behandelt sie als »artificial virtues«, die Gesellschaften und Individuen aus Eigeninteresse eingeführt haben; Kant als Rechtspflichten; Schopenhauer faßt sie im Verletzungsverbot zusammen; in der christlichen Morallehre gilt ihre Verletzung als Todsünde und ihre Befolgung als das zu Erwartende.[1] Man sollte auch nicht übersehen, obgleich Hegel diese Tatsache nicht hervorhebt, daß die von ihm als unzureichend abgewiesene Moralität in seiner Familiensittlichkeit wiederaufersteht, wenn auch sozial verortet durch die Orientierung am Ziel der Familien- und Nachwuchsförderung. Ebenso kehrt das von ihm abgewiesene abstrakte Recht in der Sittlichkeit der bürgerlichen Gesellschaft wieder. Das Rechtsgebot des abstrakten Rechts: »Sei eine Person und respektiere die anderen als Personen« (Rph § 36) ist auch die oberste Norm der bürgerlichen Gesellschaft (vgl. Rph § 182).

Was Hegel als die Sittlichkeit von Familie und bürgerlicher Gesellschaft beschreibt, ist nicht seine Erfindung. Es ist vielmehr eine Deutung zweier wohlbekannter Seiten der wohlbekannten traditionellen Moral. Ich will im folgenden nicht prüfen, ob Hegels Deutung angemessen ist und die traditionelle Moral erschöpfend charakterisiert. Ich setze vielmehr voraus, daß sie sich zumindest im Rahmen der hier untersuchten Frage halten läßt, der Frage, ob die Prinzipien der Gerechtigkeit universelle Gültigkeit haben, die Hegel mit seiner Kritik des Völkerrechts verneint. Diese Voraussetzung ist zugleich eine vorläufige Anerkennung von Hegels Anspruch, seinen Vorläufern dadurch überlegen zu sein, daß er die von ihnen gemeinte Sache vollständiger erfaßt und die Widersprüche zwischen ihnen als die Folge nur einseitiger Betrachtungen auflöst. Die Sittlichkeit oder das System sozialer Erhaltungs-

1 Vgl. Hume, *Treatise*, Buch 3, Teil 1 und 2; Schopenhauer 1979, 35; Kant, *Metaphysik der Sitten. Einleitung in die Metaphysik der Sitten*, bes. III, und *Einleitung zur Tugendlehre*, bes. II.

bedingungen einer Gesellschaft aber ist nach Hegel die Sache, die den Moral- und Rechtsphilosophien seiner Vorgänger als deren Gegenstand zugrunde liegt. Diese These scheint mir plausibel genug, um sie hier gelten zu lassen.

Verstehen wir nun mit Hegel die traditionelle Moral als System sozialer Erhaltungsbedingungen einer Gesellschaft, so können wir einige wichtige logische Beziehungen zwischen den beiden Subsystemen hervorheben, obgleich Hegel sie nicht in derselben Weise hervorgehoben hat. Wir können die Prinzipien der Familienmoral (oder der Erhaltung der menschlichen Gattung) und die der bürgerlichen Gesellschaft (oder der Erhaltung der menschlichen Individuen) als gegensätzlich beschreiben, soweit sie einerseits altruistisch, anderseits egoistisch sind. Wir können sie aber auch als komplementär beschreiben. Denn die Familienmoral gibt das grundsätzlich immer steigerbare Ziel moralischen Verhaltens an, nämlich anderen Menschen, sogar allen Lebewesen, zu helfen oder sie in ihrer Seinsweise zu fördern. Sie definiert dadurch das immer steigerbare Gute. Die Moral der bürgerlichen Gesellschaft oder die Normen der Gerechtigkeit geben die untere Grenze des moralisch Gebotenen an, die man nicht unterschreiten darf, ohne zu Recht bestraft oder notfalls mit Zwang an der Unterschreitung gehindert zu werden. Sie zieht die Grenzlinie zwischen dem Erlaubten und dem Bösen und bestimmt dadurch einerseits das Böse (das Nicht-Erlaubte) als die Schädigung oder Verletzung der Seinsweise eines anderen, anderseits das Gerechte – das Nicht-Böse oder Erlaubte, aber nicht notwendig Gute – als die Enthaltung von der Schädigung oder Verletzung des anderen. Dieser Begriff von Moral als einem System komplementärer Regeln, die das Böse, das Gute und implizit das Gerechte als das Nicht-Böse festlegen als Behinderung, Förderung und Nichtbehinderung der Seinsweise anderer Menschen (und sogar darüber hinaus anderer Lebewesen) finden wir schon bei Platon, wenn er erklärt:

»... alles Verderbende und Zerstörende ist das Böse, das Erhaltende und Fördernde aber das Gute« (*Republik* 10, 608 a).

Prüfen wir nun Hegels These, daß die Normen der Sittlichkeit, mithin auch die der traditionellen Moral, tatsächlich nur *partikulare* Verbindlichkeit haben; daß sie, in Hegels Begriffen, nur die Sittlichkeit eines Volksgeists sind, die spezifischen Erhaltungsbedingungen einer spezifischen Gesellschaft. Wie verträgt sich diese

Behauptung mit dem Charakter der traditionellen Moral, wenn wir diese als Verbindung von Regeln des Guten und Regeln des Gerechten verstehen? Hier scheint mir folgende Überlegung relevant.

Offensichtlich können sich Familien, Sippen und Clans besser behaupten, wenn sie den Regeln des Guten oder dem Hilfegebot innerhalb ihrer Grenzen folgen, als wenn sie es nicht tun. Wenn wir mit Hegel und der Aufklärung unterstellen, daß die Menschen rational handeln, wenn sie ihren und den Vorteil ihrer Angehörigen zu maximieren versuchen, und daß wir vernünftigerweise von den Menschen nicht mehr verlangen sollten, als rational zu handeln, so finden wir folgende Antwort auf unsere Frage: Alle Menschen erkennen die Familienmoral an; insofern gilt sie universell. Aber sie erkennen sie nur in dem Sinn an, daß sie das Hilfsgebot nur ihren Angehörigen gegenüber befolgen. Insofern ist sie eine Binnenmoral von partikulärer Gültigkeit. Vermutlich wollte Hegel mit seiner Partikularitätsthese genau diese Partikularität behaupten und die uninteressante Universalität, nach der zwar alle Individuen der Familienmoral folgen, aber eben nur ihren eigenen Angehörigen gegenüber, nicht ausschließen.

Soweit müssen wir Hegel bestätigen. Aber wie sieht es mit der Sittlichkeit der bürgerlichen Gesellschaft oder den Normen der Gerechtigkeit aus? Überlegen wir wieder, in welchem Verständnis sie von Menschen anerkannt wird. In dem Maß, wie sich nichtkriegerische Kontakte zwischen verschiedenen Sippen im Laufe der Geschichte vermehrten, die doch nicht zu Verbrüderung führten, wuchs das Bedürfnis nach Verhaltensregeln für solche Kontakte. Individuen und Gruppen gegenüber, die weder Feinde noch Verwandte sind, bietet die Familienmoral, weil sie implizit das Böse als den Gegensatz zum Fördernden, nämlich als das Zerstörende, bestimmt, die logische Möglichkeit, nicht-böse zu handeln, das heißt gerecht oder gemäß dem Verletzungsverbot oder der Minimalmoral. Was können Menschen anderen gegenüber, die weder verwandt noch Feinde sind, Vernünftigeres tun, als ihnen weder wie Feinden zu schaden noch wie Freunden zu helfen, also sich ihnen gegenüber von Schädigung zu enthalten und gerecht zu sein? Wir können aus dieser Überlegung schließen, daß die Normen der Gerechtigkeit oder die Sittlichkeit der bürgerlichen Gesellschaft in dem Verständnis angenommen wurden, für das Verhalten allen Menschen gegenüber zu gelten, die nicht Feinde sind oder ihrerseits andere schädigen. Und wenn wir nur rational handeln wollen, haben wir auch heute keinen Grund, die Normen der Gerechtigkeit nicht als universell in dem starken Sinn anzuerkennen, daß sie für das Verhalten allen Menschen gegenüber gelten, die nicht ihrerseits andere schädigen, und zwar unabhängig von familialen oder Verwandtschafts- oder Freundschaftsgrenzen.

Aber auch unabhängig von nationalen oder Staatsgrenzen? Hier sind wir beim Angelpunkt unserer Fragestellung angelangt. Denn Hegel betrachtet offenbar andere Staaten und ihre Angehörigen als zumindest potentielle Feinde, die allein durch ihre Nichtzugehörigkeit zum eigenen Staat mir jederzeit schaden können und daher vernünftigerweise von vornherein als Personen zu betrachten sind, die mir schaden. Die Frage aber ist, ob es zumindest heute vernünftig oder rational ist, den fremden Staat und fremden Staatsangehörigen so zu betrachten.

Offensichtlich ist jedenfalls, daß die bloße Tatsache, daß die Sittlichkeit ein System sozialer Erhaltungsbedingungen einer besonderen Gesellschaft ist, über die Reichweite der Gültigkeit von Gerechtigkeitsnormen nicht entscheiden kann. Diese Tatsache impliziert zwar, daß verschiedene Gesellschaften miteinander konkurrieren und in kriegerische Konflikte treten können. Aber sie schließt nicht aus, daß die Anerkennung von Gerechtigkeitsnormen für einen nicht-universellen Bereich ihre universelle Anerkennung als Normen für das Verhalten zwischen allen Individuen und Gruppen impliziert.

Rational kann die Beschränkung der Gültigkeit von Gerechtigkeitsnormen auf den eigenen Staat höchstens unter zwei Bedingungen sein: wenn von den anderen Staaten mit feindseligen Handlungen zu rechnen ist, oder wenn der eigene Staat stark genug ist, sich von Kriegen mehr Vor- als Nachteile zu erwarten. Hegel sieht jede der beiden Bedingungen oft genug erfüllt, um die Gültigkeit von Gerechtigkeitsnormen für partikulär zu erklären.

Können wir seine Einschätzung heute übernehmen? Man muß anerkennen, daß es auch heute Staaten und nichtstaatliche, aber Staatsstatus anstrebende Kollektive gibt, die mindestens eine der beiden Bedingungen für erfüllt halten und in zwischenstaatlichen oder auch nur in nicht-familialen Beziehungen keine Gerechtigkeitsnormen befolgen. Aber diese Tatsache bestätigt nicht Hegels Partikularitätsthese. Das wäre erst der Fall, wenn Gerechtigkeitsnormen in zwischenstaatlichen Beziehungen nicht nur nicht *befolgt*, sondern auch nicht *anerkannt* würden. Das ist keineswegs der Fall. Kriege werden heute – wie gewöhnlich auch früher – unter Berufung auf Recht und Gerechtigkeit geführt, die der Feind verletzt habe. Kein Staat würde es heute wagen zu sagen, daß er Krieg führt, weil er, wie Hegel es für möglich hält, als »eine kräftige Individualität durch lange innere Ruhe dazu getrieben wird, sich einen Stoff der Tätigkeit nach außen zu suchen und zu schaffen« (Rph § 334). Anerkannt haben die Staaten und ihre Individuen die universelle Gültigkeit von Gerechtigkeitsnormen schon lange. Die Frage kann nur sein, ob wir an dieser Tatsache etwas ändern sollten. Unter der moraltheoretischen Prämisse, die Hegel mit der Aufklärung teilt, ist die Frage: Ist es vernünftig, rational, vorteilhaft für einen Staat, die Gerechtigkeitsnormen nicht als universell gültig anzuerkennen?

Man braucht die Frage nur zu stellen, um sie zu verneinen. Sobald ein Staat seine Nichtanerkennung der universellen Gültigkeit von Gerechtigkeitsprinzipien öffentlich erklärte, würde er von den übrigen Staaten und der Weltöffentlichkeit geächtet und hätte mehr Nach- als Vorteile zu erwarten. Wir müssen daher schließen, daß Gerechtigkeitsnormen oder, mit Hegels Begriffen formuliert, die Sittlichkeit der bürgerlichen Gesellschaft von universeller Gültigkeit sind.

Zu diesem Ergebnis hätte Hegel gewiß auch selbst kommen können, wenn er nur konsequent am Klugheitsprinzip der Aufklärung hätte festhalten können, wonach man von Individuen und Institutionen nicht mehr, aber auch nicht weniger verlangen kann, als was in ihrem eigenen aufgeklärten Interesse liegt. Denn auch und gerade wenn das Recht nur ein Element in den Selbsterhaltungsbedingungen einer Gesellschaft ist, fördern Gesellschaften langfristig ihre Selbsterhaltung durch völkerrechtliche Vereinbarungen, deren Durchsetzbarkeit sie im je eigenen Interesse durch frühzeitige, aktuellen Konflikten vorausgehende Vereinbarungen von Schiedsgerichten und Exekutionsverfahren sichern könnten. Daß Hegel solche Vereinbarungen grundsätzlich für unmöglich erklärte (Rph §§ 333 ff.), zeigt einen Bruch in seiner Theorie des objektiven (oder praktischen) Geistes an. Diese orientiert sich einerseits wie auch seine Theorie des subjektiven (nur empfindenden, nicht handlungsbestimmenden) Geistes an *biologischen* Phänomenen, aus denen das Streben biologischer Einheiten – von

Zellverbänden, Individuen und Gesellschaften – nach Selbsterhaltung und Wohlergehen der eigenen Art heraussticht. In dieser Orientierung stimmt Hegel mit der Aufklärung überein. Anderseits aber orientiert Hegel seine Theorie des objektiven Geistes im wohlbegründeten Unterschied zu seiner Theorie des subjektiven Geistes an *historischen* Phänomenen. Zu diesen aber gehört, daß der Konflikt zwischen Gesellschaften von diesen nicht nach rationalen Vorstellungen von ihren objektiven Interessen und Vorteilen gelöst wird, sondern von Handlungsweisen, die von mehr oder weniger irrationalen Motiven des Machtstrebens und der Ruhmsucht geleitet werden. Diese historische Tatsache ist der Ausgangspunkt von Hegels wie von Kants Geschichtsphilosophie. Kant hat ihn treffend am Anfang seiner »Idee zu einer allgemeinen Geschichte« formuliert:

Da die Menschen in ihren Bestrebungen nicht bloß instinktmäßig wie Tiere, und doch auch nicht wie vernünftige Weltbürger nach einem verabredeten Plane im ganzen verfahren, so scheint auch keine planmäßige Geschichte (wie etwa von den Bienen oder den Bibern) von ihnen möglich zu sein. Man kann sich eines gewissen Unwillens nicht erwehren, wenn man ihr Tun und Lassen auf der großen Weltbühne aufgestellt sieht, und bei hin und wieder anscheinender Weisheit im einzelnen, doch endlich alles im großen aus Torheit, kindischer Eitelkeit, oft auch aus kindischer Bosheit und Zerstörungssucht zusammengewebt findet; wobei man am Ende nicht weiß, was man sich von unserer auf ihre Vorzüge so eingebildeten Gattung für einen Begriff machen soll (»Idee«, 152).

Wie Kant sich daran machte, »eine *Naturabsicht* in diesem widersinnigen Gange menschlicher Dinge« zu entdecken, »aus welcher von Geschöpfen, die ohne eigenen Plan verfahren, dennoch eine Geschichte nach einem bestimmten Plane der Natur möglich sei« (ebd.), so sucht Hegel, Kants »Naturabsicht« durch »Idee des Weltgeistes« (Rph § 345) ersetzend, hinter der »abstrakten und vernunftlosen Notwendigkeit eines blinden Schicksals« die »Vernunft« und die »Verwirklichung des allgemeinen Geistes« (Rph § 342). Was aber Hegel und Kant gleichermaßen in ihrer Geschichtsbetrachtung als unmöglich ausschließen, ist, daß die Menschen aufgrund ihrer Geschichtsbetrachtung dazu kommen, »wie vernünftige Weltbürger nach einem verabredeten Plane im ganzen (zu) verfahren«. Daher sieht Hegel für die Zukunft wie für die Vergangenheit jeden Fortschritt nur als das Ergebnis der nichtrationalen, normalerweise kriegerischen Konfliktlösung. Daher kann für ihn die Weltgerechtigkeit nur die Gerechtigkeit des »herrschenden Volks« sein (vgl. Rph § 347).

Diese Konsequenz aus einer Prämisse, die er mit Kant, aber nicht mit der Aufklärung teilte, setzt Hegel allerdings dem Vorwurf aus, Recht mit Macht oder Durchsetzungsfähigkeit gleichzusetzen. Dieser Vorwurf ist jedoch nicht berechtigt. Denn nach Hegel kommen als Konkurrenten um die Vorherrschaft in einer Epoche nur Gesellschaften in Frage, die dem System der Sittlichkeit entsprechen, wie er es in seiner Rechtsphilosophie beschreibt. Sie müssen 1. in ihrem Subsystem der Erhaltung der menschlichen Art – uns als Familie bekannt – den Normen des Guten folgen; 2. im Subsystem der Erhaltung der menschlichen Individuen – uns als Marktwirtschaft bekannt – die Normen des Gerechten anerkennen; 3. über eine Instanz zur Bewußt- und Verträglichmachung der Normen der beiden ersten (und einzigen materialen) Subsysteme verfügen. Totalitäre Gesellschaften wie die, die Hitlers Deutschland, Stalins Sowjetunion, Maos China oder das Kambodscha Pol Pots anstrebten, genügen Hegels Bedingungen nicht, da sie weder dem Subsystem der Familie noch dem der bürgerlichen Gesellschaft Raum ließen und weder die Normen des Guten noch die des Gerechten anerkannten. Wir müssen daher Hegel dasselbe Urteil über totalitäre Gesellschaften zusprechen, das heute Liberale wie Ralf Dahrendorf aussprechen: »not a viable form of government ... not built to last« (1988, 85) oder ein Analytiker des Nationalsozialismus wie Franz Neumann in seinem »Behemoth«, dem Dahrendorf nur folgt: »an unstate, a chaos, a condition of lawlessness, of rebellion and of anarchy« (nach Dahrendorf 1988, 85).

Daß totalitäre Gesellschaften als Konkurrenten um die Weltherrschaft nach Hegel ausfallen, impliziert aber nicht, daß nach ihm keine Konkurrenten gegen die heute vorherrschende euro-amerikanische Völkerfamilie antreten könnten. Trotz Aussagen Hegels wie der, es sei »das notwendige Schicksal der asiatischen Reiche, den Europäern unterworfen zu sein, und China wird auch einmal diesem Schicksale folgen müssen« (*Geschichtsphilosophie*, S. 179), erlauben Hegels Prämissen durchaus den Schluß, daß eine konfuzianische, eine hinduistische oder eine islamische Gesellschaft, die den drei Bedingungen des Systems der Sittlichkeit genügt, sich in der historischen Konkurrenz der europäischen Version der Sittlichkeit als überlegen erweisen könnte. Betrachtet man die Spekulationen heutiger Politiker und Theoretiker über die langfristigen Weltdominanzchancen verschiedener Gesellschaften von einem Hegelschen Standpunkt der Sittlichkeit, so muß man ihnen eine Übergewichtung der Bedeutung der bürgerlichen Gesellschaft oder des ökonomischen Systems und eine Unterschätzung der Bedeutung der Familie oder des Systems der Arterhaltung und der Normen des Guten vorhalten. Von einem Hegelschen Standpunkt sollte man der berechtigten Kritik am Übergewicht der Ökonomie innerhalb der westlichen Gesellschaft nicht die zu oberflächliche Form geben, daß das politische System oder der Staat gegen die bürgerliche Gesellschaft zu schwach sei, sondern die Form, daß die bürgerliche Gesellschaft das zweite der zwei materialen Subsysteme der Gesellschaft, die Familie mit ihren Normen des Guten, zu erdrücken droht und daß im Zulassen dieses Übergewichts der bürgerlichen Gesellschaft gegen die Familie die entscheidende Schwäche des Staats der westlichen Gesellschaft besteht.

Warum kam Hegel zum Schluß, daß Gerechtigkeitsnormen oder die Sittlichkeit der bürgerlichen Gesellschaft nicht von universeller Gültigkeit sind? Außer den soeben genannten Gründen vermute ich einen Grund in Hegels Nichtbeachtung einer Besonderheit von Gerechtigkeitsregeln gegenüber denen der Familienmoral. Das von der Familienmoral als der Moral des Altruismus Geforderte läßt sich nicht ohne Aufopferung eigener, auch aufgeklärter Interessen vom Bereich der Familie und Freundschaft auf den universellen Bereich der Menschheit insgesamt übertragen. Als Familienmoral ist Moral mit der Klugheitsmoral unvereinbar und schließt aus, daß das moralisch Gute auf das aufgeklärt Eigennützige reduzierbar ist, wie die Aufklärung (ohne Rousseau und Kant) annahm. Vermutlich schloß Hegel aus diesem Zusammenhang, daß auch das Gerechte nicht mit dem aufgeklärten Eigennützigen zusammenfallen kann. Aber das ist ein Fehlschluß. Unter der Voraussetzung, daß Menschen die Fähigkeit, zwischen wahr und falsch und angenehm und unangenehm zu unterscheiden, zu ihren aufgeklärten Interessen zählen, fällt das Gerechte mit dem aufgeklärt Eigennützigen zusammen. Denn diese Fähigkeit kann sich unter Menschen nur entwickeln, wenn sie selbst, nach eigener Empfindung und Vernunft, urteilen. Langfristig aber trägt jede ungerechte Handlung durch ihre Destruktivität zur Behinderung eigenen Urteilens bei und verstößt damit gegen das

Interesse an der eigenen Urteilsfähigkeit. Kant hat diese Besonderheit von Gerechtigkeitsregeln gegenüber Regeln der Moralität gesehen, als er behauptete, das »Problem der Staatserrichtung« – was für Kant heißt: der Gerechtigkeitsdurchsetzung – »ist, so hart wie es auch klingt, selbst für ein Volk von Teufeln (wenn sie nur Verstand haben) auflösbar« (EF 366). Er unterstellt dabei freilich aufgeklärte Teufel, die Verstand nicht nur haben, sondern seinen Gebrauch auch einer teuflischen Destruktivität vorziehen.

4. Die Rolle von Staaten bei der Durchsetzung globaler Verteilungsgerechtigkeit

a) Zwei Eigentumsprinzipien

Wir können feststellen, daß Kant Hegels Begriff der Sittlichkeit und seine Verortung von Moralität und Recht in Familie und bürgerlicher Gesellschaft übernehmen und doch auf der universellen Gültigkeit in einem strengen Sinn zwar nicht der Moralität, wohl aber des Rechts bestehen kann. Damit kann er auch das Völkerrecht in der Rolle bestätigen, einem Völkerbund als die weltweit anerkannte Grundlage für die Befolgung von Regeln zu dienen, zu deren Durchsetzung es doch kein Gewaltmonopol gibt.

Dies Ergebnis der Prüfung von Hegels Völkerrechtskritik schließt allerdings nicht aus, einen Völkerstaat einem Völkerbund vorzuziehen. Eine weitere Überlegung kann Kant aber auch in dieser Haltung bestätigen. Diese Überlegung führt zur Anerkennung, daß Staaten oder ähnliche nicht-universelle Kollektive bei der Konkretisierung von Weltgerechtigkeitsprinzipien unverzichtbar sind, vorausgesetzt, ihre Souveränität ist so beschränkt, wie es der Eintritt in einen Völkerbund verlangt.

Die Überlegung setzt voraus, daß Gerechtigkeitsnormen auf zwischenstaatlicher oder Weltebene noch mehr leisten müssen als die Sicherung eines gerechten Friedens. Sie müssen auch eine gerechte Verteilung solcher Naturgüter sichern, über die niemand, weder Individuen noch Kollektive, unter Ausschluß der Verfügungsrechte des Rests der Menschheit verfügen darf. Zu solchen Gütern gehören saubere Luft, frisches Wasser, eine schützende Atmosphäre, überhaupt alle solche Güter, die die Menschen außerhalb ihres eigenen Leibes vorfinden, ohne sie durch ihre Arbeit hervorgebracht zu haben. Die traditionelle Moral – Hegels Sittlichkeit – legt uns durch ihr Subsystem der Gerechtigkeit auf eine übernationale oder globale Rechtsordnung fest, zu der Eigentumsprinzipien gehören, die nur schlecht ohne Mitwirkung nationaler Instanzen konkretisiert werden können. Diese Konsequenz wird deutlich, wenn wir nach den Bedingungen fragen, die legitimes von illegitimem Eigentum unterscheiden und Verfügungsrechte begründen.

Vergegenwärtigen wir uns auf der Grundlage von Hegels Begriff der Sittlichkeit die Situation einer Mehrzahl von Sippen, die jeweils innerhalb ihrer Grenzen die Moral des Guten, Hegels Familiensittlichkeit, befolgen und gegenüber Fremden, die doch keine Feinde sind, die Moral der Gerechtigkeit, Hegels Sittlichkeit der bürgerlichen Gesellschaft, anerkennen. Welche Eigentumsprinzipien werden sie anerkennen? Wie regeln sie die Verfügung über die Güter, die sie brauchen?

Innerhalb der Sippengrenzen führt die Frage zu keinem Problem, solange sie die Moral des Guten befolgen. Denn hier werden sie die alltäglich gebrauchten Güter im Gemeineigentum, im Interesse des Sippenganzen und, soweit möglich, jedes einzelnen Sippenmitglieds, benutzen. Der Sippenhäuptling oder der Ältestenrat wird Streit in mehr oder weniger patriarchalischer Willkür oder Weisheit schlichten. Privates Eigentum, das heißt Güter, die von Individuen oder Gruppen unter Ausschluß des Willens der übrigen Individuen oder Gruppen der Sippe gebraucht werden, sind nur persönlicher Schmuck oder solche Güter, die nicht zur Produktion gebraucht werden.

Wie aber entscheiden die Sippen über Verfügungsrechte außerhalb ihrer Grenzen? Diese Frage wird aktuell, wenn verschiedene Sippen dieselben Güter beanspruchen, etwa ein Weideland oder eine Erzmine.

Das gewöhnliche Entscheidungsverfahren ist der Krieg, der die Sippen in ein Feindschaftsverhältnis setzt und die Anwendung der Moral der Gerechtigkeit ausschließt. Denkbar ist aber auch, daß sich zwei Sippen gegen eine dritte verbünden, ohne sich zu verbrüdern. Wie werden sie untereinander den Zugang zu den gemeinsam beanspruchten Gütern regeln? Sie werden, wenn sie ihr Bündnis stabil halten wollen, einander als Gleiche behandeln und einander gleiche Rechte in der Verfügung oder Nutzung der Güter anerkennen. Wie sie die Gleichheit konkret fassen, kann von verschiedenen Umständen abhängen: von der Größe der Sippen, ihrer Herden oder der Anzahl der Individuen, die das Erz abbauen, verarbeiten und verkaufen können. Das Prinzip ihrer Einigung wird jedenfalls sein, daß jede Sippe ein gleiches Recht auf Verfügung über oder den Zugang zu den Naturgütern hat. Dies Prinzip fügt sich so mühelos in die Moral der Gerechtigkeit, daß man auch seine Ableitbarkeit aus ihr behaupten kann.

Denn die Moral der Gerechtigkeit verlangt, dem anderen nicht zu schaden. Man würde ihm aber schaden, wenn man ihm nicht dieselben Verfügungsrechte über die Naturgüter zubilligte wie sich selbst. Die Moral der Gerechtigkeit verlangt daher den gleichen Zugang zu allen Naturgütern für alle Individuen und Kollektive, die zueinander weder im Verhältnis der Freundschaft oder Verwandtschaft noch der Feindschaft stehen. Soweit Sippen innerhalb ihrer Grenzen schon gemäß der Moral des Guten an allen Gütern Gemeineigentum haben, verlangt die Moral der Gerechtigkeit von allen, die nicht miteinander verfeindet sind, Gemeineigentum an Naturgütern.

Verlangt sie deshalb Gemeineigentum an allen Gütern? Nein, sie verlangt Gemeineigentum nur für *Natur*güter, nicht aber für Güter, soweit in sie Arbeit eingegangen ist. Denn die Individuen und Sippen schaden den anderen nicht, wenn sie nur sich selbst oder den jeweiligen Produzenten die Verfügung über das eigene Produkt zubilligen, nicht aber den anderen, die nicht mitgearbeitet haben. Diese brauchen nur ihre eigene Arbeitskraft einzusetzen um zu dem Produkt zu kommen, über das die Produzenten nur den Produzenten selbst das Verfügungsrecht zubilligen. Die Moral der Gerechtigkeit impliziert daher zwei Eigentumsprinzipien: ein Gemeineigentumsprinzip, das für Naturgüter gilt, und ein Privateigentumsprinzip, das für die Produkte der Arbeit gilt.

Unter den Produkten der Arbeit darf man aber nicht die konkreten Güter verstehen, in die menschliche Arbeit eingegangen ist, sondern nur dasjenige, was die Arbeit Naturstoffen hinzugefügt hat. Arbeit kann überhaupt nur dann zu einem Produkt werden, wenn sie auf einen Rohstoff gewandt wird, der ursprünglich ein unbearbeitetes Naturgut ist. Man muß daher das (bloße) Arbeitsprodukt vom konkreten, wahrnehmbaren und konsumierbaren Produkt unterscheiden, das immer eine Verbindung von Natur und Arbeit ist.

Dieser Umstand verknüpft die Anwendung der beiden Eigentumsprinzipien so eng, daß sie leicht zugunsten nur des einen oder des andern ausgelegt werden kann (und ausgelegt wurde). Unter Berufung auf dieselbe Gerechtigkeit ist sowohl das Privateigentum als auch das Gemeineigentum an allen Gütern gefordert worden. Aber kein Prinzip darf dem anderen geopfert werden.

Wenn diese Prinzipien wirklich Konsequenzen aus Hegels Moral der Gerechtigkeit sind, wie ich behaupte, die als eine der sozialen Bedingungen der Erhaltung von Gesellschaften von deren Mitgliedern schon immer anerkannt worden sind, dann spräche es gegen Hegels Moraltheorie, wenn sie nicht schon von politischen Philosophen behauptet worden wären. Tatsächlich finden wir sie formuliert von John Locke, der sie wiederum von der Hoch- und Spätscholastik übernahm (vgl. dazu Seelmann 1979). Locke erklärt einerseits »the Earth, and all inferior Creatures« als »common to all Men« und sagt anderseits, daß »every Man has a *Property* in his own *Person*. This no Body has any Right to but himself. The *Labour* of his Body, and the *Work* of his Hands ... are properly his« (*Treatise*, II, § 27).

Allerdings verwischt Locke die Unterscheidung zwischen dem konkreten Produkt und dem bloßen Arbeitsprodukt. Denn er erklärt zum legitimen Privateigentum des Produzenten jedes Gut, mit dem dieser seine Arbeit »vermischt« habe (ebd.). Locke wußte aber sehr wohl, daß er einen Unterschied verwischte. Er glaubte sich zur Verwischung berechtigt, weil er den Wertteil der Naturgüter an den konkreten Produkten für vernachlässigenswert gering hielt, für nur ein Zehntel, ein Hundertstel, ja ein Tausendstel des Gesamtwerts der konkreten Produkte, wie er ausdrücklich vorrechnet (ebd., §§ 40 und 43). Diese Rechnung dürfte schon zu Lockes Zeit nicht gestimmt haben. Heute ist sie zumindest in dem Maß, wie Naturgüter sich verknappt haben, falsch.

Es spräche auch gegen Hegels Theorie, wenn die genannten Eigentumsprinzipien nicht auch in außereuropäischen Kulturen vertreten worden wären. Tatsächlich zählt zu »den zentralen Grundsätzen« der islamischen Wirtschaftsethik,

> daß die Güter der Welt im Eigentum Allahs stehen. Er hat sie den Menschen – allen Menschen! – lediglich zur Verfügung gestellt. Aus diesem Nutzungsrecht der Menschen wird gefolgert, die Ungleichverteilung von Einkommen und Besitz dürfe nicht zu groß werden. Es sei Aufgabe des Staates, auf eine sozial gerechte Verteilung hinzuwirken; gefordert wird ein menschenwürdiger Lebensstandard für jedermann. ... Diese Grund-

sätze über die Pflicht zur Solidarität unter Moslems gelten gerade auch im internationalen Bereich für die Zusammenarbeit unter moslemischen Staaten; sie haben darüber hinaus ihren Niederschlag in den Dokumenten der Gruppe 77 zur Neugestaltung der internationalen Wirtschaftsbeziehungen gefunden (Schütz 1994, 28 f. – Die Gruppe 77 wurde auf der 1. Welthandelskonferenz 1964 in Genf von 77 Entwicklungsländern gegründet; heute gehören ihr mehr als 100 Entwicklungsländer an).

Im Konfuzianismus, Hinduismus und anderen Kulturen scheint allerdings die *explizite* Vorstellung des Gemeineigentums der Naturgüter zu fehlen, ebenso wie die explizite Vorstellung des Privateigentums der Werte, die die Arbeit den Naturgütern hinzufügt. Aber auch sie erkennen Pflichten zu einem Sozialverhalten an (vgl. die Zusammenfassung Schütz 1994, 34 f.), die man durch vergleichbare *implizite* Vorstellungen begründet finden kann.

Für die Verwurzelung des Prinzips des Gemeineigentums von Naturgütern auch in außereuropäischen Kulturen spricht auch die Tatsache, daß eine Studie des United Nations Institute for Training and Research (UNITAR) und eine Resolution der ILA (International Law Association) den Mond und seine natürlichen Ressourcen ebenso wie den Meeresboden zum »gemeinsamen Erbe der Menschheit« erklären und schon die Präambel des Antarktisvertrags von 1959 eine ähnliche Auffassung von einem Menschheitserbe vertritt (Schütz 1994, 115 f.). Zwar ist ein wichtiges Kriterium dafür, ob ein Gut dem gemeinsamen Erbe zugerechnet wird, seine Existenz außerhalb nationaler Jurisdiktion. Aber das Festhalten an diesem Kriterium erklärt sich aus der Furcht rohstoffreicher Entwicklungsländer, daß ihr Verzicht auf die souveräne Verfügungsgewalt über ihre Bodenschätze zugunsten einer internationalen Institution sie weltwirtschaftlich noch schlechter stellen würde. Grundsätzlich aber ist der Schluß schwer zu vermeiden, daß wenn Mond und Meeresboden Gemeineigentum der Menschheit sind, dann auch alle anderen Güter Gemeineigentum sind, die die Menschen im Universum vorfinden, ohne zu ihrer Existenz und ihrer Beschaffenheit beigetragen zu haben.

Die Anwendung der beiden Eigentumsprinzipien führt zu keinen Problemen, solange die Gesellschaften nach Verwandtschaftsbeziehungen oder der Moral des Guten organisiert sind. Denn solange wird über die Güter innerhalb der Gesellschaften als Gemeineigentum verfügt, während die Verfügung über die relativ wenigen Güter, die in den Verkehr zwischen den Gesellschaften eingehen, durch Verträge geregelt werden kann, die mehr oder weniger dem Prinzip des gleichen Zugangs zu Naturgütern und der angemessenen Vergeltung für Arbeitsaufwand entsprechen (abgesehen von solchen Gütern, die durch Raub und Betrug in den zwischenstaatlichen Verkehr eingehen). Zu Schwierigkeiten führt die Anwendung der Eigentumsprinzipien, wenn sich Gesellschaften differenzieren und zum Familienbereich die bürgerliche Gesellschaft oder der Markt tritt, dessen Bewegungen von der Moral der Gerechtigkeit geleitet werden. Denn dann muß an den konkreten Produkten der Teil unterschieden werden, der seine Existenz der Natur, und der Teil, der sie der Arbeit verdankt. Bevor wir einige Schwierigkeiten[2] betrachten, sollten wir auf einen Punkt aufmerksam werden: Die Gesellschaften sehen sich durch die Gerechtigkeitsforderung in ein Verhältnis zueinander gerückt, das mit der ursprünglichen Situation der Anwendung der Moral der Gerechtigkeit kontrastiert. Denn da ging es um die Regelung eines Verhaltens zu Gruppen, die weder Freund noch Feind sind, denen man weder helfen noch schaden will. Das Prinzip der Gleichheit im Zugang zu den Naturgütern betraf nur Naturgüter außerhalb der Grenzen oder der Verfügungsgewalt der Sippen. Nun aber betrifft dasselbe Prinzip der Gleichheit im Naturgüterzugang und dieselbe Moral des Nichtbösen auch die Naturgüter innerhalb der Gesellschaften. *Alle* Naturgüter sollen nun, wo immer sie sind, als Gemeineigentum der Menschheit behandelt werden, und zwar nicht nur der lebenden, sondern auch

2 Etwas ausführlicher, aber längst nicht erschöpfend erörtere ich Schwierigkeiten in Steinvorth 1996. In der zeitgenössischen Philosophie vertritt ebenfalls beide Eigentumsprinzipien Hillel Steiner. Er bestimmt jedoch den Wert des Gemeineigentums nicht als eine Größe, die – als Aufwand für die Regeneration und Substitution verbrauchter Naturgüter – vom Gesamtprodukt einer Gesellschaft abzuziehen ist, sondern als Wertgröße, die auf einer jedem Interessenten offenen Auktion für ihren Gebrauch gegeben würde. Er muß daher zur Anwendung der beiden Eigentumsprinzipien ideale Marktverhältnisse voraussetzen, was die Anwendung wohl kaum erleichtert. Ferner argumentiert er dafür, daß alles, was Individuen bei ihrem Tod hinterlassen, Gemeineigentum wird (und nicht vererbbar ist), und dafür, daß die genetischen Informationen, die die genetischen Anlagen von Individuen bestimmen, Gemeineigentum ist, für dessen Besitz die Nutznießer die Nicht-Nutznießer kompensieren müssen. Vgl. Steiner 1994 Kap. 7 und 8, Steiner 1992 und Steinvorth 1995 a.

der künftigen Generationen. Die Gesellschaften haben demnach kein Recht, mit den in ihren Territorien vorgefundenen Naturgütern nach ihrem Belieben zu verfügen. Sie müssen sie vielmehr als Objekte anerkennen, über die alle anderen Individuen und Staaten grundsätzlich mit demselben Recht verfügen können wie sie. Wie ist das möglich?

Es ist möglich und unvermeidlich durch die Logik der Gerechtigkeitsmoral und ihrer Eigentumsprinzipien. Hat man einmal anerkannt, daß Naturgüter Gemeineigentum und bloße Arbeitsprodukte Privateigentum ihrer Produzenten sind, so muß der Umstand, welche Gesellschaft bisher Naturgüter besessen hat, irrelevant werden. Unter Ausschluß möglicher anderer Interessen darf dann über ein Gut nur soweit verfügt werden, wie es durch die Arbeit der Verfügenden hervorgebracht wurde.

Allerdings wird der Umstand, welche Gesellschaft bisher Naturgüter besessen hat, historisch erst dann irrelevant, wenn ihre Produktion nicht mehr von der Sittlichkeit der Familie bestimmt wird, sondern vom Tauschprinzip des Markts. Dann aber stehen sich die Gesellschaftsmitglieder in der spezifischen Stellung von Gerechten gegenüber, die einander weder Freund noch Feind sind; in derselben Stellung also, in der die Individuen verschiedener Sippen einander gegenüberstanden, die miteinander weder verfeindet noch verbrüdert waren. Historisch hat tatsächlich nicht einfach die Anwendung des Prinzips des Gemeineigentums vom zwischengesellschaftlichen auf den innergesellschaftlichen Bereich übergegriffen. Vielmehr hat sich der innergesellschaftliche Bereich dem zwischengesellschaftlichen angeglichen.

Aber *muß* man *alle* Naturgüter als Gemeineigentum *aller* Menschen anerkennen? Kann man sich nicht darauf beschränken, daß Naturgüter innerhalb der Grenzen einer Gesellschaft deren Gemeineigentum sind? Das wäre nur möglich, wenn der Ausschluß der anderen Gesellschaften keinem Individuum, das nicht ein Feind der ersten Gesellschaft ist, schadet. Sobald aber Naturgüter knapp sind und niemand, der von ihrem Gebrauch ausgeschlossen wird, noch gleichwertigen Ersatz durch Gebrauch anderer Güter finden kann, schadet der Ausschluß jedem Ausgeschlossenen. Wir müssen daher zwar das Prinzip des Gemeineigentums an Naturgütern auf knappe Naturgüter beschränken. Aber da diese allein ein Gegenstand möglicher widerstreitender Verfügungsansprüche sind, ist diese Einschränkung ohne praktische Relevanz.

Es bleibt zur Vermeidung der Konsequenz, daß alle Naturgüter Gemeineigentum der Menschheit sind, nur der Weg, die andere Gesellschaft außerhalb der eigenen oder einige von ihnen zu Feinden zu erklären, denen man schaden darf. Aber das heißt auch, daß man die anderen Gesellschaften als Feinde behandelt, wenn man die Naturgüter, die man besitzt, nicht als Gemeineigentum der Menschheit anerkennt. Und das heißt nicht nur, daß man auch von diesen als Feinden behandelt werden darf, was manche Staaten vielleicht glauben können nicht fürchten zu müssen. Es heißt auch, daß man ein destruktives Verhalten fördert, das langfristig die Voraussetzung aller Ordnung und Vernunft zersetzt, die Fähigkeit, zwischen wahr und falsch und angenehm und unangenehm zu unterscheiden.

b) Gleichheit im Naturgüterzugang auf Weltebene

Wie müßte nun, immer noch im Rahmen von Hegels Gerechtigkeitsmoral, die Anwendung des Gemeineigentumsprinzips auf Weltebene aussehen? Die Frage läßt sich nicht ohne Überlegungen beantworten, die allzu spekulativ scheinen können. Die Gleichheit im Zugang zu den Naturgütern kann nie in der Weise verwirklicht werden, daß jedes Individuum aus den *n* gleichberechtigten Individuen der Menschheit über $1/n$ der Naturgüter verfügen kann. Denn wir kennen weder die Zahl der Menschen, die insgesamt leben und leben werden, noch die Menge der knappen Naturgüter. Daher können immer nur die erwachsenen lebenden Individuen gleichberechtigt über die Naturgüter in Treuhand für die ganze Menschheit verfügen. Die erste Gerechtigkeitsbedingung ist, daß sie den nachkommenden Generationen mindestens ebenso gute Lebensbedingungen hinterlassen, wie sie vorgefunden haben. Sie werden dazu aus dem Gesamtprodukt aller Gesellschaften einen erheblichen Teil zur Regeneration und Substitution der von ihnen verbrauchten Naturgüter reservieren müssen (vgl. hierzu und zum folgenden Steinvorth 1996). Diese Bedingung sichert aber nicht die Gleichheit im Naturgüterzugang unter den Lebenden. Auch diese kann nicht in der freien Verfügung über $1/n$ der knappen Naturgüter durch jeweils einen der *n* lebenden Erwachsenen bestehen. Ein Grund dafür ist, daß die konkreten Naturgüter – Land, Wasser und Luft, Bodenschätze,

Tiere und Pflanzen – bis auf wenige Ausnahmen keine reinen, unbearbeiteten Naturgüter mehr sind. Sie sind durch die Arbeit von Generationen gepflegt, bebaut, zugänglich gemacht worden. Als Gemeineigentum kann man daher nicht eine Reihe konkreter Güter behandeln, sondern nur den Naturanteil am Wert des Gesamtprodukts. Dieser aber muß bestimmt werden durch die Summe der Ausgaben, die zur Regeneration oder Substitution der verbrauchten Naturgüter reserviert werden muß, und diese sichert nur die Gleichheit im Naturgüterzugang unter den verschiedenen Generationen, nicht aber unter den Lebenden.

Diese besteht in der *politischen* Gleichheit, nämlich im gleichen Recht, in der Verfügung über die Naturgüter mitzubestimmen, und in der *ökonomischen* Gleichheit im Genuß der Naturgüter, d.h. in der Entschädigung der Individuen, die im Genuß der Früchte des Naturgütergebrauchs benachteiligt sind. Wer als Besitzer (gewöhnlich schon bearbeiteter) Naturgüter ökonomische Vorteile hat, muß für diese an eine Kasse zur Entschädigung der Benachteiligten zahlen.

Wie aber lassen sich die Benachteiligten und die Privilegierten identifizieren und die Entschädigungen bemessen? Der einfachste Weg ist vermutlich, einerseits alle Einkommen, die nicht aus eigener Arbeit fließen, als das Ergebnis privilegierten Zugangs zu Naturgütern zu bestimmen; anderseits alle Individuen, die ungewollt arbeitslos und ohne eigene Schuld mangelhaft ausgebildet und daher auf dem Arbeitsmarkt benachteiligt sind, als die Empfänger der Entschädigungen. Denn der Zugang zu den ökonomischen Früchten der Nutzung der Naturgüter wird über den Arbeitsmarkt vermittelt. Wer sich auf ihm nicht behaupten kann, ist im Zugang zum Wert der Naturgüter benachteiligt und muß, wenn er für seine Benachteiligung nicht verantwortlich ist, entschädigt werden. Und zwar in einer Höhe, die zu einem respektablen Leben ausreicht, da man annehmen muß, daß er sie bei Chancengleichheit selbst erreicht hätte. Reichen für solche Entschädigungen die Einkommen nicht aus, die ohne eigene Arbeit entstanden sind, dann muß die Entschädigungskasse durch Beiträge aus den überdurchschnittlichen Einkommen gefüllt werden, weil man annehmen kann, daß die Benachteiligung der für den Arbeitsmarkt schlecht Qualifizierten die Einkommen der dort gut Qualifizierten gesteigert hat.

Wie müssen nun die *politische Gleichheit* der Mitbestimmung in der Verfügung über die Naturgüter und die *ökonomische Gleichheit* in Form der Entschädigungen für die auf dem Arbeitsmarkt Benachteiligten aussehen in einer Welt, auf der Menschen nicht nur in sehr ungleiche Familienverhältnisse hineingeboren werden, sondern auch in sehr ungleiche nationale Verhältnisse?

Betrachten wir zuerst die *politische Gleichheit* in der Verfügung über die Naturgüter. Hier geht es um Fragen wie die: Wieviele fossile Brennstoffe dürfen pro Jahr verbraucht werden? Wie stark darf die Atmosphäre mit bestimmten Stoffen belastet werden? Darf Energie durch Kernkraft gewonnen werden? Welche Risiken darf oder muß man bei der Energiegewinnung oder in anderen Produktionszweigen in Kauf nehmen? Wieviel Fisch, und welcher, darf jährlich von wem gefangen werden? Wieviel Regenwald darf gerodet, wieviel muß neu gepflanzt werden?

Solche Fragen können nicht ohne übernationale Instanzen entschieden werden, aber es ist auch unwahrscheinlich, daß sie ohne Mitwirkung und Stimmrecht lokaler Instanzen gerecht entschieden werden können. Die lokalen Instanzen sollten langfristig mit dem Mandat beauftragt sein, für möglichst schonenden Umgang mit den Naturgütern ihrer Regionen im Interesse der ganzen Menschheit zu sorgen. Sie sollten auch möglichst weit zurückreichende Erfahrung mit der Behandlung, der Entwicklung und den Gefährdungen der Naturgüter ihrer Regionen haben. Sie sollten schließlich demokratisch legitimiert sein durch die Individuen ihrer Regionen, und diese sollten ihre Repräsentanten kennen, prüfen und kontrollieren können. Kurz, die lokalen Instanzen müßten die Eigenschaften guter Verwaltungsbeamter und Politiker demokratisch kontrollierter Staaten von überschaubarer Größe haben. Es wäre am vernünftigsten, die bestehenden Staaten, soweit sie den Kriterien genügen, mit den genannten Aufgaben zu betrauen, und die Staaten, die ihnen nicht genügen, unter dem Druck der übrigen Staaten diesen Kriterien anzupassen. Voraussetzung dafür ist freilich, daß eine Staatenmehrheit die Ideen von Weltgerechtigkeit teilt, aber diese Voraussetzung muß in jedem Fall erfüllt sein. Das Kriterium der überschaubaren Größe sollte man dabei klugerweise nicht zu hoch hängen, da ihm gerade die mächtigsten Staaten nicht entsprechen, ohne deren Zustimmung mit der Durchsetzung von Weltgerechtigkeit nicht zu rechnen ist.

Betrachten wir die *ökonomische Gleichheit* in der Verfügung über die Naturgüter, so scheint die Existenz einer Mehrzahl von Staaten noch dringlicher. Die Identifizierung der im Naturgüterzugang Privilegierten und Benachteiligten ist nur schwer unabhängig von Kenntnissen regionaler Besonderheiten möglich, ebenso die Bemessung von Ausgleichszahlungen. Hinzu kommt, daß die ökonomische Gleichheit im Naturgüterzugang nicht unabhängig von globalen Entscheidungen über die Größe des wünschenswerten Bevölkerungszuwachses hergestellt werden kann. Das heißt, daß die bloße Existenz eines Individuums diesem nicht schon ein Recht auf ökonomische Gleichheit gibt, weil seine Eltern oder größere Kollektive für seine Existenz verantwortlich gemacht werden können und sie, aber nicht notwendig die ganze Menschheit, mit ihm teilen müssen (vgl. Rakowski 1991, 153).

Zwar könnte eine bestimmte Bevölkerungspolitik auch von einer Weltregierung durchgesetzt werden. Aber die Menschen sollten in jedem Fall die Freiheit haben, die ihnen zustehenden Naturgüter mit mehr oder weniger Kindern zu teilen und gemäß ihrer Entscheidung auf ihre lokalen Verhältnisse so einzuwirken, daß sie mehr oder weniger auf die Existenz von Kindern eingerichtet sind. Diese Freiheit kann aber vermutlich besser durch autonome regionale Instanzen der politischen und sozialen Verwaltung gesichert werden als durch den Verwaltungsapparat einer Weltregierung.

Was für die Freiheit gilt, eine große Nachkommenschaft dem hohen Lebensstandard vorzuziehen, muß auch für andere Freiheiten gelten. Manche Individuen werden ein arbeitsreiches Leben mit hohem Lebensstandard einem ruhigen Leben mit niedrigerem Lebensstandard vorziehen, und auch diese Entscheidung, wenn sie von einer bestimmten Anzahl von Individuen in einer Region getroffen wird, prägt das Leben nicht nur dieser Individuen, sondern auch ihrer sozialen Umgebung. Tatsächlich sind Individuen in solchen Entscheidungen gewöhnlich von den Einstellungen ihrer Vorfahren geprägt. So herrschen in vielen Regionen bestimmte Traditionen vor, über die sich die Durchsetzung der Gleichheit im Naturgüterzugang nur hinwegsetzen darf, wenn sie jemandem schaden.[3]

3 Ich nehme hier wie an früheren Stellen an, daß die Grundnorm der Gerechtigkeit das Verletzungsverbot ist, nach dem man niemandem *schaden* darf (»neminem laede«, wie Schopenhauer formulierte, 1979, 35). Ist der dabei gebrauchte Begriff des Schadens eindeutig genug? Ich

Allgemein ist zu vermuten, daß die ökonomische Gleichheit im Naturgüterzugang durch eine autonome regionale Verwaltung besser durchgesetzt werden kann als durch Verwaltungen einer Weltregierung. Ein Weltstaat oder der Verzicht auf eine Mehr-, ja Vielzahl von Staaten wäre überhaupt nur dann technisch mit Aussicht auf Erfolg durchführbar, wenn dieser Staat seine Aufgaben auf die Durchsetzung von Straf- und Vertragsrecht beschränken könnte. Das aber ist nicht möglich, weil er die politische und ökonomische Gleichheit im Naturgüterzugang durchsetzen muß. Je weniger schlank der Staat, desto mehr muß es von ihnen geben. Die Eigentumsprinzipien der Moral der Gerechtigkeit schließen einen allzu schlanken Staat aus. Daher müssen wir die Titelfrage des Aufsatzes bejahen.

Allerdings wären die Staaten, von denen eine Vielzahl nach Gesichtspunkten der Gerechtigkeit zu fordern ist, in ihrer Souveränität so beschränkt, daß man zweifeln kann, ob sie noch Staaten heißen sollten. Sie müßten sich übernationalen Instanzen nicht nur in allen Streitfragen beugen, die bisher zu Krieg führten und führen, sondern auch den Auflagen in zentralen Fragen der Umweltpolitik, des Bevölkerungswachstums und der Ausgleichszahlungen zur Entschädigung der Staaten, deren Bürger nur als Bürger ihrer Staaten im Zugang zu den Naturgütern benachteiligt sind, von seiten der Staaten, deren Bürger als Bürger ihrer Staaten darin privilegiert sind. Solche Benachteiligungen und Privilegierungen können durch Ungleichgewichte auf dem Weltmarkt eintreten, wenn nur ein Handelspartner auf Kauf oder Verkauf angewiesen ist durch Umstände, die er nicht selbst zu verantworten hat. Solche Ungleichheiten behindern oder fördern mit dem Zugang zum Markt auch den Zugang zu den Naturgütern. Soweit

glaube, daß wir in den meisten konkreten Fällen (im Unterschied zu Fragen, was gut ist und wann jemandem geholfen wird) unstrittig entscheiden können, ob eine Handlung jemandem schadet, und daß die uneindeutigen Grenzfälle, die die Anwendung fast jedes Begriffs kennt, von Alternativen zum Schadensbegriff noch vermehrt werden. Das Verletzungsverbot scheint mir daher die Idee der Gerechtigkeit am prägnantesten zusammenzufassen. Eine besondere Schwierigkeit im Urteil über die Schädlichkeit einer Handlung tritt allerdings dann ein, wenn von zwei allein möglichen Handlungen beide einigen schaden und anderen nicht. Welche dann als die gerechte zu wählen ist, kann ich hier nicht erörtern.

sie erkennbar sind, müssen die privilegierten Staaten den benachteiligten eine Entschädigung zahlen. Für die Gleichheit der Individuen im Zugang zu den Naturgütern innerhalb ihrer Grenzen hätten dagegen die Staaten selbst zu sorgen.
Offensichtlich bedarf die Klärung der Rolle der Staaten und übernationaler Instanzen bei der Durchsetzung globaler Verteilungsgerechtigkeit (ebenso wie bei der Durchsetzung nationaler Verteilungsgerechtigkeit) noch vieler Überlegungen. Die vorausgehenden können nur bestätigen, was Kant nicht aufgrund transzendentaler oder kritischer Prinzipien, sondern mit seinem gesunden Menschenverstand voraussetzte: daß der erste Schritt zu globaler Gerechtigkeit der sein muß, eine übernationale Instanz zur Sicherung des Friedens einzusetzen. Aber es ist meist gut zu wissen, welche Schritte dem ersten folgen sollen, selbst wenn man sie noch nicht genau beschreiben kann.[4]

Literatur

Ralf Dahrendorf, *The Modern Social Conflict*, London 1988

G. W. Hegel, *Grundlinien der Philosophie des Rechts*, Werke in zwanzig Bänden, hg. v. E. Moldenhauer und K. M. Michel, Bd. 7, Frankfurt 1970. Abgekürzt »Rph«

ders., *Vorlesungen über die Philosophie der Geschichte*, Werke in zwanzig Bänden, hg. v. E. Moldenhauer und K. M. Michel, Bd. 12, Frankfurt 1970

Hobbes, Thomas, *Leviathan*, hg. von C. B. Macpherson, Harmondsworth 1968

David Hume, *A Treatise of Human Nature*, hg.v. L. A. Selby-Bigge und P. H. Nidditch, Oxford 1978

Immanuel Kant, »Idee zu einer allgemeinen Geschichte in weltbürgerlicher Absicht«, in: Kants *Werke*, hg. v. E. Cassirer; Bd. 4, Berlin 1913

ders., *Metaphysik der Sitten*, hg. v. K. Vorländer, Hamburg 1954

ders., »Zum ewigen Frieden. Ein philosophischer Entwurf«, in Kants *Werke* (Akademie-Ausgabe), Bd. 8, Berlin 1912, Abgekürzt »EF«

John Locke, *Two Treatises of Government*, hg. v. P. Laslett, Cambridge 1960

Michael Mitias, *Moral Foundation of the State in Hegel's Philosophy of Right: Anatomy of an Argument*, Amsterdam 1984

4 Für Kritik und Kommentar zu einer vorangegangenen Fassung dieses Aufsatzes danke ich Sabine Jentsch.

Platon, *Republik*, in: *Platonis Opera*, hg. v. J. Burnett, Bd. 4, Oxford 1902
Eric Rakowski, *Equal Justice*, Oxford 1991
Arthur Schopenhauer, *Preisschrift über die Grundlage der Moral*, hg. v. H. Ebeling, Hamburg 1979
Raimund Schütz, *Solidarität im Wirtschaftsvölkerrecht. Eine Bestandsaufnahme zentraler entwicklungsspezifischer Solidarrechte und Solidarpflichten im Völkerrecht*, Berlin 1994
Kurt Seelmann, *Die Lehre des Fernando Vazquez de Menchaca*, Köln, Bonn, Berlin, München 1979
Hillel Steiner, »Three Just Taxes«, in Philippe von Parijs (Hg.), *Arguing for Basic Income*, London und New York 1992, 81-92
ders., *An Essay on Rights*, Oxford 1994
Ulrich Steinvorth, Stationen politischer Theorie, Stuttgart, 3. Aufl. 1994
ders., »Normative Grundlagen der Demokratie«, in: K. Bayertz, (Hg.), *Ethik und Politik*, Stuttgart 1996
ders., »Ein Beitrag Hegels zur aktuellen Gerechtigkeitsdiskussion«, in: *Rechtsphilosophische Hefte* 4, 1995, 111-128
ders., »Steiner's Justice«, in: *Analyse und Kritik* 17, 1995 a, 21-34

Knut Ipsen
Ius gentium – ius pacis?
Zur Antizipation grundlegender Völkerrechtsstrukturen der Friedenssicherung in Kants Traktat »Zum ewigen Frieden«

Permanente Friedensstörungen wie auch schwerwiegende Gefährdungen des Friedens haben in den 200 Jahren seit der Veröffentlichung des Traktats »Zum ewigen Frieden« immer wieder zu Versuchen geführt, die Gedanken Kants mit aktuellem, völkerrechtlich zu beurteilendem Geschehen zu verbinden.[1] Nicht selten hat es dabei an der Gründlichkeit gefehlt, die dem großen Entwurf Kants gebührt. Auch sind hin und wieder Gleichsetzungen mit aktuellen Entwicklungen zu verzeichnen, die von profunden Mißverständnissen des Traktats zeugen. So konnte es geschehen, daß ein Kant-Kenner wie Kurt Borries zehn Jahre nach dem Ersten Weltkrieg schrieb,

> von Kant entlehnte der amerikanische Präsident Wilson wie aus einem Arsenal die zweischneidigen Waffen, mit denen er, vielleicht ohne es zu wollen, überwältigt von der zwischen Haß und Ruinen wild auflodernden alten Staatsraison, dem deutschen Volke die letzten bescheidenen Früchte einer heldenhaften Anstrengung entriß.[2]

Etwa zur gleichen Zeit war die Erörterung der Kriegsschuldfrage vor dem Hintergrund der Schrift Kants einer monographischen Behandlung in einer philosophischen Schriftenreihe für würdig befunden worden.[3] In unserer Zeit schließlich ist der Versuch gemacht worden, die Vereinten Nationen mit dem Friedensbund

1 Vgl. hierzu u. a. G. Cavallar, *Pax cantiana, Systematisch-historische Untersuchung des Entwurfs »Zum ewigen Frieden« (1795) von Immanuel Kant*, Schriftenreihe der Österreichischen Gesellschaft zur Erforschung des 18. Jahrhunderts, Bd. 2, Wien/Köln/Weimar 1992, S. 436 ff.

2 K. Borries, *Kant als Politiker. Zur Staats- und Gesellschaftslehre des Kritizismus*, Neudruck der Ausg. 1928, Aalen 1973, S. 202.

3 J. Ebbinghaus, *Kants Lehre vom ewigen Frieden und die Kriegsschuldfrage*, Philosophie und Geschichte, Bd. 23, Tübingen 1929.

Kants zu vergleichen (wobei ihre Defizite gegenüber diesem allerdings erkannt werden) und die Bedrohung der Menschheit durch Kernwaffen über Kants Entwurf »Zum ewigen Frieden« anzugehen.[4] – Kaum einer dieser Versuche vermag indessen die Enttäuschung darüber zu verbergen, daß aktuelle Mechanismen der Friedenssicherung nicht so ohne weiteres an dem Gedankengut Kants zu messen sind.

Das erkenntnisleitende Interesse der folgenden Ausführungen ist angesichts jener Versuche nicht darauf gerichtet, geltendes Völkerrecht schlicht an den Ideen Kants abzugleichen, um mehr oder minder gewichtige Defizite festzustellen. Die Leitfrage, welche die weiteren Überlegungen bestimmt, ist vielmehr darauf gerichtet, ob Kant in seinem Traktat inhaltliche und formelle Völkerrechtsstrukturen antizipiert hat, über deren Beitrag zur Friedenssicherung heute ein positives oder negatives Urteil möglich ist. Zur Beantwortung dieser Leitfrage bedarf es zunächst einer Klärung zwischen (Friedens-)Vertrag und (Friedens-)Bund im Sinne Kants (I). Sodann ist die Stellung des Staates im Bund und im Vertrag zu erörtern (II). Daraufhin ist zu untersuchen, in welcher Weise der Krieg vom Völkerrecht erfaßt oder erfaßbar ist (III). Schließlich sind die Ergebnisse dieser Teilbereiche anhand des Völkerrechtsbegriffs abzuklären, der dem Traktat »Zum ewigen Frieden« zugrunde liegt (IV).

I. Friedensbund und Friedensvertrag

Kant gliedert sein Traktat in einen ersten Abschnitt, »welcher die Präliminarartikel zum ewigen Frieden unter Staaten enthält«, in einen zweiten Abschnitt, »welcher die Definitivartikel zum ewigen Frieden unter Staaten enthält«, in einen Zusatz »von der Garantie des ewigen Friedens« sowie in einen Anhang zur Politik und Moral. Interpreten – und zwar selbst solche, denen im übrigen die gebotene Gründlichkeit zu attestieren ist – haben hierin die »Form eines völkerrechtlichen Vertrages« erblicken wollen, die »nicht nur literarisch, sondern auch philosophisch motiviert«

4 Vgl. W. Schwarz, *Principles of Lawful Politics, Immanuel Kant's Philosophic Draft towards Eternal Peace*, Aalen 1988, S. 24 ff.

ist.[5] In dieser Form, zu der Kant durch das »Muster des preußisch-französischen Friedensvertrages von 1795« angeregt worden sein soll, wird eine »feine Ironie«, zugleich »die Möglichkeit einer straffen und prägnanten Fassung der Gedanken« gesehen.[6] Dies ist eine Fehlannahme, wie schon ein Blick in die Texte der vor 1795 abgeschlossenen Friedensverträge erweist: Keiner der großen Friedensverträge der Neuzeit, angefangen von den beiden Verträgen des Westfälischen Friedens von 1648 über den Frieden von Hubertusburg von 1763 bis hin zu dem Frieden von Basel vom 5. April 1795, welcher der äußere Anlaß zu dem Traktat Kants gewesen sein soll, weist eine Gliederung in Präliminar- und Definitivartikel auf. Vielmehr findet sich bereits bei allen Friedensverträgen des 17. und 18. Jahrhunderts die bis heute übliche Aufteilung in Präambel und operativen Teil des Vertrags. Die mithin irrige Interpretation der Gliederung als die übliche eines völkerrechtlichen Vertrags wäre ein zu vernachlässigender Befund, wenn er nicht zudem in einem diametralen Gegensatz zu der Bewertung stünde, die gerade Kant dem völkerrechtlichen Vertrag zuteil werden läßt.

Der in der Neuzeit, namentlich aber bis zum Ende des 18. Jahrhunderts, in der Staatenpraxis am häufigsten zu verzeichnende und zudem wichtigste Vertrag war unzweifelhaft der Friedensvertrag. Die Fähigkeit dieses Vertragstyps, einen dauerhaften Frieden zu gewährleisten, schätzt Kant gleich in mehrfacher Hinsicht gering ein. In dem Zusatz »Über die Mißhelligkeit zwischen der Moral und der Politik in Absicht auf den ewigen Frieden« unterscheidet Kant zwischen dem Staatsklugheitsproblem und dem Staatsweisheitsproblem. Das Staatsweisheitsproblem findet seine Lösung in

> dem reinen Begriff der Rechtspflicht (vom Sollen, dessen Prinzip a priori durch reine Vernunft gegeben ist) . . ., die physischen Folgen daraus mögen auch seyn, welche sie wollen.[7]

5 So G. Cavallar, a.a.O., (Fn. 1), S. 12.

6 So J. Rodenberg, »Nachwort« zum 10. Bremer Liebhaber-Druck des »Ewigen Friedens«, Oldenburg (O) 1947, S. 107.

7 Dieses Zitat wie die nachfolgenden wörtlichen Zitate aus dem Entwurf »Zum ewigen Frieden« sind dem 10. Bremer Liebhaber-Druck (hg. v. J. Rodenberg), 2. Aufl., Oldenburg (O) 1947, entnommen, der einen wort- und seitengetreuen Nachdruck der 1795 in Königsberg bei Friedrich Nicolovius erschienenen Ausgabe darstellt. Zum obigen Zitat siehe S. 88 = Akademie-Ausgabe (im folgenden: AA) VIII, S. 379, Z. 15 ff.

Damit ist Staatsweisheit vom kategorischen Imperativ bestimmt, wie explizit dargelegt wird: »Handle so, daß du wollen kannst, deine Maxime solle ein allgemeines Gesetz werden (der Zweck mag seyn welcher er wolle).«[8] Dieses unabweisliche sittliche Gebot hat »als Rechtsprinzip unbedingte Nothwendigkeit«[9], wobei der Gesetzesbegriff der des universalen Gesetzes ist, das »allgemein« gilt, »wie es doch der Begriff eines Gesetzes zu erfordern scheint«[10]. Welche der natürlich vorgegebenen Mechanismen man indessen zur Lösung des Staatsklugheitsproblems nutzen kann, ist ungewiß.

Noch ungewisser ist ein auf Statute nach Ministerialplanen vorgeblich errichtetes Völkerrecht, welches in der That nur ein Wort ohne Sache ist, und auf Verträgen beruht, die in demselben Akt ihrer Beschließung zugleich den geheimen Vorbehalt ihrer Übertretung enthalten.[11]

Schon dieses Verdikt über das Instrument des völkerrechtlichen Vertrags in Ansehung des »Resultats, den ewigen Frieden betreffend«[12] verbietet die Annahme, Kant habe seinen Entwurf zum ewigen Frieden in das Gewand eines völkerrechtlichen Vertrags kleiden wollen. Doch gibt es noch weitere Indizien gegen diese Annahme: Der Umstand, daß ein Friedensvertrag die Ursache eines neuen Konflikts in sich birgt, war für Kant von einem derartigen Gewicht, daß er ihn mittels seines ersten Präliminarartikels auszuschließen gedachte (»es soll kein Friedensschluß für einen solchen gelten, der mit dem geheimen Vorbehalt des Stoffs zu einem künftigen Kriege gemacht worden«).[13] Schließlich – so Kant – wird »durch den Friedensvertrag zwar wohl dem diesmaligen Kriege, aber nicht dem Kriegszustande (immer zu einem neuen Vorwand zu finden) ein Ende gemacht«.[14]
So unterscheidet Kant den Friedensvertrag (pactum pacis), der »bloß einen Krieg«, vom Friedensbund (foedus pacificum), der »alle Kriege auf immer zu endigen« sucht.[15] Dies ist, wie im weiteren deutlich wird, eine fundamentale Unterscheidung.

8 Fn. 7, S. 82 = AA VIII, S. 377, Z. 4 f.
9 Fn. 7, S. 82 = AA VIII, S. 377, Z. 7.
10 Fn. 7, S. 17 = AA VIII, S. 348, Z. 41.
11 Fn. 7, S. 84 = AA VIII, S. 377, Z. 32 ff.
12 Fn. 7, S. 83 = AA VIII, S. 377, Z. 23.
13 Fn. 7, S. 5 = AA VIII, S. 343, Z. 20 ff.
14 Fn. 7, S. 34 = AA VIII, S. 355, Z. 29 ff.
15 Fn. 7, S. 35 = AA VIII, S. 356, Z. 9.

Das »foedus pacificum« nämlich ist, so wird bereits aus den zitierten Originalstellen deutlich, keineswegs nur ein spezifischer Friedensvertrag, d. h. ein völkerrechtlicher Vertrag über den ewigen Frieden, sondern ein »Bund von besonderer Art«[16] und damit zugleich vom völkerrechtlichen Typus des Vertrags überhaupt qualitativ unterschieden. Mithin begegnen jeglichen Versuchen, etwa im Völkerbund von 1919 (bereits aufgrund der Namensähnlichkeit) oder in der Organisation der Vereinten Nationen von 1945 Annäherungen an das foedus pacificum zu sehen, gewichtige Bedenken. Diese internationalen Organisationen als Friedenssicherungssysteme zu werten, die Kant antizipiert hat, wäre vollends eine Fehlannahme.

Kant hat vielmehr in dem foedus pacificum eine Qualität gesehen, die ideengeschichtlich parallel zum Gesellschaftsvertrag einzuordnen ist. Kant bezeichnet das foedus pacificum als »Surrogat des bürgerlichen Gesellschaftsbundes«.[17] Das foedus pacificum ist mithin der Ersatz des Gesellschaftsvertrags auf zwischenstaatlicher Ebene. Für Kant ist der contrat social im Sinne Rousseaus keine historische Gegebenheit, es ist die »Idee des ursprünglichen Vertrags«, auf die »alle rechtliche Gesetzgebung eines Volkes gegründet seyn muß«.[18] Die Idee eines ursprünglichen Vertrags, der Kantische Vernunftvertrag, wird konsequent mit folgenden zentralen Überlegungen auf die zwischenstaatliche Ebene umgesetzt:

Für Staaten, im Verhältnisse untereinander, kann es nach der Vernunft keine andere Art geben, aus dem gesetzlosen Zustande, der lauter Krieg enthält, herauszukommen, als daß sie ebenso wie einzelne Menschen, ihre wilde (gesetzlose) Freyheit aufgeben, sich zu öffentlichen Zwangsgesetzen bequemen, und so einen (freylich immer wachsenden) Völkerstaat (civitas gentium), der zuletzt alle Völker der Erde befassen würde, bilden. Da sie dieses aber nach ihrer Idee vom Völkerrecht durchaus nicht wollen, mithin, was in thesi richtig ist, in hypothesi verwerfen, so kann an die Stelle der positiven Idee einer Weltrepublik (wenn nicht alles verlohren werden soll) nur das negative Surrogat eines den Krieg abwehrenden, bestehenden, und sich immer ausbreitenden Bundes, den Strom der rechtscheuenden, feindseligen Neigung aufhalten, doch mit beständiger Gefahr ihres Ausbruchs.[19]

16 Ebd.
17 Fn. 7, S. 36 = AA VIII, S. 356, Z. 31 f.
18 Fn. 7, S. 20 = AA VIII, S. 350, Z. 3 f.
19 Fn. 7, S. 37 f. = AA VIII, S. 357, Z. 5 ff.

Somit ist das foedus pacificum ein Ersatz des in der Vernunft a priori angelegten ideellen Vertragsprinzips auf der internationalen Ebene.

Wenn dies zutrifft – und die zitierten Fundstellen schließen eine andere Deutung aus –, dann ist die Rechtsfigur des völkerrechtlichen Vertrags trotz ihrer qualitativen und quantitativen Fortentwicklung seit dem 18. Jahrhundert nicht form- oder inhaltsbestimmend für das foedus pacificum im kantischen Sinne. Ein völkerrechtlicher Vertrag wäre vielmehr ein zu einem »gedachten Zweck« zu benutzender »Mechanismus«.[20]

Schließlich spricht ein letztes dafür, daß Kant unter dem foedus pacificum keinen völkerrechtlichen Vertrag im heutigen Sinne verstanden hat. In der zweiten Hälfte des 18. Jahrhunderts übte nächst dem Niederländer Hugo Grotius, dessen Meisterwerk »De iure belli ac pacis« (1625) die Völkerrechtslehre weithin bestimmt hat, der Schweizer Emer de Vattel (1714-1767) durch sein Lebenswerk »Le droit des gens ou principes de la loi naturelle appliqués à la conduite et aux affaires des nations et des souverains« (1758) den nachhaltigsten Einfluß auf die kontinentaleuropäische Völkerrechtswissenschaft aus.[21] Kant besaß das Werk Vattels in einer Übersetzung.[22] In der grundlegenden Einleitung seines Werks aber unterscheidet Vattel strikt zwischen dem »notwendigen Völkerrecht« als dem auf die Nationen angewandten Naturrecht, das notwendig ist, »weil die Nationen zu seiner Beachtung schlechthin verpflichtet sind«[23], und dem vertraglichen Völkerrecht, das neben dem freiwilligen Völkerrecht und dem Gewohnheitsrecht das positive Völkerrecht bildet.[24] Kants – im übrigen auch an anderen Stellen nachgewiesene – Kenntnis von Vattels Werk schließt aus, daß er sein foedus pacificum dem vertraglichen Völkerrecht zuordnen wollte, das nach Vattel »sorgfältig« vom notwendigen Völkerrecht zu unterscheiden ist.[25] – Nach alledem kann kein Zweifel daran bestehen, daß das kantische foedus pacificum nicht einem heutigen völkerrechtlichen Vertrag, nicht einmal der Charta der Vereinten Nationen, gleichzusetzen ist.

20 Fn. 7, S. 83 = AA VIII, S. 377, Z. 22.
21 Dt. Übers. v. W. Euler, mit einer Einleitung v. P. Guggenheim, Tübingen 1959.
22 Siehe G. Cavallar, a.a.O. (Fn. 1), S. 188.
23 Fn. 21 (Einleitung § 7), S. 19.
24 Fn. 21 (Einleitung §§ 24, 27), S. 26 f.
25 Fn. 21 (Einleitung § 27), S. 27.

Welche Rechtsfigur des geltenden Völkerrechts kommt aber dann dem foedus pacificum am nächsten? Wird das foedus pacificum als Surrogat des in der Vernunft ursprünglich angelegten ideellen Vertragsprinzips verstanden, dann lassen sich zwei Institutionen des geltenden Völkerrechts zumindest als Annäherung an die kantische Idee qualifizieren:

Die supranationale Organisation, die verbindliche Rechtsnormen nicht nur *für* ihre Mitgliedstaaten, sondern auch auf deren Hoheitsgebiet mit Wirkung für die ansonsten nur staatlicher Hoheitsgewalt unterworfenen Rechtssubjekte und ebenfalls für die gewaltausübenden Staatsorgane zu setzen vermag, nähert sich dem, was Kant noch meinte, ausschließen zu müssen, denn Staaten, die »innerlich schon eine rechtliche Verfassung haben«, sind dem »Zwange ... entwachsen«, zusätzlich »unter eine erweiterte gesetzliche Verfassung« gebracht zu werden.[26]

In der Logik Kants ist dies folgerichtig. Die »Idee des ursprünglichen Vertrages, ohne die sich kein Recht über ein Volk denken läßt«[27], läßt neben der solchermaßen begründeten Rechtsordnung keine Parallelrechtsordnung für das gleiche Volk auf seinem Gebiet »denken«. Das Zusammentreffen zweier Rechtsordnungen auf dem staatlichen Hoheitsgebiet mit dem Folgeproblem der Entscheidung über den Vorrang einer dieser Rechtsordnungen vor der anderen läßt sich mit dem Staatsbegriff Kants, der auf dem Vernunftvertrag basiert, nicht vereinbaren (»ein Staat ist ... eine Gesellschaft von Menschen, über die Niemand anders, als er selbst, zu gebieten und zu disponiren hat«[28]).

Wenn somit das Nebeneinander einer Staatsgewalt und einer diese teils ergänzenden, teils verdrängenden öffentlichen Gewalt mit kantischen Denkkategorien nicht zu erfassen ist, so scheint doch das von Kant angestrebte Resultat, »alle Kriege auf immer zu endigen«[29], allein über die im vorigen beschriebene supranationale Organisation erreichbar zu sein, deren einzige existente Verwirklichung die Europäische Union ist. Kriege zwischen ihren Mitgliedstaaten sind sicherlich – die entscheidende Sekundärwirkung der vielfältigen Integration – auf immer ausgeschlossen. Dieser

26 Fn. 7, S. 34 = AA VIII, S. 355, Z. 37 f.
27 Fn. 7, S. 7 = AA VIII, S. 344, Z. 23 f.
28 Fn. 7, S. 7 = AA VIII, S. 344, Z. 17 ff.
29 Fn. 7, S. 35 = AA VIII, S. 356, Z. 9.

Ausschluß des Krieges »auf immer« würde allerdings zugleich die Permanenz des Friedensbundes voraussetzen. Dies wiederum würde für eine supranationale Organisation wie die Europäische Union verlangen, daß sie bereits einen »point of no return« erreicht hat. Wohl findet sich diese Auffassung in bezug auf die EU[30], doch haben ihre Protagonisten mit dem Maastricht-Urteil des Bundesverfassungsgerichts einen herben Rückschlag erlitten, nachdem das Gericht festgestellt hatte:

Die Bundesrepublik Deutschland ist somit auch nach dem Inkrafttreten des Unions-Vertrages Mitglied in einem Staatenverbund, dessen Gemeinschaftsgewalt sich von den Mitgliedstaaten ableitet und im deutschen Hoheitsbereich nur kraft des deutschen Rechtsanwendungsbefehls verbindlich wirken kann. Deutschland ist einer der »Herren der Verträge«, die ihre Gebundenheit an den »auf unbegrenzte Zeit« geschlossenen Unions-Vertrag (Artikel Q EUV) mit dem Willen zur langfristigen Mitgliedschaft begründet haben, diese Zugehörigkeit aber letztlich durch einen gegenläufigen Akt auch wieder aufheben könnten.[31]

Der »point of no return« ist danach nicht erreicht. Diesem europäischen »Friedensbund« haftet damit die Schwäche an, die Kant in bezug auf den völkerrechtlichen Vertrag, der auch die Form des primären Gemeinschaftsrechts darstellt, prinzipiell und auch durchaus zu Recht kritisiert hat. So bleibt festzuhalten, daß die supranationale Organisation sich der kantischen Idee vom Friedensbund zwar anzunähern vermag, aber nicht mit ihr zu identifizieren ist, wobei – das sei ausdrücklich vermerkt – die Annäherung in der Idee der friedenssichernden Integration, nicht hingegen in den diese Idee realisierenden Instrumentarien (den Verträgen) besteht.

Die zweite Institution des geltenden Völkerrechts, die eine dem foedus pacificum nahe Inhaltsstruktur aufweist, ist das völkerrechtliche ius cogens. Seine Existenz als geltendes Völkerrecht ist aus dem eher glossatorischen Bereich der Völkerrechtslehre durch das Wiener Übereinkommen über das Recht der Verträge vom 23. Mai 1969 in die Ebene des die Staaten bindenden Völkerrechts versetzt worden. Nach Art. 53 der Wiener Vertragsrechtskonvention ist eine Völkerrechtsnorm iuris cogentis »eine Norm, die von der internationalen Staatengemeinschaft in ihrer Gesamtheit ange-

30 Vgl. hierzu Th. Oppermann, *Europarecht*, München 1991, Rdnr. 24.
31 BVerfGE 89, 155 (190).

nommen und anerkannt wird als eine Norm, von der nicht abgewichen werden darf und die nur durch eine spätere Norm des allgemeinen Völkerrechts derselben Rechtsnatur geändert werden kann«.[32] Von hier aus läßt sich ideengeschichtlich eine Brücke zu Vattel schlagen, dessen Völkerrechtslehre Kant zu Gebote stand, wenngleich er sie – wie an anderer Stelle deutlich werden wird – auch kritisiert hat. Das, was die Wiener Vertragsrechtskonvention unter ius cogens versteht, kommt dem Begriff des ius necessarium in der Definition Vattels sehr nahe. »Notwendiges Völkerrecht« ist das auf die Staaten angewandte »natürliche« Recht. »Es ist dasselbe Recht, das Grotius und seine Anhänger internes Völkerrecht nennen, insofern es die Nationen im Gewissen bindet«. Da es sich »auf die Natur und im besonderen auf die Natur des Menschen gründet, folgt hieraus, daß das notwendige Völkerrecht unveränderlich ist«. Zur Beachtung dieses notwendigen Völkerrechts sind die Staaten »schlechthin verpflichtet«.[33]

Soweit Kant dem Rechtsprinzip »unbedingte Nothwendigkeit« zuerkennt[34], stellt er den gleichen Befund fest wie Vattel mit dem schlechthin verpflichtenden naturrechtlichen ius necessarium. Nach geltendem Völkerrecht ist ein Vertrag »nichtig, wenn er im Zeitpunkt seines Abschlusses im Widerspruch zu einer zwingenden Norm des geltenden Völkerrechts steht« (Art. 53 S. 1 WVK). Sollte das foedus pacificum in der Vorstellung Kants bewirken, »alle Kriege auf immer zu endigen«, dann muß das in ihm enthaltene Friedensgebot zwangsläufig dem ius necessarium zuzuordnen, d. h. im Sinne Vattels unveränderlich sein. Wenn auch das geltende Völkerrecht, wie dargelegt, die Abänderung einer Norm des zwingenden Völkerrechts durch eine neu entstandene Norm iuris cogentis annimmt, so ist doch hinsichtlich der Unbedingtheit der Wirkung eine Vergleichbarkeit zwischen dem ius necessarium, auf das auch das foedus pacificum gegründet sein muß, und dem zwingenden Völkerrecht der Gegenwart gegeben.

Der Friedensbund im kantischen Sinne, »das Surrogat des bürgerlichen Gesellschaftsbundes ..., den die Vernunft mit dem Begriffe des Völkerrechts nothwendig verbinden muß, wenn überall etwas

32 Ausführlich zum Begriff des völkerrechtlichen ius cogens W. v. Heinegg, in: K. Ipsen, *Völkerrecht*, München 1990, § 15, Rdnr. 37 ff.

33 Fn. 21 (Einleitung § 7 u. 8), S. 19.

34 Fn. 7, S. 82 = AA VIII, S. 377, Z. 7.

dabey zu denken übrig bleiben soll«[35], muß dieser Idee nach zugleich Form und Inhalt sein. Der seitens der Staaten freiwillig akzeptierte Bund (»der freye Föderalism«) hat zum Gegenstand, »alle Kriege auf immer zu endigen«. Vergleichbares würde sich in der Gegenwart in der Kombination einer supranationalen Regionalorganisation finden lassen, für die zugleich das Erstanwendungsverbot von Waffengewalt als zwingendes Recht gilt. Zwar bleibt dieses Modell hinter der »Idee der Föderalität, die sich allmählig über alle Staaten erstrecken soll«[36], wie Kant sie entworfen hat, zurück, doch bietet diese Kombination zumindest eine ähnliche Inhaltsstruktur, wie sie dem foedus pacificum zugrunde liegt. Eine supranationale Organisation, die den vielgenannten »point of no return« erreicht hat und dem Verbot der Erstanwendung von Waffengewalt als zwingendem Recht unterliegt, wäre bei globaler Ausdehnung sehr nahe dem foedus pacificum. Dies ist (noch) nicht völkerrechtliche Realität, doch weist das heutige Völkerrecht immerhin die hierfür grundlegenden Strukturen auf.

II. Der Staat als Subjekt von Friedensbund und Friedensvertrag

Was die Position des Staates im Völkerrecht anbetrifft, so hat Kant das entscheidende Strukturelement des heutigen Völkerrechts – damit seiner zeitgenössischen Staatspraxis weit vorauseilend – antizipiert, nämlich die Völkerrechtssubjektivität des Staates als eines politisch und rechtlich organisierten Personen- und Gebietsverbandes. Der Staat ist für Kant eine »moralische Person«, die wie einen Gegenstand, »eine Sache« zu behandeln, »der Idee des ursprünglichen Vertrags, ohne die sich kein Recht über ein Volk denken läßt«, widerspricht.[37] Hier steht Kant in Kontinuität zu Vattel, der sein großes Werk mit der Definition des Staates als einer »persona moralis«, die »eigenen Verstand und eigenen Willen besitzt, die rechtsfähig ist«, beginnt.[38] Der Staat als juristische Person – selbst aufgeklärte Herrscher des 18. Jahrhunderts konn-

35 Fn. 7, S. 36 f. = AA VIII, S. 356, Z. 31 ff.
36 Fn. 7, S. 35 = AA VIII, S. 356, Z. 15 f.
37 Fn. 7, S. 7 = AA VIII, S. 344, Z. 23 f.
38 Fn. 21 (Einleitung § 2), S. 17.

ten nicht zu diesem Verständnis finden. So stellte Friedrich der Große fest: »Über Königen gibt es keinen Gerichtshof mehr, keine Obrigkeit hat über ihre Händel ein Urteil zu fällen, so muß denn das Schwert über ihre Rechte und die Stichhaltigkeit ihrer Beweismittel entscheiden.«[39] Erst der Konstitutionalismus des 19. Jahrhunderts konnte dazu führen, den Staat im Sinne einer Verbandseinheit als Rechtsperson, als Völkerrechtssubjekt, zu begreifen, das durch verfassungsmäßige Organe handelt, von denen das Staatsoberhaupt nur eines ist. Die Völkerrechtssubjektivität des Staates aber – bis heute das wesentliche Strukturelement des Völkerrechts – wurde durch den Begriff des Staates als moralischer Person im Sinne Vattels und Kants vorbereitet.
In einer Zeit, welche die Souveränität des Monarchen im Sinne des im vorigen zitierten Ausspruchs Friedrichs des Großen verstand, nämlich gemäß dem lateinischen Ursprungswort »supra« als absolute Macht über den eigenen Herrschaftsbereich und absolute Freiheit von Fremdherrschaft außerhalb des eigenen Bereichs, konnte auch der Staat als Verbandsperson nicht ohne eine solche Unabhängigkeit gedacht werden. Die Souveränität des Monarchen gelangte nach der Französischen Revolution allmählich über die Souveränität des Volkes auf den Staat als Verbandseinheit. Dieser Befund ist dem Völkerrecht vorgegeben. »Die Idee des Völkerrechts setzt die Absonderung vieler voneinander unabhängiger benachbarter Staaten voraus.«[40] Denn »ein Staat, der einmal im Besitz ist, unter keinen äußeren Gesetzen zu stehen, wird sich in Ansehung der Art, wie er gegen andere Staaten sein Recht suchen soll, nicht von ihrem Richterstuhl abhängig machen«.[41] So begründet für Kant der Umstand, daß die Menschen aus dem gesetzlosen Naturzustand über den Vernunftvertrag zum Staat gelangt sind, zugleich die Autonomie, die Freiheit, ja, die Souveränität des Staates.
Die Souveränität des Staates hat aber eine weitere, tiefer reichende Wurzel: Wenn nach Kant die republikanische Verfassung, »die erstlich nach Principien der Freyheit der Glieder einer Gesellschaft (als Menschen); zweytens nach Grundsätzen der Abhän-

39 *Der Antimachiavell*, in: *Ausgewählte Werke Friedrichs des Großen*, Bd. III, 1918, S. 22.
40 Fn. 7, S. 62 = AA VIII, S. 367, Z. 8 f.
41 Fn. 7, S. 70 = AA VIII, S. 371, Z. 25 ff.

gigkeit aller von einer einzigen gemeinsamen Gesetzgebung (als Unterthanen); und drittens, die nach dem Gesetz der Gleichheit derselben (als Staatsbürger)« gestaltet worden ist, die einzige Verfassung darstellt, »welche aus der Idee des ursprünglichen Vertrags hervorgeht, auf der alle rechtliche Gesetzgebung eines Volkes gegründet seyn muß«[42], dann muß die hiernach verfaßte Verbandseinheit zwangsläufig unabhängig, frei von weiteren gleichartigen Zwangsgesetzen sein, wie Kant immer wieder betont. »Jeder Staat« begründet »seine Majestät ... gerade darin, gar keinem äußeren gesetzlichen Zwange unterworfen zu seyn«.[43]
Die Idee der staatlichen Souveränität bestimmt in ihrem Kern das Völkerrecht bis heute. Selbst so weitreichendes Völkerrecht wie der internationale Schutz der Menschenrechte ist eben durch die Staaten als souveräne Völkerrechtssubjekte geschaffen worden. Gerade die Souveränität ist Voraussetzung dafür, daß die Staaten durch Völkerrecht ihre Handlungsfreiheit, nicht dagegen ihre Rechtsfähigkeit einschränken, denn die letztere ist gerade die Voraussetzung für rechtliche Einschränkungen der Handlungsfreiheit. Man könnte, die Gedanken Kants fortführend, sagen: Nur der republikanisch verfaßte Staat hat die Kompetenz, Kompetenzen zum Erlaß von Zwangsgesetzen zu schaffen. Diese Kompetenz-Kompetenz aber ist auch heute noch dem Staat vorbehalten. Weder das Völkerrecht noch das primäre europäische Gemeinschaftsrecht haben sie ihm genommen.
Eben hier findet sich die Schlüsselposition, die der Staat im Völkervertragsrecht einerseits und im kantischen Friedensbund andererseits einnimmt. Als Rechtssubjekt völkerrechtlicher Verträge geht der Staat kraft seiner Rechtsfähigkeit »mancherlei Verbindlichkeiten« inter partes ein. So »ist das vertragliche Völkerrecht kein universelles, sondern ein partikulares Recht«.[44] Diese Aussage Vattels gilt auch heute noch. Mit dem Friedensbund wird dem Staat indessen – wie deutlich geworden ist – mehr als der Abschluß eines völkerrechtlichen Vertrages abverlangt. Wenn er das Surrogat des bürgerlichen Gesellschaftsbundes, des Vernunftvertrages, sein soll, dann muß sein materieller Kern in einem Friedensgebot als ius necessarium im Sinne Vattels bestehen. Nur

42 Fn. 7, S. 20 = AA VIII, S. 350, Z. 2 ff.
43 Fn. 7, S. 31 = AA VIII, S. 354, Z. 24 ff.
44 So Vattel, a.a.O. (Fn. 21), Einleitung § 24, S. 26.

dann läge dem Friedensbund ein Gebot zugrunde, dem im Sinne Kants »als Rechtsprinzip unbedingte Notwendigkeit« zukommt.

Daß Kant die Sicherung des ewigen Friedens zwischen den Staaten nicht als vergleichbar effektiv der Sicherung des inneren Friedens durch den republikanisch verfaßten Staat angesehen hat, wird schon darin deutlich, daß er den Friedensbund nur als »Surrogat« des bürgerlichen Gesellschaftsbundes bezeichnet und schon damit die Unvollkommenheit jedes Ersatzes implicite zum Ausdruck bringt.

Relativierend gegenüber dem Entwurf »Zum ewigen Frieden«, dafür um so deutlicher differenzierend, hat Kant zwei Jahre nach dem Erscheinen des Traktats Form und Inhalt des foedus pacificum dargelegt. Man könne einen

> Verein einiger Staaten, um den Frieden zu erhalten, den permanenten Staatenkongreß nennen ... Unter einem solchen Kongreß wird hier aber nur eine willkürliche, zu aller Zeit auflösliche Zusammentretung verschiedener Staaten, nicht eine solche Verbindung, welche (so wie die der amerikanischen Staaten) auf einer Staatsverfassung gegründet und daher unauflöslich ist, verstanden; – durch welchen allein die Idee eines zu errichtenden öffentlichen Rechts der Völker, ihre Streitigkeiten auf zivile Art, gleichsam durch einen Prozeß, nicht auf barbarische Art (nach Art der Wilden), nämlich durch Krieg, zu entscheiden, realisiert werden kann.[45]

Die Annäherung an die im vorigen dargelegte Kombination grundlegender Strukturen des heutigen Völkerrechts (permanente supranationale Organisation und Friedensgebot zwingenden Rechts) wird hier offenkundig.

Auch hier wird deutlich: Kant sucht eine weitestmögliche Annäherung des Friedensbundes an den Vernunftvertrag, in der Erkenntnis allerdings, daß eine Identität des Friedensbundes mit dem bürgerlichen Gesellschaftsbund nicht zu erreichen ist.

45 *Metaphysische Anfangsgründe der Rechtslehre* (1797), zit. nach A. u. W. Dietze, Ewiger Friede? Dokumente einer deutschen Diskussion um 1800, München 1989, S. 283 f., AA VI, S. 350 f.

III. Krieg und Völkerrecht

Die Definition Vattels, »der Krieg ist der Zustand der Verfolgung des Rechts durch die Gewalt«[46], nimmt Kant mit einer außerrechtlichen Zuordnung auf. Nach ihm ist »der Krieg doch nur das traurige Nothmittel im Naturzustande ... (wo kein Gerichtshof vorhanden ist, der rechtskräftig urtheilen könnte), durch Gewalt sein Recht zu behaupten«.[47] Der Naturzustand ist die »Unabhängigkeit von äußeren Gesetzen«.[48] Mit diesen Denkkategorien ist ein Recht zum Krieg unvereinbar:

> Bey dem Begriffe des Völkerrechts, als eines Rechts zum Kriege, läßt sich eigentlich gar nichts denken (weil es ein Recht seyn soll, nicht nach allgemein gültigen äußeren, die Freyheit jedes Einzelnen einschränkenden Gesetzen, sondern nach einseitigen Maximen durch Gewalt, was Recht sey, zu bestimmen).[49]

Dies ist, mit Kantischem Ansatz gedacht, durchaus folgerichtig: Wenn nämlich der Krieg nur »das traurige Nothmittel im Naturzustande« ist, dann befände sich ein *völkerrechtliches Recht* zum Kriege hierzu in einem fundamentalen Widerspruch, da das Völkerrecht ja gerade die Überwindung des Naturzustandes durch einen Rechtszustand ist: »Nur unter der Voraussetzung irgendeines rechtlichen Zustandes (d.i. derjenigen äußeren Bedingung, unter der dem Menschen ein Recht wirklich zu Theil werden kann), kann von einem Völkerrecht die Rede seyn.«[50]

Vor diesem Hintergrund ist es verständlich, daß Kant die großen Völkerrechtsgelehrten Grotius, Pufendorf und Vattel als »lauter leidige Tröster« bezeichnet, was in unserem heutigen Sprachgebrauch soviel wie »unangenehme Schönredner« bedeutet.[51] Die drei derart negativ Apostrophierten haben nämlich in ihren Werken samt und sonders rechtfertigende Gründe für den Krieg aufgeführt.[52] Kant kritisiert – offenkundig im Hinblick auf jene

46 Fn. 21, Buch III, Kap. 1, § 1, S. 367.
47 Fn. 7, S. 13 = AA VIII, S. 346, Z. 33 ff.
48 Fn. 7, S. 30 = AA VIII, S. 354, Z. 4 f.
49 Fn. 7, S. 37 = AA VIII, S. 356, Z. 35 ff.
50 Fn. 7, S. 97 = AA VIII, S. 383, Z. 8 ff.
51 Fn. 7, S. 33 = AA VIII, S. 355, Z. 9 f.
52 H. Grotius, *De iure belli ac pacis*, L. II, c. 1, § II, u. L. III, c. III, § 1; S. v. Pufendorf, *Über die Verfassung des deutschen Reiches*, (1667)

»iustae causae« des Krieges –, daß die Lehren dieser Denker zwar »immer treuherzig zur Rechtfertigung eines Kriegsangriffs angeführt« werden, ohne daß es jedoch andererseits dafür ein Beispiel gibt, daß sich jemals ein Staat durch die »Zeugnisse so wichtiger Männer« veranlaßt gesehen hätte, von einem Kriegsvorhaben abzustehen.[53] Für Kant bewirkt Völkerrecht einen *Rechtszustand* erst und nur dann, wenn die beteiligten Rechtssubjekte einem allgemeinen, für sie gleichermaßen geltenden Gesetz unterworfen sind, nicht aber »nach einseitigen Maximen durch Gewalt« über Recht und Unrecht entscheiden. In dieser Logik läßt sich zwischen Staaten »kein Bestrafungskrieg (bellum punitivum) denken«, weil eben zwischen den Staaten »kein Verhältniß eines Oberen zu einem Untergebenen statt findet«[54], wohingegen Grotius und Vattel den Strafkrieg ausdrücklich als gerechtfertigten Krieg ansehen. Der gerechtfertigte oder gerechte Krieg[55] hat in der Konzeption Kants keinen Raum: Da der Krieg ja lediglich »das traurige Nothmittel im Naturzustande« ist, kann auch »keiner von beyden Theilen«, d. h. keine der beiden Kriegsparteien, »für einen ungerechten Feind erklärt werden«, weil dies eben einen Rechtszustand und einen ihm gemäßen »Richterausspruch voraussetzt«.[56] Schließlich gilt für Kant nach dem Kern seiner autonomen Pflicht-Ethik, »daß doch die Vernunft vom Throne der höchsten moralisch gesetzgebenden Gewalt herab, den Krieg als Rechtsgang schlechterdings verdammt, den Friedenszustand dagegen zur unmittelbaren Pflicht macht«.[57] Es ist die praktische Vernunft im Sinne Kants, die diese Erkenntnis gebietet.

Die rigorose Position, daß der Begriff des Völkerrechts als eines Rechtszustands ein Recht zum Krieg denknotwendig ausschließt[58], hat Kant in seiner zwei Jahre nach dem Traktat »Zum ewigen Frieden« erschienenen Schrift nicht beibehalten. Dort heißt es:

Neudruck Berlin 1922, S. 63 f.; E. de Vattel (Fn. 21), Buch III, Kap. III, §§ 24-26, S. 379 f.

53 Fn. 7, S. 33 = AA VIII, S. 355, Z. 15.

54 Fn. 7, S. 13 = AA VIII, S. 347, Z. 3 f.

55 Zur Entwicklung dieses Begriffs im Völkerrecht vgl. zusammenfassend Ipsen, *Völkerrecht*, 3. Aufl., München 1990, § 2, Rdnr. 39-51.

56 Fn. 7, S. 13 = AA VIII, S. 346, Z. 36 f.

57 Fn. 7, S. 34 f. = AA VIII, S. 356, Z. 2 ff.

58 Fn. 7, S. 37 = AA VIII, S. 356, Z. 35 ff.

Im natürlichen Zustande der Staaten ist das Recht zum Kriege (zu Hostilitäten) die erlaubte Art, wodurch ein Staat sein Recht gegen einen anderen Staat verfolgt, nämlich, wenn er von diesem sich lädiert glaubt, durch eigene Gewalt: weil es durch einen Prozeß (als durch den allein die Zwistigkeiten im rechtlichen Zustande ausgeglichen werden) in jenem Zustande nicht geschehen kann.[59]

»Lädiert« in diesem Sinne ist ein Staat durch die Aggression eines anderen, aber auch durch die Bedrohung, gegen die das ius praeventionis gegeben ist. Schließlich kann ein Staat auch »lädiert« sein durch die »fürchterlich anwachsende Macht (potentia tremenda)« eines anderen Staates.[60] Zwar hält Kant daran fest, daß diese Befunde des reaktiven Krieges dem Naturzustand und nicht dem Rechtszustand zuzuordnen sind. Doch während Kant im »Ewigen Frieden« ein »Recht zum Kriege« als mit dem Völkerrechtsbegriff inkompatibel ansieht, damit seine Rechtsqualität in Frage stellt und den Krieg als »trauriges Nothmittel im Naturzustande« bezeichnet, erkennt er in eben diesem Naturzustand zwei Jahre später explizit ein »Recht zum Kriege« als Verteidigung gegen eine Aggression, als Prävention und zur Brechung einer »potentia tremenda« an.[61]
Wenn Krieg kein Rechtszustand, sondern Naturzustand ist, dann stellt sich nicht nur das ius ad bellum als Problem, für das Kant zunächst die Negation und sodann eine differenzierende Lösung gefunden hat, sondern ebenso die Frage nach dem ius in bello. Kann es denn überhaupt im Naturzustand einen Rechtszustand geben?

Das Recht im Kriege ist gerade das im Völkerrecht, wobei die meiste Schwierigkeit ist, um sich auch nur einen Begriff davon zu machen und ein Gesetz in diesem gesetzlosen Zustande zu denken (inter arma silent leges), ohne sich selbst zu widersprechen; es müßte denn dasjenige sein: den Krieg nach solchen Grundsätzen zu führen, nach welchen es immer noch möglich bleibt, aus jenem Naturzustande der Staaten (im äußeren Verhältnis gegeneinander) herauszugehen und in einen rechtlichen zu treten.[62]

Schon im Traktat ist diese »meiste Schwierigkeit« nicht vollends gemeistert. So wird doch im 6. Präliminarartikel ein rechtliches

59 Fn. 45, S. 279.
60 Vgl. ebd.
61 Vgl. ebd.
62 A.a.O. (Fn. 45), S. 280.

Verhalten im Naturzustand verlangt: »Es soll sich kein Staat im Kriege mit einem anderen solche Feindseligkeiten erlauben, welche das wechselseitige Zutrauen im künftigen Frieden unmöglich machen müssen«, und es folgen sodann Verbote, wie sie Vattel unter den Rechten und Befugnissen »gegen die Person des Feindes in einem gerechten Kriege« zusammenfaßt.[63] Kant zählt diesen Präliminarartikel zu den leges strictae, d.h. zu den Verbotsgesetzen, die »ohne Unterschied der Umstände« gelten.[64]

Die Lösung dieses Widerspruchs hat Kant augenscheinlich erst zwei Jahre später versucht, indem er ein Zwei-Ebenen-Modell entwickelte: Krieg ist zwar ein Phänomen des Naturzustandes, doch die Grundsätze, nach denen Staaten Kriege führen, können in die Ebene eines Rechtszustandes gehoben werden. Damit nähert Kant sich bereits der vergleichbaren Struktur des heutigen Völkerrechts. Das als allgemeines Prinzip des Völkerrechts geltende und in Art. 2 Nr. 4 der UN-Charta kodifizierte Verbot der Erstanwendung von Waffengewalt hat das Recht des Staates zum Kriege beseitigt und den Staat ausschließlich auf die reaktive Gewaltanwendung im Wege der kollektiven oder individuellen Verteidigung (Art. 51 der UN-Charta) verwiesen. Ist jedoch ein Krieg ausgebrochen, dann gilt das im internationalen bewaffneten Konflikt anwendbare Völkerrecht, das ius in bello, gleichermaßen für alle Kriegsparteien. Gerade diese Rechtsmasse hat als Haager und Genfer Recht zu einem breiten Regelungsspektrum geführt.[65] Das moderne Völkerrecht hat gegenüber der Zeit Kants einerseits zu einer entscheidenden Reduktion des ius ad bellum, andererseits aber zu einer ebenso beträchtlichen Fortentwicklung des ius in bello geführt. Tendenziell finden sich diese Linien ebenfalls bei Kant: Gegenüber der Völkerrechtsdoktrin seiner Zeit reduziert er das ius ad bellum, mißt indessen bei einem Vergleich seiner Schriften von 1795 und 1797 dem ius in bello eine vergleichsweise größere Bedeutung bei.

63 Fn. 7, S. 12; de Vattel, a.a.O. (Fn. 21), Buch III, Kap. VIII, §§ 136ff., S. 432ff. = AA VIII, S. 346, Z. 23ff.

64 Fn. 7, S. 14 = AA VIII, S. 347, Z. 18.

65 Hierzu neuestens D. Fleck (Hg.), *Handbuch des Humanitären Völkerrechts in bewaffneten Konflikten*, München 1994, 476 S.

IV. Kants Völkerrechtsbegriff im Verhältnis zu Krieg und Frieden

Kants Verständnis des Völkerrechts, wie es sich in dem Entwurf »Zum ewigen Frieden« findet, ist ein anderes, als es zwei Jahre später in den »metaphysischen Anfangsgründen der Rechtslehre« zum Ausdruck gelangt. Die absoluten Positionen von 1795 werden 1797 relativiert.

Die zentrale Argumentation im »Ewigen Frieden« ist folgende: »Nur unter Voraussetzung irgendeines rechtlichen Zustandes ... kann von einem Völkerrecht die Rede sein.«[66] Kant qualifiziert das Völkerrecht als eine der drei Kategorien des öffentlichen Rechts (d. h. neben dem Staatsrecht und dem Weltbürgerrecht).[67] Das öffentliche Recht, abstrahiert von allen »empirisch gegebenen Verhältnissen der Menschen im Staat oder auch der Staaten untereinander«, läßt sich auf die »Form der Publizität« bringen.[68] Ohne Publizität kann es nach Kant »keine Gerechtigkeit (die nur als öffentlich kundbar gedacht werden kann)« geben.[69] Somit enthält das Völkerrecht als ein öffentliches Recht »die Publication eines, jedem das Seine bestimmenden, allgemeinen Willens schon in seinem Begriffe«.[70] Damit *ist* ein Rechtszustand gegeben, »und dieser status iuridicus muß aus irgendeinem Vertrage hervorgehen, der nicht eben (gleich dem, woraus ein Staat entspringt) auf Zwangsgesetze gegründet seyn darf, sondern allenfalls auch der einer fortwährend-freyen Association seyn kann«.[71] In bezug auf diese Assoziation, das foedus pacificum, stellt Kant an anderer Stelle fest, daß sie »nach Rechtsprincipien a priori gegeben und nothwendig ist«.[72] Damit ist das in der Vernunft a priori angelegte ideelle Vertragsprinzip auch dem Völkerrecht vorgegeben. Gerade hier zeigt sich übrigens, daß mit dem Traktat vom »Ewigen Frieden« des Abbé Castel de Saint-Pierre von 1713[73] über den gleich-

66 Fn. 7, S. 97 = AA VIII, S. 383, Z. 8 ff.
67 Fn. 7, S. 58 = AA VIII, S. 365, Z. 26 ff.
68 Fn. 7, S. 92 = AA VIII, S. 381, Z. 5 ff.
69 Ebd.
70 Fn. 7, S. 97 = AA VIII, S. 383, Z. 11 ff.
71 Ebd.
72 Fn. 7, S. 101 = AA VIII, S. 385, Z. 10 f.
73 Als deutsche Bearbeitung hg. v. W. Michael, Berlin 1922.

namigen Titel hinaus kaum ideengeschichtliche Verbindungen bestehen, wie bisweilen behauptet wird.[74]

Zwei Jahre nach dem Erscheinen des »Ewigen Friedens« hat sich Kant einem Verständnis des Völkerrechts genähert, das nicht mehr die gleiche absolute Ausrichtung auf das ideelle Vertragsprinzip erkennen läßt. Völkerrecht, das »vielmehr das Staatenrecht (ius publicum civitatum) heißen sollte«[75], wird beschrieben als das Recht zum Krieg im Naturzustand, als das Recht im Krieg und als das Recht nach dem Krieg. Hier haben wir das bereits erwähnte Zwei-Ebenen-Modell: Es wird nicht mehr allein das »Heraustreten aus dem Naturzustand« durch das Erreichen eines status iuridicus in das Zentrum gestellt, sondern es wird – um in diesem Bild zu bleiben – ein punktuelles Heraustreten aus dem Naturzustand, die Schaffung von inselartigen Rechtszuständen, für realisierbar gehalten. Der Krieg wird nicht mehr nur als »trauriges Nothmittel« apostrophiert. Er ist vielmehr ein Phänomen, zu dem, in dem und nach dem es Recht, Völkerrecht, gibt. Dergleichen findet sich nicht im Traktat, und so läge der Schluß nahe, daß zwei Jahre nach dessen Erscheinen eine Positionsrücknahme zu verzeichnen war. Doch war es letztlich wohl nur eine Marginalkorrektur, denn abschließend heißt es in den metaphysischen Anfangsgründen der Rechtslehre zum Problem des ewigen Friedens: »Man kann sagen, daß diese allgemeine und fortdauernde Friedensstiftung nicht bloß einen Teil, sondern den ganzen Endzweck der Rechtslehre innerhalb den Grenzen der bloßen Vernunft ausmache«. So gilt letztlich für die Herstellung eines beständigen äußeren Friedens dasselbe, was für den durch die Schaffung des Staates gewährleisteten inneren Frieden gilt: »Das Problem der Staatserrichtung ist, so hart wie es auch klingt, selbst für ein Volk von Teufeln (wenn sie nur Verstand haben), auflösbar.«[76] Nun, Verstand mögen die Schöpfer des geltenden Völkerrechts vielfach bewiesen haben. Daß sie stets von praktischer Vernunft geleitet worden sind, läßt sich hingegen nicht feststellen.

74 Vgl. G. Cavallar (Fn. 1), S. 26 f.
75 Fn. 45, S. 276.
76 Fn. 7, S. 60 = AA VIII, S. 366, Z. 15 f.

Reinhard Merkel

»Lauter leidige Tröster«?
Kants Friedensschrift und die Idee eines Völkerstrafgerichtshofs

1. Einleitung

Das Titelzitat meines Aufsatzes entstammt einer der bekannteren und gern zitierten Stellen der Friedensschrift. Versucht man allerdings, seinen Sinn im Kontext der näheren und weiteren Umgebung des Kantschen Werkes zu präzisieren, erweist es sich als widerspenstig und unklar. Vollständig lautet die Passage so:

Bei der Bösartigkeit der menschlichen Natur, die sich im freien Verhältnis der Völker unverhohlen blicken läßt (indessen daß sie im bürgerlich-gesetzlichen Zustande durch den Zwang der Regierung sich sehr verschleiert), ist es doch zu verwundern, daß das Wort *Recht* aus der Kriegspolitik noch nicht als pedantisch ganz hat verwiesen werden können, und sich noch kein Staat erkühnt hat, sich für die letztere Meinung öffentlich zu erklären; denn noch werden *Hugo Grotius, Pufendorf, Vattel* u. a. m. (lauter leidige Tröster), obgleich ihr Codex, philosophisch oder diplomatisch abgefaßt, nicht die mindeste *gesetzliche* Kraft hat, oder auch nur haben kann (weil Staaten als solche nicht unter einem gemeinschaftlichen äußeren Zwange stehen), immer treuherzig zur *Rechtfertigung* eines Kriegsangriffs angeführt, ohne daß es ein Beispiel gibt, daß jemals ein Staat durch mit Zeugnissen so wichtiger Männer bewaffnete Argumente wäre bewogen worden, von seinem Vorhaben abzustehen.[1]

1 Kant, Zum ewigen Frieden, 2. Definitivartikel, Akademieausgabe Bd. VIII, 1912, S. 355. – Ich zitiere Kants Schriften im folgenden nach dieser Ausgabe, und zwar direkt im Anschluß an das jeweilige Zitat im Text, unter Angabe der (römischen) Band-Nummer und der Seitenzahl. Dabei verwende ich die folgenden Abkürzungen: *EF*: Zum ewigen Frieden (VIII); *MSR*: Die Metaphysik der Sitten – Rechtslehre (VI, 1907); *MST*: Die Metaphysik der Sitten – Tugendlehre (VI, 1907); *Idee*: Idee zu einer allgemeinen Geschichte in weltbürgerlicher Absicht (VIII, 1912); *GS*: Über den Gemeinspruch: Das mag in der Theorie richtig sein, taugt aber nicht für die Praxis (VIII, 1912); *R*: Kant's handschriftlicher Nachlaß – Reflexionen zur Rechtsphilosophie (XIX, 1934).

Der entscheidende Grund – das Fehlen eines überstaatlichen äußeren Rechtszwangs – wird einige Zeilen später präzisiert:

Da die Art, wie Staaten ihr Recht verfolgen, nie wie bei einem äußern Gerichtshofe der Proceß, sondern nur der Krieg sein kann, durch diesen aber und seine günstigen Ausschlag, den Sieg, das Recht nicht entschieden wird [...] (a.a.O.).

Der Einwand reicht offenkundig weit über eine persönliche Kritik an den »leidigen Tröstern« oder an ihrer Verwendbarkeit für machtpolitische Maskeraden hinaus.[2] Nicht nur de facto (also *noch*), sondern geradezu notwendigerweise (also *ad infinitum*) stehen Staaten nicht unter einem rechtsförmigen äußeren Zwang. Daraus folgt für Kant, daß der Codex der leidigen Tröster nicht bloß keinerlei »gesetzliche Kraft« hat, sondern daß er eine solche nicht haben *kann*. Damit aber scheint Kant schon den Begriff und die Möglichkeit eines Völkerrechts, das diesen Namen verdient, radikal zu dementieren. Die Frage liegt auf der Hand: entzieht er so nicht seinem eigenen Entwurf den Boden?
Auch die Anschlußfrage, ob (und gegebenenfalls in welchem Sinn) seine Bemerkung denn wirklich zutrifft, drängt sich auf. Im gleichen Jahr 1795, kurz vor der Kantschen Schrift, war in England Robert Wards »Enquiry into the Foundation and History of the Law of Nations«, ein Pionierwerk der Geschichtsschreibung des Völkerrechts, erschienen. Darin wird Grotius nicht nur ein bestimmender und bleibender Einfluß auf die Völkerrechtslehre, sondern auch und vor allem auf die Praxis der internationalen Politik zugeschrieben.[3] Hinzu kommt dies: Man mag zunächst

2 Die freilich in Form und Tonfall der Bemerkung mitgeliefert wird. Der seit der Mitte des 17. Jahrhunderts gängige, beinahe ehrfürchtige Respekt vor Hugo *Grotius'* monumentalem Werk *De iure belli ac pacis libri tres* von 1625 (dt.: W. Schätzel, 1950) war mehr als 40 Jahre vor Kants Bemerkung schon von Rousseau schroff verweigert worden: Im 2. Kapitel des 1. Buchs seines *Contrat Social* denunziert er Grotius (durchaus ungerecht) als Parteigänger von Sklaverei und Tyrannenwillkür, der in seiner Beweisführung »fast durchweg [...] das Recht auf Tatsachen« gründe. – Zu dem bis heute andauernden Streit, ob Grotius' historischer Ehrentitel als »Vater des Völkerrechts« plausibel sei, s. etwa Lauterpacht, »The Grotian Tradition in International Law«, in: *British Yearbook of International Law* 23 (1946), S. 1 ff.

3 Ward, *An Enquiry into the Foundation and History of the Law of Na-*

geneigt sein, Kants sarkastischem Tadel insofern zuzustimmen, als sich die »leidigen Tröster« nicht mit einer Darstellung des positiv geltenden (Vertrags- und Gewohnheits-)Rechts zwischen den Völkern begnügen, sondern darüber hinaus eigene, aus Ethik und Naturrecht deduzierte Lehren – Maximen für Staatsoberhäupter zum Beispiel – entwickeln.[4] Doch wäre das doppelt verfehlt. Einerseits unterscheidet Kants Kritik nicht zwischen »realistischem« (realpolitischem) und »idealistischem« (naturrechtlichem) Gehalt der apostrophierten Völkerrechtslehren, sondern erklärt beide Varianten, sie mögen nämlich »*philosophisch oder diplomatisch* abgefaßt« sein, für gleichermaßen unfähig zu jeder »gesetzlichen Kraft«. Andererseits wäre – unbeschadet dieses Kantschen Verdikts – die Frage einer unmittelbar *rechtlichen* Wirkung ethischer oder naturrechtlicher Prinzipien im internationalen Recht keineswegs so einfach wie im innerstaatlichen zu erledigen (und zu verneinen). Das zeigt etwa ein Blick auf Art. 38 des Statuts für den Internationalen Gerichtshof in Den Haag. Danach umfaßt der Bereich der Normen, die der Gerichtshof anzuwenden hat – und zwar ausdrücklich als »Völkerrecht« (Abs. 1, S. 1) –, auch »die von den Kulturvölkern anerkannten allgemeinen Rechtsgrundsätze« (lit. c). Für deren Feststellung gehört überdies »die Lehrmeinung der fähigsten Völkerrechtler der verschiedenen Nationen« (lit. d), also wenn man will: der heutigen »leidigen Tröster«, zu den im Statut selbst benannten Canones der Auslegung.

Will man daher Kants Bemerkung nicht als offenbar unrichtig oder als destruktiv für seinen eigenen Entwurf auffassen, dann nötigt sie zu einer Klärung seines Begriffs vom Völkerrecht. Nimmt man außerdem den besonderen Aspekt unseres Themas hinzu – die Frage nach einer möglichen Verbindung von Straf- und Völkerrecht –, so erhält das angedeutete Problem eine zusätzliche Dringlichkeit. Sind nämlich die Lehren des Völkerrechts deshalb nichts als leidige Trostpredigten, weil sie diesem keine souveräne Erzwingungsgarantie beistellen können, dann müßte ein solcher Grund prima facie auch die Idee eines Völkerstrafrechts (und a fortiori eines Völkerstrafgerichtshofs) als

tions in Europe from the Time of the Greeks and the Romans to the Age of Grotius, 2 Bde. (1795), Bd. II, S. 604.

4 Und das geschieht – entgegen Rousseaus Verdikt – auch, ja geradezu durchgängig in Grotius' Werk.

kategorial unmöglich ausschließen. In der »Tugendlehre« schreibt Kant:

Eine jede das Recht eines Menschen kränkende That verdient Strafe [...]. Nun ist aber Strafe nicht ein Act der Privatautorität des Beleidigten, sondern eines von ihm unterschiedenen Gerichtshofs, der den Gesetzen eines Oberen über Alle, die demselben unterworfen sind, Effect giebt, und wenn wir die Menschen [...] in einem rechtlichen Zustand, aber nach *bloßen Vernunftgesetzen* (nicht nach bürgerlichen) betrachten, so hat niemand die Befugniß, Strafen zu verhängen [...] (*MST*, VI, 460).

Das heißt: jenseits einer innerstaatlichen (»bürgerlichen«) Gesetzlichkeit gibt es für das Strafrecht keinen Platz. Darum hält Kant in der Rechtslehre lakonisch fest, daß »kein Krieg unabhängiger Staaten gegen einander ein *Strafkrieg* (bellum punitivum)« sein könne; denn »Strafe findet nur im Verhältnisse eines Obern (imperantis) gegen den Unterworfenen (subditum) statt, welches Verhältniß nicht das der Staaten gegen einander ist« (*MSR*, VI, 347). Immerhin schließt das Verbot des Straf*kriegs* nicht eo ipso das jedes anderen Völkerstrafrechts ein (etwa sofern sich dieses nur mit natürlichen Personen befaßt). Freilich erstreckt sich Kants These erkennbar auch darauf. Ob sie insofern (und überhaupt) haltbar ist, hängt vor allem von jener angedeuteten Voraussetzung ab, die Kant apodiktisch festhält und die auch seinen Tadel der »leidigen Tröster« motiviert. Sie ist daher zunächst zu untersuchen.

II. Das Völkerrecht bei Kant: Rekonstruktion und Kritik

1. Nicht zweifelhaft und im Untertitel der Friedensschrift klargestellt, ist ihr *philosophischer* Charakter. Ihr Anliegen ist die Klärung der Bedingungen der Möglichkeit, also die Metaphysik, eines wirklichen Völkerrechts, nicht etwa der Versuch, den Musterentwurf einer völkerrechtlichen Konvention, eine Art »Charta« des künftigen Völkerbunds, zu skizzieren. Von den Verträgen des realen (positiven) Völkerrechts seiner Zeit hat Kant nicht viel gehalten. »Ein auf Statute nach Ministerialplanen vorgeblich errichtetes Völkerrecht« sei nur »ein Wort ohne Sache« und beruhe »auf Verträgen [...], die in demselben Akt ihrer Beschließung zugleich den geheimen Vorbehalt ihrer Übertretung

enthalten« (*EF*, VIII, 377).[5] Nicht die abwegige Suggestion, er *wisse* dies bestimmt von allen völkerrechtlichen Verträgen, ist der Sinn dieser Behauptung (und die Rhetorik unbeglaubigter Generalisierungen gehört hier wie sonst nicht zu Kants Repertoire); vielmehr: der Hinweis darauf, daß Verträge des positiven Völkerrechts solche geheimen Übertretungsvorbehalte nicht nur *de facto* nicht ausschließen können (das kann kein Vertrag), sondern daß sie im eigentlichen Sinn auch *de iure* dazu außerstande sind. Denn sie können kein Recht sensu stricto schaffen. »Alles Recht hängt nämlich von Gesetzen ab« (*GS*, VIII, 294) – und zum Begriff des (Rechts-)Gesetzes gehört für Kant notwendig die öffentliche Garantie seiner *Erzwingbarkeit*. »Demnach ist kein Recht ohne eine Unwiederstehliche Gewalt« (*R* 7665, XIX, 482[6]). Oder, wie es zwei Jahre nach der Friedensschrift in der »Rechtslehre« lauten wird: »Mithin ist mit dem Rechte zugleich eine Befugnis, den, der ihm Abbruch thut, zu zwingen, nach dem Satz des Widerspruchs verknüpft« (*MSR*, § D, VI, 231[7]). Erst die Errichtung einer souveränen Garantiemacht für die Zwangsdurchsetzung der Rechtsnormen schafft die Voraussetzung für deren wirkliche Geltung: den »rechtlichen Zustand« eines Gemeinwesens, der die Sicherheit der Gesetze für alle Rechtsunterworfenen verbürgt.

2. Dieser »Zustand« als Geltungsbedingung fehlt dem positiven Völkerrecht, das daher in Wahrheit dem (»gesetzlichen«) Rechtsbegriff nicht genügt. Denn: »Nur unter Voraussetzung irgend eines rechtlichen Zustands (d.i. derjenigen äußeren Bedingung, unter der dem Menschen ein Recht wirklich zu Theil werden kann) kann von einem Völkerrecht die Rede sein [...] (*EF*, VIII, 383). Negativ entscheidend am Status quo ist nicht das Fehlen

5 Vgl. auch die Liste typischer völkervertragsrechtlicher Finessen, Vorbehalte und Undeutlichkeiten, die Kant einige Seiten weiter aufzählt (*EF*, VIII, 385) – und daneben die ganz ähnliche Mängelliste eines heutigen Autors bei Ferencz, *Enforcing International Law – A Way to World Peace*, Bd. II, 1983, S. 481.

6 Von den Hg. Adickes/Berger ungefähr der Zeit zwischen 1772 und 1777 zugeordnet. Wichtig für die ethische bzw. naturrechtliche Fundierung des Rechts bei Kant ist die Fortsetzung der Bemerkung: »Aber es giebt wohl Gründe des Rechts und der Gesetze, ehe diese Gewalt errichtet ist, und darauf müssen sich auch die Gesetze gründen.«

7 S auch *MSR*, § E, VI, 232: »Recht und Befugniß zu zwingen, bedeuten also einerlei.«

einer gemeinsamen internationalen *Legislative* der Staaten. Denn selbst ein vorhandenes gemeinsames Gesetz kann niemals Streitigkeiten über seine eigene Auslegung und Anwendung regeln. Was Kant deshalb für unabdingbar hält, ist die Existenz eines (logisch) endgültigen, also notwendig souveränen *Entscheidungsmechanismus* für sämtliche Fälle unklarer oder streitiger Rechtsverhältnisse. Die Institution, mit und in der allein diese äußere Bedingung eines rechtlichen Zustands verwirklicht werden kann, ist die Judikatur: der »competente Richter« (*MSR*, VI, 312) oder der »Gerichtshof« als »die moralische Person, welche der Gerechtigkeit vorsteht« (ebda., 297) und die daher »als die wichtigste unter allen rechtlichen Angelegenheiten« zu gelten hat (ebda., 306).[8] Ein Völkergerichtshof im umfassenden Sinn des Begriffs ist aber für Kant nicht vorstellbar. Denn er wäre die Verkörperung jenes »gemeinschaftlichen äußeren Zwanges«, den es zwischen und über den Staaten nicht gibt. Dabei ist gar nicht zweifelhaft, daß Kant die völkerrechtliche Institution der Schiedsgerichtsbarkeit geläufig war (obwohl deren politischer Niedergang seit Beginn der Neuzeit ihre faktische Existenz aus der Staatenpraxis weitgehend eliminiert hatte).[9] Knapp ein Jahr vor Erscheinen der Friedensschrift, am 19. November 1794, war zwischen Großbritannien und den USA das sogenannte »Jay-Abkommen« geschlossen worden, das in der Geschichte des Völkerrechts als Beginn der modernen, vor allem im 19. Jahrhundert entwickelten Schiedsgerichtsbarkeit gilt: Eine gefährliche, zum Krieg tendierende Spannung zwischen den beiden Staaten anläßlich eines Streits über den Grenzverlauf zwischen Kanada und Nordamerika wurde durch

8 Natürlich bedarf es auch einer Exekutive für die Garantie einer anschließenden Zwangsdurchsetzung der Gerichtsurteile. *Wichtiger* ist für Kant jedoch die Existenz einer unabhängigen Justiz zur verbindlichen Klärung dessen, was im konkreten Konfliktfall überhaupt Recht ist; denn nur dadurch wird das definierende Merkmal des Naturzustands ausgeschlossen: daß jedermann Richter in eigener Sache ist.

9 Alle drei seiner »leidigen Tröster« behandeln die Schiedsgerichtsbarkeit eingehend; vgl. Grotius (Anm. 2), Lib. II, Cap. 23, VIII; Pufendorf, *De iure naturae et gentium libri octo*, Lib. V, Cap. XIII, §§ 11 ff.; Vattel, *Le Droit des Gens ou Principes de la Loi Naturelle* (dt.: W. Euler, 1959), Liv. II, Chap. XVIII, §§ 329 ff. – Zum Niedergang der Schiedsgerichtsbarkeit seit dem Ausgang des Mittelalters Grewe, *Epochen der Völkerrechtsgeschichte*, 2. Aufl. 1988, S. 423 ff.

die vertragliche Einrichtung einer Reihe von Schiedskommissionen friedlich beigelegt.[10] Daß Kant über diese Vorgänge im Bilde war, darf angenommen werden. Doch genügt ein solches Verfahren, dem sich die Staaten nur aus eigenem, freien Entschluß und zudem regelmäßig mit Einschränkungen und Vorbehalten unterziehen, seinem Anspruch an die »äußere Bedingung« einer rechtlichen Erzwingungsgarantie nicht annähernd. Und kein *tatsächlicher* Erfolg eines solchen »peaceful settlement«[11] im Völkerrecht könnte daran etwas ändern, denn:

Es ist nicht etwa die Erfahrung, durch die wir von der Maxime der Gewalttätigkeit der Menschen belehrt werden [...], also nicht etwa ein Factum, welches den öffentlich gesetzlichen Zwang nothwendig macht, sondern, sie mögen auch so gutartig und rechtliebend gedacht werden, wie man will, so liegt es doch a priori in der Vernunftidee eines solchen (nichtrechtlichen) Zustandes, daß bevor ein öffentlich gesetzlicher Zustand errichtet worden, einzelne Menschen, Völker und Staaten niemals vor der Gewaltthätigkeit gegeneinander sicher sein können [...] (*MSR*, VI, 312).

Wer so strikt den Begriff eines äußerlich verbindlichen Rechts an das Bestehen einer dem innerstaatlichen Zwangsapparat vergleichbaren Garantie der Rechtsdurchsetzung bindet, der muß die Existenz von Völkerrecht sensu stricto überhaupt leugnen. Hobbes hat das getan[12] und Kant folgt ihm hierin – daher die Grimasse über die »leidigen Tröster«. Doch heißt dies nicht, daß es keinerlei Regeln für das Verhalten der Staaten untereinander gäbe; vielmehr unterzieht Kant wie Hobbes den nicht-rechtlichen status naturalis zwischen den Völkern dem Normgebot des Naturrechts. Was es aber bedeutet, ist: Kein Staat kann und darf sich sub specie iuris

10 Zum »Jay Treaty« (benannt nach seinem geistigen Urheber, dem amerikanischen Chief Justice John Jay) s. Schwarzenberger, *International Law as Applied by International Courts and Tribunals*, Bd. IV, 1986, S. 32 ff.; der Vertragstext bei Ferencz (Anm. 5), Bd. I, S. 187 ff.; s. auch Schlochauer, Jay-Vertrag von 1794, in: Strupp/Schlochauer (Hg.), *Wörterbuch des Völkerrechts*, Bd. II, 1960, S. 170 ff.

11 Zur »friedlichen Streitbeilegung« im Völkerrecht eingehend Sohn, »The Role of International Institutions as Conflict-Adjusting Agencies«, in: *Univ. of Chicago Law Rev.* 28 (1961), S. 205 ff.; s. auch Fischer, in: Ipsen, *Völkerrecht*, 3. Aufl. 1990, S. 955 ff.

12 Hobbes, *De Cive* (dt. von G. Gawlick, 1977), Kap. XIV, 4; s. auch ders., *Elements of Law, Natural and Politic*, hg. v. F. Tönnies, 1889, Lib. II, Cap. 10 a. E.

auf das friedliche Verhalten irgendeines anderen *verlassen*. Auch die bislang etwa ungebrochene Friedfertigkeit des (aller) Nachbarn ist keine Sicherheit, die es nur in einem gesetzlichen Zustand geben kann (*EF*, VIII, 349). Was immer einem Staat von seiten eines anderen in ihrem gesetzlosen Nebeneinander geschieht – es ist grundsätzlich kein *Unrecht*. Denn »die application der Gesetze des Naturrechts« im Naturzustand der Völker geschieht allein »durch eigen Urtheil und Gewalt« jedes Staates für sich (*R* 7817, XIX, 525). Wohl aber ist die Aufrechterhaltung dieses Zustands selbst »im höchsten Grade unrecht« (*MSR*, VI, 307).

3. Für diesen Naturzustand der Staaten behauptet Kant nun allerdings (und prima facie überraschend) ein »Recht zum Krieg«: als »die erlaubte Art, wodurch ein Staat sein Recht gegen einen anderen Staat verfolgt, nämlich, wenn er von diesem sich lädiert glaubt, durch eigene Gewalt« (*MSR*, VI, 346). Doch liegt hierin weder ein Widerspruch noch ein Sinneswandel gegenüber der früheren dezidierten Ablehnung jedes »Rechts zum Kriege« – bei dessen Begriff sich »gar nichts denken« lasse – in der Friedensschrift (*EF*, VIII, 356). Vielmehr unterscheidet Kant von dem gesetzlich fundierten »peremtorischen« Recht im »bürgerlichen Zustand« eine Art Quasi-Rechtsposition im Naturzustand, die er »provisorisch« nennt (*MSR*, VI, 256). Sie gründet zunächst in nichts weiter als in irgendeinem Anscheinstatbestand, dem Besitz eines Gegenstands etwa, oder auch einfach in der bloßen Behauptung eines bestimmten Rechts als eines eigenen. Wird dieses von jemand anderem bestritten, so gibt es in jenem nichtrechtlichen status naturalis, worin jedermann Richter und Vollstrecker in eigener Sache ist, kein anderes Mittel der (provisorischen) Rechtsbehauptung als die Gewalt. Dieses naturrechtliche Schema der Rechtsdurchsetzung gilt auch für das positive Völkerrecht zwischen den Staaten (*MSR*, VI, 350). Und in diesem nur quasi-rechtlichen Sinn gibt es als schiere machtabhängige actio der Selbstbehauptung ein »Recht zum Krieg«:

> Der Krieg ist blos ein Gebrauch der Gewalt in Ermangelung der Rechtspflege in statu naturali. Es ist also der Feind kein Beleidiger sondern der Gegenpart in der Behauptung eines zweifelhaften Rechts. [...] Das Übel des Krieges kann nur den Gebrauch der Waffen betreffen und das Recht der Menschen unangetastet lassen (*R* 7824, XIX, 527).

Aber Kants Friedensentwurf zielt insgesamt auf die Ablösung dieses »im höchsten Grade unrechten« status naturalis durch einen künftigen rechtlichen Zustand. In diesem wäre ein (peremtorisches) Recht zum Krieg ein Unding, eine contradictio in adiecto, da *gewaltsame* und *rechtliche* Konfliktlösung einander begrifflich ausschließen. In einer anderen, der eben skizzierten aber korrespondierenden Terminologie Kants: Das positiv völkerrechtliche Verhältnis der souveränen Staaten in ihrem gegenwärtigen status naturalis gehört zur Sphäre des »*Privat*rechts«. Kategorisch geboten ist aber die Umwandlung dieses Zustands, und damit des Völkerrechts, in einen Status des »*öffentlichen* Rechts«. Für den heutigen Juristen sind diese Begriffe verwirrend, da sie mit den gleichlautenden des gegenwärtigen Rechts nicht übereinstimmen. »Privatrecht« bezeichnet für Kant die (naturrechtlichen) Verhältnisse in jenem nicht-rechtlichen Zustand, der noch keine souveräne, rechtsgarantierende Durchsetzungsmacht über den Einzelnen kennt. »Öffentliches Recht« sind dagegen alle Rechtsverhältnisse im »bürgerlichen Zustand« organisierter Gesellschaften mit einer gesetzlichen Garantie der Zwangsgewährleistung (vgl. *MSR*, VI, 306 u. ö.).[13]

Wichtig ist nun, daß Kant für den nicht- (bzw. »privat«-)rechtlichen Status quo des positiven Völkerrechts zwar Anarchie, Friedlosigkeit und kriegerische Selbsthilfe hinnimmt, aber nicht einen Zustand schrankenloser Willkür der Staaten. Denn ihr Verhalten gegeneinander darf – jenseits alles dessen, was der »status iniustus« (*EF*, VIII, 349, Anm.) zwischen ihnen nicht ausschließen kann – jedenfalls eines *nicht*: die Aufhebung dieses Zustands selbst unmöglich machen. Das ist der Gedanke des 6. Präliminarartikels der Friedensschrift. In einer etwa zehn Jahre älteren Notiz aus Kants Nachlaß liest er sich so:

> Das Völkerrecht ist ein recht im Zustande (iuridico) des Krieges, d. i. des Mangels öffentlicher Gerechtigkeit, und es giebt also kein anderes Princip desselben, als daß alle Handlungen des Volks in Ansehung anderer unter

13 Das »Bürgerliche Gesetzbuch« etwa als Kernstück unseres heutigen Privatrechts gehört in der Kantischen Terminologie zum »öffentlichen Recht«: Es regelt Verkehrsformen *öffentlich*, die sub specie iuris naturalis (teilweise) bereits im »vorbürgerlichen« Zustand (als *privatrechtliche*) existieren. Das positive Völkerrecht dagegen, das heute weltweit als »*public* international law« firmiert, befindet sich nach Kant, wie wir gesehen haben, noch immer im Zustand des »Privatrechts« (vgl. auch *EF*, VIII, 385).

den Bedingungen stehen, unter denen allein die Stiftung einer öffentlichen Gerechtigkeit, d. i. ein Völkerbund, möglich ist. Darauf gründet sich das Recht zum Kriege und das Recht im Kriege. [...] Denn wenn gleich keine öffentliche Gerechtigkeit da ist, so sind doch alle Völker an das gebunden, wodurch sie allererst möglich wird (*R* 8061, XIX, 598; vgl. auch *MSR*, VI, 347).

Diese Grundsätze der auch im Krieg zu beachtenden absoluten Schranken – das Verbot der »ehrlosen Stratagemen« (des »Meuchelmords«, der »Giftmischerei«) und des »Vernichtungskriegs« (*EF*, VIII, 346 f.) – sie konstituieren ein naturrechtliches *ius in bello*, das sich geradezu auf einen »Quasi contractum gentium« gründet (*R* 7833, XIX, 529).[14] Auch im völkerrechtlichen Natur- und Kriegszustand wird also zumindest ein Prinzip der Reziprozität vorausgesetzt, und damit, »daß die Maximen der Handlungen doch allgemeingültig sind«: »Das Völkerrecht beruht auf diesem eintzigen Probierstein« (*R* 7817 f, XIX, 525).

Wieweit immer ein solcher »Probierstein« den (provisorischen) Rechtscharakter des positiven Völkerrechts beglaubigen mag: ein *ius pacis* ist dieses jedenfalls nicht und kann es nach Kant nicht sein.

4. Außer Zweifel steht aber Kants Absicht, in der Friedensschrift die Bedingungen der Möglichkeit eines wirklichen »öffentlichen Rechts« zwischen den Staaten zu klären. Es ist jedoch schwer zu sehen, wie er unter den Prämissen seines Entwurfs dieses Prädikat für ein künftiges Völkerrecht plausibel machen könnte. Denn er hält zugleich an der Voraussetzung seines Einwands gegen die »leidigen Tröster« fest: daß Staaten »nicht unter einem gemeinschaftlichen äußeren Zwange stehen«. Eben dies war ihm der Grund für das Verdikt, die »Codices« der Grotius und Co. könnten a priori »nicht die mindeste gesetzliche Kraft« haben – nämlich: den Status des öffentlichen Rechts. Woher dann ein (künftiger) Codex, wie er ihn mit *seinem* Entwurf projiziert, diese »Kraft« beziehen könnte, bleibt unklar. Denn die Absolutheit, mit der er den Begriff des (öffentlichen) Rechts analytisch an einen »gemeinschaftlichen äußeren Zwang« und diesen primär an

14 Ein völkerrechtliches Heimtückeverbot im Krieg regelt heute ausdrücklich Art. 37 des 1. Zusatzprotokolls zu den Genfer Rotkreuz-Abkommen von 1949 (1977). Zur geschichtlichen Entwicklung vgl. Adam, *Kriegslisten und Perfidieverbot in der Geschichte des Kriegsaktionenrechts vor Abschluß der Haager Landkriegsordnung 1899*, 1992.

das Bestehen einer unabhängigen Judikatur bindet, scheint auch seinen eigenen Entwurf dem Tadel des bloß »leidigen Trostes« auszuliefern. Tatsächlich wird die skizzierte Inkonsistenz in der Friedensschrift nicht behoben.[15] Doch ergibt sich daraus bei näherem Zusehen kein Einwand gegen deren Ziel, wohl aber einer gegen die dogmatische Übertragung eines derart strikten Rechtsbegriffs auf das Völkerrecht.

Gewiß irritiert die Frage nach dem Rechtscharakter ihres Gegenstands die Völkerrechtslehre auch heute noch.[16] Doch erscheint es wenig sinnvoll, eine Antwort darauf ausschließlich am Modell einer entwickelten innerstaatlichen Rechtsordnung zu orientieren.[17] Richtig ist, daß die mehr oder weniger formalisierte Erzwingbarkeit der äußerlichen Regelbefolgung zu den Unterscheidungsmerkmalen von Normen des Rechts gegenüber solchen der Moral oder anderer sozialer Verhaltenskodices gehört. Das läßt aber sowohl für die Form als auch für die Intensität des Zwanges, der als ausreichend gelten darf, durchaus Spielraum. Kant verlangt eine *de iure* (nicht: de facto) absolute Garantie der Normdurchsetzung, nämlich deren Übertragung auf eine »Unwiederstehliche Gewalt« (*R* 7665, XIX, 482) über den Rechtsunterworfenen – und damit zu viel. Hans Kelsen, der wie Kant das entscheidende

15 Kant hat das Problem gesehen; er bereinigt es aber nicht wirklich, sondern wechselt lediglich (am Ende der Friedensschrift) etwas unvermittelt zu der Formulierung einer »ins Unendliche fortschreitenden« bloßen »*Annäherung*« an den Zustand eines öffentlichen Rechts (*EF*, VIII, 386; s. auch *MSR*, VI, 350: »continuirliche Annäherung«). Dazu daß dies nicht konsistent zu seinen begrifflichen Prämissen paßt, s. unten sub. II. 6.

16 Vgl. z. B. Edmunds, *The Lawless Law of Nations*, 1925; s. auch die Kapitelüberschrift »Is it Law or Politics?« bei Henkin, *How Nations Behave*, 1968, S. 84. Es dürfte kaum ein Völkerrechtslehrbuch geben, das die Frage nicht in dieser oder ähnlicher Gestalt behandelte. John Austin hat sie in seinem berühmten Buch *The Province of Jurisprudence Determined* von 1832 im Sinne von Hobbes und Kant beantwortet, also den Rechtscharakter des Völkerrechts verneint; vgl. ebda., S. 138 f. Aus der kaum noch überschaubaren neueren Literatur dazu nur Mosler, »The International Society as a Legal Community«, in: *Académie de Droit International, Recueil Des Cours* 1974 IV, 1976, S. 1-320 (m.w.N.).

17 So mit überzeugenden Gründen auch Hart, *The Concept of Law*, 2. Aufl. 1994, S. 213 ff.

Merkmal des Rechtsbegriffs im Kriterium der Erzwingbarkeit sieht[18], läßt für diese aber (anders als Kant) die Existenz von »Sanktionen« ausreichen, deren Verhängung und Durchsetzung nicht unbedingt einer souveränen justiziellen und exekutiven Macht übertragen sein muß (wiewohl das wünschenswert und ein Kennzeichen jeder entwickelten Rechtsordnung sei), sondern auch der Selbsthilfe der Rechtsgenossen überlassen bleiben kann. Dies charakterisiere den Typus »primitiver Rechtsordnungen« und auf einer solchen Stufe der Primitivität, von der historisch auch die einzelstaatlichen Rechtssysteme ihren Ausgang genommen haben, befinde sich das Völkerrecht in gewissem Sinne noch immer. Am *Rechts*charakter seiner Normen ändere das nichts. Denn was ein Rechtssystem kennzeichne, sei die Subordination von Menschen unter *Regeln*, nicht unter andere Menschen – »non sub homine sed sub lege«.[19] (Erwähnenswert ist allerdings auch, daß Kelsen 1941 in einem Vortrag über »Essential Conditions of International Justice« als deren wichtigste die Etablierung eines Internationalen Gerichtshofs mit *zwingender* Jurisdiktion genannt hat.[20])

Hinzu kommt dies: Kelsen läßt schon die Sanktionen des klassischen Völkerrechts *vor* Gründung der UNO, nämlich Repressalien und Krieg, für das Erzwingbarkeitskriterium im Völkerrecht und damit für dessen Status als Recht sensu stricto genügen. A fortiori reicht dann das in Kapitel VII (Art. 39 ff.) der UN-

18 Kelsen, *Reine Rechtslehre*, 2. Aufl. 1960, S. 34 ff. und passim. (Das weitere von Kelsen hervorgehobene Definiens des Rechtsbegriffs: die formale *Ermächtigung* des Inhabers der Zwangsgewalt, kann im vorliegenden Zusammenhang außer Betracht bleiben.)

19 Kelsen, *Law and Peace in International Relations: The Oliver Wendell Holmes Lectures*, 1942, S. 66; s. auch ders. (Anm. 18), S. 323 f.; ders., »Sanctions in International Law Under the Charter of the United Nations«, in: *Iowa Law Review* 31 (1946), S. 499 ff. – Von der zutreffenden Enthierarchisierung des Zwangskriteriums abgesehen, ist zu Kelsens Rechtsbegriff allerdings kritisch anzumerken, daß er seinerseits mit dem Merkmal »Sanktion« zuviel verlangt. Das positive Recht kennt auch andere Modi des Rechtszwangs; so wird etwa die Geltung der meisten Normen des Verfahrensrechts nicht über Sanktionen, sondern mittels Formvorschriften durchgesetzt.

20 Kelsen, »Essential Conditions of International Justice«, in: *Proceedings of the American Society for International Law* 1941, S. 70 ff., 81 ff.; vgl. auch ders., *Peace through Law*, 1944, S. 13 f.

Charta vorgesehene System der »collective security measures«, das die Selbsthilfe-Sanktionen des klassischen Völkerrechts weitgehend durch quasi-justizielle Kollektivmaßnahmen verdrängt und ersetzt hat.[21] Daneben haben sich im Völkerrecht zahlreiche weitere Instrumente des internationalen »law enforcement« ganz unterschiedlicher Art, Formalisierung und Effizienz entwickelt, die auch nur in Umrissen darstellen zu wollen den Rahmen dieses Aufsatzes bei weitem sprengen müßte.[22]

Einige allgemeine Anmerkungen erscheinen mir wichtig. Die von Kelsen konstatierte »Primitivität« des Völkerrechts, nämlich das Fehlen eines zentralisierten, vertikal wirksamen, supranationalen Erzwingungsapparats *über* den Staaten, wird in ständig steigendem Maße kompensiert durch eine höchst komplexe »horizontale« Maschinerie des »law enforcement« *zwischen* ihnen. Jenseits der klassischen einzelstaatlichen Selbsthilfe reicht diese Maschinerie von internationalen Systemen der Inspektion und des »Reporting« über einen gewachsenen Maßnahmenkatalog der UNO (vor allem des Sicherheitsrats) bis zu zahlreichen übernationalen Gerichtshöfen mit dem »World Court« in Den Haag an der Spitze. Dabei ist zu beobachten, daß Staaten, wenn sie die Jurisdiktion eines internationalen Gerichts einmal akzeptiert haben, dessen Entscheidungen nahezu durchgängig anerkennen.[23]

Eine zu Kants Zeiten im Grad ihrer heutigen Wirksamkeit nicht annähernd vorstellbare Rolle (die aber durchaus im Sinne des Publizitäts-Prinzips der Friedensschrift liegt) spielt in diesem Mechanismus heute die internationale »öffentliche Meinung«. Selbst

21 Vgl. Kelsen, »Sanctions« (Anm. 19). – Kritisch dazu (»wishful thinking«) Bull, »Hans Kelsen and International Law«, in: Tur/Twining (Hg.), *Essays on Kelsen*, 1986, S. 325.

22 Dazu aus der unüberschaubaren Menge neuerer Literatur nur Schwebel (Hg.), *The Effectiveness of International Decisions*, 1971; Delbrück (Hg.) *The Future of International Law Enforcement. New Szenarios – New Law?*, 1992.

23 Vgl. Frencz (Anm. 5), Bd. II, S. 482; s. auch Henkin (Anm. 16), S. 40f. Die großen Schwierigkeiten, Staaten zur Unterwerfung unter die obligatorische Jurisdiktion des Internationalen Gerichtshofs zu bewegen, seien dabei nicht verschwiegen; vgl. Oellers-Frahm, »Die ›obligatorische‹ Gerichtsbarkeit des Internationalen Gerichtshofs«, in: *Ztschr. für ausl. öffentl. Recht u. Völkerrecht* 47 (1987), S. 243 ff.; ebenso Fischer, in: Ipsen (Anm. 11), S. 978.

das Wirkungsspiel einer Psychologie der weltpolitischen Scham läßt sich längst zwischen den Staaten feststellen und beschreiben. Aufschlußreich ist insofern der folgende Kontrast: Kant schreibt 1795 in sarkastisch resigniertem Ton, »große Mächte« schämten sich »nie vor dem Urtheil des gemeinen Haufens, sondern nur eine vor der anderen« – und keineswegs etwa wegen ihrer völkerrechtswidrigen Machtpolitik, sondern allenfalls wegen deren Mißerfolgs (*EF*, VIII, 375). Knapp zwei Jahrhunderte später konstatiert der amerikanische Völkerrechtler Schwebel die zunehmend wichtige Rolle, die eine weltöffentliche »mobilization of shame« für die Erzwingung von Völkerrechtskonformität der Staaten spiele.[24]

Die dem Kantischen Rechtsbegriff analytisch eingeschriebene Logik der zwingenden Gewährleistung macht ihn für das Völkerrecht nahezu hermetisch. Nur in einer feststehenden Hierarchie von Über- und Unterordnung und nur unter der Garantie einer unabhängigen Judikatur könne von der erforderlichen justizförmigen Durchsetzung der Normen und damit von deren Geltung als Gesetzesrecht die Rede sein. So wird ein »Alles-oder-nichts«-Kriterium des Rechtsbegriffs fixiert, das nicht nur das positive Völkerrecht, sondern auch große Teile der historischen Entwicklung innerstaatlichen Rechts ausschließt.[25] Eine derart dogmatische Perspektive disponiert zu schiefen oder unfruchtbaren Folgerungen. In einer Notiz aus Kants Nachlaß steht:

> Es ist alles erlaubt, wo wieder [d. i.: wogegen] kein äußerliches Gesetz da ist, und es ist kein äußeres Gesetz, ohne daß ein competenter Richter constituirt sey, welcher darnach richte und eine Gewalt, jederman demselben Gemäs zu zwingen (*R* 8051, XIX, 594).

Das mag man für eine innerstaatliche Rechtsordnung behaupten, und auch für sie nur in einem relativ späten, entwickelten Zustand. Doch die Übertragung dieses Modells auf das Völkerrecht, die erkennbar Kants Verdikt über die »leidigen Tröster« inspiriert, erscheint wenig einleuchtend.

24 Schwebel, »The Compliance Process and the Future of International Law«, in: *Proceedings of the American Society of International Law* 1981, S. 178 ff., 183.

25 Zur rechtshistorischen Untauglichkeit eines solchen Rechtsbegriffs s. Berman, *Recht und Revolution – Die Bildung der westlichen Rechtstradition*, 1991, S. 30 ff.

5. Die Rigidität dieses Rechtsbegriffs korrespondiert mit einer aus heutiger Sicht ebenfalls unangemessenen Verabsolutierung des Souveränitätsdogmas. Bis 1793 nimmt Kant noch an, daß die Grundlage des zu schaffenden Staatenbundes ein Völkerrecht sein müsse, das »auf öffentliche mit Macht begleitete Gesetze, denen sich jeder Staat unterwerfen müßte«, zu gründen wäre (*GS* VIII, 312; ähnlich *Idee*, VIII, 24). In der Friedensschrift verwirft er diese Forderung ausdrücklich. Der »status iuridicus« des Völkerrechts könne »nicht [...] auf Zwangsgesetze gegründet sein« (*EF*, VIII, 383; ähnlich *MSR*, VI, 344). Und mehr als das: Staaten, so heißt es nun, »*dürfen*« sich gar nicht »öffentlichen Gesetzen und einem Zwange unter denselben unterwerfen« (*EF*, VIII, 355 f.). Über die Gründe Kants für eine so apodiktische Strenge seines Dogmas ist viel gerätselt worden.[26] Geteilt wird sie heute – und mit Recht – wohl von niemandem mehr. Die Begründungen, die Kant selbst in der Friedensschrift mehr andeutet als ausführt, wechseln zwischen empirisch-pragmatischen und grundsätzlichen Erwägungen und laufen im Ergebnis vor allem auf die nachdrückliche Verwerfung der Idee einer »Weltrepublik« hinaus. So überzeugend nun diese Ablehnung ist, so wenig sind es einige der (vermeintlichen) Implikationen, die Kant offenbar damit verbunden glaubt. Warum etwa Staaten gerade deshalb, »weil sie als Staaten schon eine rechtliche Verfassung haben, [...] dem Zwange anderer, sie nach ihren Rechtsbegriffen unter eine erweiterte gesetzliche Verfassung zu bringen, entwachsen« sein sollen (*EF*, VIII, 356), das ist jenseits der eher oberflächlichen Suggestivität der Behauptung schwer oder allenfalls dann einzusehen, wenn man dieses »Bringen« eines Staates unter eine »erweiterte gesetzliche Verfassung« als Aufhebung auch seiner inneren Souveränität – und damit in Wahrheit als seine Liquidation – interpretiert.[27] Aber nichts spricht für eine solche Deutung. Niemand, der den Zwang zu einer »erweiterten

26 Vgl. etwa Höffe, *Kategorische Rechtsprinzipien*, 1990, S. 266 ff.; Pogge, »Kant's Theory of Justice«, in: *Kantstudien* 79 (1988), S. 407 ff., 428 ff.

27 Ein weiterer Hinweis auf Hintergrundüberlegungen Kants läßt sich *R* 8045, XIX, 591 entnehmen, wonach jeder radikale (revolutionäre) Souveränitätswechsel das (erneute) Durchlaufen eines »status naturalis« impliziere, was unrecht sei. Der Gedanke ist allerdings wenig einleuchtend. (Ein solches Zwischenstadium erinnert sehr an die Figur der »logischen Sekunde«, die in der juristischen Dogmatik gerne als begriffliche Trennmarkierung verwendet wird.)

gesetzlichen Verfassung« der Staaten in ihrem äußeren Verhältnis zueinander befürwortet, muß damit ihre innere Verfassung antasten, geschweige denn aufheben wollen.

Auch in diesem Punkt scheint die starre Logik seiner ausschließlich begrifflichen Konstruktion Kant zu der unangemessenen Alles-oder-nichts-Folgerung gedrängt zu haben, der Garant für den Rechtszwang innerhalb eines »status iuridicus« müsse seinerseits a priori außerhalb (oberhalb) jeder Form von rechtlichem Zwang stehen. Die Geschichte des Völkerrechts in diesem Jahrhundert kann geradezu als die (wenngleich so lang- wie mühsame) faktische Widerlegung eines solchen Souveränitätsbegriffs gelesen werden. Das Völkerrecht kennt heute eine Reihe echter supranationaler Zwangsnormen: ein »ius cogens«, das nicht zur vertraglichen Disposition der Staaten steht, sie vielmehr auch dann bindet, wenn sie ihm ihre Zustimmung verweigern, und zu dem vor allem, aber keineswegs nur, das Kriegs- und Gewaltverbot des Art. 2 IV der UN-Charta gehört; und es kennt Rechtspflichten, die jedem Staat im Verhältnis zu allen anderen (»erga omnes«) obliegen. Wenn auch zahlreiche Einzelprobleme dieses Normbereichs gerade wegen seiner vielfachen Kollisionen mit dem Souveränitätsdogma ungeklärt und umstritten sind[28], so sind doch seine Existenz und seine Berechtigung nicht mehr zweifelhaft. Art. 53 der »Wiener Konvention über das Recht der Verträge« von 1969 erkennt beide ausdrücklich an. Bereits 1951 entschied der Internationale Gerichtshof (ICJ) in einem Gutachten über die Frage, ob ein einzelner Staat gegen die Regelungen der Genozid-Konvention von 1948 Vorbehalte geltend machen könne, daß »die Prinzipien, die der Konvention zugrunde liegen, [...] auch für Staaten ohne jede vertragliche Verpflichtung bindend« seien und daß Vorbehalte, die jene Prinzipien berührten, daher nicht in Betracht kämen.[29]

28 Aus der neueren Literatur nur Hannikainen, *Peremptory Norms (Jus Cogens) in International Law*, 1988; Kadelbach, *Zwingendes Völkerrecht*, 1993. – Prinzipiell ablehnend allerdings noch in jüngerer Vergangenheit ein so bedeutender Völkerrechtler wie Schwarzenberger, »International Jus Cogens?«, in: *Texas Law Rev.* 43 (1965), S. 455 ff.; ders., *Civitas Maxima?*, 1973, S. 33 f. Im übrigen ist auch das Verhältnis zwischen »ius cogens« und »erga-omnes«-Normen noch wenig geklärt.

29 *ICJ Reports* 1951, S. 23 f. (meine Übersetzung). Vgl. auch die Bekräfti-

6. Kants Verabsolutierung sowohl des Rechts- als auch des Souveränitätsbegriffs bringt auf der Ebene des Völkerrechts beide in ein Verhältnis wechselseitiger Exklusivität. Pointiert: Rechtsnormen setzen Unterworfene voraus – Unterworfene sind nicht souverän. Der Hauch von Paradoxie, der auf diesem begrifflichen Fundament den gesamten Versuch umgeben muß, die Bedingungen der Möglichkeit des Völkerrechts als eines echten »öffentlichen« Rechts zu klären, läßt sich nicht vollständig auflösen. Bündig komprimiert wird er im 2. Definitivartikel: »Das Völkerrecht soll auf einen Föderalism freier Staaten gegründet sein.« Nimmt man Kant strikt beim Wort, dann heißt das: »Öffentliches«, also zwangsbewehrtes Völkerrecht für »souveräne«, also zwangsfreie Staaten. Daß dies so nicht zusammengeht, ist offensichtlich.
Der Einwand, der sich daraus ergibt, richtet sich aber, wie wir gesehen haben, nicht gegen das Ziel eines echten »öffentlichen« Völkerrechts, sondern gegen die abstrakte, gewissermaßen logifizierende Absolutheit der beiden begrifflichen Prämissen. Löst man diese unangemessene Klammer, dann kommt auch die Möglichkeit zahlreicher *Zwischenstufen* zwischen einem vollständigen status iuridicus (im Modell des Rechtsstaats) und einem von jeder peremtorischen Rechtssicherheit gänzlich freien Naturzustand in den Blick. Und erst dieser Blick ist offen für die historische Wirklichkeit der Rechtsentwicklung sowohl innerhalb der Staaten als auch vor allem zwischen ihnen: im Völkerrecht.
Mehr als das: Erst mit dieser Lockerung des begrifflichen Rahmens wird auch Kants eigene Antizipation der völkerrechtlichen Entwicklung als einer »ins Unendliche fortschreitenden Annäherung« (*EF*, VIII, 386) an den ewigen Frieden angemessen interpretierbar. Kant selbst, der sein Konsistenzproblem wohl gesehen hat, ist dennoch nicht bereit, die starren Kriterien seines Rechtsbegriffs expressis verbis zu liberalisieren. Statt dessen führt er die (ja schon aus empirischen Gründen naheliegende) Skepsis bezüglich der Erreichbarkeit eines definitiven ewigen Friedens auf die *begriffliche* »Nicht-ganz-Erreichbarkeit« eines echten öffentlichen Völkerrechts zurück (ebda.). Dabei ignoriert er freilich, daß er das Konsistenzproblem nur verschiebt. Eine ewige »Annähe-

gung und Erweiterung dieses Gedankens in einem berühmten obiter dictum des Gerichtshofs im sog. »Barcelona Traction Case (Second Phase)«, *ICJ Reports* 1970, S. 32.

rung« erreicht per definitionem auf ewig nicht ihr Ziel: den öffentlichen Rechtszustand. Warum aber dann dessen (rechtliche!) Wirkungen – jedenfalls zu immer erheblicheren Teilen – dennoch eintreten sollen, ohne daß er selbst – zu mindestens genauso erheblichen Teilen – als bestehend angenommen werden könnte; warum und wie genau also einer bloßen Annäherung schon (cum grano salis) der Segen der Zielerreichung zufallen kann, und zwar offenbar in so erheblichem Maß, daß Kant selbst die von seinem Entwurf projizierte künftige Völkerrechtsordnung kurzerhand unter den Titel »öffentliches Recht« subsumiert, sie nicht etwa »quasi-« oder »semi-öffentliches« Recht nennt, was sie für ihn doch bestenfalls sein könnte: all das bleibt unerklärt. Und es ist auch nicht zu erklären, hält man an Kants starrer Begrifflichkeit von »Souveränität« und »Recht« fest.

Eben diese aber muß man fallenlassen, um Kants eigenes, wenn auch verstecktes Abrücken von ihr angemessen zu würdigen. Seine Skizze der faktischen Entwicklung der internationalen Beziehungen, sein »Invisible-hand«-Modell der allmählichen globalen Koordination qua »Handelsgeist« der Völker, die Antizipation einer immer dichter werdenden reziproken Interessensverflechtung der Staaten und einer daher ständig wachsenden vertraglichen Vernetzung – dies alles ist nicht nur eine plausible begriffliche Grundlage für die Beschreibung der tatsächlichen Entwicklung internationaler Verkehrsformen.[30] Es macht vielmehr zugleich den Gedanken plastisch, daß und wie in diesem immer komplexeren supranationalen System[31] die wechselseitigen Beziehungen allmählich gewissermaßen die Färbung wechseln und vom Machtkampf der Staaten »immer mehr zum Spiegel eines Verhältnisses zwischen ihnen nach Gesetzen ihres *Rechtes* werden«.[32] Der Versuch, dieses Modell von 1795 seiner zeitgebunde-

30 Zur zentralen Funktion des Handels und seiner (Rechts-)Gebräuche für die Entwicklung des Völkerrechts bereits im Mittelalter Berman (Anm. 25), S. 536ff. Zu der in mancherlei Hinsicht längst problematischen Übermacht des heutigen Welthandelssystem gegenüber dem »klassischen« System der internationalen Politik souveräner Staaten Trimble, »International Trade and the ›Rule of Law‹«, in: *Michigan Law Rev.* 83 (1985), S. 1016ff.

31 Kant verwendet mit Blick auf diese Zusammenhänge einmal die Metapher des sich selbst erhaltenden »Automaten«; vgl. *Idee*, VIII, 25.

32 So die treffende Formulierung von Ebbinghaus, »Kants Lehre vom

nen naturteleologischen Begrifflichkeit zu entkleiden und in der Diktion der modernen Wissenschaft zu rekonstruieren, liegt nahe. Daß er inzwischen unternommen wurde, ist so wenig überraschend wie sein Ergebnis: die schlagende Beglaubigung der rationalen und antizipatorischen Kraft des Kantschen Entwurfs.[33]

7. Modifiziert man daher mit den vorstehenden Überlegungen sowohl Kants Rechts- als auch seinen Souveränitätsbegriff und erkennt man das positive Völkerrecht als zwar unvollkommene, labile, oft im Modus zweifelhafter Kompromisse etablierte und im Vergleich mit innerstaatlichem Recht vielfach defizitäre, aber im Prinzip eben doch als *Rechts*ordnung an, dann läßt sich die Frage nach der Berechtigung eines überstaatlichen Strafrechts nicht mehr a limine abweisen. Ihr soll im folgenden genauer nachgegangen werden.

III. Völkerstrafrecht und Völkerstrafgerichtshof: Entwicklung und Probleme

1. Die Vorgeschichte der Idee reicht weit zurück. Xenophon berichtet im 2. Buch seiner *Hellenika* von einem Tribunal, das der spartanische Admiral Lysander nach der Seeschlacht bei Aigospotamoi im Jahre 405 vor Christus über die gefangenen Seeleute der geschlagenen athenischen Flotte abhielt. Bis auf einen Offizier seien sie, fast 3000 Mann, alle der grausamen Verletzung von Regeln einer ehrenhaften Kriegführung schuldig gesprochen und hingerichtet worden. Im 109. Kapitel seines *Bellum Jugurthinum* spricht Sallust von der römischen Forderung nach Auslieferung des besiegten Jugurtha, damit ihm wegen seiner im Krieg begangenen Verbrechen der Prozeß gemacht werden könne. Diese und ähnliche Begebenheiten haben in Grotius' *De iure belli ac pacis* und damit im theoretischen Völkerrecht der frühen Neuzeit Spuren hinterlassen. Man darf freilich zweifeln, ob sie tatsächlich als Indizien des schon in der Antike beginnenden Bewußtseins eines

ewigen Frieden und die Kriegsschuldfrage«, in: ders., *Gesammelte Aufsätze, Vorträge und Reden*, 1968, S. 46.

33 Vgl. Modelski, »Is world politics evolutionary learning?«, in: *International Organisation* 44 (1990), S. 1 ff. (»with the help of a Parsonian learning model and a social evolutionary model [...] to be coupled with the Kantian process«; ebda., Abstract).

»ius in bello« zu lesen sind. Näher liegt der Verdacht, sie hätten als Maskerade für die blutige Rache der Sieger gedient. Immerhin, noch in dieser Maskerade zeigt sich ein moralisches Bedenken gegen die rohe Machtgeste einer blanken Vergeltung. Es mag der Ursprung des von Kant mehr als 2000 Jahre später konstatierten »verwunderlichen« Umstands sein, »daß das Wort Recht aus der Kriegspolitik noch nicht als pedantisch ganz hat verwiesen werden können« (EF, VIII, 355).

Der erste historisch verbürgte Fall einer wirklich internationalen Strafjudikatur (der daher manchmal als Vorläufer des Internationalen Militärgerichtshofes von Nürnberg 1945/46 berufen wird) war das Tribunal über den Landvogt Peter von Hagenbach im Jahre 1474 in Breisach. Er hatte im Namen seines Herzogs, Karls von Burgund, die Stadt jahrelang mit einer mörderischen Schrekkensherrschaft überzogen. Die gegen Karl verbündeten Mächte – Österreich, Frankreich, Bern und die unabhängigen oberrheinischen Städte – bildeten nach Hagenbachs Festnahme ein Tribunal aus 28 Richtern, das den Landvogt zum Tod verurteilte und hinrichten ließ. Allerdings fehlte hier eine Beziehung der abgeurteilten Taten zu kriegerischen Auseinandersetzungen, da die offenen Feindseligkeiten zwischen den Alliierten und Karl von Burgund erst nach der Hinrichtung des Landvogts ausbrachen. Die Verletzung der »Gesetze Gottes und der Menschheit«, auf die sich das Todesurteil stützte, läßt jedoch schon einen leisen Ton jenes völkerrechtlichen Tatbestands der »crimes against humanity« anklingen, der fast fünfhundert Jahre später in Nürnberg eine wichtige Rolle spielen sollte.[34]

2. Die Geschichte des heute aktuellen (und problematischen) Völkerstrafrechts beginnt mit dem Ende des Ersten Weltkriegs. Das 19. Jahrhundert hatte die Erbschaft einer widersprüchlichen Entwicklung des Kriegsvölkerrechts hinterlassen: Während die klassische Lehre des bellum iustum und damit die eines stets prekären und beweispflichtigen *ius ad bellum* vom blutig durchgesetzten Dogma der absoluten nationalstaatlichen Souveränität zerrieben worden war und einer gänzlich rechtsfreien kriegerischen Willkür der Staaten Platz gemacht hatte[35], versuchte seit der Jahrhundert-

34 Zum Fall Hagenbach eingehend Schwarzenberger, *International Law as Applied by International Courts and Tribunals*, Bd. II, 1968, S. 462 ff.

35 Zu dieser Entwicklung seit der Antike von Elbe, »The Evolution of the

mitte eine wachsende Zahl von Konventionen und Kodifikationen wenigstens den Formen der Kriegführung mit den Regeln eines verbindlichen *ius in bello* rechtliche Grenzen zu ziehen.[36] Der Erste Weltkrieg demonstrierte in einem charakteristisch gegenläufigen Kontrast das katastrophale Scheitern beider Tendenzen: Die faktische Freiheit der Staaten zum Krieg hatte sich als normativ unhaltbar, die normative Begrenzung ihrer Kriegsformen dagegen als faktisch wirkungslos erwiesen.

Die Antwort der siegreichen Ententestaaten darauf bestand – jedenfalls äußerlich – in dem geradezu revolutionären Versuch der Etablierung eines internationalen Strafgerichtshofs. Der materiell-völkerrechtliche Boden der gegebenenfalls anwendbaren Normen war freilich dünn, und die Bereitschaft der Staaten, die formell-rechtlichen Grundlagen für die Einrichtung eines solchen Gerichtshofs auch nur für den konkreten Einzelfall zu schaffen, reichte über den mit der entsprechenden Deklaration verbundenen symbolischen Ausdruck der Empörung über die Kriegsurheber nur wenig hinaus. Wohl war das Corpus des internationalen *ius in bello* nur wenige Jahre zuvor in der »Landkriegsordnung« der beiden Haager Konferenzen von 1899 und 1907 in erheblichem Ausmaß vertragsrechtlich kodifiziert worden. Doch war die darauf zu stützende Aburteilung der »gewöhnlichen« Kriegsverbrechen nach dem seit jeher praktizierten Völkergewohnheitsrecht nicht Angelegenheit eines internationalen Gerichtshofs, sondern jedes einzelnen verletzten Staates. Und auch die Frage, ob die Strafbarkeit der Kriegsverbrechen unmittelbar aus dem Völkerrecht folge oder ob dieses bloß die einzelstaatlichen Rechtsordnungen zu jeweils eigenen Strafdrohungen gegen Soldaten des Feindstaats autorisiere, wurde überwiegend im Sinn der letzteren Alternative beantwortet.[37] Freilich scheiterte 1919 auch

Concept of Just War in International Law«, in: *American Journal of International Law* 33 (1939), S. 665 ff.

36 Zu der fundamentalen Zweideutigkeit dieser Entwicklung, die (mindestens) ebensosehr wie der Begrenzung auch der Legitimation einer stets verheerenderen Kriegführung diente, vgl. die aufschlußreiche Studie von Jochnick/Normand, »The Legitimation of Violence: A Critical History of the Laws of War«, in: *Harvard International Law Journal* 35 (1994), S. 49 ff.

37 Zu dieser Unterscheidung Schwarzenberger, »The Problem of an International Criminal Law«, in: *Current Legal Problems*, Bd. 3, 1950,

eine solche innerstaatliche Form der strafrechtlichen Kriegsbewältigung fast vollständig. Denn Deutschland weigerte sich kategorisch, die insgesamt 900 als mutmaßliche Kriegsverbrecher benannten Personen auszuliefern. Von den statt dessen vor dem Reichsgericht in Leipzig durchgeführten insgesamt nicht mehr als zwölf Verfahren endeten sechs mit Freispruch, die anderen mit Haftstrafen zwischen zwei Monaten und vier Jahren.[38]

Neu war jedoch der Versuch, die *Urheberschaft* am Krieg völkerrechtlich zu ahnden, nämlich den deutschen Kaiser Wilhelm II. vor einen »besonderen Gerichtshof« der alliierten Mächte zu stellen und damit dem bislang unbestrittenen *ius ad bellum* der Staaten mit der Einführung einer überstaatlichen Sanktionsdrohung ein Ende zu machen. Art. 227 des Versailler Friedensvertrags vom 28. Juni 1919 statuierte die persönliche Verantwortlichkeit des ehemaligen deutschen Kaisers »wegen schwerster Verletzung des internationalen Sittengesetzes und der Heiligkeit der Verträge« und gab dem einzurichtenden Tribunal als rechtliche Grundlage »die erhabensten Grundsätze der internationalen Politik [...], die feierlichen Verpflichtungen und internationalen Verbindlichkeiten ebenso wie [das] internationale Sittengesetz« an die Hand. Die Strafzumessung wurde ohne jede Vorgabe in das Ermessen des Gerichtshofs gestellt.

Das war sub specie des Völkerrechts freilich ein merkwürdiges Dokument: ein Zwitter aus Recht und Moral, dessen Mangel an Begründung erkennbar mit einem Überschuß an Pathos behoben werden sollte und dem alle Tonfälle der Verlegenheit abzuhören waren, aus einer unklaren Verbindung beider Sphären deduzieren zu müssen, was als einzelne keine von ihnen hergeben konnte. Schon in ihrer Note vom 16. Juni 1919 an Deutschland hatten die Regierungen der Entente allerdings erkennen lassen, daß die ge-

S. 263 ff., 269 f. Richtigerweise wird man sagen müssen, daß innerstaatliche Gerichte in solchen Fällen immer *auch* – quasi treuhänderisch – internationales Recht anwenden; zutreffend Kelsen, *Peace Through Law*, 1944, S. 76 f.

38 Zu den Leipziger Prozessen s. Mullins, *The Leipzig Trials*, 1921; vgl. auch Jescheck, *Die Verantwortung der Staatsorgane nach Völkerstrafrecht*, 1952, S. 41 ff. Der bis heute einzige Publikationsort der Urteile ist ein »Weißbuch« der Reichsregierung, abgedruckt in: *Verhandlungen des Reichstags*, 1. Wahlperiode 1920, Bd. 368 (1924), Aktenstück 2584, S. 2542 ff.

wählte Form eines Strafverfahrens nur die Fassade für einen »Akt der hohen Internationalen Politik« sein sollte. Beabsichtigt war weder eine Hinrichtung noch auch eine echte Strafhaft für Wilhelm, sondern ungefähr das, was mehr als 100 Jahre zuvor die Sieger von Waterloo über Napoleon Bonaparte beschlossen hatten: eine Art Sicherungsverwahrung in lebenslanger Verbannung. Das Unternehmen scheiterte an der Weigerung Hollands, den Kaiser auszuliefern: Die Beschuldigungen seien politischer Natur, eine strafrechtliche Verantwortlichkeit Wilhelms sei nicht erkennbar. Holland sei daher an die Asylverpflichtung seiner eigenen Gesetze gebunden. Einem *künftigen* Völkerstrafrecht und einer echten internationalen Gerichtsbarkeit mit strafrechtlicher Jurisdiktion werde man sich aber gerne anschließen.[39]

Eine völkerrechtliche Strafnorm gegen den Krieg ist in Versailles also nicht geschaffen worden. Doch setzte die Pariser Friedenskonferenz im Januar 1919 eine »Commission on the Responsibility of the Authors of the War and on Enforcement of Penalties« ein, die Ende März 1919 ihren Bericht vorlegte.[40] Darin werden sowohl die drängenden Gründe für ein Völkerstrafrecht als auch jene prinzipiellen Hindernisse, die seine Entwicklung bis heute in einem Zustand quälender Unzulänglichkeit festhalten, in ihren Grundlagen bereits vollständig und mit großer Klarheit artikuliert.

Schon die Möglichkeiten einer Bestrafung der »klassischen« Kriegsverbrechen erwiesen sich als begrenzt. Die vom Völkerrecht seit jeher erlaubte (nicht allerdings in seinem *eigenen* Normenbestand angedrohte) Bestrafung der Täter durch den jeweils geschädigten Feindstaat nach dessen nationalem Recht mußte immer dann Konflikte zwischen mehreren zuständigen Jurisdiktionen und zwischen unterschiedlichen Sanktionssystemen schaffen, wenn sich die Verbrechen gegen Angehörige verschiedener Staaten gerichtet hatten.[41] Schwieriger noch erschien die Konstruktion einer Strafdrohung gegen Mitglieder der feindlichen Staats-

39 Vgl. zum ganzen United Nations War Crimes Commission, *History of the United Nations War Crimes Commission*, 1948, S. 239 ff., sowie Jescheck (Anm. 38), S. 59 ff.

40 Vollständig abgedruckt in: *American Journal of International Law* 14 (1920), S. 95 ff.; vgl. dazu Garner, »Punishment of Offenders Against the Laws and Customs of War«, ebda., S. 70 ff.

41 Vgl. *Commission* (Anm. 40), S. 121.

und Militärführung für die Anordnung oder Duldung schwerer Verletzungen des internationalen Kriegsrechts. Soweit nämlich wegen ihrer höchstrangigen Urheber solche Taten als »acts of state« dem Staat selbst zugerechnet werden müssen, scheint ihre strafrechtliche Ahndung durch Gerichte eines anderen Staates gegen das Grundprinzip des Völkerrechts zu verstoßen: die Souveränität und Gleichrangigkeit der Staaten und den damit verbundenen Grundsatz »par in parem non habet iurisdictionem«. Für eine angemessene und mit dem Völkerrecht übereinstimmende Verfolgung solcher Kriegsverbrechen sei daher die Schaffung eines internationalen »High Tribunal« mit eigener Verfahrensordnung durch einen völkerrechtlichen Vertrag der Entente-Staaten erforderlich.

Erst recht könne die Frage einer Verantwortlichkeit für die Urheberschaft am Weltkrieg selbst nur vor einem solchen internationalen Gerichtshof erörtert werden. Denn darüber zu befinden habe nach dem Grundprinzip des Völkerrechts kein einzelner Staat das Recht. Allerdings existiere noch keine Norm des Völkerrechts, die das Führen eines Aggressionskriegs mit Strafe bedrohe. Ja, nicht einmal die einfache (sanktionslose) Rechtswidrigkeit des Aggressionskriegs sei nach dem Stand des allgemeinen Völkerrechts von 1919 feststellbar. Lediglich der Bruch spezieller Nichtangriffs-Verträge verstoße gegen internationales Recht – *strafbar* sei freilich auch er nicht. Doch sollten vor dem »High Tribunal« wenigstens die von Deutschland begangenen Vertragsverletzungen und Neutralitätsbrüche festgestellt und mit »special measures« gegen die Verantwortlichen belegt werden. Im übrigen müsse für die Zukunft alles getan werden, um solche schwersten Verletzungen der elementaren Prinzipien des Völkerrechts unter die Androhung strafrechtlicher Sanktionen zu stellen.[42]

3. Damit war das Problem immerhin formuliert. In der Zwischenkriegszeit verstärkten sich einerseits die internationalen Bemühungen um eine Ächtung des Krieges; andererseits nahm vor allem in den 30er Jahren jene rabiate Bedenkenlosigkeit eher zu, mit der jedenfalls die nicht-demokratischen Großmächte auf die Kriegsoption zur Fortsetzung ihrer Politik zurückgriffen.[43] Am 27. August 1928 besiegelte der Briand-Kellogg-Pakt, der zunächst

42 A.a.O., S. 118 ff.

43 S. Jochnick/Normand (Anm. 36), S. 83 f.

von 15 und dann in rascher Folge von 50 weiteren Staaten unterzeichnet wurde, das Ende des klassischen *ius ad bellum*.[44] Erlaubt bleiben sollten nur noch Verteidigungs- und vom Völkerbund genehmigte Sanktionskriege. Allerdings sollte – und das muß als weitreichende und beinahe tragisch-komische Selbstrücknahme des Vertrags gelesen werden – nach dem Willen seiner Urheber jeder Staat für die Definition seiner eigenen militärischen Unternehmungen als »Verteidigungskriege« allein zuständig sein.[45] Überdies sah der Briand-Kellog-Pakt für Verletzungen des Kriegsverbots keinerlei Sanktionen, geschweige denn eine strafrechtliche Haftung vor. 1936 fand aus Anlaß des Attentats auf den serbischen König Alexander eine Internationale Konferenz in Genf statt, auf der zwei Konventionen verabschiedet wurden: zur Kooperation bei der Bestrafung des politischen Terrorismus und zur Schaffung eines dafür bestimmten internationalen Strafgerichtshofs. Als einziger der Signatarstaaten ratifizierte Indien die Abkommen.[46] Noch immer – und selbst für diesen Fall einer *anti*-staatlichen Individual-, nicht etwa einer staatlichen Systemkriminalität – war die Idee einer internationalen Strafjustiz den Regierungen kaum mehr wert als ein gleichgültiges Maskenspiel.

4. Knapp zehn Jahre und einen Weltuntergang später sah alles anders aus. Am Ende des furchtbarsten Krieges der Menschheitsgeschichte war die Einsicht unausweichlich geworden, daß es zur internationalen Kriminalisierung seiner Urheber (und der aller künftigen Kriege) keine moralische, keine rechtliche und keine politische Alternative mehr gab. Am 8. August 1945 beschlossen die alliierten Siegermächte des Zweiten Weltkriegs in London das Statut mit der Rechts- und Verfahrensgrundlage für einen in Nürnberg durchzuführenden Strafprozeß gegen die »Hauptkriegsverbrecher der europäischen Achse« (als die allerdings dann

44 Abgedruckt in: *League of Nations Treaty Series* 94 (1928), S. 57 ff.

45 Vgl. die Note des amerikanischen Außenministers Kellogg vom Juni 1928 an die zukünftigen Signatarstaaten, abgedruckt in: *American Journal of International Law* 22 (1928), Suppl., S. 109. – Kant hätte hierin wohl das entscheidende Kriterium des unverändert fortbestehenden Naturzustands als eines latenten Kriegszustands zwischen den Staaten gesehen.

46 Vgl. Bassiouni/Blakesley, »The Need for an International Criminal Court in the New International World Order«, in: *Vanderbilt Journal of Transnational Law* 25 (1992), S. 151 ff., 153.

nur Deutsche angeklagt und verurteilt wurden). Neben die klassischen Kriegsverbrechen stellte Art. 6 a der Londoner Charta ausdrücklich ein völkerrechtliches »Verbrechen gegen den Frieden«, nämlich: »Planen, Vorbereitung, Einleitung oder Durchführung eines Angriffskrieges«, sowie die Beteiligung daran oder die Verschwörung dazu. Auch Art. 6 c formulierte mit den Kriterien der »Verbrechen gegen die Menschlichkeit« einen im Völkerrecht bis dahin unbekannten Straftatbestand. Er konnte auch durch Handlungen einer Regierung gegen Angehörige ihres eigenen Staatsvolks verwirklicht werden. Allerdings mußten, so legte es die Norm fest, solche Taten in irgendeinem Zusammenhang (der später vom Tribunal als bloße zeitliche Koinzidenz aufgefaßt wurde) mit den Verbrechen im Krieg oder gegen den Frieden stehen. Wichtig ist außerdem, daß Art. 7 der Charta erstmals in einem völkerrechtlichen Normencorpus ausdrücklich die persönliche strafrechtliche Verantwortlichkeit auch höchster staatlicher Amtsträger festlegte.[47] Die klassische »act of state«-Doktrin des Völkerrechts, wonach hoheitliches Handeln, das dem Staat selbst als eigenes Handeln zuzurechnen ist, keine individuelle Verantwortlichkeit seiner Organe vor fremdstaatlichen Gerichten begründen kann, wurde für diesen zentralen Bereich staatlicher Makrokriminalität eingeschränkt. Der amerikanische Chefankläger Robert Jackson hat in seinem offiziellen Bericht vom 7. Juni 1945 an den amerikanischen Präsidenten das Motiv des Art. 7 der Charta mit Nachdruck hervorgehoben und verteidigt:

> Wir akzeptieren nicht das Paradox, daß dort, wo die Macht am größten, die rechtliche Verantwortlichkeit am geringsten ist. Wir beharren auf dem Prinzip der verantwortlichen Regierung, proklamiert vor mehr als drei Jahrhunderten von Lord Chief Justice Coke gegenüber seinem König James: daß selbst ein König »unter Gott und unter dem Recht« steht.[48]

Über das Verfahren vor dem Nürnberger Internationalen Militärtribunal (IMT) sind Bibliotheken voll Literatur geschrieben wor-

47 Abdruck des Londoner Statuts in: *Der Prozeß gegen die Hauptkriegsverbrecher vor dem Internationalen Militärgerichtshof in Nürnberg. Amtliche deutsche Protokolle*, Bd. 1, 1947, S. 10ff.; die am 29. 10. 1945 vom Gerichtshof beschlossene Verfahrensordnung ebda., S. 20ff.

48 Jackson, »Report to the President«, in: *American Journal of International Law* 39 (1945), Suppl., S. 182.

den. Seine Probleme auch nur in Umrissen darzustellen ist hier nicht möglich.[49] Wichtig für unseren Zusammenhang ist dies: Die monströsen, alle Staats-, alle Norm-, ja alle Vorstellungsgrenzen durchbrechenden Sachverhalte, die zur Aburteilung standen, machten die gegenwärtige und künftige Unverzichtbarkeit eines supranationalen Strafrechts mit quälender und bislang ungekannter Dringlichkeit deutlich. Doch ebenso drängend legten die unübersehbaren Mängel des Verfahrens die Notwendigkeit eines *echten* internationalen Strafgerichtshofs nahe, der dem Gerechtigkeitsgebot einer unparteiischen und gleichförmigen Rechtsanwendung besser entspräche, als es dem Nürnberger Tribunal möglich war (und unter den besonderen Umständen sein konnte).

Der offenkundige Bruch des strafrechtlichen Rückwirkungsverbots, den die Verfasser der Londoner Charta in zwei bis dahin dem Völkerrecht unbekannten Straftatbeständen fest- und dem späteren Tribunal vorgeschrieben hatten, war dabei – entgegen einer verbreiteten Auffassung – eher einer der geringeren Defekte. Denn für die Zulässigkeit dieses Bruchs gab es angesichts des unfaßbaren Ausmaßes der in Nürnberg angeklagten Taten durchschlagende Gründe.[50] Nur hätte der Gerichtshof eben dies sagen und demonstrieren müssen. Er hat sich statt dessen mit unzulänglichen Argumenten auf die falsche Behauptung zurückgezogen, ein Bruch des Rückwirkungsverbots liege überhaupt nicht vor, da das Völkerrecht schon lange vor Kriegsbeginn im Jahre 1939 nicht

49 Zusammenfassend dazu Merkel, »Der Nürnberger Prozeß«, in: Hamburger Institut für Sozialforschung (Hg.), *200 Tage und 1 Jahrhundert. Gewalt und Destruktivität im Spiegel des Jahres 1945*, 1995, S. 105 ff. Vgl. aus der uferlosen weiteren Literatur nur die noch immer wichtigste deutschsprachige (kritische) Untersuchung von Jescheck (Anm. 38); außerdem Ginsburgs/Kudriavtsev (Hg.), *The Nuremberg Trial and International Law*, 1990. Für die internationale Kritik an dem Verfahren statt aller Kelsen, »Will the Judgement in the Nuremberg Trial Constitute a Precedent in International Law?«, in: *The International Law Quarterly* 1 (1947), S. 153 ff.

50 Genauer dazu Merkel (Anm. 49), S. 125: Argument einer notstandsähnlichen Prinzipienkollision zwischen Rückwirkungsverbot und dem Gebot, Taten allerschwerster Verwerflichkeit (aus verschiedenen Gründen) nicht straflos zu lassen, sowie der Vorrang des letzteren Prinzips.

bloß die Rechtswidrigkeit, sondern auch die Strafbarkeit des Angriffskriegs sub specie iuris gentium gekannt habe.[51]

Gewichtiger erscheinen andere grundlegende Einwände. Hans Kelsen hat 1947 das Londoner Statut ein »privilegium odiosum« der Siegermächte genannt: Sie hätten unter Mißachtung eines Fundamentalprinzips des Rechts ausschließlich sich selbst zu Gesetzgebern und Richtern in eigener Sache gemacht und dabei nicht nur Vertreter der besiegten sondern auch solche neutraler Staaten von der Richterbank ausgeschlossen.[52] Mehr als das: Nicht nur wurden fremde Staatsangehörige von der *Richter*bank, es wurden auch alle eigenen Staatsangehörigen der Siegermächte von der *Anklage*bank ferngehalten, obwohl Kriegs- und Menschlichkeitsverbrechen auf seiten der Sieger selbstverständlich ebenfalls begangen worden waren, ja einer der Richter-Staaten, die Sowjetunion, mit dem »Geheimen Zusatzprotokoll« zum Hitler-Stalin-Pakt vom August 1939 sogar an dem konkret abgeurteilten Aggressionskrieg Deutschlands gegen Polen nicht unerheblich beteiligt war. Das durchgängige Abschneiden dieser und anderer »tu-quoque«-Argumente während des gesamten Verfahrens[53] ist wohl der maßgebliche Grund für die nahezu einhellige, oft erbitterte Ablehnung des Nürnberger Prozesses (und seiner Nachfolger unter dem Kontrollratsgesetz Nr. 10) als »Siegerjustiz« in Deutschland.

Wie immer man das Vermächtnis des Nürnberger Prozesses für die Nachwelt der internationalen Politik und des Völkerrechts bewerten mag (und es wird ihm wohl für immer »ein Erdenrest zu tragen peinlich«[54] anhaften) – drei grundlegende Einsichten waren nach Nürnberg unausweichlich geworden: Zum einen, daß das materielle Völkerrecht geeignet und notwendig war, um der Selbstlegitimation aller staatlichen Macht und jedes einzelnen ihrer Inhaber eine strafbewehrte absolute Grenze zu setzen in einem gemeinsamen Recht der Menschheit. Aber auch und zum andern, daß die normative Sicherung dieser Grenze einer wirk-

51 Vgl. Urteil des IMT, in: *Prozeß gegen die Hauptkriegsverbrecher* (Anm. 47), S. 244 ff. Der Gerichtshof zog ergänzend weitere, allerdings ebenfalls nicht überzeugende Argumente heran.

52 Kelsen (Anm. 49), S. 170 f.

53 Dazu – und zu der *einen* Ausnahme, die es gleichwohl gegeben hat – Jescheck (Anm. 38), S. 411 ff.; Merkel (Anm. 49), S. 127 ff.

54 Goethe, Faust II, 5. Akt, Vs. 11954 f.

lich supranationalen, jedem einzelnen Staat gegenüber unparteiischen Institution übertragen werden mußte, sollte jenes Recht nicht durch seine eigene Anwendung desavouiert werden. Und schließlich: daß wohl noch die Bereitschaft der Staaten zur abstrakten Anerkennung entsprechender Normen, aber nicht mehr die zur konkreten Unterwerfung unter eine zuständige Judikatur zu haben war. Die zwiespältige Geschichte des Völkerstrafrechts seit Nürnberg hat den so markierten Kontrast scharf ausgeprägt und bis in die Gegenwart erhalten. Sie hat damit im übrigen das Nürnberger Verfahren ex post nachdrücklicher kompromittiert, als es dessen eigene Mängel vermocht hätten. 1957 warf der niederländische Völkerrechtler Bert Röling, der zehn Jahre zuvor dem Internationalen Militärtribunal von Tokio über die japanischen Kriegsverbrechen als Richter angehört hatte, in der UNO-Vollversammlung der Staatengemeinschaft einen Betrug an den Richtern und den Prinzipien von Nürnberg und Tokio vor.[55]

5. Am 11. Dezember 1946 bestätigte die Vollversammlung der Vereinten Nationen in einer Resolution »die Prinzipien des internationalen Rechts gemäß der Charta und dem Urteil des Nürnberger Tribunals«.[56] Knapp vier Jahre später legte die eigens dafür eingesetzte »International Law Commission« (ILC) der UNO den Entwurf einer Kodifikation der Nürnberger Prinzipien vor, der die Strafbarkeit des Angriffskriegs als eines völkerrechtlichen Verbrechens ebenso vorschlug wie die individuelle strafrechtliche Verantwortlichkeit sämtlicher Urheber bis hinauf in höchste Staatsämter.[57] Ein Jahr zuvor waren in Genf die vier großen Kon-

55 Vgl. Röling, »The Law of War and the International Jurisdiction Since 1945«, in: *Académie de Droit International, Recueil Des Cours 1960 II*, 1961, S. 355, Anm. 1. Anlaß war die offizielle Verschiebung aller weiteren Bemühungen um das Völkerstrafrecht bis zu einem internationalen Konsens in der Frage einer Definition des »Aggressionskriegs« – und das hieß damals, in der Zeit des Kalten Krieges: auf unabsehbare Zeit. Immerhin wurde 1974 in einer Resolution der UNO-Vollversammlung eine solche Definition verabschiedet; s. den Wortlaut bei Ferencz, *Defining International Aggression*, Bd. II, S. 565 f.

56 Abgedruckt bei Schindler/Toman, *The Laws of Armed Conflicts* 3. Aufl. 1988, S. 921 ff.

57 Abgedruckt in: *Yearbook of the International Law Commission* 2 (1950), S. 374 ff.

ventionen des Roten Kreuzes zur Fortentwicklung des Rechts im Krieg – über die Behandlung Verwundeter, Schiffbrüchiger, Kriegsgefangener und der Zivilbevölkerung – unterzeichnet und den Signatarstaaten in einer gemeinsamen Regelung sogenannter »grave breaches« der Vereinbarungen eine Pflicht zur Bestrafung der Täter auferlegt worden. Die Genfer Konventionen wurden 1977 um zwei Zusatzprotokolle erweitert und sind in dieser Gestalt von nahezu allen Mitgliedern der internationalen Staatengemeinschaft angenommen worden. Schon im Dezember 1948 hatte die Vollversammlung der UNO die Genozid-Konvention verabschiedet und damit einen bestimmten Bereich der in Nürnberg »crimes against humanity« genannten Verbrechen in den härteren Geltungsmodus des Völkervertragsrechts überführt. 1954 schließlich legte die ILC den ersten Gesamtentwurf einer umfassenden völkerrechtlichen Kodifikation von »Verbrechen gegen den Frieden und die Sicherheit der Menschheit« vor; er wurde seither mehrfach überarbeitet und 1991 in seiner derzeit letzten Fassung von der ILC angenommen.[58]

Dies und eine Reihe weiterer völkervertragsrechtlicher Bemühungen waren cum grano salis Versuche, den Normenbestand des seit Nürnberg be- oder entstehenden Völkerstrafrechts zu sichern und zu entwickeln. Bei weitem weniger geneigt zeigten sich die Staaten allerdings gegenüber der Idee, eine für die Anwendung jener Normen zuständige internationale Jurisdiktion zu schaffen. Zwei grundsätzliche Möglichkeiten standen (und stehen) dafür zur Verfügung: die überstaatliche Einrichtung eines internationalen Strafgerichtshofs und damit die echte Subordination internationaler Verbrechen und ihrer Täter unter die unmittelbare Zuständigkeit des Völkerrechts; oder: eine Delegation der Normdurchsetzung an die einzelstaatlichen Rechtsordnungen qua völkerrechtlicher Zubilligung einer sogenannten »universalen Jurisdiktion«, nämlich einer Kompetenz jedes Staates, solche Taten unabhängig von ihrem Begehungsort und der Nationalität ihrer Täter nach den eigenen Gesetzen des jeweiligen Gewahrsamsstaates zu verfolgen. Die erstere Variante, der Plan eines permanenten internationalen

58 Abgedruckt in: *International Legal Materials* 30 (1991), S. 1584 ff.; dazu Ferencz, »An International Criminal Code and Court: Where They Stand and Where They're Going«, in: *Columbia Journal of Transnational Law* 30 (1992), S. 375 ff., 379 ff.

Strafgerichtshofs, degenerierte spätestens mit der Verhärtung der Fronten des Kalten Kriegs und angesichts des Fehlens jeder Bereitschaft der Staaten zur abstrakten Utopie und verschwand aus den Agenda der internationalen Politik. Das Universalitätsprinzip wurde dagegen, wenngleich zögernd und oft undeutlich, in ein Netz völkerrechtlicher Verträge integriert, meistens im Modus einer vereinbarten sekundären »Auffang«-Zuständigkeit aller Signatarstaaten für solche Fälle, in denen die primär zuständige nationale Justiz die Strafverfolgung nicht betreiben kann oder will.[59] Die Genozid-Konvention von 1948 schließt dagegen in ihrem Art. VI eine universale Jurisdiktion über Völkermordtaten aus und ordnet statt dessen das klassische Primärprinzip staatlicher Justizhoheit, das Territorialitätsprinzip an, also die Aburteilung des Täters in dem Land seiner Tatbegehung.[60]

Doch zeigten sich unabhängig von der ambivalenten Haltung der Staaten zum Universalitätsprinzip mit dessen allmählicher Durchsetzung für einzelne internationale Verbrechen seit 1945 auch seine fundamentalen Schwächen. Es ist keineswegs nur, und wohl nicht einmal in erster Linie, ein Ausdruck der Solidarität zwischen den Staaten bei der Verfolgung »universaler« Verbrechen und ihrer Täter als »hostes humani generis«. Es ist vielmehr in gleichem Maß als Instrument einzelstaatlicher Interessen und damit einer völkerrechtswidrigen Einmischung in die Justizhoheit anderer Länder mißbrauchbar. Auch hängt das Funktionieren einer internationalen Verbrechensverfolgung über konkurrierende nationale Zuständigkeiten nicht nur in hohem Grad von dem (nicht er-

59 Dazu eingehend Clark, »Offenses of International Concern: Multilateral State Treaty Practice in the Forty Years Since Nuremberg«, in: *Nordic Journal of International Law* 57 (1988), S. 49 ff., 58 ff.; s. auch Randall, »Universal Jurisdiction Under International Law«, in: *Texas Law Review* 66 (1988), S. 785 ff. (jeweils m.w.N.).

60 Beiläufig: Aus diesem Grund ist die Regelung in § 6 Ziff. 1 des deutschen Strafgesetzbuchs, wonach deutsche Strafgerichte bei Völkermord-Anklagen universale Jurisdiktion besitzen – wie auch andere Ziffern des mißlungenen Paragraphen – völkerrechtlich problematisch; nach Art. 25 des Grundgesetzes gehen übrigens die allgemeinen Regeln des Völkerrechts dem einfachen deutschen Gesetzesrecht vor; zu diesen Problemen Merkel, »Universale Jurisdiktion bei völkerrechtlichen Verbrechen«, in: Lüderssen (Hg.), *Aufgeklärte Kriminalpolitik oder Kampf gegen das Böse – ein Gegensatz?* (im Erscheinen).

zwingbaren) guten Willen der Beteiligten ab, sondern auch von ihrer Bereitschaft und Fähigkeit zur zwischenstaatlichen Einigung im Falle eines Jurisdiktionskonflikts – und damit zusätzlich von einem komplizierten Normengeflecht innerstaatlicher und völkerrechtlicher Auslieferungsregeln. Alle diese Bereiche sind überdies politikanfällig und stehen im Zweifel stets zur Disposition vorrangiger außenpolitischer Interessen. Selbst wenn aber das Universalitätsprinzip über solche Hindernisse hinweg funktionieren könnte, müßte noch immer eine weltweite Zersplitterung der Beurteilungs- und Strafzumessungskriterien für gleiche Typen von internationalen Verbrechen nach den jeweils unterschiedlichen Maßstäben der einzelnen Rechtsordnungen die Folge sein. Damit ist aber nicht nur ein Zustand irritierender Rechtsunsicherheit verbunden, sondern – da solche Verbrechen ihrer Art nach Gegenstand internationalen Interesses sind – auch das Risiko, im Bewußtsein der Weltöffentlichkeit das Empfinden einer prinzipiellen und politisch akzeptierten Ungerechtigkeit in diesem sensiblen Bereich des Völkerrechts festzuschreiben.

Die gravierendste Konsequenz dieser Mängel ist nicht so sehr die damit verbundene Unzulänglichkeit der Verbrechensverfolgung. Es ist vielmehr die symbolische Schwächung der Geltung des materiellen Völkerstrafrechts selbst. Vor allem dieser Umstand hat trotz eines seit 1954 geradezu sabotierenden Desinteresses der Staaten die Bemühungen der Wissenschaft um die Weiterentwicklung der Idee eines Völkerstrafgerichtshofs lebendig erhalten.[61]

6. Nach dem Ausbruch des Krieges auf dem Gebiet des ehemaligen Jugoslawien und begünstigt durch den Zerfall der alten Machtblock-Ordnung der Welt, kehrte das Thema »Völkerstrafgerichtshof« auf die Arbeitsliste der ILC zurück. 1994 legte diese den Entwurf für ein entsprechendes Statut vor.[62] Die zugrundeliegenden Prinzipien sehen (unter anderem) eine Etablierung des Gerichtshofs durch eine völkerrechtliche Konvention vor, weiterhin eine »konsensuelle« (also nicht zwingende) Jurisdiktion sowie deren Beschränkung »ratione personae« auf individuelle Täter.[63]

61 Überblick bei Bassiouni, *A Draft International Criminal Code and Draft Statute for an International Criminal Court*, 1987, S. 1 ff.

62 S. Crawford, »The ILC Adopts a Statute for an International Criminal Court«, in: *American Journal of International Law* 89 (1995), S. 404 ff.

63 Vgl. den »Report« des Generalsekretärs Boutros Ghali, abgedruckt in: *International Legal Materials* 32 (1993), S. 1159 ff. Mit der Verfol-

Die Entwurfsarbeiten fanden vor einem dramatisch unruhigen Hintergrund der Weltpolitik statt. Am 23. Februar 1993 wurde die theoretische Entwicklung der Tribunal-Idee von einer überraschenden Wirklichkeit überholt. Mit seiner Resolution 808 beschloß der UN-Sicherheitsrat die Schaffung eines internationalen Strafgerichtshofs zur Verfolgung schwerer Kriegsverbrechen im ehemaligen Jugoslawien. Drei Monate später setzte die Resolution 827 das Statut des Tribunals mit rechtlicher Wirkung in Kraft. Art. 29 des Statuts verpflichtet alle Staaten zur Kooperation mit dem Gerichtshof und zur Befolgung seiner Anordnungen.[64]
Die Etablierung des Gerichtshofs bleibt noch deutlich hinter dem Ziel einer echten supranationalen Strafjudikatur zurück. Das war allerdings schon deswegen unvermeidlich, weil der Sicherheitsrat keinerlei Kompetenz als völkerrechtliches Normsetzungsorgan und daher a fortiori zur Einrichtung einer internationalen Jurisdiktion besitzt. Seine Zuständigkeit für die Errichtung des Tribunals hat er auf Kapitel VII (Art. 39 ff.) der UN-Charta gestützt. Dort ist seine Kompetenz für Maßnahmen zur »Wahrung oder Wiederherstellung des Weltfriedens« geregelt. Die Strafverfahren gegen die Verbrecher des Jugoslawien-Krieges werden also als »peace restoring mission« deklariert. Ihre Eignung dafür hat der Generalsekretär primär mit der erhofften Abschreckungswirkung solcher Prozesse begründet. Das ist erkennbar ein (wenngleich moralisch legitimierter) trickreicher Notbehelf und als solcher nicht nur verschiedenen völkerrechtlichen Zweifeln ausgesetzt[65],

gungsbeschränkung auf individuelle Personen sollte die seit langem umstrittene Frage, ob und in welcher Form eine »Strafbarkeit« ganzer Staaten völkerrechtlich denkbar und wünschenswert sei, vermieden werden. Vgl. zu diesem Problem Art. 19 Ziff. 2 des »Draft Code on State Responsibility« der ILC von 1976, der den Begriff eines »international crime of State« voraussetzt, allerdings zur Frage einer *Bestrafung* von Staaten schweigt (abgedruckt bei Spinedi/Simma, *United Nations' Codification of State Responsibility*, 1987, S. 329). Eingehend zum Ganzen Weiler/Cassese/Spinedi (Hg.), *International Crimes of State*, 1987.

64 Security Council Resolution 827, abgedruckt in: *International Legal Materials* 32 (1993), S. 1203 ff.; Text des Statuts ebda., S. 1192 ff.

65 Ablehnend z. B. Graefrath, »Jugoslawientribunal – Präzedenzfall trotz fragwürdiger Rechtsgrundlage?«, in: *Neue Justiz* 1993, S. 433 ff. Die internationale Völkerrechtslehre stimmt allerdings überwiegend und mit den schließlich wohl besseren Gründen zu; vgl. etwa O'Brien,

sondern auch einer spezifischen Begrenzung seiner Reichweite unterworfen: Ausschließlich als Instrument der Friedensschaffung legitimiert, muß das Tribunal seine Funktion und damit seine Berechtigung verlieren, sobald der Krieg in Bosnien beendet ist. Ab dann erschiene aber eine strafrechtliche Verfolgung der Kriegsverbrecher erst wirklich aussichtsreich. Auf seiner jetzigen Rechtsgrundlage wird der Gerichtshof nach einem Friedensschluß keine neuen Verfahren mehr eröffnen dürfen. Und selbst seine Befugnis, die bis dahin anhängigen Prozesse zu Ende zu führen, erscheint nicht gesichert. Im übrigen zeigt die Liste der vor dem Tribunal verfolgbaren Taten ohnehin einen auffälligen Mangel. Es fehlt jenes völkerrechtliche Verbrechen, das im Nürnberger Urteil von 1946 als das gravierendste bezeichnet worden ist: das »gegen den Frieden«, der Aggressionskrieg.[66] Das soll kein Vorwurf gegen die Verfasser des Statuts sein. Denn der Grund für diese Lücke liegt wohl nicht, wie gelegentlich behauptet worden ist, in der faktischen Schwierigkeit einer genauen Klärung der Aggressor-Frage im Bosnien-Krieg. Vielmehr dürfte das nach 1950 auch von den Großmächten der Welt wieder schamlos reklamierte »ius ad bellum« dazu geführt haben, daß gerade jenes Verdikt von Nürnberg, welches den Angriffskrieg als »schwerstes internationales Verbrechen« unter Strafe stellte, in Politik und Völkerrecht toter Buchstabe geblieben ist und deshalb nun dem Sicherheitsrat als allenfalls schwankende Rechtsgrundlage zur Verfügung gestanden hätte.

7. Die Einrichtung des Jugoslawien-Tribunals bedeutet gleichwohl einen erheblichen Schritt vorwärts auf dem Weg zu einem ständigen internationalen Strafgerichtshof. Vor allem hat die UNO mit seiner Errichtung stillschweigend und wie selbstverständlich die völkerrechtliche Existenz einer universalen strafrechtlichen Jurisdiktion anerkannt und bekräftigt, die nicht auf einer Anmaßung einzelner Staaten, sondern auf der Zuständigkeit der Völkergemeinschaft beruht und daher keinen prinzipiellen

»The International Tribunal for Violations of International Humanitarian Law in the Former Yugoslavia«, in: *American Journal of International Law* 87 (1993), S. 639 ff.; s. auch die Dokumentation des Symposions »War Crimes: Bosnia and Beyond« in: *Virginia Journal of International Law* 34 (1994), S. 255-293.

66 Vgl. Art. 1-5 des Statuts (Anm. 64). Die bezogene Stelle des Urteils von Nürnberg in: *Hauptkriegsverbrecher* (Anm. 47), S. 207.

Beschränkungen durch (möglicherweise bloß sabotierende) Auslieferungsbegehren einzelstaatlicher Justizverwaltungen unterworfen ist. Wie weit der Weg bis zu einer permanenten Strafgerichtsbarkeit der Weltgemeinschaft noch ist, läßt sich heute schwer prognostizieren. Aber das Ziel ist deutlicher erkennbar als je zuvor. Gleichwohl sollte die damit verbundene Grundsatzfrage nicht verdrängt, sondern beantwortet werden: ob dieses Ziel zulässig und wünschenswert ist.

IV. Mit Kant und gegen ihn: Plädoyer für einen ständigen internationalen Strafgerichtshof

1. »Strafe«, schreibt Kant in einer seiner Nachlaßreflexionen, »ist das Zwangsmittel, den *Gesetzen* Achtung zu verschaffen. Laesionen einer Person werden abgewehrt aber nicht bestraft in statu naturali, weil da kein äußeres Gesetz ist« (*R* 8026, XIX, 585). Deshalb kann Strafe nur innerhalb eines öffentlich garantierten Rechtszustands, nämlich »im Verhältnisse eines Obern (imperantis) gegen den Unterworfenen« (*MSR*, VI, 347) stattfinden, und damit nicht in der Sphäre des positiven Völkerrechts im Sinne Kants. Das trifft ziemlich genau den völkerrechtlichen Zustand vor dem Nürnberger Prozeß von 1945, also bevor die Verwirklichung der Idee eines Völkerstrafgerichtshofs erstmals mit genaueren Konturen in die Perspektive einer politischen Möglichkeit rückte. Es mag immerhin als Indiz für den Realismus der Kantschen Analyse gelten, daß sein Ausschluß des Strafrechts aus dem Bereich des Naturzustands und damit des positiven Völkerrechts von der Wirklichkeit der internationalen Politik noch im 20. Jahrhundert nachdrücklich bestätigt worden ist – jedenfalls de facto, wenn auch nicht (wie er vorausgesetzt hätte) aus begrifflich zwingenden Gründen. Selbst die im Kriegsvölkerrecht seit jeher anerkannte Strafbarkeit feindlicher Kriegsverbrechen ließ man genau dort enden, wo diese nicht mehr als individuelle Exzeßtaten ihren Urhebern persönlich, sondern als Teil der offiziellen militärischen Strategie dem Staat selbst als eigene »acts of state« zuzurechnen waren. In solchen Fällen hielt die Völkerrechtslehre wohl (in Kants Diktion) die »Abwehr der Laesionen«, also gewaltsame Repressalien und Sanktionen gegen den feindlichen Staat für zuläs-

sig, nicht aber die Bestrafung der einzelnen Täter.[67] Es ist gewiß bemerkenswert, daß noch 1950 ein so bedeutender Völkerrechtler wie Schwarzenberger das Konzept eines genuinen Völkerstrafrechts ganz im Sinne Kants eine »contradiction in terms« genannt hat.[68]

Der Ausschluß jeder Möglichkeit eines Strafkriegs zwischen unabhängigen Staaten (*MSR*, VI, 347) hat bei Kant genau denselben Grund, und dieser blockiert zwingend auch jede Möglichkeit einer Bestrafung fremder »acts of state« an deren individuellen Tätern, nämlich der Grundsatz: par in parem non habet iurisdictionem – und die Verhängung einer Kriminalstrafe ist begrifflich stets öffentlich-rechtliche Jurisdiktion.

Wir haben jedoch oben gesehen, daß die Prämisse dieser Konstruktion nicht überzeugen kann. Sie stützt sich auf eine Überschätzung sowohl des Souveränitätsdogmas als auch der Zwangskriterien des Rechtsbegriffs. Zwar gibt es völkerrechtlich kein Rangverhältnis (und deshalb auch keine Justizgewalt) zwischen unabhängigen Staaten, wohl aber eines zwischen den fundamentalen Ordnungsnormen der *gesamten Staatengemeinschaft* und der Rechtsmacht jedes einzelnen ihrer Mitglieder. Daher ist in diesem Verhältnis auch eine zwingende Jurisdiktionsgewalt keineswegs begrifflich ausgeschlossen. Das ist im übrigen nicht erst Resultat neuerer Entwicklungen der internationalen Politik und des Völkerrechts. Vielmehr war die Idee einer absoluten einzelstaatlichen Souveränität, verstanden als vollkommene rechtliche Unabhängigkeit nicht nur gegenüber jedem anderen Staat, sondern auch gegenüber der Gemeinschaft aller, stets eine irreale Fiktion.[69] Diese ist auch nicht mit der ebenfalls irrealen Behauptung plausibel zu machen, allgemeine völkerrechtliche Pflichten eines Staates entstünden erst, wenn und nur soweit wie er sie (ausdrücklich oder stillschweigend) anerkenne. Denn auch jeder neugegründete Staat ist von Anfang an eo ipso und ganz unabhängig von seinem »Willen« an die allgemeinen Regeln des Völkerrechts gebunden. Daß er sie, etwa wegen seiner starken faktischen Machtposition,

67 Statt aller Kelsen, *Peace Through Law*, 1944, S. 95 ff.

68 Schwarzenberger, »The Problem of an International Criminal Law« (Anm. 37), S. 295.

69 Eingehend Kelsen, »Der Wandel des Souveränitätsbegriffs«, in: *Studi Filosofici Giuridici* II, 1931, S. 1 ff.

gegebenenfalls verletzen kann ohne eine Sanktion befürchten zu müssen, ändert – entgegen Kant – nichts am (öffentlich-)*rechtlichen* Charakter der Verpflichtungen und daher an der Rechtswidrigkeit ihrer Verletzung. Beiläufig Erwähnung verdient, daß eine so fundamentale Norm wie Art. 11 Abs. 2 der Allgemeinen Erklärung der Menschenrechte von 1948, der den Grundsatz »nulla poena sine lege« völkerrechtlich festschreibt, ganz selbstverständlich die Möglichkeit eines Verbrechens »auf Grund internationalen Rechts« voraussetzt.

Mit der Einsicht, daß es im Bereich des materiellen Rechts weltweit zwingende Verbotsnormen gibt, an die alle Staaten auch ohne ihr Einverständnis gebunden sind und deren Normbefehl hinreichend gewichtig erscheint, um seine Verletzung als »Verbrechen« zu kennzeichnen, wird auch der Einwand hinfällig, eine supranationale strafrechtliche Jurisdiktion zwingenden Charakters verstoße gegen das völkerrechtliche Grundprinzip der Gleichheit und Souveränität aller Staaten. Gewiß bilden die materiellen Normen, um die es dabei geht und denen allein eine zwingende Völkerstrafgerichtsbarkeit zugeordnet werden könnte, einen sehr kleinen, dafür aber einen unverzichtbaren Kernbestand des humanitären Erbes der Menschheit. Ohne seine Verteidigung wenigstens *de iure* würden die Fundamente der Zivilisation und damit schließlich des Friedens und der Sicherheit der Welt zur Erosion freigegeben. Zu diesem zivilisatorischen Minimum dürften heute die in Nürnberg formulierten Prinzipien, ausdifferenziert und erweitert durch die Genozid-Konvention von 1948 und die »grave breaches«-Verbote der Genfer Rotkreuz-Abkommen von 1949 zu zählen sein. Schwarzenberger hat als Kritiker des Konzepts eines Völkerstrafrechts dessen entscheidendes materielles Kriterium gleichwohl knapp und treffend formuliert: die Pönalisierung von Handlungen, »which strike at the very roots of international society«.[70] Die Entwicklung dieses Normenbereichs ist noch längst nicht abgeschlossen. Sie zeigt gerade derzeit eine deutliche Expansion in weitere Sphären des humanitären Völkerrechts. Aufschlußreich sind dabei neuere Tendenzen, die den Durchsetzungsmechanismus für solche Normen allmählich dem klassischen

70 Schwarzenberger (Anm. 37), S. 273; ähnlich Wright, »The Law of the Nuremberg Trial«, in: *American Journal of International Law* 41 (1947), S. 38 ff., 56.

Modus der staatlichen Selbsthilfe – und damit, im Kantschen Sinn, einem anarchischen Naturzustand – entziehen wollen. Mehr und mehr drängt das humanitäre Völkerrecht das traditionelle völkerrechtliche Erzwingungsprinzip der Gegenseitigkeit zurück und reklamiert einen absoluten Geltungsanspruch. Schwere Verletzungen der Genfer Konventionen etwa dürfen von dem verletzten Staat nicht mehr mit gleichartigen Repressalien bekämpft oder vergolten werden.[71]

2. Das heutige System der Ausdehnung einzelstaatlicher Strafgewalt qua universaler Jurisdiktion auf echte völkerrechtliche Verbrechen ist vor diesem Hintergrund bloß ein schlechtes und in manchen Hinsichten kontraproduktives Surrogat. Es tendiert einerseits – je nachdem – zur parteiischen Härte oder Nachsicht (etwa und vor allem bei Kriegsverbrechen) und zieht sich damit den Verdacht einer prinzipiellen Ungerechtigkeit zu. Es vermischt andererseits die sachlich gravierenden Unterschiede zwischen echten völkerrechtlichen Verbrechen – »which strike at the very roots of international society« – und einer bloß transnational organisierten Kriminalität, die wohl Koordinationsprobleme bei der Strafverfolgung schafft und daher eine zwischenstaatliche Solidarität in Fragen der Auslieferung oder der stellvertretenden Strafrechtspflege erfordert, die aber ihrer Natur nach lediglich die Einzelinteressen verschiedener Staaten tangiert, nicht dagegen das fundamentale normative Interesse der gesamten Menschheit. Solche Probleme sind seit eh und je geläufige Gegenstände völkerrechtlicher Verträge. Sie unterliegen der souveränen Dispositionsmacht jedes einzelnen Staates. Daher kann eine darauf bezogene grenzüberschreitende Strafjurisdiktion allenfalls nach dem Prinzip der stellvertretenden, nicht aber nach dem der universalen Rechtspflege zulässig sein und steht insofern immer unter dem Vorbehalt eines Einspruchs von seiten des genuin zuständigen Staates. Wie offenkundig ungereimt, disfunktional und geradezu völkerrechtsunfreundlich sich dagegen die undifferenzierte innerstaatliche Anmaßung einer universalen Jurisdiktion präsentieren kann, zeigt beispielhaft § 6 des deutschen Strafgesetzbuchs. Dort finden sich als Grundlage einer weltweiten Zuständigkeit der deutschen Strafjustiz neben dem Völkermord etwa die »Verbrei-

71 Vgl. Kadelbach, »Zwingende Normen des humanitären Völkerrechts«, in: *Humanitäres Völkerrecht* 1992, S. 118 ff., 121.

tung pornographischer Schriften« und der »unbefugte Vertrieb von Betäubungsmitteln«. Es ist aber nicht schwer zu sehen, daß die Frage, ob und wie der Bürger A des Staates X für den in X gegenüber anderen Bürgern von X betriebenen Verkauf von Gegenständen zu bestrafen ist, auch dann allein dem Staat X überlassen bleiben sollte, wenn zufällig die bundesdeutsche Strafjustiz A in ihrem Gewahrsam hat. Für eine universale Jurisdiktion ist hier kein Platz und die kategoriale Vermengung solcher Fragen mit dem Völkermord gänzlich unangemessen.[72]

Alle diese Erwägungen drängen nach der Errichtung eines ständigen internationalen Strafgerichtshofs für echte völkerrechtliche (nicht dagegen für »transnationale«) Verbrechen. Der beliebte Einwand der Souveränitätsverletzung durch ein solches Gericht ist unrichtig. Vielmehr bietet gerade das bestehende System einer universalen Strafrechtspflege nach der Willkür der Einzelstaaten, von allen sonstigen Unzulänglichkeiten abgesehen, zahlreiche Möglichkeiten zur Verletzung des völkerrechtlichen Grundsatzes der Nichteinmischung und damit des Souveränitätsprinzips. Daß andererseits für die Verfolgung von Verbrechen, die sich gegen die gesamte Menschheit richten, ein Organ der Völkergemeinschaft eher zuständig sein sollte als ein schlecht oder recht disponierter, jedenfalls aber unkontrollierter einzelstaatlicher »Treuhänder«, liegt auf der Hand.

Mit dem Nachweis seiner völkerrechtlichen Zulässigkeit und Plausibilität ist natürlich noch nichts über die realen politischen Erfolgsaussichten eines ständigen internationalen Strafgerichtshofs gesagt. Das wäre freilich ein eigenes Thema. Soviel läßt sich aber anmerken: Obwohl nach dem bisher Gesagten die Unterwerfung aller Staaten (selbst gegen ihren Willen) unter die zwingende Jurisdiktion eines solchen Gerichts mit dem Völkerrecht in Einklang stünde, gäbe es für eine *nicht*-konsentierte Einrichtung

72 Es ist im übrigen unrichtig, wenn sowohl im Straf- als auch im Völkerrecht immer wieder behauptet wird, eine universale Jurisdiktion in solchen Bereichen wie Drogen- oder Pornographiehandel ergebe sich aus der Unterzeichnung entsprechender multilateraler Konventionen, die eine allgemeine Zuständigkeit zur Strafverfolgung vorsähen, durch die Bundesrepublik. Denn daraus können, wie aus allen Verträgen, Rechte und Pflichten nur gegenüber den Unterzeichnern, nicht dagegen *universale* Zuständigkeiten begründet werden; vgl. im einzelnen Merkel (Anm. 60).

dieser Art nicht die geringsten politischen Erfolgsaussichten. Der Weg über eine entsprechende Novellierung der UN-Charta wäre in verschiedenen Hinsichten ebenfalls unzweckmäßig, ja gefährlich, da er den ohnehin prekären Zusammenhalt der Völkergemeinschaft sprengen könnte. Realistisch erscheint daher nur der »klassische« und mühsame Weg über eine völkerrechtliche Konvention. Ihrer Etablierung durch eine hinreichende Zahl maßgeblicher Staaten könnte von seiten der weltöffentlichen Meinung langfristig ein wirksamer Druck auf alle anderen nachfolgen, dem Vertragswerk beizutreten. Die Chancen einer solchen Entwicklung dürften, wie die weltpolitischen Dinge im Augenblick liegen, von Erfolg oder Mißerfolg des Bosnien-Tribunals in Den Haag erheblich beeinflußt werden.[73]

3. Kehren wir am Ende noch einmal zurück zu Kant. Gewiß wäre ihm ein Völkerstrafgerichtshof undenkbar erschienen. Seine Gründe dafür können uns heute nicht mehr überzeugen. Doch findet sich für die hier entwickelten gegenteiligen Argumente auch bei ihm ein gewichtiger Anhaltspunkt. Im dritten Definitivartikel der Friedensschrift steht im Zusammenhang der Erörterung des »Weltbürgerrechts« das folgende:

> Da es nun mit der unter den Völkern der Erde einmal durchgängig überhand genommenen (engeren oder weiteren) Gemeinschaft so weit gekommen ist, daß die Rechtsverletzung an *einem* Platz der Erde an *allen* gefühlt wird: so ist die Idee eines Weltbürgerrechts keine phantastische und überspannte Vorstellungsart des Rechts, sondern eine nothwendige Ergänzung des ungeschriebenen Codex sowohl des Staats- als Völkerrechts zum öffentlichen Menschenrechte überhaupt und so zum ewigen Frieden, zu dem man sich in der continuirlichen Annäherung zu befinden nur unter dieser Bedingung schmeicheln darf (*EF*, VIII, 360).

73 Zum Gesamtproblem der Errichtung eines ständigen Völkerstrafgerichtshofs vgl. aus der umfangreichen Literatur seit dem Ende des Zweiten Weltkriegs (außer den bisher Genannten) noch Pella, »Towards an International Criminal Court«, in: *American Journal of International Law* 44 (1950), S. 37 ff.; Bridge, The Case for an International Court of Criminal Justice and the Formulation of International Criminal Law«, in: *International and Comparative Law Quarterly* 13 (1964), S. 1255 ff.; Bacz, An International Crimes Court: Further Tules of the King of Corinth, in: *Georgia Journal of International & Comparative Law* 23 (1993), S. 289 ff.

Kant konzipiert das Argument prima facie nur als Grundlage eines »Weltbürgerrechts« der internationalen »Hospitalität« und damit vor allem eines Verbots des Kolonialismus. Doch reicht es in seiner allgemeinen Formulierung weit über diesen Zweck hinaus. Erstaunlich modern mutet bereits die Einführung des Begriffs eines »Weltbürgerrechts« in das Völkerrecht an. Denn sie postuliert in einem Bereich, der zu Kants Zeiten und noch bis weit ins 20. Jahrhundert praktisch ausschließlich Staaten und internationale Organisationen als Rechtssubjekte kannte und anerkannte, für die Zukunft das *Individuum* als Träger eigener Rechte.[74] Noch erstaunlicher wirkt die Wendung von der an einem Ort der Erde begangenen Rechtsverletzung, die an allen »gefühlt« werde. Denn sie verweist auf eine universale Zuständigkeit, die weit über die bloße emotionale Anteilnahme eines Empfängers von Nachrichten hinausreicht. Das anschließend genannte »öffentliche Menschenrecht« unterstreicht diesen Eindruck. »Gefühlt« wird eine Verletzung grundlegender Menschenrechte deshalb an jedem Ort und von allen, weil sie zugleich eine Verletzung der Menschenrechte aller darstellt; weil sie (in Schwarzenbergers Worten) die essentiellen Wurzeln der internationalen Gemeinschaft antastet, nämlich deren fundamentale Normen negiert. Die Kurztitel der in Nürnberg abgeurteilten Verbrechen verdeutlichen das Gemeinte plastisch: Angriffskrieg, Kriegsverbrechen, Verbrechen gegen die Menschlichkeit.

Damit ist auch der eigentliche Grund berührt, aus dem sich – trotz aller Schwierigkeiten auf dem Weg zu einem Völkerstrafgerichtshof – die Notwendigkeit ergibt, solche Taten vor einem zuständigen Gericht strafrechtlich zu verfolgen. Es mag nicht der Umfang des konkret angerichteten *materiellen* Schadens sein, was ein Menschheitsverbrechen an allen Orten als Rechtsverletzung fühlbar werden läßt. Was die Tat dennoch zu einer Angelegenheit der gesamten Welt macht, ist der symbolische Schaden an der *Geltung der Norm* selbst, den der sanktionslose oder unangemessen sanktionierte Bruch einer Grundnorm der Zivilisation im Bewußtsein der Normadressaten – und das heißt: potentiell der ganzen Menschheit – nach sich ziehen muß. Normen, die sanktionslos

74 Zur rapiden Entwicklung der Rechtsstellung des Individuums im Völkerrecht vor allem nach 1945 vgl. *Oppenheim's International Law*, 9. Aufl., Bd. 1 (Teil 2-4), 1994, S. 846 ff.

gebrochen werden, erodieren, und wären sie noch so grundlegend. Dies im Bereich seiner Zuständigkeit zu verhindern, ist die primäre Aufgabe des Völkerstrafrechts.[75]

Das bezeichnet eine letzte Differenz zu Kant. Er nennt das »Strafgesetz« bzw. die »Strafgerechtigkeit« einen »kategorischen Imperativ« (*MSR*, VI, 331, 336): Die Bestrafung des Verbrechers ist ausschließlich deshalb, aber deshalb auch *unbedingt* geboten, »weil er verbrochen hat« (a.a.O., 331) – also allein aus Gründen einer *Vergeltung*, die als Folge der Tat die Idee der Gerechtigkeit gleichsam logisch wiederherzustellen hat. Dieser Strafzweck hätte auch für Kant den Gedanken eines Völkerstrafrechts zwingend nahelegen müssen, wenn er dem positiven Völkerrecht nicht insgesamt den Titel eines echten (»öffentlichen«) Rechts vorenthalten hätte. Doch erscheint uns heute allein auf der Grundlage eines solchen Strafzwecks die Kriminalstrafe nicht mehr legitimierbar.[76] Das gilt für das innerstaatliche so gut wie für das internationale Recht. Nicht um der Vergeltung an den Tätern willen, sondern zur Verteidigung eines normativen Fundaments der Menschheit dürfen völkerrechtliche Verbrechen einer Strafdrohung nicht entzogen werden.

Der beklagenswerte Zustand dieses Postulats in der Wirklichkeit der heutigen Welt ist bekannt. Damit ist die Aufgabe benannt, nicht ein Grund zum realpolitischen Zynismus oder zur Resignation. Wie immer sich das am Ausgang des 18. Jahrhunderts verhalten haben mag: an dem des 20. dürfte eine solche Forderung den Titel eines leidigen Trösters nicht mehr plausibel machen.

75 Daher verfehlt die in der Literatur meist als alleiniger Zweck genannte Funktion der *Abschreckung* den eigentlichen Sinn eines Völkerstrafrechts; s. exemplarisch nur Malekian, *The Monopolization of International Criminal Law in the United Nations*, 1995, S. 26 (m.w.N.).

76 S. aber die differenzierende, Kants Position verteidigende Diskussion bei Höffe, *Kategorische Rechtsprinzipien*, 1990, S. 215 ff.

Drucknachweise

Günther Patzig, »Kants Schrift ›Zum ewigen Frieden‹«, in: ders.: *Gesammelte Schriften*, Band 1, *Grundlagen der Ethik*, Wallstein Verlag: Göttingen 1994

Reinhard Brandt, »Historisch-kritische Beobachtungen zu Kants Friedensschrift«, zuerst erschienen in: *Politisches Denken. Jahrbuch 1994*. Hg. von Volker Gerhardt, Henning Ottmann, M. P. Thompson, Metzler Verlag: Stuttgart-Weimar 1995, S. 75-102, geringfügig geändert.

Reinhard Merkel, »›Lauter leidige Tröster‹. Kants Friedensschrift und die Idee eines Völkerstrafgerichtshofs«, Vorabdruck in: *Archiv für Rechts- und Sozialphilosophie* 82 (1996), Heft 2, Franz Steiner Verlag: Stuttgart

Bei den übrigen Beiträgen dieses Bandes handelt es sich um Originalbeiträge.

Hinweise zu den Autoren

Karl-Otto Apel (geb. 1922), Lehrtätigkeit in Mainz (1961 dort Habilitation), Kiel, Saarbrücken, seit 1973 an der J. W. Goethe-Universität in Frankfurt, Forschungsschwerpunkte: Sprachphilosophie, Transzendentalpragmatik, Rationalitätstheorie, Begründungs- und Anwendungsfragen praktischer Philosophie, speziell der Diskursethik.
Wichtigste Buchveröffentlichungen: *Die Idee der Sprache in der Tradition des Humanismus von Dante bis Vico* (1963); *Transformation der Philosophie*, Bd. I: *Sprachanalytik, Semiotik, Hermeneutik*; Bd. II: *Das Apriori der Kommunikationsgemeinschaft* (1973); *Der Denkweg des Charles Sanders Peirce – Eine Einführung in den amerikanischen Pragmatismus* (1975); *Sprachpragmatik und Philosophie* (Hg., 1976); *Die »Erklären: Verstehen«-Kontroverse in transzendentalpragmatischer Sicht* (1979); *Funkkolleg Praktische Philosophie/Ethik: Studientexte*, Bd. I-III (mit D. Böhler/K.-H. Rebel, 1984); *Diskurs und Verantwortung. Das Problem des Übergangs zur postkonventionellen Moral* (1988); *Zur Anwendung der Diskursethik in Politik, Recht und Wissenschaft* (Hg. zus. mit M. Kettner, 1992); *Die eine Vernunft und die vielen Rationalitäten* (Hg. zus. mit M. Kettner, 1996).

Reinhard Brandt, seit 1972 Professor für Philosophie in Marburg; Gastprofessuren in Bielefeld, Bloomington, Canberra, Caracas, Halle, Padua. Korrespondierendes Mitglied der Wissenschaftlichen Gesellschaft in Frankfurt; Leiter des Kant-Archivs; seit 1987 Herausgeber der Kantischen Vorlesungen im Rahmen der Akademie-Ausgabe von Kants *Gesammelten Schriften*; Mitherausgeber der *Kant-Forschungen* (1987 ff.).
Veröffentlichungen: *Rousseaus Philosophie der Gesellschaft* (1973); *Eigentumstheorien von Grotius bis Kant* (1974); *Die Interpretation philosophischer Werke* (1984); *Die Urteilstafel* (1990); *D'Artagnan und die Urteilstafel. Über ein Ordnungsprinzip der europäischen Kulturgeschichte* (1991). Herausgeber von Pseudo-Longinus, *Vom Erhabenen* (1965); *John Locke, Symposium Wolfenbüttel 1982* (1982); Mitherausgeber von: *Hermann Cohen. Symposium Marburg 1992* (1993). Zahlreiche Aufsätze zur französischen, englisch-schottischen und deutschen Aufklärung.

Otfried Höffe (geb. 1943), 1978-1992 Lehrstuhlinhaber für Ethik und Sozialphilosophie sowie Direktor des Internationalen Instituts für Sozialphilosophie und Politik; 1978-1990 Lehrbeauftragter für Rechtsphilosophie an der juristischen Fakultät der Universität Freiburg (Schweiz); seit 1992 Professor für Philosophie an der Universität Tübingen; Gastprofessuren an den Universitäten Basel, Bern, Klagenfurt, Sankt Gallen, Lausanne, Zürich.
Veröffentlichungen (u. a.): *Praktische Philosophie – Das Modell des Aristo-*

teles (1971); *Strategien der Humanität. Zur Ethik öffentlicher Entscheidungsprozesse* (1975; Taschenbuchausgabe mit einem neuen Nachwort 1985: Suhrkamp); *Naturrecht (Vernunftrecht) ohne naturalistischen Fehlschluß* (1980); *Sittlich-politische Diskurse. Philosophische Grundlagen – politische Ethik – biomedizinische Ethik* (1981); *Politische Gerechtigkeit. Grundprobleme der praktischen Philosophie* (1981); *Immanuel Kant. Leben – Werk – Wirkung* (1983, ³1992); *Politische Gerechtigkeit. Grundlegung einer kritischen Philosophie von Recht und Staat* (1987; Taschenbuchausgabe 1989: Suhrkamp); *Kategorische Rechtsprinzipien. Ein Kontrapunkt der Moderne* (1990; Taschenbuchausgabe 1995: Suhrkamp); *Moral als Preis der Moderne. Ein Versuch über Wissenschaft, Technik und Umwelt* (1993).

Knut Ipsen, Prof. Dr. Dr. h. c. mult., geb. 1935, Universitätsprofessor, Inhaber des Lehrstuhls für Öffentliches Recht (Völkerrecht) und Direktor des Instituts für Friedenssicherungsrecht und Humanitäres Völkerrecht der Ruhr-Universität Bochum. 1979-1989 Rektor der Ruhr-Universität Bochum. 1991-1993 Gründungsrektor der Europa-Universität Viadrina Frankfurt (Oder). Seit 1991 Mitglied des Ständigen Schiedsgerichtshofs in Den Haag. Seit 1994 Präsident des Deutschen Roten Kreuzes.
Veröffentlichungen: *Völkerrecht* (3. Aufl., 1990); »Explicit Methods of Arms Control Treaty Evolution«, in: *The International Law of Arms Control and Disarmament* (1991); *»Sovereignty and Collective Security«*, in: *Festschrift für Egon Bahr zum 70. Geburtstag* (1992); »Rechtsstaatlichkeit im Preußenrecht? Zum Einfluß des Frankfurter Juristen Carl Gottlieb Svarez auf das allgemeine Landrecht für die preußischen Staaten von 1794«, in: *Beiträge zur Kleist-Forschung. Schriftenreihe der Kleist-Gedenk- und Forschungsstätte Frankfurt (Oder)* (1993); »Kombattanten und Nichtkombattanten«, in: *Handbuch des humanitären Völkerrechts in bewaffneten Konflikten*, hg. von Dieter Fleck (1994).

Wolfgang Kersting (geb. 1946), 1986 Professor für Philosophie in Hannover; Gastprofessuren in Marburg, Göttingen und München; seit 1993 Professor für Philosophie in Kiel.
Forschungsschwerpunkte: Politische Philosophie, Moralphilosophie, Rechtsphilosophie, angewandte Ethik, Bewußtseinsphilosophie, Hermeneutik.
Buchveröffentlichungen: *Die Ethik in Hegels ›Phänomenologie des Geistes‹* (1974): *Wohlgeordnete Freiheit. Immanuel Kants Rechts- und Staatsphilosophie* (1984; erweiterte Taschenbuchausgabe 1993: Suhrkamp); *Niccolò Machiavelli. Leben – Werk – Wirkung* (1986); *Thomas Hobbes zur Einführung* (1992); *John Rawls zur Einführung* (1993); *Die politische Philosophie des Gesellschaftsvertrags* (1994); *Gerechtigkeit und Medizin* (1995); *Die politische Philosophie der Gegenwart* (1995).

Peter Koller (geb. 1947), Studium der Rechtswissenschaften, der Philosophie und der Soziologie in Graz; Gastprofessuren an der University of Minnesota in Minneapolis, der Rutgers University in New Jersey und der Universität München; seit 1991 Professor für Rechtsphilosophie, Rechtstheorie und Rechtssoziologie an der Universität Graz.
Veröffentlichungen: *Neue Theorie des Sozialkontrakts* (1987); *Theorie des Rechts* (1992); zahlreiche Aufsätze über Themen der Rechts- und Sozialphilosophie, der Ethik und der Rechtssoziologie.

Reinhard Merkel (geb. 1950), Dr. iur.; Studium der Rechtswissenschaft und der Philosophie.
Veröffentlichungen: *Strafrecht und Satire im Werk von Karl Kraus* (1994); zus. mit R. Hegselmann (Hg.): *Zur Debatte über Euthanasie* (1991, ^{2}1992); Übersetzung und Neubearbeitung von Janik/Toulmin: *Wittgenstein's Vienna* (1983, ^{2}1984, Taschenbuchausgabe 1985); zahlreiche Aufsätze zu Themen des Strafrechts, der Rechtsphilosophie, der Literatur, des Medizinrechts und der Medizinethik, sowie über Ludwig Wittgenstein. 1991 Jean-Amery-Preis für Essayistik. Derzeit Habilitation (Straf-, Strafprozeßrecht und Rechtsphilosophie).

Wolfgang Röd, Dr. phil., Dr. phil. h. c. (geb. 1926 in Oderberg, Ostschlesien), o. Prof. für Philosophie an der Universität Innsbruck.
Veröffentlichungen u. a.: *Descartes* (3. Aufl., 1. Aufl. 1964); *Geometrischer Geist und Naturrecht* (1970); *Dialektische Philosophie der Neuzeit* (2. Aufl. 1986, 1. Aufl. 1974); *Erfahrung und Reflexion* (1991); *Der Gott der reinen Vernunft* (1992); *Der Weg der Philosophie*, (2 Bde. 1994 und 1996); Herausgeber von: *Geschichte der Philosophie*, 1 ff. (1976 ff.); zugleich Verfasser der Bände I, VII und VIII.

Julian Nida-Rümelin (geb. 1954), Studium der Philosophie, Physik, Mathematik und Politikwissenschaft; Gastprofessur an der University of Minnesota; 1991 Professor am Zentrum für Ethik in den Wissenschaften (Tübingen); seit 1993 Ordinarius für Philosophie an der Georg-August-Universität Göttingen; seit 1994 Präsident der Gesellschaft für Analytische Philosophie.
Arbeitsgebiete: Ethik, Politische Philosophie, Wissenschafts- und Erkenntnistheorie.
Veröffentlichungen: *Entscheidungstheorie und Ethik* (1987); *Kritik des Konsequentialismus* (1993); *Logik kollektiver Entscheidungen* (zus. mit L. Kern) (1994); Herausgeber von *Lexikon der Philosophischen Werke* (1988); *Philosophie der Gegenwart* (1991); *Praktische Rationalität. Grundlagenprobleme und ethische Anwendungen des rational-choice-Paradigmas* (1994). Beiträge in Lexika, Sammelwerken und Fachzeitschriften.

Günther Patzig (geb. 1926), Professor für Philosophie in Hamburg (1960-63) und Göttingen (seit 1963); 1988-90 Präsident der Akademie der Wissenschaften zu Göttingen.
Hauptarbeitsgebiete: Antike Philosophie, Logik und Ethik, seit 1983 auch Medizinethik.
Zahlreiche Veröffentlichungen, darunter: *Die aristotelische Syllogistik* (^{3}1969); *Sprache und Logik* (^{2}1981); *Ethik ohne Metaphysik* (^{2}1983); *Tatsachen, Normen, Sätze* (^{3}1988); zusammen mit M. Frede: *Aristoteles Metaphysik Z*, griechischer Text, deutsche Übersetzung und Kommentar, 2 Bde. (1988).

Ulrich Steinvorth (geb. 1941), Professor für praktische Philosophie an der Universität Hamburg.
Veröffentlichungen: *Eine analytische Interpretation der Marxschen Dialektik* (1977); *Stationen der politischen Theorie* (1981, ^{3}1994); *Freiheitstheorien in der Philosophie der Neuzeit* (1987, ^{2}1994); *Klassische und moderne Ethik* (1990); *Warum überhaupt etwas ist. Kleine demiurgische Metaphysik* (1994).

Roland Wittmann, Dr. iur. (geb. 1942), o. Prof. für Bürgerliches Recht, Rechtsphilosophie, Römisches Recht und Europäische Rechtsgeschichte an der Europa-Universität in Frankfurt (Oder).
Veröffentlichungen u. a.: *Begriff und Funktionen der Geschäftsführung ohne Auftrag* (1981); *Staatsordnung und Staatspraxis der römischen Republik*, Band 2, *Die Magistratur* (zusammen mit W. Kunkel, 1995); Verfasser zahlreicher Abhandlungen zur Philosophie und Rechtsphilosophie, zuletzt: »Ethik und Gesetzgebung«, in: *Rechtsentstehung und Rechtskultur. H. Scholler zum 60. Geburtstag* (1991); »Der Begriff des allgemeinen Gesetzes in Kants kategorischem Imperativ«, in: *Festschrift für Arthur Kaufmann zum 70. Geburtstag* (1993).

Allen W. Wood, Prof. für Philosophie an der Cornell University in Ithaca, New York, USA. Autor zahlreicher Bücher und Aufsätze, vornehmlich im Bereich der deutschen Philosophie des 18. und 19. Jahrhunderts.
Veröffentlichungen u. a.: *Kant's Moral Religion*; *Kant's Rational Theology*; *Karl Marx*; *Hegel's Ethical Thought*.

201/1/8.92

suhrkamp taschenbücher wissenschaft
Philosophie

– Bd. 3: Geist der Utopie. Zweite Fassung. stw 552
– Bd. 4: Erbschaft dieser Zeit. stw 553
– Bd. 5: Das Prinzip Hoffnung. 3 Bde. stw 554
– Bd. 6: Naturrecht und menschliche Würde. stw 555
– Bd. 7: Das Materialismusproblem. stw 556
– Bd. 8: Subjekt-Objekt. stw 557
– Bd. 9: Literarische Aufsätze. stw 558
– Bd. 10: Philosophische Aufsätze. stw 559
– Bd. 11: Politische Messungen, Pestzeit, Vormärz. stw 560
– Bd. 12: Zwischenwelten in der Philosophiegeschichte. stw 561
– Bd. 13: Tübinger Einleitung in die Philosophie. stw 562
– Bd. 14: Atheismus im Christentum. stw 563
– Bd. 15: Experimentum Mundi. stw 564
– Bd. 16: Geist der Utopie. Faksimile der Ausgabe von 1918. stw 565
– Bd. 17: Tendenz – Latenz – Utopie. stw 566
– Leipziger Vorlesungen zur Geschichte der Philosophie. 4 Bde. stw 567- 570
– Bd. 1: Antike Philosophie. stw 567
– Bd. 2: Philosophie des Mittelalters. stw 568
– Bd. 3: Neuzeitliche Philosophie 1. stw 569
– Bd. 4: Neuzeitliche Philosophie 2. stw 570
– Vorlesungen zur Philosophie der Renaissance. stw 252
Materialien zu Ernst Blochs »Prinzip Hoffnung«. Hg. v. B. Schmidt. stw 111
Zur Philosophie Ernst Blochs. Hg. von B. Schmidt. stw 268
Blumenberg: Die Genesis der kopernikanischen Welt. 3 Bde. stw 352
– Das Lachen der Thrakerin. stw 652
– Die Lesbarkeit der Welt. stw 592
– Der Prozeß der theoretischen Neugierde. (Die Legitimität der Neuzeit. 3. Teil) stw 24
– Schiffbruch mit Zuschauer. stw 289
Böhler/Nordenstam/Skirbekk (Hg.): Die pragmatische Wende. stw 631
Böhme, G.: Philosophieren mit Kant. stw 642
– Der Typ Sokrates. stw 1016
Böhme, H./Böhme, G.: Das Andere der Vernunft. stw 542
Braun/Holzhey/Orth (Hg.): Über Ernst Cassirers Philosophie der symbolischen Formen. stw 705
Bubner: Antike Themen und ihre moderne Verwandlung. stw 998
– Geschichtsprozesse und Handlungsnormen. stw 463
– Handlung, Sprache und Vernunft. stw 382

201/2/8.92

suhrkamp taschenbücher wissenschaft
Philosophie

Bungard/Lenk (Hg.): Technikbewertung. Philosophische und psychologische Perspektiven. stw 684
– *siehe auch Lenk*
Cassirer: *siehe Braun/Holzhey/Orth (Hg.)*
Castoriadis: Durchs Labyrinth. Seele, Vernunft, Gesellschaft. stw 435
– Gesellschaft als imaginäre Institution. stw 867
Condorcet: Entwurf einer historischen Darstellung der Fortschritte des menschlichen Geistes. stw 175
Cramer/Fulda/Horstmann/Pothast (Hg.): Theorie der Subjektivität. stw 862
Danto: Analytische Philosophie der Geschichte. stw 328
– Die Verklärung des Gewöhnlichen. stw 957
Davidson: Handlung und Ereignis. stw 895
– Wahrheit und Interpretation. stw 896
Picardi/Schulte (Hg.): Die Wahrheit der Interpretation. Beiträge zur Philosophie Donald Davidsons. stw 897
Deleuze: Foucault. stw 1023
Deleuze/Guattari: Anti-Ödipus. stw 224
Demmerling/Kambartel (Hg.): Vernunftkritik nach Hegel. stw 1038
Derrida: Vom Geist. stw 995
Descombes: Das Selbe und das Andere. stw 346
Dewey: Kunst als Erfahrung. stw 703
Dilthey: Der Aufbau der geschichtlichen Welt in den Geisteswissenschaften. stw 354
Materialien zur Philosophie Wilhelm Diltheys. Hg. von F. Rodi und H.-U. Lessing. stw 439
Duerr: Ni Dieu – ni mètre. stw 541
Dummett: Ursprünge der analytischen Philosophie. stw 1003
Durkheim: Soziologie und Philosophie. stw 176
Edelstein/Nunner-Winkler (Hg.): Zur Bestimmung der Moral. stw 628
Euchner: Naturrecht und Politik bei John Locke. stw 280
Ferguson: Versuch über die Geschichte der bürgerlichen Gesellschaft. stw 739
Fetscher: Rousseaus politische Philosophie. stw 143
Feyerabend: Wider den Methodenzwang. stw 597
Fichte: Ausgewählte politische Schriften. stw 201
– *siehe auch Batscha/Saage*
Fischer/Retzer/Schweitzer (Hg.): Das Ende der großen Entwürfe. stw 1032
Foerster: Wissen und Gewissen. stw 876
Forum für Philosophie Bad Homburg (Hg.): Die Ideen von 1789 in der deutschen Rezeption. stw 798
– Intentionalität und Verstehen. stw 856

201/3/8.92

suhrkamp taschenbücher wissenschaft
Philosophie

– Kants transzendentale Deduktion und die Möglichkeit von Transzendentalphilosophie. stw 723
– Martin Heidegger: Innen- und Außenansichten. stw 779
– Philosophie und Begründung. stw 673
– Realismus und Antirealismus. stw 976
– Zeiterfahrung und Personalität. stw 986
– Zerstörung des moralischen Selbstbewußtseins – Chance oder Gefährdung? stw 752
Foucault: Archäologie des Wissens. stw 356
– Die Ordnung der Dinge. stw 96
– Sexualität und Wahrheit 1. Der Wille zum Wissen. stw 716
– Sexualität und Wahrheit 2. Der Gebrauch der Lüste. stw 717
– Sexualität und Wahrheit 3. Die Sorge um sich. stw 718
– Überwachen und Strafen. stw 184
– Wahnsinn und Gesellschaft. stw 39
Frank, M.: Eine Einführung in Schellings Philosophie. stw 520
Frank, M. (Hg.): Selbstbewußtseinstheorien von Fichte bis Sartre. stw 964
Frank, M./Kurz (Hg.): Materialien zu Schellings philosophischen Anfängen. stw 139
Frank, Ph.: Das Kausalgesetz und seine Grenzen. stw 734
Friedeburg: *siehe Adorno-Konferenz*
Frisby: Georg Simmel. stw 926
Fulda/Horstmann/Theunissen: Kritische Darstellung der Metaphysik. stw 315
Furth: Intelligenz und Erkennen. Die Grundlagen der genetischen Erkenntnistheorie Piagets. stw 160
Gert: Die moralischen Regeln. stw 405
Gethmann (Hg.): Logik und Pragmatik. stw 399
Gethmann-Siefert/Pöggeler (Hg.): Heidegger und die praktische Philosophie. stw 694
Goodman: Tatsache, Fiktion, Voraussage. stw 732
– Weisen der Welterzeugung. stw 863
Goodman/Elgin: Revisionen. Philosophie und andere Künste und Wissenschaften. stw 1050
Haag: Der Fortschritt in der Philosophie. stw 579
Habermas: Erkenntnis und Interesse. stw 1
– Erläuterungen zur Diskursethik. stw 975
– Moralbewußtsein und kommunikatives Handeln. stw 422
– Nachmetaphysisches Denken. stw 1004
– Philosophisch-politische Profile. stw 659
– Der philosophische Diskurs der Moderne. stw 749
– Strukturwandel der Öffentlichkeit. stw 891

201/4/8.92

suhrkamp taschenbücher wissenschaft
Philosophie

- Texte und Kontexte. stw 944
- Theorie und Praxis. stw 243
- Zur Logik der Sozialwissenschaften. stw 517
- Zur Rekonstruktion des Historischen Materialismus. stw 154
- *siehe auch Honneth/Joas*
- *siehe auch McCarthy*

Hahn: Empirismus, Logik, Mathematik. stw 645

Hampe/Maaßen (Hg.): Prozeß, Gefühl und Raum-Zeit. stw 920
- Die Gifford Lectures und ihre Deutung. stw 921

Hare: Freiheit und Vernunft. stw 457
- Die Sprache der Moral. stw 412

Harman: Das Wesen der Moral. stw 324

Hausen/Nowotny (Hg.): Wie männlich ist die Wissenschaft. stw 590

Haussmann: Erklären und Verstehen: Zur Theorie und Praxis der Geschichtswissenschaft. stw 918

Hegel: Werke in 20 Bänden. stw 601-621
- Bd. 1: Frühe Schriften. stw 601
- Bd. 2: Jenaer Schriften. stw 602
- Bd. 3: Phänomenologie des Geistes. stw 603
- Bd. 4: Nürnberger und Heidelberger Schriften. stw 604
- Bd. 5: Wissenschaft der Logik I. stw 605
- Bd. 6: Wissenschaft der Logik II. stw 606
- Bd. 7: Grundlinien der Philosophie des Rechts. stw 607
- Bd. 8: Enzyklopädie der philosophischen Wissenschaften I. stw 608
- Bd. 9: Enzyklopädie der philosophischen Wissenschaften II. stw 609
- Bd. 10: Enzyklopädie der philosophischen Wissenschaften I-II. stw 610
- Bd. 11: Berliner Schriften. stw 611
- Bd. 12: Philosophie der Geschichte. stw 612
- Bd. 13: Ästhetik I. stw 613
- Bd. 14: Ästhetik II. stw 614
- Bd. 15: Ästhetik III. stw 615
- Bd. 16: Philosophie der Religion I. stw 616
- Bd. 17: Philosophie der Religion II. stw 617
- Bd. 18: Geschichte der Philosophie I. stw 618
- Bd. 19: Geschichte der Philosophie II. stw 619
- Bd. 20: Geschichte der Philosophie III. stw 620
- Bd. 21: Registerband von H. Reinicke. stw 621

Materialien zu Hegels ›Phänomenologie des Geistes‹. stw 9

Materialien zu Hegels Rechtsphilosophie. Bd. 1/2. stw 88/89
- *siehe auch Horstmann*
- *siehe auch Jakobson/Gadamer/Holenstein*
- *siehe auch Jamme/Schneider*

201/5/8.92

suhrkamp taschenbücher wissenschaft
Philosophie

– *siehe auch Kojève*
– *siehe auch Lukács*
– *siehe auch Taylor*
Hegselmann/Merkel (Hg.): Zur Debatte über Euthanasie. stw 943
Heidegger: *siehe Forum für Philosophie Bad Homburg*
– *siehe Gethmann-Siefert/Pöggeler*
Hobbes: Leviathan. stw 462
Höffe: Ethik und Politik. stw266
– Die Moral als Preis der Moderne. stw 1046
– Politische Gerechtigkeit. stw 800
– Sittlich-politische Diskurse. stw 380
– Strategien der Humanität. stw 540
Hoerster: Abtreibung im säkularen Staat. stw 929
Hogrebe: Metaphysik und Mantik. stw 1039
– Prädikation und Genesis. stw 772
d'Holbach: System der Natur. stw 259
Holenstein: Roman Jakobsons phänomenologischer Strukturalismus. stw 116
– Menschliches Selbstverständnis. stw 534
Hollis: Rationalität und soziales Verstehen. stw 928
Holzhey (Hg.): Ethischer Sozialismus. stw 949
Holzhey/Rust/Wiehl (Hg.): Natur, Subjektivität, Gott. Zur Prozeßphilosophie Alfred N. Whiteheads. stw 769
Honneth: Kritik der Macht. stw 738
– Die zerrissene Welt des Sozialen. stw 849
Honneth/Jaeggi (Hg.): Theorien des Historischen Materialismus 1. stw 182
– Arbeit, Handlung, Normativität. Theorien des Historischen Materialismus 2. stw 321
Honneth/Joas (Hg.): Kommunikatives Handeln. stw 625
Horstmann (Hg.): Dialektik in der Philosophie Hegels. stw 234
Husserl: *siehe Jamme/Pöggeler*
Jakobson/Gadamer/Holenstein: Das Erbe Hegels II. stw 440
Jamme/Pöggeler (Hg.): Phänomenologie im Widerstreit. stw 843
Jamme/Schneider (Hg.): Mythologie der Vernunft. Hegels »ältestes Systemprogramm des deutschen Idealismus«. stw 413
– Der Weg zum System. Materialien zum jungen Hegel. stw 761
Janich (Hg.): Entwicklungen der methodischen Philosophie. stw 979
Kambartel: Philosophie der humanen Welt. stw 773
Kant: Band I: Vorkritische Schriften bis 1768/1. stw 186
– Band II: Vorkritische Schriften bis 1768/2. stw 187
– Band III/IV: Kritik der reinen Vernunft 1/2. 2 Bde. stw 55

201/6/8.92

suhrkamp taschenbücher wissenschaft
Philosophie

– Band V: Schriften zur Metaphysik und Logik 1. stw 188
– Band VI: Schriften zur Metaphysik und Logik 2. stw 189
– Band VII: Kritik der praktischen Vernunft. stw 56
– Band VIII: Die Metaphysik der Sitten. stw 190
– Band IX: Schriften zur Naturphilosophie. stw 191
– Band X: Kritik der Urteilskraft. stw 57
– Band XI: Schriften zur Anthropologie, Geschichtsphilosophie, Politik und Pädagogik 1. stw 192
– Band XII: Schriften zur Anthropologie, Geschichtsphilosophie, Politik und Pädagogik 2. Register. stw 193
Kopper/Malter (Hg.): Immanuel Kant zu ehren. stw 61
Materialien zu Kants Rechtsphilosophie. stw 171
– siehe auch Batscha/Saage
– siehe auch Böhme
Kempski: Schriften 1-3. stw 922-924
– Brechungen. stw 922
– Recht und Politik. stw 923
– Prinzipien der Wirklichkeit. stw 924
Kenny: Wittgenstein. stw 69
Kienzle/Pape (Hg.): Dimensionen des Selbst. stw 942
Kierkegaard: *siehe Theunissen/Greve*
– siehe Adorno
Klibansky/Panofsky/Saxl: Saturn und Melancholie. stw 1010
Kojève: Hegel. Eine Vergegenwärtigung seines Denkens. stw 97
Koppe (Hg.): Perspektiven der Kunstphilosophie. stw 951
Koselleck: Kritik und Krise. stw 36
Kosík: Die Dialektik des Konkreten. stw 632
Kracauer: Geschichte – Vor den letzten Dingen. stw 11
Kripke: Name und Notwendigkeit. stw 1056
Kuhlmann/Böhler (Hg.): Kommunikation und Reflexion. Zur Diskussion der Transzendentalpragmatik. stw 408
Lange: Geschichte des Materialismus. 2 Bde. stw 70
Leist (Hg.): Um Leben und Tod. stw 846
Lenk: Philosophie und Interpretation. stw 1060
– Zur Sozialphilosophie der Technik. stw 414
– Zwischen Sozialpsychologie undSozialphilosophie. stw 708
– Zwischen Wissenschaft und Ethik. stw 980
– Zwischen Wissenschaftstheorie und Sozialwissenschaft. stw 637
– siehe auch Bungard/Lenk
Locke: Zwei Abhandlungen über die Regierung. stw 213

201/7/8.92

suhrkamp taschenbücher wissenschaft
Philosophie

Lorenzen: Grundbegriffe technischer und politischer Kultur. stw 494
– Methodisches Denken. stw 73
Luhmann/Spaemann: Paradigm lost: Über die ethische Reflexion der Moral. stw 797
Lukács: Der junge Hegel. 2 Bde. stw 33
Mandeville: Die Bienenfabel oder Private Laster, öffentliche Vorteile. stw 300
Marquard: Schwierigkeiten mit der Geschichtsphilosophie. stw 394
McCarthy: Kritik der Verständigungsverhältnisse. stw 782
McGuinness: Wittgensteins frühe Jahre. stw 1014
McGuinness/Habermas/Apel u.a.: »Der Löwe spricht ... und wir können ihn nicht verstehen«. stw 866
McGuinness/Schulte (Hg.): Einheitswissenschaft. stw 963
Meggle (Hg.): Analytische Handlungstheorie. Bd. 1: Handlungsbeschreibungen. stw 488
– siehe auch Beckermann
Menke: Die Souveränität der Kunst. stw 958
Merleau-Ponty: Die Abenteuer der Dialektik. stw 105
Millar: Vom Ursprung des Unterschieds in den Rangordnungen und Ständen der Gesellschaft. stw 483
Mises: Kleines Lehrbuch des Positivismus. stw 871
Mittelstraß: Der Flug der Eule. stw 796
– Leonardo-Welt. stw 1042
– Die Möglichkeit der Wissenschaft. stw 62
– Wissenschaft als Lebensform. stw 376
Morris: Pragmatische Semiotik und Handlungstheorie. stw 179
Moscovici: Versuch über die menschliche Geschichte der Natur. stw 873
Münch (Hg.): Kognitionswissenschaft. stw 989
Neurath: Wissenschaftliche Weltauffassung, Sozialismus und Logischer Empirismus. stw 281
Niehues-Pröbsting: Der Kynismus des Diogenes und der Begriff des Zynismus. stw 713
Oelmüller: Die unbefriedigte Aufklärung. stw 263
Pannenberg: Wissenschaftstheorie und Theologie. stw 676
Peirce: Naturordnung und Zeichenprozeß. stw 912
– Schriften zum Pragmatismus und Pragmatizismus. stw 945
– siehe auch Apel
Peukert: Wissenschaftstheorie - Handlungstheorie - Fundamentale Theologie. stw 231
Piaget: Einführung in die genetische Erkenntnistheorie. stw 6
– Weisheit und Illusionen der Philosophie. stw 539
– siehe auch Furth
Picardi/Schulte: *siehe Davidson*

201/8/8.92

201/9/8.92

suhrkamp taschenbücher wissenschaft
Philosophie

201/10/8.92

suhrkamp taschenbücher wissenschaft
Philosophie

201/11/8.92

201/12/8.92